刘中华　袁　庆　刘儒昞　主编

注册会计师职业化建设案例汇编分析

ZHUCEKUAIJISHI ZHIYEHUA JIANSHE
ANLI HUIBIAN FENXI

中国财经出版传媒集团
经济科学出版社
Economic Science Press

图书在版编目（CIP）数据

注册会计师职业化建设案例汇编分析/刘中华，袁庆，刘儒昞主编．—北京：经济科学出版社，2019.3

ISBN 978－7－5218－0406－5

Ⅰ.①注…　Ⅱ.①刘…　②袁…　③刘…　Ⅲ.①注册会计师－职业道德－案例－汇编－中国　Ⅳ.①F233

中国版本图书馆 CIP 数据核字（2019）第 052693 号

责任编辑：杜　鹏　刘　悦　张　燕
责任校对：郑淑艳
责任印制：邱　天

注册会计师职业化建设案例汇编分析
刘中华　袁　庆　刘儒昞　主编
经济科学出版社出版、发行　新华书店经销
社址：北京市海淀区阜成路甲 28 号　邮编：100142
编辑部电话：010－88191441　发行部电话：010－88191522
网址：www.esp.com.cn
电子邮件：esp_bj@163.com
天猫网店：经济科学出版社旗舰店
网址：http://jjkxcbs.tmall.com
固安华明印业有限公司印装
787×1092　16 开　23.5 印张　500000 字
2019 年 6 月第 1 版　2019 年 6 月第 1 次印刷
ISBN 978－7－5218－0406－5　定价：88.00 元

前　　言

注册会计师队伍是社会经济监督体系的重要组成部分，也是现代服务业的一支重要力量，在规范社会主义市场经济秩序，维护国家经济信息安全，促进资本市场健康发展，提高经济社会发展质量，促进社会和谐发展等方面发挥着重要作用。

我国经济社会发展对注册会计师行业人才发展提出了新的更高要求，注册会计师人才队伍素质还不能完全适应行业做强做大、新业务领域拓展、大智移云等信息化发展需要，在一些领域高层次、国际化专业人才队伍建设相对滞后，难以满足金融和国际化等高端业务发展需要；能够服务特殊业务的专门人才数量不足，专业服务能力有限，难以满足行业多元化发展需要；个别从业人员的独立、客观、公正执业精神还有待提高，行业的诚信度和公信力需要提升等。这一切都需要从业人员不断更新知识，不断学习提高专业知识水平。

结合经济社会发展需要，按照结构优化、专业精湛、道德良好的要求，在行业人才队伍建设上取得质和量的突破，打造一支职业胜任能力和职业道德水平共同提高的注册会计师队伍，才能够实现注册会计师行业的科学发展。深入推进注册会计师行业人才队伍建设，就要坚持不懈地加强专业能力建设和行业的诚信道德建设。注册会计师的知识更新和继续教育必须适应这些变化。本案例汇编与分析就是为了培养注册会计师充分利用职业判断分析问题、解决问题的能力，从而提高广大从业人员的专业素质和道德水平。

本案例汇编与分析主要包含两个方面的内容。第一部分为专业篇，选取部分会计师事务所提供的在日常工作中的审计材料形成案例进行整理、归纳和分析，通过会计确认难点、并购重组类业务、高新技术企业认定专项审计、清产核资、司法鉴证、特殊行业及新业务六大类 18 个案例，对主要经济业务审计的过程、结果进行阐述，并进行分析和评价，对于注册会计师有针对性地解决执业中的难点、重点具有积极指导意义。第二部分为职业道德篇，首先通过注册会计师职业道德的要求，对诚信、独立性、公正和客观、专业胜任能力、保密、利益冲突、收费等分项案例提出风险点进行分析；其次选择了 15 个注册会计师职业道德典型综合案例进行分析，对于促进注册会计师提高诚信水平和职业道德水平具有启示和借鉴作用；最后为职业道德基础理论及守则，介绍了注册会计师职业道德的内涵及国际和英美国家注册会计师职业道德概况，重点是对我国注册会计师职业道德守则的介绍，为理解和解决《中国注册会计师职业道德守则》中遇到的实际问题具有现实的指导作用。

本书由“广东省注册会计师行业审计案例库及职业道德培训案例库建设”课题组共同编写，参加人员有广东外语外贸大学会计学院刘中华、刘儒昞、蒋基路、李莎、张立新、唐亚娟等老师；广东省注册会计师协会袁庆、琳琳、唐祝光、林翔、郑镇兴、黄磊、黄晓、林壮镇、梁浩斌等同志；广东外语外贸大学会计学院研究生彭雪妍、夏熙瑶、肖铭鑫、申亚伟、谢诗晴、陈亦南等同学参加了案例的收集和整理。最后由刘中华、袁庆、刘儒昞负责总纂定稿。

本书在编写过程中得到了广东地区多家会计师事务所的参与和支持，在书中已对提供第一部分审计专业案例的各会计师事务所及个人分别列出和说明，对他们的大力支持深表感谢。本书的第二部分注册会计师职业道德典型综合案例，编写人员主要参阅了中国证监会网站公开披露的相关信息及其他文献资料，在此一并致以谢意。

本书的出版得到了广东省注册会计师协会专业指导委员会、教育培训委员会专家的悉心指导，广东外语外贸大学会计学院、经济科学出版社等单位给予了大力的关心和支持，在此特别致谢。

本书在编写过程中，由于我们水平有限，对一些案例的分析难免不到位或有误，对一些内容安排和问题表述可能有所不足，在此恳请读者和同行批评指正，以便我们不断完善和提高。

《注册会计师职业化建设案例汇编分析》编写组

2019 年 4 月于广州

目录

第一部分　专业篇

第一部分

专业篇

第一章　会计确认难点类

案例一　收入总额法和净额法的确认*

一、基本情况

L公司属于信息技术与软件行业，主要从事智能移动通信设备的研发、生产和销售。随着智能移动通信设备的销售量上升，公司通过智能移动通信设备上TS应用平台，形成了包括广告收入、游戏收入、视听收入、流量收入等不同类别的多元化收入来源（以下简称“TS平台收入”）。平台的具体合作模式是，通常情况下，L公司负责提供收款渠道，先取得TS应用平台相关的所有收入，然后根据与App提供者、相应业务板块合作方等（以下简称“合作方”）签订的合同协议，支付各合作方收入，并且所有合作方均是境内企业或个人。

在该情况下，L公司通过TS应用平台取得的收入，是以所收到客户支付款项的总额确认收入（即“总额法”），还是以所收到客户支付款项扣除向合作方支付款项的净额确认收入（即“净额法”），需进行自主判断。

（一）项目风险

现行《企业会计准则第14号——收入》对L公司的TS平台收入，是按照总额法还是净额法进行确认，并无明确规定。

由于当前智能移动通信设备的竞争极为激烈，硬件产品的盈利能力较弱，因此，L公司通过TS应用平台取得的收入已经构成该公司利润的主要来源。同时，L公司TS平台收入金额占总体收入比例较高，采用总额法或净额法确认收入将对整体毛利率产生较大的影响，也将对财务报告使用者判断L公司的盈利能力产生较大影响。

在该情况下，L公司的TS平台收入，需要参照国内外会计准则及相关研究资料，进行谨慎判断。

---

* 本案例由大华会计师事务所（特殊普通合伙）珠海分所提供，获得广东省注册会计师协会行业案例库优秀案例一等奖。

（二）审计目标

通过审计，针对 TS 平台收入的总额法和净额法确认，要达成的目标包括以下三点。

1. 清晰界定 L 公司 TS 平台收入对应的各类业务应采用的收入确认方法。

2. 清晰界定在不同收入确认方法下，收入确认的时点及金额。

3. 进行必要的审计调整，确保 TS 平台收入和其对应的成本公允、合理，以避免对财务报表使用者形成误导。

二、实施过程

（一）团队组成

鉴于 TS 平台收入采取总额法还是净额法，确认过程较为复杂，因此，审计团队的组建主要考虑了专业素质及相关资质，最终成员包括了从事审计工作近 20 年的现任业务合伙人（对国内外审计准则、会计准则均有较深的研究，能够协调所内外的专家们就专业问题进行沟通）、从事审计工作 13 年的现任专业标准部负责人、现任审计业务部门负责人以及对 L 公司的 TS 应用平台较为熟悉的高级审计员等。

（二）了解被审计单位情况

1. L 公司的基本情况。L 公司主要从事智能移动通信设备的研发、生产和销售，201×年L 公司销售智能移动通信设备 200 万台，取得的收入主要包括智能移动通信设备硬件销售收入，以及通过硬件设备搭载的 TS 应用平台取得的软件收入，如表 1－1 所示。

表 1－1　　L 公司 201×年账面确认营业收入、营业成本及毛利等情况　　单位：万元

项　目	金　额
营业收入	692000.00
其中：TS 平台收入	45600.00
营业成本	632000.00
其中：TS 平台成本	27200.00
毛利	60000.00
其中：TS 平台毛利	18400.00
净利润	4000.00

同时，根据对智能移动通信设备市场情况的第三方公开资料进行研读，该行业处于激烈竞争的行业，智能移动通信设备国际领导者信安公司和卫华公司在市场份额仅占据 32% 左右，但获取了该行业近 94% 的利润。因此，国内智能移动通信设备硬件销售竞争极为激烈，利润率低。但由于智能移动通信设备累计销量达到一定的规模时，

智能移动通信设备搭载的软件应用平台将取得可观的收入，且相关软件应用平台后续维护成本较低，因此，软件应用平台成为国内智能移动通信设备厂商利润的主要来源。由此可见，TS 平台收入对 L 公司的利润情况构成重大影响。

2. L 公司的 TS 平台收入相关情况。L 公司 TS 平台收入类型呈现多元化，主要包括广告收入、游戏收入、视听收入、流量收入，如表 1－2 所示。

表 1－2　201×年各业务类别的收入、成本及毛利　单位：万元

项目	收入	成本	毛利
广告收入	8000.00	1000.00	7000.00
游戏收入——自营	6000.00	2000.00	4000.00
游戏收入——第三方开发	22000.00	15400.00	6600.00
视听收入	6000.00	5400.00	600.00
流量收入	3600.00	3400.00	200.00
合计	45600.00	27200.00	18400.00

上述 TS 平台收入，均根据签订的业务合同要求，采用总额法确认。其中，归集的成本中除直接支付给合作方的款项外，还包括 TS 应用平台管理及维护部门的人工成本、折旧、摊销费用，以及平台维护费用等总计 42000000 元（以下简称“其他成本”），如表 1－3、表 1－4 所示。

表 1－3　人工成本、折旧、摊销费用具体情况　单位：万元

项目	支付给合作方的款项	其他成本	合计
广告收入	800.00	200.00	1000.00
游戏收入——自营	1600.00	400.00	2000.00
游戏收入——第三方开发	13000.00	2400.00	15400.00
视听收入	4300.00	1100.00	5400.00
流量收入	3300.00	100.00	3400.00
合计	23000.00	4200.00	27200.00

表 1－4　各类 TS 平台业务的收入、成本说明

项　目	收入说明	成本说明
广告收入	自广告受益者处取得款项，在确认取得的款项无需退还时确认收入	合作方提供其制作的广告及链接，按照事先约定的收入分成比例，支付给合作方的金额

续表

项　目	收入说明	成本说明
游戏收入——自营	来自消费者的游戏充值，在充值后确定无需归还消费者时确认收入	游戏 App 的购买成本或研发成本按照预期受益年限平均摊销
游戏收入——第三方开发	来自消费者的游戏充值，在充值后确定无需归还消费者时确认收入	按照合同约定的比例支付给游戏 App 合作方的分成金额
视听收入	来自消费者的视听充值，在充值后确定无需归还消费者时确认收入	根据合作方为视频 App 提供的视听资源，按照实际取得的充值金额相应比例确认分成给合作方的金额
流量收入	根据消费者购买流量包的金额确认收入	按照与合作方事先约定的价格购入流量包确认成本

（三）审计风险评估

针对 TS 平台收入采用总额法还是净额法确认问题，L 公司的会计人员代表、业务人员代表、财务经理、财务总监进行了简要的讨论，对会议过程结果进行记录。但由于均缺乏收入确认总额法或净额法的相关经验，最后并没有形成讨论结果。经财务总监综合衡量后，L 公司对 TS 平台收入还是采用总额法进行确认。

项目团队认为不同类型的 TS 平台收入按照总额法还是净额法确认构成了 L 公司财务报表审计的特别风险，具体而言，特别风险主要包括以下三种。

1. 对 TS 平台收入的收入确认原则存在不同的理解，涉及主观判断。

2. 管理层介入会计处理过多且缺乏充分的依据。

3. 该类业务收入模式属于近几年的新兴业务，市场上公开资料及业界缺乏统一的处理方式。

（四）制定审计策略

根据对 L 公司基本情况及 TS 平台收入的了解，以及评估的审计风险，制定以下审计策略。

1. 鉴于 L 公司确认的 TS 平台收入金额较大，且对 L 公司的经营利润存在重大影响，仅采用实质性审计程序并没有办法将审计风险降低至可接受的低水平，因此，采用综合性方案，即采用控制测试与实质性审计程序相结合的审计方案。

2. 鉴于 TS 平台业务类别较为多元，且不同类别的收入可能与第三方存在不同的合作和结算模式。因此，安排具备较为丰富审计经验及丰富法律知识的团队成员对该类收入进行访谈、了解，在仔细研读合同的基础上，对收入的类别进行整理，并利用其法律知识对合同条款中 L 公司和合作方的权利和责任进行研读和梳理，形成审计工作底稿，作为后续界定该类收入确认的依据。同时，对 TS 平台收入的相关成本进行了解，通过执行相关审计程序，在此基础上对各类收入对应的成本进行梳理。

3. 鉴于前述 L 公司对 TS 平台收入会计处理的内部讨论情况，安排具备较高专业素质的审计人员针对 TS 平台收入问题进行讨论，根据国内外收入会计准则和相关研究资料进行专项研究，就各类收入按照总额法还是净额法确认提出意见，并与治理层进行沟通。

4. 根据梳理出的 TS 平台收入相关资料以及专项研究结果，就各类收入是按照总额法还是净额法确认形成专业建议，提交专业技术标准部，经过所内外专家讨论后形成最终结论。

（五）审计方法

经过前述了解及评估，就 L 公司各类 TS 平台收入采用总额法还是净额法确认进行审计，选择的审计方法主要包括以下四种。

1. 检查。主要检查 TS 平台收入的相关合同、收款凭证、支付给合作方的款项凭证、与合作方的对账记录、发票开具情况、银行对账单以及上述单据涉及内部审核的审核记录等。

2. 询问。审计人员与负责 TS 平台收入业务人员、财务人员进行沟通，了解合同的签订情况、签订背景、行业内的常用合作模式，自 TS 应用平台取得的收入、成本的确定流程和依据，内部签批情况等。

3. 重新计算。根据 L 公司 TS 平台收入的合同条款，重新计算 L 公司 TS 平台各类业务的收入、成本金额，并与 L 公司的会计记录、与合作方的对账记录进行核对。

4. 其他审计程序。针对收入的发生、完整性、准确性、截止、分类、列报等财务认定，同时实施了其他审计程序，由于与收入确认方法并不直接相关，故在此不再赘述。

（六）审计实施

1. 内控与细节测试。

（1）L 公司 TS 平台收入确认方法内部控制测试。L 公司针对 TS 平台收入确认的会计处理，建立了会计处理方法内部讨论和复核的内部控制。但在 TS 平台收入选择何种方法进行会计处理的决策上，并未有效运行，导致 TS 平台收入确认方法依据并不充分。

（2）细节测试。对 L 公司 TS 平台收入确认方法的细节测试，主要在于判断各类 TS 平台收入确认是否符合会计准则的相关规定。因此，审计人员获取了 L 公司关于 TS 平台收入采用总额法还是净额法确认的讨论纪要，并对讨论的内容和细节进行了解。测试结果表明，L 公司对 TS 平台收入采用总额法确认收入，缺乏深入细致的研究和分析，也没有严格的内部复核过程及记录，并且涉及管理层的主观判断。

2. 进一步审计程序。

基于控制测试和细节测试等审计程序，对 TS 平台收入及其对应成本的金额进行了测试，结果表明财务报表数据方面不存在重大问题。但 TS 平台收入按照总额法进行确认，缺乏充分的依据。有鉴于此，审计人员执行以下进一步审计程序。

（1）对TS平台收入按照业务类别进行整理，并就运营合作模式、合同签订情况、L公司的权利和责任进行梳理，具体情况如表1－5所示。

表1－5　TS平台运营合作模式、合同签订情况等

项目	运营合作模式	合同签订情况	合同约定的权利和责任
广告收入	合作方提供其制作的广告及链接，L公司在TS应用平台上按照约定的时间、频率、位置进行投放，并提供广告对应的资源下载或浏览链接并由消费者下载或了解相关内容	广告受益者、L公司、合作方签订三方合同，约定合作方提供其制作的广告，L公司负责在TS应用平台上按照约定进行投放并设置下载或浏览链接，广告受益者按照下载或浏览量支付款项给L公司。同时，L公司和合作方单独签订合同约定各自取得的分成比例，投放的要求按照合作方的要求进行	三方合同约定，L公司负责收取款项和按照合作方的要求进行投放；L公司与合作方的约定，主要是合作方对广告投放位置、频率、时间、下载或浏览链接方面的要求，以及约定自广告受益者处取得的款项的分成比例和支付方式
收入 自营	L公司自合作方处购买游戏App，相关运营由L公司自行负责，维护由合作方负责。游戏相关定价由L公司负责，消费者自TS应用平台下载游戏App并在TS应用平台使用，后续取得的充值收入，按照约定比例分成给合作方	L公司与合作方签订游戏App购买合同	L公司取得游戏App的所有权，合作方主要负责后续维护。同时，合作方取得约定比例的分成收入。其他责任和权利由L公司承担
游戏 收入 —— 第三方 开发	L公司在TS应用平台上设置合作方游戏的下载链接，并设置相应的充值端口。消费者自TS应用平台下载游戏App并在TS应用平台使用，根据使用时的充值金额，按照合同约定的比例支付给游戏App合作方分成金额	L公司与合作方签订合作合同	L公司仅负责设置下载链接和收款端口，并且按照合作协议约定进行必要的推广，但游戏App所有权归合作方所有，相应的定价及后续维护也由其负责
视听收入	L公司开发的视听App绑定在TS应用平台上，合作方提供视听资源。消费者根据TS应用平台的视听资源购买不同套餐的会员资格，或者根据单项资源支付费用，L公司按照合同约定取得分成收入	与提供视听资源的合作方签订合作合同	视听资源合作方负责资源的更新、维护及定价，L公司负责视频App的维护，充值端口的设置并收取款项，按照约定比例支付给合作方

续表

项目	运营合作模式	合同签订情况	合同约定的权利和责任
流量收入	L公司自合作方处购入流量包，并且按照合作方规定的限额销售流量包	与合作方签订流量包购买协议	L公司仅负责流量包销售和收取相应的款项。流量包对应的服务提供、设施维护等由最终的移动通信运营商负责。流量包未销售出的部分，不存在过期的概念

（2）结合国内外会计准则规定及类似案例进行专项研究，并根据研究结果提出具体的处理建议。

①国际会计准则的视角。关于类似TS平台收入采用总额法还是净额法确认，业界内的主要观点如下：企业在向客户提供产品或服务时，如果涉及第三方参与该过程，则企业需要判断企业是以“主要责任人”身份还是“代理人”身份向客户提供商品或服务的。当企业属于提供商品或服务的“主要责任人”时，应以所收到客户支付款项的总额确认收入（总额法）；相反，如果企业属于提供商品或服务的“代理人”，则应以所收到客户支付款项扣除向第三方支付款项的净额确认收入（净额法）。

该观点的主要支持依据为原《国际会计准则第18号——收入》示例第21段规定，即，“满足以下一项或多项条件时，表明主体属于主要责任人：

a. 主体承担了向客户提供商品或劳务，或者完成订单的主要责任，例如，对客户订购的劳务或购买的产品的可接受性负责；

b. 主体在客户订购之前后，承担了运输或退回的存货风险；

c. 主体有直接或间接定价的自由，例如，提供额外的商品或服务；

d. 主体承担了向客户收取应收款项的信用风险。

如果主体没有承担销售商品或提供劳务相关的重大风险和报酬，则是以代理方身份进行活动的。例如，主体按交易量收取固定费用，或者按客户量的固定比例收取费用。”

现行《国际财务报告准则第15号——客户合同收入》应用指南第B37段规定：“表明主体是代理方（从而在向客户提供商品或服务之前，未控制该商品或服务）的因素包括以下五个方面：a. 另一方对合同的履行承担主要责任；b. 在客户订购商品之前或之后、运输过程中或退货时，主体均不承担存货风险；c. 主体对另一方的商品或服务没有自主定价权，因此，主体能够从此类商品或服务中获得的利益是有限的；d. 主体的对价是以佣金的形式；e. 对于因交付另一方的商品或服务而应收客户的金额，主体不承担信用风险”。

虽然原《国际会计准则第18号——收入》采用的是“风险报酬转移模型”，现行《国际财务报告准则第15号——客户合同收入》采用的是“控制权转移模型”，但两者从不同角度对企业在向客户提供产品或服务时的“主要责任人”身份还是“代理人”

身份进行了论述，并且相互补充。同时，值得一提的是，“控制权转移模型”已经由财政部在2017年7月发布的新修订《企业会计准则第14号——收入》所收录。

基于上述观点，不同业务类别的TS平台收入确认方法如表1-6所示。

表1-6　　TS平台不同业务类别收入确认方法

项　目	收入确认方法	判断依据
广告收入	净额法	L公司仅按照约定提供了TS应用平台广告对应的时间、频率、位置及资源下载、浏览链接，并未向广告受益者承担主要责任，不是主要责任人
游戏收入——自营	总额法	L公司直接销售虚拟商品或相关服务，并承担与所有权相关的主要风险和报酬，而合作方主要提供维护服务，并按固定比例收取费用，同时L公司还拥有定价权，L公司是主要责任人
游戏收入——第三方开发	净额法	L公司仅提供TS应用平台，设置下载链接和收款端口，按照与合作方的约定进行推广，并按照固定比例收取费用，L公司也不具有定价的权利，不需要承担游戏App后续责任。因此，L公司不是主要责任人
视听收入	净额法	L公司仅在TS应用平台提供视听App，视听App资源由合作方提供并定价，L公司不对资源内容及后续维护负责，同时L公司按照固定比例收取费用。因此，L公司不是主要责任人
流量收入	净额法	L公司仅通过TS应用平台销售流量包，但流量包服务提供均由运营商负责，也不存在存货风险，且获益有限。因此，L公司不是主要责任人

②可比公司视角。由于类似TS平台收入属于国内企业的新兴业务，因此，上市公司对该类业务的处理较为谨慎，公开披露类似业务收入确认方法的细节较少。因此，无法直观判断类似上市公司收入的确认方法，也无法对本案例分析构成参考。

③国内会计准则视角。如前所述，业内已就类似TS平台收入按照总额法还是净额法进行确认有了较多的探讨，但国内上市公司对类似收入确认方法披露细节较少。同时，基于现行《企业会计准则第14号——收入》原则对TS平台收入的确认的研究较少，但在该类问题的处理上，应优先考虑在对现行国内收入会计准则的原则进行理解、判断的基础上作出。因此，本案例着眼于现行国内收入会计准则的原则进行分析判断。具体分析如下。

首先，根据《企业会计准则第14号——收入》界定TS平台收入明确的属于销售商品收入、提供劳务收入、让渡资产使用权收入的类别，如表1-7所示。

表 1－7 收入界定及判断标准

项 目	收入类别	判断理由
广告收入	让渡资产使用权收入	TS 应用平台作为一款软件操作系统，由 L 公司自主研发并取得了知识产权，属于一项无形资产。该软件操作系统可以搭载各类 App、设置各种链接，而本质上广告收入模式的业务，是 L 公司提供了 TS 应用平台的一部分或某些功能，使得合作方能够通过该平台向消费者推广广告受益者的产品或服务
游戏收入——自营	销售产品收入	L 公司拥有相应游戏 App 的所有权，通过收取充值款的形式，向消费者提供虚拟的游戏道具或相关服务。同时，L 公司是使用其自己拥有的 TS 应用平台来取得开展该业务
游戏收入——第三方开发	让渡资产使用权收入	L 公司提供 TS 应用平台作为消费者获取合作方提供的游戏 App 的途径。通过 TS 应用平台设置的端口，消费者在使用游戏 App 过程中通过该端口进行充值，进而获取虚拟的游戏道具或相关服务。该模式下，本质上属于合作方使用 L 公司的 TS 应用平台销售其游戏 App 提供的虚拟产品或相关服务
视听收入	让渡资产使用权收入	L 公司自行研发了视听 App 并搭载在 TS 应用平台上，但视听 App 内的资源均是由合作方提供和维护，定价也由合作方确定。因此，本质上是合作方提供视听资源，并借用 TS 应用平台上 L 公司的视听 App 进行销售
流量收入	让渡资产使用权收入	L 公司仅负责将流量包销售给消费者，其余的责任均由合作方或流量包对应的移动通信运营商负责。在整个销售过程中，L 公司仅获得了与产品相关收入的极小部分，且并不需要承担产品无法售出的风险。本质上，L 公司只是通过 TS 应用平台提供了一个销售流量包的渠道

其次，根据《企业会计准则第 14 号——收入》判断各类收入的确认时点。具体而言，销售产品收入确认应满足的条件如下：a. 企业已将商品所有权上的主要风险和报酬转移给购货方；b. 企业既没有保留通常与所有权相联系的继续管理权，也没有对已售出的商品实施有效控制；c. 收入的金额能够可靠地计量；d. 相关的经济利益很可能流入企业；e. 相关的已发生或将发生的成本能够可靠地计量。

让渡资产使用权收入确认应满足条件如下：a. 相关的经济利益很可能流入企业；b. 收入的金额能够可靠地计量。

根据 TS 平台收入的款项收付的特点、收入对应的权利和责任、风险的转移等，具体界定收入确定时点和判断依据如表 1－8 所示。

表 1－8 收入确定具体界定时点和判断依据

项 目	收入确定时点	判断理由
广告收入	消费者通过 TS 应用平台下载或浏览链接的总数量经广告受益者确认	一旦广告受益者确认，其有义务支付约定计算方法计算的款项给 L 公司。满足让渡资产使用权收入确认条件

续表

项　目	收入确定时点	判断理由
游戏收入——自营	消费者通过充值取得的游戏币购买虚拟道具或相关服务时	一旦消费者通过游戏币购买虚拟道具或相关服务，相关风险和报酬转移给消费者，其他条件也已相应满足
游戏收入——第三方开发	在消费者充值后确定无需退回时	按照合同约定，L公司取得充值款后即可按照约定比例取得分成收益，且后续无论消费者是否消费都无需退回。收款后，除支付相应比例的分成款给合作方外，不存在其他义务
视听收入	在消费者充值后确定无需退回时	按照合同约定，L公司取得充值款后即可按照约定比例取得分成收益，且后续视听App的资源内容由合作方提供。收款后，除支付相应比例的分成款给合作方外，不存在其他义务
流量收入	在取得消费者的流量包购买款时确认收入	自消费者处取得流量包购买款之后，无论其是否消费或消费过程中存在什么问题，L公司均不承担责任

最后，根据收入类别的界定、收入确认时点的界定，进一步确认收入确认的金额、体现的确认方法及判断依据如表1－9所示。

表1－9　收入金额确认的判断方法及依据

项　目	收入确认金额	收入确认方法	判断依据
广告收入	从广告受益者取得的款项，扣除按照合同约定应分给合作方的部分	净额法	L公司仅就其TS应用平台使用权收取的费用确认收入
游戏收入——自营	按照从消费者处取得的充值款项，根据购买虚拟道具或相关服务的情况分期确认收入	总额法	L公司销售虚拟商品或服务，并承担与所有权相关的主要风险和报酬
游戏收入——第三方开发	按照无需退回的消费者游戏充值金额	净额法	L公司仅就其TS应用平台使用权收取的费用确认收入
视听收入	按照无需退回的消费者视听资源充值金额	净额法	L公司仅就其TS应用平台上视听App的使用权收取的费用确认收入
流量收入	按照消费者支付的购买流量包款项	净额法	L公司仅就其利用TS应用平台充当代理角色，获取代理手续费相当于TS应用平台的使用收入

④研究结论。基于以上分析对比，并通过专业标准部协调所内外资源进行专项讨论后，最终给出的处理建议是，采纳基于国内现行收入准则原则的分析判断。

三、审计成果及建议

1. 主要审计成果。

（1）TS平台收入的调整结果。按照最终确定的L公司自TS应用平台取得收入的专业意见，对 TS 平台收入进行了审计调整，主要调整事项如下。

①广告收入按照净额法调整，调整减少收入 8000000.00 元；

②游戏收入—自营收入按照消费者实际购买的虚拟道具或相关服务确认收入，调整减少收入 10000000.00 元；

③游戏收入—第三方开发按照净额法调整，调整减少收入 130000000.00 元；

④视听收入按照净额法调整减少收入 43000000.00 元；

⑤流量收入按照净额法调整减少收入 33000000.00 元。

（2）调整前后相关财务报表项目对比。

调整前后相关财务报表项目对比如表 1－10 所示。

表 1－10　　调整前后相关财务报表项目对比

项　目	调整前金额（万元）	调整后金额（万元）	调整减少比例（%）
营业收入	692000.00	669600.00	3.24
其中：TS 平台收入	45600.00	23200.00	49.12
营业成本	632000.00	610600.00	3.39
其中：TS 平台成本	27200.00	5800.00	78.68
毛利	60000.00	59000.00	1.67
其中：TS 平台毛利	18400.00	17400.00	5.43
净利润	4000.00	3000.00	25.00

2. 审计结果与管理层、治理层的沟通及建议。

由审计调整结果可知，L 公司 TS 平台收入经过审计调整后各主要项目的金额与审计前相比，存在较大的差异。调整部分可能会对财务报表的使用者造成较大的影响，其中，造成该结果的主要原因在于，L 公司对 TS 平台收入确认方法选择不当。

L 公司的管理层、治理层的组成人员实质上相同，因此，在 L 公司财务总监的主持下召开协调会议，业务合伙人等与管理层、治理层就上述审计结果进行了当面的沟通，并建议 L 公司加强以下三个方面。

（1）加强会计人员的会计素养，应着重培养会计人员的谨慎意识；

（2）L 公司应形成严格的会计专业问题内部复核制度，确保专业问题经过充分的讨论并记录，并应逐级进行审批加注意见，必要时应上升到管理层集体决策；

（3）L 公司应建立外部专业沟通渠道，积极就实务中遇到的难以解决的专业问题，寻求外部专家指导意见。

经过沟通、解释，上述审计结果及专业处理建议取得了 L 公司管理层、治理层的认可。

四、案例点评

L公司通过智能移动通信设备上的TS应用平台取得了包括广告收入、游戏收入、视听收入、流量收入等不同类别的收入。L公司负责提供收款渠道，先取得TS应用平台相关的所有收入，然后根据App提供者、相应业务板块合作方等第三方的合同协议，支付第三方款项。为不同类型的TS平台收入按照总额法还是净额法确认构成了L公司财务报表审计的特别风险。特别风险主要包括以下三种。

（1）对TS平台收入的收入确认原则存在不同的理解，涉及主观判断；

（2）管理层更多地介入了会计处理且缺乏充分的依据；

（3）该类业务收入模式属于近几年的新兴业务，市场上公开资料及业界缺乏统一的处理方式。

L公司TS平台收入经过审计调整后各主要项目的金额与审计前相比，存在较大的差异。调整部分可能会对财务报表的使用者造成较大的影响。其中造成该结果的主要原因在于，L公司对TS平台收入确认方法选择不当。

由于类似TS平台收入属于国内企业的新兴业务，TS平台收入类似业务按照总额法还是净额法进行确认有较多的探讨，但国内上市公司对类似收入确认方法披露细节较少。基于现行《企业会计准则第14号——收入》原则对TS平台收入的确认的研究更少，所以本案例对于平台收取款项后分发各第三方款项该类型审计存在重大的借鉴意义。

TS平台作为L公司的新兴业务，审计人员关于类似TS平台收入采用总额法还是净额法确认，认定方式一是通过业内讨论，虽然业内可以对审计过程中产生的问题进行讨论，但是业内专家观点不能作为审计依据。国内暂时对上市公司类似平台收入案例无明显规定，审计人员多是通过以往审计经验和国外同类型案例进行参考研究分析。

案例二　长期股权投资控制和重大影响的判断*

一、基本情况

近年来基础设施领域投融资体制改革步伐明显加快，自2014年11月16日国务院公开发布了《国务院关于创新重点领域投融资机制鼓励社会投资的指导意见》，建立健全政府和社会资本合作（PPP）机制，鼓励社会资本加大社会事业投资力度以来，政

* 本案例由广东正中珠江会计师事务所（特殊普通合伙）潘华文提供，获得广东省注册会计师协会行业案例库优秀案例一等奖。

府和社会资本合作（PPP）模式的运用得到极大的发展，截至2017年9月末，全国按照要求审核纳入项目库的项目有14220个，累计投资额为17.8万亿元，覆盖31个省（自治区、直辖市）及新疆生产建设兵团和19个行业领域。

政府和社会资本合作（PPP）模式是指政府为增强公共产品和服务供给能力、提高供给效率，通过特许经营、购买服务、股权合作等方式，与社会资本建立利益共享、风险分担的长期合作关系。其通常模式是由社会资本承担设计、建设、运营、维护基础设施的大部分工作，并通过“使用者付费”及必要的“政府付费”获得合理投资回报，由政府部门负责基础设施及公共服务价格和质量监管，以保证公共利益最大化。在执行PPP项目时，根据《关于印发政府和社会资本合作模式操作指南（试行）的通知》的要求，社会资本可依法设立项目公司，政府可指定相关机构依法参股社会资本方。PPP项目公司在项目实施的过程中，一般通过负债融资支持项目建设，一旦将项目公司纳入社会资本方财务报表合并范围，将对社会资本方合并财务报表的资产负债结构产生深刻的影响。出于降低资产负债率、提高债务信用评级的需要，一些社会资本方在采用政府和社会资本合作（PPP）模式开展业务时，存在过度解读《企业会计准则第33号——合并财务报表》有关控制的判断框架的情况，以达到将PPP项目公司排除在合并财务报表范围之外降低合并财务报表资产负债率的目的。

本书通过具体案例，介绍对采用政府和社会资本合作（PPP）模式开展业务的被审计客户将其设立项目公司纳入合并财务报表范围判断的审计过程。

受益于国家生态文明、生态环保以及环境治理等相关政策和国家力推PPP相关政策的影响，我国生态园林景观、生态环保行业呈现出良好的发展趋势。LY园林公司围绕生态园林景观、生态环保的主营业务方向，努力开拓生态环保、生态园林景观市场，探索通过采用PPP业务模式与政府方合作，共同推出有利于社会环保的产品。2016年度，LY园林公司与地方政府展开了四项PPP合作，分别为：

1. 新东部TS湖PPP项目（PPP项目公司为东部公司）。
2. ×古村风情带乡村旅游PPP项目（PPP项目公司为西部公司）。
3. 新中部县环湖路边坡修复工程PPP项目（PPP项目公司为R园林公司）。
4. 新南部棚户区改造工程PPP项目（PPP项目公司为新南部投资公司）。

2017年度LY园林公司计划通过发行企业债进行融资，而企业债融资信用评级以发行人资产负债率为重要参考指标，LY园林公司管理层通过分析公司2016年12月31日资产负债情况，发现公司PPP项目公司的资产负债率均比较高，为降低合并报表资产负债率，在编制2016年度合并财务报表时，未将PPP项目公司纳入合并财务报表。根据管理层的解释，“公司控股与否与是否合并报表无必然联系，合并报表以LY园林是否对PPP项目公司有实质控制权以及是否取得可变收益为原则。PPP项目公司运营期间产生的运营费用在政府回购范围内，并无风险”，因此，LY园林未将四个PPP项目公司纳入合并财务报表。LY园林和四个PPP项目公司2016年度未经审计财务报表如表1-11所示。

表1－11　　2016年度未经审计财务报表　　单位：万元

项目	2016年度				
	LY园林	东部公司	西部公司	R园林公司	新南部投资
流动资产	200000.00	1000.00	1000.00	1000.00	1000.00
长期资产	600000.00	80000.00	40000.00	15000.00	95000.00
总资产	800000.00	81000.00	41000.00	16000.00	96000.00
流动负债	220000.00	—	—	—	—
长期负债	230000.00	57000.00	29400.00	11350.00	69540.00
总负债	450000.00	57000.00	29400.00	11350.00	69540.00
实收资本	100000.00	24000.00	11600.00	4650.00	26460.00
其中：LY园林公司出资	—	21600.00	9270.00	3255.00	18522.00
其他权益	250000.00	—	—	—	—
权益合计	350000.00	24000.00	11600.00	4650.00	26460.00
营业收入	500000.00	—	—	—	—
净利润	50000.00	—	—	—	—
资产负债率（%）	56.25	70.37	71.71	70.94	72.44

某事务所派出审计项目组对LY园林公司进行2016年度报表审计，项目组在审计过程中，以风险导向审计为指导原则，对LY园林公司内部环境进行了解，发现LY园林公司2016年度财务报表存在下述重大错报风险。

由于LY园林公司2017年度计划通过发行企业债进行融资，而企业债融资信用评级中以发行人资产负债率为评级重要参考指标，因此，项目组判断，LY园林公司管理层存在降低2016年度财务报表资产负债率的动机。

同时项目组了解到：2016年度，LY园林公司与地方政府展开了四项PPP合作，并设立了四个项目公司，四个项目公司资产负债率均达到70%以上。新的业务模式会使公司管理层存在对新业务作出错误会计处理判断的可能性。

二、重大错报风险的应对方案

（一）进一步了解PPP项目公司所处的法律环境

1. 政府与社会资本关于风险承担的约束规定。

PPP项目公司是一个特殊目的主体，由政府和社会资本方按照公司法设立，设立目的是作为PPP项目的融资、设计、建设、运营维护主体，其相关活动围绕设立目的展开。因此，PPP项目相关的主要风险包括：财务风险、建设风险、运营风险以及资产保全风险。

《国家发展改革委关于开展政府和社会资本合作的指导意见》（以下简称“PPP指导意见”）指出，准确把握政府和社会资本合作的主要原则，需要合理设计、构建有效的风险分担机制。按照风险收益对等原则，在政府和社会资本间合理分配项目风险。原则上，项目的建设、运营风险由社会资本承担，法律、政策调整风险由政府承担，自然灾害等不可抗力风险由双方共同承担。财政部在2014年11月29日发布的《关于印发政府和社会资本合作模式操作指南（试行）的通知》（以下简称“PPP操作指南”）要求，政府方可指定机构参股项目公司，按照风险分配优化、风险收益对等和风险可控等原则，在政府和社会资本间合理分配项目风险。原则上，项目设计、建造、财务和运营维护等商业风险由社会资本承担，法律、政策和最低需求等风险由政府承担，不可抗力等风险由政府和社会资本合理共担。因此，在PPP指导意见以及PPP操作指南的规定约束下，PPP项目公司相关活动的主要风险由社会资本来承担。

2. 政府与社会资本合作关于回报机制约束规定。

《关于推广运用政府和社会资本合作模式有关问题的通知》指出，PPP合作通常的模式是由社会资本承担设计、建设、运营、维护基础设施的大部分工作，并通过“使用者付费”及必要的“政府付费”获得合理投资回报。政府部门负责基础设施及公共服务价格和质量监管，以保证公共利益最大化。对收入不能覆盖成本和收益，但社会效益较好的政府和社会资本合作项目，地方各级财政部门可根据运营绩效评价结果，给予适当补贴。PPP指导意见进一步要求各地政府因地制宜，建立合理的投资回报机制，根据各地实际，通过授予特许经营权、核定价费标准、给予财政补贴、明确排他性约定等，稳定社会资本收益预期。具体为：对于具有明确的收费基础，经营收费能够完全覆盖投资成本的经营性项目，可通过政府授予特许经营权的方式建立回报机制；对于经营收费不足以覆盖投资成本、需政府补贴部分资金或资源的准经营性项目，可通过政府授予特许经营权附加部分补贴或直接投资参股等措施建立回报机制；对于缺乏“使用者付费”基础、主要依靠“政府付费”回收投资成本的项目，可通过政府购买服务，采用建设—拥有—运营（BOO）、委托运营等市场化模式推进。而PPP操作指南中，明确要求在政府与社会资本合作的项目准备阶段需确定项目回报机制，说明社会资本取得投资回报的资金来源，包括使用者付费、可行性缺口补助和政府付费等支付方式。

综上所述，政府与社会资本合作需按照风险收益对等原则，在政府和社会资本间合理分配项目风险，政府方以项目实施的监管者参与PPP项目公司的合作，一般不参与项目公司的剩余收益分配，因此，不享有可变回报。

3. 政府与社会资本合作项目公司治理约束规定。

PPP项目公司作为一个特殊目的主体，是政府和社会资本方按照公司法设立的有限责任公司。PPP项目公司设立目的明确，是作为PPP项目的融资、设计、建设、运营维护主体，PPP项目公司的治理和决策围绕设立目的展开。根据PPP操作指南，社会资本可依法设立项目公司，政府可指定相关机构依法参股项目公司，项目融资由社会资本或项目公司负责。

PPP项目公司的设立目的及相关活动决策机制、社会资本方拥有PPP项目公司的权力情况和享有收益及承担风险的情况如表 1－12 所示。

表 1－12 **PPP 项目相关内容**

设立目的及相关活动	相关活动的决策机制	相关活动的风险类型及承担主体		可变回报形式	社会资本可变回报的实现方式
设计、建设	项目合同约定工程项目的设计、施工、结算价格有关权利义务以及其协调方式（项目公司不享有工程设计、建设有关的价格决策权力）	建设风险	社会资本承担	建造服务收益	1. 通过向项目公司销售实现；2. 通过分享股利方式实现
运营、维护	项目公司拥有项目的运营管理决策权力，由项目公司自行治理	经营风险	项目公司承担	运营收益	1. 通过提供运营维护服务实现；2. 通过分享股利方式实现
融资	项目公司拥有项目的融资决策权力，由项目公司自行治理	财务风险	社会资本与项目公司承担	融资成本效益	1. 通过提供融资服务实现；2. 通过分享股利方式实现
移交	项目合同约定移交参数条件；项目公司不享有项目移交有关的决策权力	资产保全	项目公司承担	不适用	不适用

一般情况下，社会资本方投资设立项目公司旨在完成与政府方约定的相关活动，从而承担了 PPP 项目大部分的风险而享有相关活动的可变回报。除非政府方对于某些项目存在特殊考虑而给予政府指定参股的相关机构足够影响社会资本方控制项目公司的权力，否则项目公司一般受社会资本方控制。如不存在其他社会资本方分享 PPP 项目公司的控制权，那么享有权力的社会资本方则可以视为控制 PPP 项目公司。

（二）进一步了解会计准则关于合并财务报表的判断

2014 年《企业会计准则第 33 号——合并财务报表》修订后，财务报表的合并范围以控制为基础，而控制是指投资方拥有对被投资方的权力，通过参与被投资方的相关活动而享有可变回报，并且有能力运用对被投资方的权力影响其回报金额。合并报表准则进一步要求投资方应当在综合考虑所有相关事实和情况的基础上对是否控制被投资方进行判断。因此，判断社会资本投资方是否将 PPP 项目公司纳入其财务报表合并范围，需要在综合考虑 PPP 项目公司的设立目的、相关活动的类型、相关活动的决策机制、投资方享有的权利是否使其目前有能力主导 PPP 项目公司的相关活动、可变回报的形式、投资方是否通过参与 PPP 项目公司的相关活动而享有可变回报、投资方与政府方或其他方的关系等基础，判断是否形成对 PPP 项目公司的控制。

《企业会计准则讲解 2010 年》的第三十四章合并财务报表，提出判断母公司能否控制特殊目的主体应当考虑的因素包括：（1）母公司为了融资、销售商品或提供劳务等特定经营业务的需要直接或间接设立特殊目的主体；（2）母公司具有控制或获得控制特殊目的主体或其资产的决策权；（3）母公司通过章程、合同、协议等具有获取特殊目的主体大部分利益的权力；（4）母公司通过章程、合同、协议等承担了特殊目的主体的大部分风险。有关控制的判断因素，对于社会资本方是否需要将项目公司纳入财务报表合并范围具有指导作用。

（三）将 PPP 项目公司所处的法律环境与会计准则的判断认定关联

结合 PPP 项目公司所处的法律环境和会计准则关于合并财务报表的判断，对 LY 园林公司 2016 年的 PPP 项目合同、股权合同进行分析并作出是否纳入合并财务报表的判断。

项目 1：新东部 TS 湖 PPP 项目

（1）项目概况以及项目公司权力决策机制设计。2015 年 11 月，LY 园林公司作为联合体主办方与 A 工程勘察院（联合体勘察单位）、KD 建筑设计有限公司（联合体建筑设计单位）、J 建筑工程有限公司（联合体建筑施工单位）组成联合体和新东部新区管理委员会签订了《新东部市江南新城棚改区 TS 湖片区改造项目 PPP 合作协议书》。项目的实施范围包括政府购买服务的项目、社会资本方建设项目、特许经营性项目和政府托管项目。

项目合同约定，LY 园林公司依法与政府方组建项目公司新东部市人民旅游投资管理有限公司（以下简称“新东部 PPP 项目公司”）作为新东部江南新城棚改区 TS 湖片区改造项目的项目法人，负责项目区域范围内的全部相关工程的融资、投资、建设、运营工作，同时约定政府按程序授予项目公司“特许经营权”。新东部 PPP 项目公司注册资本为人民币 24000 万元，其中，LY 园林公司以现金 21600. 00 万元出资、占注册资本 90%，政府方以建设用地使用权作价 2400 万元出资、占注册资本 10%。投资合作协议约定，经营期满或项目提前终止后，新东部 PPP 项目公司清算时，政府方原用于入股的土地使用权须无抵押、无担保、无瑕疵交还给政府方。新东部 PPP 项目公司股东会的职权和表决权不存在特别安排。

新东部 PPP 项目公司董事会由 3 名董事组成，其中，政府方委派 1 名，LY 园林公司委派 2 名，董事长由 LY 园林公司委派。董事会会议作出的决议，必须经董事会超过半数的董事通过。新东部 PPP 项目公司存续期间（包括建设期和 30 年特许经营期），其产生的盈利全部由 LY 园林公司所有，产生的亏损全部由 LY 园林公司承担，政府方不参与项目公司的具体经营，不分享项目公司的利润且不承担项目公司的经营亏损与经营风险。

（2）项目公司相关活动。根据项目合同，新东部 PPP 项目公司负责项目建设资金筹集、施工建设、管理、运营移交等，并可采取多种渠道合法地筹集本项目注册资本金以外的其他建设资金。对于政府购买服务的项目，自开工建设后甲方即开始按建设进度支付购买服务部分款项，余款在项目竣工验收通过并整体移交后的四个自然年度内按平均法支付，资金成本和投资回报与投资本金同期支付。项目建成后政府授予新东部 PPP 项目公司该项目相关的相关特许经营权，特许经营期限为 30 年。

（3）项目公司纳入 LY 园林公司财务报表合并范围的判断。LY 园林公司作为新东部 TS 湖 PPP 项目的社会资本方，与政府方共同设立组建项目公司新东部 PPP 项目公司，拥有项目公司股东会 90% 的表决权股权以及占新东部 PPP 项目公司董事会 3 席中 2 席而拥有新东部 PPP 项目公司的权力，通过运用该权力参与项目公司的融资、投资、建设、运营活动而享有可变回报。因此，LY 园林公司应将新东部 PPP 项目公司纳入其合并财务报表范围。

项目 2：×古村风情带乡村旅游 PPP 项目

（1）项目概况以及项目公司权力决策机制设计。2016 年 7 月，LY 园林公司和 J 建筑工程有限公司与新西部经济技术开发区管委会签订了《新西部经济技术开发区盐湖城片区及×古村风情带乡村旅游 PPP 项目合同》，约定由项目公司在 PPP 项目合作期内以独家的权利依照本合同的规定：①对本项目进行投资、融资和建设；②运营、维护、更新本项目所涉及的全部基础设施，行使和享有本合同项下约定的权利和权益；③收取政府购买服务费。PPP 合作期 10 年（含建设期），项目竣工验收并经批准后正式进入项目设施运营的阶段。

根据各方签订的 PPP 项目合同，新西部经济技术开发区管委会授权新西部市新城建有限公司（以下简称“新城建”）与 LY 园林公司组建了新西部旅游开发有限公司（以下简称“西部公司”）作为新西部经济技术开发区盐湖城片区以及 X 古村风情带乡村旅游 PPP 项目的项目公司。项目公司的注册资本金为项目总投资的 20%，新城建出资比例为注册资本金的 20%，社会投资人出资比例为注册资本金的 80%。根据 PPP 项目出资协议，PPP 项目公司注册资本 11600 万元，其中，新城建出资 2320 万元占注册资本 20%，LY 园林公司出资 9270 万元占注册资本 79.91%，J 建筑工程有限公司出资 10 万元占注册资本 0.09%。

项目公司股东会的职权和对相关活动事项的表决权未作出特别安排，股东会职权与公司法基本一致。此外，项目公司董事会设 5 席，董事会由股东会选举产生，董事会的职权和事项表决权未作出特别安排，与公司法基本一致。

（2）项目公司相关活动。项目公司在 PPP 合作期内对本项目进行投资、融资和建设，运营、维护、更新本项目所涉及的全部基础设施，行使和享有本合同项下约定的权利和权益，并收取政府购买服务费。PPP 合作期 10 年（含建设期），项目竣工验收并经批准后正式进入项目设施运营的阶段。项目公司获得收益回报的资金方式主要是政府付费和使用者付费，具体可分为以下三个部分。①可用性服务费，包括本项目总投资、融资成本、税费以及必要的合理回报等；②运维绩效服务费，包括维护、更新本项目所涉及基础设施的日常管理所需的基本费用；③运营收入，其中，可用性服务费在运营期内，由政府按运营年度平均支付。

（3）项目公司纳入 LY 园林公司财务报表合并范围的判断。LY 园林公司作为×古村风情带乡村旅游 PPP 项目的社会资本方之一，与政府方共同组建项目公司，股东会为项目公司的最高权力机构，LY 园林公司拥有项目公司股东会 79.91% 的表决权股权并拥有运用该权力选举项目公司董事会多数席位而拥有运用项目公司的权力，通过参与项目公司的融资、投资、建设、运营活动而享有可变回报，故 LY 园林公司应将项目公司纳入其合并财务报表范围。

项目 3：新中部县环湖路边坡修复工程 PPP 项目

（1）项目概况以及项目公司权力决策机制设计。2016 年 4 月 28 日，新中部县城乡规划建设和住房保障局（以下简称“新中部县住建保障局”）与 LY 园林公司签订了《新中部县环湖路边坡修复工程 PPP 项目合作协议》《新中部县环湖路边坡修复工程 PPP 项目合资经营协议》，约定与公司共同出资设立新中部县 R 园林绿化工程有限公司（以下简称“R 园林公司”）作为项目公司，对本项目进行建设和管理，项目合作期限为 10 年，工程建设期为 18 个月，养护期为 2 年。

根据 PPP 项目合作协议，项目公司 R 园林公司注册资本为 4650 万元，其中，LY 园林公司出资 3255 万元占注册资本 70%，新中部县住建保障局出资 1395 万元占注册资本 30%。各方在 PPP 项目合资经营协议中约定，合资各方以其认缴出资额为限对公司承担有限责任，并按出资比例享有相应的权利，并承担相应的义务。项目公司存续期间，新中部县住建保障局放弃按照其股权比例获得投资回报的权利，项目公司的年可供分配利润全部由 LY 园林公司享有。新中部县住建保障局对项目公司仅按其认缴的出资额为限对公司承担出资义务，不承担项目公司设立存续期间产生的相关费用、债务、经营亏损和其他风险。双方股东的权利和义务约定为：甲乙双方享有监管的权利，经营管理重大决策的权利，以及其他法定和约定的权利；甲乙双方均有按时全额投入注册资金的义务，以及其他法定和约定的义务。

（2）项目公司相关活动。根据《新中部县环湖路边坡生态修复工程 PPP 项目合作协议》，项目采用设计、建设、运营维护、移交的模式运作。项目公司依法享有新中部县环湖路边坡生态修复工程 PPP 项目的投资、建设管理和维护管理权，负责项目的投融资、建设、采购、运营维护和移交。项目总投资额约 15500 万元，政府购买服务期为 3 年，即在项目工程竣工验收合格后，新中部县住建保障局在 3 年的购买期内根据政府购买服务总价，按 50%、30% 和 20% 的购买比例实施购买。

（3）项目公司纳入 LY 园林公司财务报表合并范围的判断。LY 园林公司作为新中部县环湖路边坡修复工程 PPP 项目的社会资本方，与政府方共同设立组建项目公司，股东会为项目公司的最高权力机构，LY 园林公司拥有项目公司股东会 70% 的表决权股权并拥有运用该权力选举项目公司董事会多数席位而拥有运用项目公司的权力，通过参与项目公司的融资、投资、建设、运营活动而享有可变回报，故 LY 园林公司应将项目公司纳入其合并财务报表范围。

项目 4：新南部棚户区改造工程 PPP 项目

（1）项目概况以及项目公司权力决策机制设计。2016 年 5 月，LY 园林公司与新东部市人民政府签订了《新南部棚户区改造及其相关附属工程PPP政府购买服务合同》，约定与新东部市HY房地产开发公司（以下简称“HY公司”）投资成立E投资开发有限公司（以下简称“E投资”）作为实施本项目的设计、融资、建设、运营、管理、移交等工作的项目公司。项目合作期为10年，其中，建设期2年，运维期8年，合作范围包括棚户区大沙安置小区建设工程、棚户区三丰安置小区建设工程、相关附属工程。项目公司E投资的注册资本为人民币26460万元。其中，LY园林公司与政府指定机构股权的股权比例分别为70%和30%。项目公司董事会由三名董事组成，由股东会选举产生。董事会决议的表决实行一人一票，经过全部董事同意则为通过。

（2）项目公司相关活动。项目公司负责本项目的融资和本项目的新城棚户区大沙安置小区建设工程、新城棚户区三丰安置小区建设工程、相关附属工程的设计与建设。在建设工程竣工后，负责本项目的管理、运营和维护。本项目由新东部财政局在各单项工程或每个子项目工程完工验收后，在8年内按等额的方式向项目公司支付政府购买服务费（政府购买服务费 = 融资费用 + 咨询服务费 + 建安工程费 + 运营维护费用 + 可用性服务收益 + 其他费用）。

同时，项目合同约定，各子项目竣工验收合格后，LY园林公司有权分步退出项目公司，分步转让其在项目公司的股权给新东部市人民政府指定的股权受让方HY公司，在第一个完工的子项目竣工验收后3年内完全退出项目公司，HY公司须回购LY园林公司持有E投资的股权（股权转让总价 = 乙方实际投入的资金总额 + 融资费用 + 可用性服务收益），其中，融资费用采用中国人民银行同期同档（3～5年期）贷款基准利率，按项目公司收到LY园林公司投资款之日起至LY园林公司收悉甲方支付的股权转让价款之日止作为计算周期计算；可用性服务收益率为4%每年，计算周期为项目公司收到乙方投资款之日起至乙方收悉甲方支付的股权转让价款之日止。每个子项目竣工验收后1年内，HY公司即须受让已竣工子项目对应的E投资的股权。

（3）项目公司纳入LY园林公司合并报表范围的判断。LY园林公司作为本PPP项目的社会资本方，与政府方共同设立组建项目公司，就本项目而言，LY园林公司对项目公司的投资具有提前退出的选择权，HY公司负有回购义务。LY园林公司虽然拥有项目公司股东会70%的表决权股权，但由于项目公司经营决策事项需经全体董事集体同意方能通过，因此，LY园林公司未能运用该权力通过参与项目公司的融资、投资、建设、运营活动而享有可变回报。故LY园林公司不应将项目公司纳入其合并财务报表范围。

三、审计调整及审定财务报表

根据上述分析，2016年度LY园林公司需将新东部TS湖PPP项目、×古村风情带乡村旅游PPP项目以及新中部县环湖路边坡修复工程PPP项目对应的三个项目公司财务报表纳入合并范围，即审计后需调整合并范围，管理层接受审计调整。审定调整后财务报表情况如表 1－13 所示。

表 1－13　　审定调整后财务报表情况（2016 年度）　　单位：万元

项目	LY 园林	东部公司	西部公司	R 园林公司	合并抵销后
流动资产	200000.00	1000.00	1000.00	1000.00	203000.00
长期资产	600000.00	80000.00	40000.00	15000.00	694750.00
总资产	800000.00	81000.00	41000.00	16000.00	897750.00
流动负债	220000.00	—	—	—	220000.00
长期负债	230000.00	57000.00	29400.00	11350.00	327750.00
总负债	450000.00	57000.00	29400.00	11350.00	547750.00
实收资本	100000.00	24000.00	11600.00	4650.00	100000.00
其中：LY 公司出资	—	21600.00	9270.00	3255.00	
其他权益	250000.00	—	—	—	250000.00
权益合计	350000.00	24000.00	11600.00	4650.00	350000.00
营业收入	500000.00	—	—	—	500000.00
净利润	50000.00	—	—	—	50000.00
资产负债率（%）	56.25	70.37	71.71	70.94	61.01

四、案例点评

PPP 项目公司是一个特殊目的主体，由政府和社会资本方按照公司法设立，设立目的是作为 PPP 项目的融资、设计、建设、运营维护主体。在 PPP 指导意见以及 PPP 操作指南的规定约束下，PPP 项目公司相关活动的主要风险由社会资本来承担。社会资本方投资设立项目公司旨在完成与政府方约定的相关活动，承担了 PPP 项目大部分的风险而享有相关活动的可变回报。一般情况下，如不存在其他社会资本方分享 PPP 项目公司的控制权，则社会资本方应当视为控制 PPP 项目公司。

本案例 LY 园林公司共有四个 PPP 项目，在 PPP 项目中有一定代表性，而对其中纳入合并报表的前三个 PPP 项目的审计流程和审计结果，对同类 PPP 项目审计具有一定的借鉴意义。PPP 项目作为一项备受推广的政府和社会资本合作模式，具有一定的优越性，一方面为民营资本进入公共产品供给领域提供了机会；另一方面提高了社会公共产品提供的效率，但是截至目前，国内 PPP 项目存在着物有所值评价不客观、财政承受能力评估过于乐观的问题，使 PPP 项目在落地实施时难度加大，其主要原因一是政府部门对 PPP 理解不充分，实施前没有做好充足准备；二是社会资本在投资 PPP 项目时对项目预期成本估计偏低，对项目的融资能力预期过于乐观，导致后期资金链紧张，而本案例中的几个 PPP 项目，由于物有所值研究评价扎实、社会效益较高，且地方政府财政承受能力良好，因此，项目的实施和完工程度较高。

第二章　并购重组类业务类

案例一　收购业务审计*

一、基本情况

本案例是年报审计时对该项收购业务审计的节选。

K股份公司主要从事切片、涤纶工业丝的生产和销售。K投资有限公司（以下简称“K投资”）系K股份公司的控股股东（持有44.14%股权）。广东L公司与K投资为受同一实际控制人控制下的公司。

广东L公司上半年资金比较紧张，需要资金，拟将K置业公司100%股权出售变现。非关联方D公司和广东L公司洽谈时，提出购买K置业公司股权后，以K置业公司股权对K股份公司进行增资。

在实际操作中，D公司收购K置业公司100%股权，并将其持有K置业公司100%股权同价对K股份公司进行增资。关联方交易非关联化了。

（一）重大错报风险

在K股份公司年报审计中，K股份公司收购K置业公司100%股权的会计处理是已识别的重大错报风险。收购的资产是否构成业务，是否适用《企业会计准则第20号——企业合并》；如适用《企业会计准则第20号——企业合并》，是同一控制下的企业合并还是非同一控制下的企业合并。不同的会计处理方法，入账价值分别为账面价值和公允价值，两者相比较差异较大，对财务报表影响程度高，需要作出判断。

（二）审计目标

K股份公司收购K置业公司100%股权的会计处理符合企业会计准则的规定。

---

* 本案例由立信会计师事务所（特殊普通合伙）广东分所提供，获得广东省注册会计师协会行业案例库优秀案例一等奖。

二、审计情况

（一）审计团队

审计团队包含在年报审计的项目组中。

（二）审计时间安排

预审、现场审计等时间安排均按年报审计的时间安排。

（三）审计计划

审计计划包含在年报审计的审计计划中。

（四）审计程序实施情况

1. 了解 K 股份公司、K 置业公司及所属集团、股东架构等基本情况。

2. 了解 K 置业公司房产及 K 置业公司的相关业务的运作情况。

3. 了解 K 股份公司识别关联方的程序，评估并测试公司识别和披露关联方关系及其交易的内部控制。

4. 获取并检查 D 公司的工商资料、验资报告、章程等，现场访谈 D 公司的股东，确认 D 公司不是关联方。

5. 实施实质性测试程序。

（1）获取并检查本次收购的相关法律文件，包括董事会、股东会决议、收购协议、增资验资报告等；

（2）获取并检查 K 置业公司的工商资料、验资报告、章程等；

（3）获取并检查 K 置业公司的房产产权资料、合同等；

（4）现场查看 K 置业公司的房产、业务运作情况；

（5）现场与 K 置业公司管理层、员工进行访谈，了解其业务运作及资产情况；

（6）现场与 K 股份公司相关中高层进行访谈，了解其收购 K 置业公司的目的及运作意向；

（7）现场与代表 K 投资的相关人员进行访谈，了解集团运作的意向及情况。

6. 获取 K 置业公司股权转让作为定价参考依据的《资产评估报告》并进行复核，电话访谈相关评估人员，了解转让价格的公允性。

（五）整理交易事项详细资料

K 股份公司主要从事切片、涤纶工业丝的生产和销售。K 投资系 K 股份公司的控股股东（持有 44.14% 股权）。广东 L 公司与 K 投资为受同一实际控制人控制下的公司。D 公司股东为裘石、沈文，与 K 投资不存在关联方关系。

1. 2014 年 6 月 22 日，根据股东会决议和股权转让协议，广东 L 公司将其持有的 K 置业公司 2000 万股权（占注册资本的 100%），以 46800 万元（系参考评估报告作为定价依据）转让给 D 公司。

上述股权变更已于 2014 年 6 月 25 日完成工商变更登记。广东 L 公司已就该股权转让行为（按转让价格 46800 万元）在税务机关进行备案，并进行相应的纳税申报。

2. 2014 年 6 月 26 日，根据股东大会决议，D 公司将其持有 K 置业公司 100% 股权作价 46800 万元对 K 股份公司进行增资，取得 K 股份公司 7800 万股股权，占增资后股权比例为 13%。相关工商变更于 2014 年 6 月 30 日完成。

D 公司在买入 K 置业公司股权后，又以其持有 K 置业公司 100% 股权作为出资对 K 股份公司增资的交易目的：K 股份公司由于近几年的大量投入，目前已将到收获期，2014 年销售、利润比 2013 年有大幅增加，2015 年产能进一步释放后，销售和利润会进一步增长。D 公司希望对 K 股份公司增资，主要看好 K 股份公司的业务发展前景。

广东 L 公司上半年资金比较紧张，需要资金，拟将 K 置业公司股权出售变现。D 公司和广东 L 公司谈判时，提出购买 K 置业公司股权后，以 K 置业公司股权对 K 股份公司进行增资。

K 股份公司近年发展扩大后需要在城区内设立企业总部，提升企业形象。K 股份公司全体股东同意 D 公司以 K 置业公司股权形式增资 K 股份公司。故 D 公司在买入 K 置业公司股权后，再以 K 置业公司股权对 K 股份公司进行增资，K 置业公司股权作价 46800 万元，其中 7800 万元记入实收资本，39000 万元记入资本公积，该作价系在 2013 年末每股净资产（3.37 元）基础上考虑 2014 年度 K 股份公司盈利情况。

3. K 置业公司。

（1）目前经营情况。K 置业公司目前主要资产为剩余未销售的房产，负债主要为向 K 股份公司的借款。后续不准备继续开发经营性房地产业务，主要收入为房屋租金收入（主要向关联方收取），无其他的实际经营业务。K 置业公司仅有物业管理人员，无房产销售人员。

账面主要资产情况如下。

存货：Y 商城项目已全部完工，未将全部开发成本结转至固定资产；

固定资产：Y 商城项目已全部完工，已将部分开发成本结转至固定资产；

固定资产评估增值主要系 Y 商城项目增值所致，Y 商城属于市区老城区中心地段商业用房。商城于 2006 年开始建设，2009 年完工，合计开发成本为 13862 万元，租售面积为 13764.27 平方米，单位造价成本为 1 万元/平方米（原提供单位造价数据 7734 元/平方米系根据总造价/建筑面积计算，1 万元/平方米系根据总造价/房产证面积计算）。

（2）销售和租赁情况（Y 商城情况），如表 2－1～表 2－3 所示。

表 2-1　　剩余未销售的房产占原全部可销售房产的比例

A	全部可售面积（注）	13764. 27 平方米
B	已销售面积	1270. 87 平方米
C	剩余未销售面积 = A - B	12493. 40 平方米
D	剩余可销售面积比例 = C/A	90. 77%

注：可售面积 13764. 27 平方米为房产证面积，地下室面积 2944. 61 平方米，合计 16708. 88 平方米。已销售面积为房产证面积。

表 2-2　　已出租的房产占未销售房产的比例及具体租赁合同

A	剩余未销售面积	12493. 40 平方米
B	已出租面积	10430. 95 平方米
C	出租率 = B/A	83. 49%

表 2-3　　租赁清单　　单位：元

	承租方租赁期间	合同金额	租赁面积
A	2014 年 1 月 1 日 ~ 2014 年 12 月 31 日	8000000. 00	9000. 00
B	2009 年 3 月 1 日 ~ 2024 年 4 月 29 日	1103333. 33	386. 00
C	2011 年 7 月 1 日 ~ 2019 年 7 月 31 日	200000. 00	600. 00
D	2014 年 1 月 1 日 ~ 2027 年 12 月 31 日	80000. 00	444. 95
合计		9383333. 33	10430. 95

（3）剩余未销售的房产准备持有用途。K 置业公司剩余房产将不继续销售，经 K 股份公司高层及控股股东协商决定，将主要出租房产尽快收回，作为 K 股份公司的总部办公楼。目的：第一，目前 K 股份公司住址离市区老城区较远，由于 K 股份公司业务不断扩大，来往客户也比较频繁，行政、银行办事沟通受时间限制而办事效率不高；第二，K 股份公司规模日益增大，为提升企业形象。

三、项目组讨论情况

项目组进行了多次讨论。

1. 购买的资产是否构成业务，是否适用《企业会计准则第 20 号——企业合并》。

根据《企业会计准则讲解 2010》，如果一个企业取得了对另一个或多个企业的控制权，而被购买方（或被合并方）并不构成业务，则该交易或事项不形成企业合并。企业取得了不形成业务的一组资产或是净资产时，应将购买成本按购买日所取得各项可辨认资产、负债的相对公允价值基础进行分配，不按照企业合并准则进行处理。

从获取的审计证据来看，K 置业公司拥有唯一资产为物业“Y 商城”。该物业大部分（占比 80% 以上）已签订租赁协议，且拥有物业管理人员及能力。在该物业持有意图及现有状态未改变的前提下，通常推定该物业通过投入及加工过程（物业管理及既有租赁合约），将产生租赁收益等回报，因此，一般认定为构成业务，该交易适用《企业会计准则第 20 号——企业合并》的有关规定。

项目组认为构成业务，适用《企业会计准则第 20 号——企业合并》的有关规定。

2. 适用《企业会计准则第20号——企业合并》，是同一控制下的企业合并还是非同一控制下的企业合并。

（1）非同一控制下的企业合并。从法律形式上看，关联方交易非关联化了，是非同一控制下的企业合并。按照非同一控制下的企业合并，购买方（K 股份公司）编制购买日的合并资产负债表时按企业合并所取得的被购买方（K 置业公司）各项可辨认资产、负债的公允价值计量；因购买方取得被购买方 100% 股权，被购买方 K 置业公司也可以按合并中确定的有关资产、负债的公允价值调账，全部按公允价值计量。

（2）同一控制下的企业合并。从实质上看，应视同“一揽子”交易，从工商登记上看，D 公司只短暂持有 K 置业公司 5 日（2014 年 6 月 25 ~ 30 日），交易价格又是买卖同价，应认定为同一控制下的企业合并，按账面价值计量。

项目组认为，应遵循实质重于形式的原则，按同一控制下的企业合并进行会计处理，并披露关联方交易。

3. 所内风控程序实施情况。

按所内正常风控程序进行的三级 8 人复核，均认同项目组的处理意见。

4. 重大事项请示情况。

按所内程序在正常风控程序实施的同时实施了特殊风控程序：重大会计问题请示，技术标准部回复认可项目组的处理意见。

5. 与 K 股份公司管理层、治理层沟通情况。

项目组与 K 股份公司管理层、治理层进行了沟通，对该项会计处理达成一致意见。

四、案例点评

实务中，收购资产，按照不同的会计处理方法，入账价值分别为公允价值和账面价值，两者相比较差异较大，对财务报表影响程度高，需要作出大量判断。本案例对收购业务审计具有一定的借鉴意义。

但是，本案例中，相关事项容易作出判断，K 置业公司资产仅有“Y 商城”，且早已完工，该资产收购情况比较简明，若收购该物业的目的并非通过租赁获取回报而用于自用，且将现有租赁合约终止等改变现有状态的措施切实可行的，可认定为不构成业务，就变得不容易作出判断；若 D 公司持有 K 置业公司时间拉长如超过 1 年，并实质控制，经营状况也有较大变化，股权转让价格又是买卖不同价，可认定为非同一控制下的企业合并，就变得不容易作出判断。本案例对于实务中复杂情况的收购业务审计的借鉴程度有限。

案例二　广告公司资产重组审计*

一、基本情况

深交所创业板上市公司H集团（以下简称“上市公司”）拟收购一家新三板挂牌广告公司S传媒（以下简称“BD公司”），本次交易构成重大资产重组。因本次资产重组尚处于筹备阶段，故先对BD公司2015年度和2016年度数据进行审计，并在2017年4月30日之前出具BD公司2016年度审计报告。

S传媒公司成立于2001年，并于2015年在全国中小企业股份转让系统挂牌交易。S传媒公司专注于户外广告领域，以交通系统广告媒体资源运营为核心，主要通过公共投标、拍卖或BOT等方式取得户外广告媒体资源的运营权，再将广告资源出租给直接客户或广告代理方，通过为客户提供广告媒体资源服务获取收益。S传媒公司2015年度财务报表经某事务所审计并公告。

承接业务时，BD公司近3年一期主要财务数据如表2－4所示。

表2－4　　BD公司近3年一期主要财务数据　　单位：亿元

项目	2016年6月末/1～6月	2015年末/年度	2014年末/年度	2013年末/年度
资产总额	22.62	21.26	21.88	23.19
负债总额	16.43	15.94	18.33	19.93
所有者权益	6.19	5.32	3.55	3.26
营业收入	2.37	4.03	3.26	2.40
净利润	0.22	0.51	0.28	0.10

1. 交易方案要点。

（1）本次交易的背景与意义。上市公司现有经营业绩下滑，需要引入新业务形成新的利润增长点。BD公司广告运营业务稳定，有利于增强上市公司的盈利能力。上市公司与BD公司在业务、资本层面存在一定协同效应。

（2）本次交易方案要点。上市公司拟以发行股份及支付现金购买BD公司100%的股权。

（3）本次交易情况及对上市公司的影响。本次交易构成重大资产重组，但不构成借壳上市。本次交易不构成关联交易，交易完成后，预计上市公司的经营业绩也将大幅增长。

---

* 本案例由大华会计师事务所（特殊普通合伙）深圳分所张媛媛提供，获得广东省注册会计师协会行业案例库优秀案例二等奖。

2. 项目风险。

经了解BD公司情况及其环境，评估认定财务报表重大错报风险为：

（1）BD公司广告经营权的会计处理；

（2）BD公司广告收入真实性的确认。

3. 审计目标。

通过执行审计工作，对BD公司财务报表发表审计意见。

二、审计方法与指引

（一）审计团队组成

1. 审计人员资质，如表2-5所示。

表2-5 审计人员情况

职位	姓名	职务及资质
质量控制合伙人	A	合伙人，中国注册会计师
复核合伙人	B	合伙人，中国注册会计师
签字合伙人	C	合伙人，中国注册会计师
签字会计师	D	合伙人，中国注册会计师，中国注册税务师，中国注册资产评估师
外勤负责人	E	项目经理，中国注册会计师
项目组成员	F	高级审计员
项目组成员	G	高级审计员
项目组成员	H	审计员
项目组成员	I	审计员
项目组成员	J	审计员
项目组成员	K	审计助理

2. 任务分配情况，如表2-6所示。

表2-6 审计任务分配

职位	姓名	主要职责
质量控制合伙人	A	项目风险控制报告签发
质量控制经理	B	风险审核经理
复核合伙人	C	项目独立复核
签字合伙人	C	项目二级复核
签字会计师	D	重大事项复核沟通、重要底稿及报告复核，审计计划的审批
外勤负责人	E	现场整体负责、审计计划的编写、初步业务活动工作底稿、风险评估工作底稿、业务完成阶段工作底稿、现场底稿一级复核、审计总结、报告拟写

续表

职位	姓名	主要职责
项目组成员	F/G	销售与收款循环
项目组成员	H	生产成本循环、采购与付款循环
项目组成员	I	其他往来、固定资产循环、工薪与人事循环、费用类
项目组成员	J	投资及融资循环
项目组成员	K	协助

（二）了解被审计单位基本情况、评估审计风险、制定审计策略

1. 了解BD公司广告经营权基本情况。

BD公司为一家专业的户外广告资源运营商，拥有多项地铁、机场、候车亭、公交车身等户外媒体资源的经营权。BD公司主要通过公开投标、拍卖、BOT等方式取得户外广告经营权。取得户外广告经营权的相关合同类型包括广告代理合同、经营权中标合同、经营权租赁合同等，其中，地铁、机场等主要经营权的期限较长，一般为6~10年，合同主要条款如下。

（1）经营权费支付方式。等额分期支付或第一年支付固定金额，以后每年环比递增5%左右，按月或季度为周期支付一次，每个支付周期到期前预付下个周期费用。

（2）经营权用途。享有合同所赋予的广告位在经营权期限内广告媒体的使用权和收益权。

（3）经营权调整。误差较小时不调整，误差超过一定比例（通常5%）以实际交付数量进行调整。

（4）经营权保留使用范围。通常会约定不低于总面积的5%左右用于发布公益广告；甲方有权在总面积一定范围内发布自身信息。

（5）权利限制。除非另有约定或甲方预先书面批准，不得擅自将经营权转让、出租、赠与、抵押或质押给任何第三方，或将经营权授予第三方。

（6）提前终止的违约责任。通常约定BD公司擅自提前终止合同，甲方已收取经营权费不退换，并有可能承担一定赔偿责任；双方协商一致可以终止变更合同，未约定补偿责任因BD公司原因导致合同无法履行，甲方有权终止合同，已缴纳的经营权费和履约保证金不再返回，且无需承担补偿责任。

2. 公司目前广告经营权的会计处理。

对于各类广告媒体资源的经营权，BD公司根据合同约定条款、业务性质以及经营权价值大小和期限长短分别进行会计处理，具体情况如下。

（1）对于合同期限少于一年的广告经营权合约，BD公司根据合同期限进行均摊并计入当期经营成本。

（2）对于合同期限超过1年但不超过5年、广告经营权价值较小（不超过1亿元），且符合资产确认条件的，BD公司确认为长期待摊费用，在预计受益期间按直线

法摊销，摊销金额计入当期经营成本。

（3）对于合同期限超过5年、广告经营权价值较大，公司按照合同约定的成本确认为无形资产。对于采用分期付款方式支付，无形资产的成本为购买价款的现值加上相关交易费用，实际应付经营权费累计总金额和现值的差异确认为未确认融资费用，每期按实际利率法摊销计入当期的财务费用。在其预计使用寿命内采用计划收入比例法（即按收入预测模型以及各期收入占预测经营期总收入的比重）来确认无形资产各期的摊销金额，并计入当期成本。公司于每年期末对当年的实际收入与预测收入进行对比，若实际实现收入与预测收入差异率超过10%，则需对未来经营期的收入预测进行重新复核，对照收入的实际实现情况修正原先的预测模型，对预测模型的修正按会计估计变更处理。

（4）对于BOT方式取得的广告经营权，且在未来特定期间取得运营收入的权利并不构成一项无条件收取固定或可确定现金的权利，确认为一项无形资产（特许经营权），在其预计使用寿命内按直线法进行摊销，并计入当期经营成本。

3. 公司目前会计处理存在问题。

（1）无形资产入账价值以未来付款额现值确认，但根据经营权合同，未来付款额受经营权实际交付广告位数量和时点变化等因素的影响，出现广告位调整及付款金额发生变化导致无形资产入账价值变动和调整的情况；

（2）导致公司资产负债率偏高；

（3）难以准确预测收入，导致与实际收入出现较大差异，需要按照会计估计变更并进行披露。

4. 相关会计准则背景。

（1）《企业会计准则第21号——租赁》和《企业会计准则第6号——无形资产》均未对“无形资产许可使用协议”和“租赁”之间如何划分给出明确的界定。《企业会计准则第21号——租赁》第三条规定：“电影、录像、剧本、文稿、专利和版权等项目的许可使用协议，适用《企业会计准则第6号——无形资产》。”但是，无论是《企业会计准则第21号——租赁》还是IFRS体系下的《国际会计准则第17号——租赁》，均未对“许可使用协议”作出明确的界定。尽管这两者在经济实质上可能是类似的。《企业会计准则第6号——无形资产》第二条规定不适用该准则的项目包括：作为投资性房地产的土地使用权；企业合并中形成的商誉；石油天然气矿区权益。其中并未将“电影、录像、剧本、文稿、专利和版权等项目的许可使用协议”排除于该准则的规范范围之外。在IFRS体系下，《国际会计准则第38号——无形资产》第2段指出：“本准则适用于无形资产的会计处理，但属于其他国际财务报告准则规范范围内的无形资产除外。”《国际会计准则第38号——无形资产》第3段对第2段的上述意思进行了强调，进一步指出：“如果其他国际会计准则对某特定类型的无形资产做了规范，那么企业应运用该项准则而不是本准则。例如，本准则不适用于以下项目：……（3）属于《国际会计准则第17号——租赁》范围内的租赁……。”

"租赁"和"许可使用协议"两者之间的界限并不清晰，尽管这两者从经济实质而言可能是类似的。同时《企业会计准则第21号——租赁》第三条和《国际会计准则第17号——租赁》第2段所举的不属于租赁准则规范的许可使用协议的例子都是针对特定种类的无形资产，不过《企业会计准则第21号——租赁》和《国际会计准则第17号——租赁》都没有明确要求将无形资产租赁排除出其适用范围。如前所述，《国际会计准则第38号——无形资产》将所有"租赁协议"均排除在其适用范围之外。

（2）参照IFRS体系下的IFRIC4《确定一项交易安排中是否包含租赁》第6段规定，确定一项协议是否属于或包含租赁业务，应重点考虑以下两个因素。一是履行该协议是否依赖某特定资产；二是协议是否转移了资产的使用权。属于租赁业务的，按租赁准则进行会计处理；其他部分按相关会计准则处理。

根据该解释公告第9段规定，如果一项安排授予购买方（承租人）对BD资产使用的控制权，则可以认为该协议转移了资产的使用权。当出现以下三种情况之一时，应认为对BD资产使用的控制权已经转移。

①购买方有能力或有权力运作该资产，或者指示他人以该购买方决定的模式运作该资产，并且取得或控制该资产的产出或者效用中的并非不重大的部分。

②购买方有能力或有权力控制对该资产的实物接触，并且取得或控制该资产的产出或者效用中的并非不重大的部分。

③相关事实和因素表明：除该购买方以外的一方或多方取得该资产在该安排期间内生产或者产生的产出或者其他效用中的并非不重大的部分的可能性很小，并且购买方为该等产出所支付的价款既不是合同约定的每单位固定金额，也不同于产出交付时该等产出的每单位现行市场价格。

针对BD公司来说，与对方签订的合同是户外广告点位特许经营权合同，该合同的BD是授予公司在特定区域、特定期限内按照特定要求设置户外广告设施，并拥有相关的广告发布经营自主权。对BD公司来说，表现为一种权力，是一种获取超额利润的综合能力，不具有实物形态。很大程度上是通过自身所具有的权力优势为企业带来未来经济利益，本质上是授予广告经营权，广告牌只是广告经营权的载体。该载体并不是广告经营权不可缺少的组成部分，并且广告经营权并不是依附于特定的广告牌，基于其BD并不是特定的资产，而是一项权利的授予；该合同所授予的特许经营权符合《企业会计准则第6号——无形资产》第三条对"可辨认性"判断标准的规定之（二），即"源自合同性权利或其他法定权利，无论这些权利是否可以从企业或其他权利和义务中转移或者分离"；BD企业有权获得该广告经营权产生的未来经济利益，并能约束其他方获取这些利益，则表明企业控制了该项无形资产；广告经营权在持有过程中为企业带来未来经济利益的情况不确定，不属于以固定或可确定的金额收取的资产，属于非货币性资产。从以上五点可以看出，BD公司拥有的广告经营权符合对"无形资产"的定义，即"企业拥有或者控制的没有实物形态的可辨认非货币性资产"。同时，该项特许经营权也符合该准则第四条对确认无形资产应满足条件的规定（与该无形资产有关的经济利益很可能流入企业，且该无形资产的成本能够可靠地计量)，因此，公司将长期的广告经营权确认为一项“无形资产”符合企业会计准则，不构成一项会计差错。

(3)《企业会计准则第28号——会计政策、会计估计变更和差错更正》对会计政策的概念进行了定义。会计政策是指企业在会计确认、计量和报告中所采用的原则、基础和会计处理方法(会计政策包括会计原则、基础和处理方法)。

原则，是指按照企业会计准则规定的，适合于企业会计要素确认过程中所采用的具体会计原则。

基础，是指为了将会计原则应用于交易或者事项而采用的基础，主要是计量基础(即计量属性)，包括历史成本、重置成本、可变现净值、现值和公允价值等。

会计处理方法，是指企业在会计核算中按照法律、行政法规或者国家统一的会计制度等规定采用或者选择的、适合于本企业的具体会计处理方法。

原则、基础和会计处理方法构成了会计政策相互关联的有机整体，对会计政策的判断通常应当考虑从会计要素角度出发，根据各项资产、负债、所有者权益、收入、费用等会计确认条件、计量属性以及两者相关的处理方法、列报要求等确定相应的会计政策。

《企业会计准则第28号——会计政策、会计估计变更和差错更正》也规定了企业应当以变更事项的会计确认、计量基础和列报项目是否发生变更，作为判断该变更是会计政策变更还是会计估计变更。

不同变更的划分基础：

①以会计确认是否发生变更作为判断基础。《企业会计准则——基本准则》规定了资产、负债、所有者权益、收入、费用和利润六项会计要素的确认标准，是会计处理的首要环节。一般地，对会计确认的指定或选择是会计政策，其相应的变更是会计政策变更。会计确认、计量的变更一般会引起列报项目的变更。

②以计量基础是否发生变更作为判断基础。《企业会计准则——基本准则》规定了历史成本、重置成本、可变现净值、现值和公允价值五项会计计量属性，是会计处理的计量基础。一般地，对计量基础的指定或选择是会计政策，其相应的变更是会计政策变更。

③以列报项目是否发生变更作为判断基础。《企业会计准则第30号——财务报表》规定了财务报表项目应采用的列报原则。一般地，对列报项目的指定或选择是会计政策，其相应的变更是会计政策变更。当然，在实务中，有时列报项目的变更往往伴随着会计确认的变更或相反。

④根据会计确认、计量基础和列报项目所选择的、为取得与该项目有关的金额或数值所采用的处理方法，不是会计政策，而是会计估计，其相应的变更是会计估计变更。

总之，在单个会计期间，会计政策决定了财务报表所列报的会计信息和列报方式，会计估计是用来确定与财务报表所列报的会计信息有关的金额和数值。

企业可以采用以下具体方法划分会计政策变更与会计估计变更：分析并判断该事项是否涉及会计确认、计量基础选择或列报项目的变更。当至少涉及其中一项划分基础变更的，该事项是会计政策变更；不涉及上述划分基础变更时，该事项可以判断为会计估计变更。

针对BD公司来说，将广告经营权会计处理方案由确认为无形资产改为按照经营租赁模式，该事项的计量基础发生变更，即将广告经营权确认无形资产是以现值为计量基础，采用经营租赁模式会计处理是以历史成本作为计量基础；该事项的会计确认发生变更，即前期将广告经营权确认为一项资产，而当期将其确认为一项成本费用；同时，会计确认的变更导致该事项在资产负债表和利润表相关项目的列报也发生变更。该事项涉及计量基础、会计确认和列报的变更，符合上述会计政策变更判断基础，所以将广告经营权会计处理方案由确认为无形资产改为按照经营租赁模式进行会计处理属于会计政策变更。

5. 会计处理调整方案。

公司履行会计政策变更的董事会程序，变更经营权的会计处理方法，参照经营租赁的方式进行处理，即不确认为无形资产，将经营权费总额在合同期内按直线法平均分摊，并追溯调整以前年度的财务报表。

（1）为财务报告使用者提供更可靠、更相关的财务信息，更加准确反映企业经营情况及盈利能力；

（2）与同行业上市公司核算方法一致，提高财务数据同行业可比性；

（3）避免财务报表资产和负债同时大幅增加，符合会计谨慎性原则，降低了资产负债率。

（三）审计方法

（1）了解广告收入基本情况，客户主要构成，收入确认的时点和流程；

（2）了解企业用于编制与本业务相关的会计估计的流程；

（3）了解影响本业务流程的会计分录；

（4）确定收入潜在错报的可能来源等；

（5）根据被审计单位基本情况评估风险，确定重要性水平；

（6）制定审计策略。

（7）以风险为导向，重点核查收入的真实性。

（四）审计实施方案

1. 实施财务审计程序。

（1）实施控制测试。主要对采购循环（获取媒体经营权业务活动）、销售循环、资金及投资筹资循环内部控制进行了解与测试。

（2）进行细节测试。对重要账户和交易采取的进一步审计程序方案（计划矩阵），如表2－7所示。

表2－7　　审计计划矩阵

重要账户或列报	相关认定						控制测试	实质性程序	
	存在/发生	完整性	权利和义务	计价/分摊/准确性	截止	分类		分析测试	细节测试
货币资金	√	√	√	N/A	√	N/A	是	否	是
应收款项	√	×	√	×	N/A	N/A	是	是	是
应收款项——坏账准备	×	×	×	√	N/A	N/A	是	是	否
其他流动资产	×	×	×	√	N/A	N/A	是	是	否
固定资产	√	×	√	√	N/A	N/A	否	否	是
无形资产	√	×	√	√	N/A	N/A	否	否	是
其他非流动资产	√	×	√	√	N/A	N/A	是	否	是
长期待摊费用	√	×	√	√	N/A	N/A	是	否	是
预收账款	√	√	√	√	N/A	N/A	是	是	是
应付职工薪酬	√	√	√	√	N/A	√	是	是	是
应交税费	√	×	×	√	N/A	N/A	是	是	是
主营业务收入	√	×	N/A	×	√	√	是	是	是
销售费用	√	√	N/A	×	√	×	是	是	是
管理费用	√	√	N/A	×	√	×	是	是	是
财务费用	×	√	N/A	×	√	×	是	是	是
所得税	×	√	N/A	×	N/A	×	是	是	是

2. 主要实施的实质性测试审计程序。

（1）货币资金。常规程序：库存现金监盘、银行存款函证、打印开户清单、贷款卡信息与账面信息核对；银行流水双向核对、凭证抽样。其他程序：双向核对，核对现金销售收款、大额费用支付的合理性；客户、供应商收款挂账名称与银行单据是否为同一家单位，是否有代付代收协议。

（2）预付账款。对预付账款余额一一核查，是否存在业务活动已发生但未开票导致未及时确认费用的情况，预付材料款是否与合同结算方式一致。

（3）其他流动资产。核算内容包括销售置换烟酒类产品、待抵扣留抵的增值税等；销售置换烟酒类是否存在明显跌价迹象。

（4）固定资产。测试固定资产入账价值的正确性、及时性；了解并测试折旧及其分配；权证的检查。

（5）其他长期资产。其他长期资产包括递延所得税资产和无形资产、长期待摊费用、其他非流动资产——经营权；检查无形资产的增加情况，测算无形资产的摊销是否正确，关注是否存在减值情况；对未确认的可弥补亏损，是否确认递延所得税资产；对于经营权确认的长期待摊费用、其他非流动资产，账面摊销是否准确；经营权期限、租金的减免等合同条款是否发生变化，进行核实。

（6）借款。获取本期新增的借款合同及对应的保证合同等，编制借款明细清单，测算本期应计利息，与财务费用等相关科目的贷款利息支出核对；抽查增减变动的记账凭证，检查被审计单位贷款卡，核实账面记录是否完整；在对银行存款询证的同时，对短期借款进行函证；索取和查验公司贷款卡的全部记录。

（7）应付工资薪金。获取公司员工人数，比较本期与上期工资费用总额，要求被审计单位解释其增减变动原因，或取得管理当局关于员工工资标准的决议；核对工资部门记录的工资支出与出纳记录的工资支付数，工资部门记录的工时与经营部门记录的工时；检查工资、奖金、津贴和补贴计提是否正确，依据是否充分；获取“五险一金”的计提标准，编制职工“五险一金”的本期应缴、本期已缴、本期欠缴清单，以确定是否按规定足额计缴；对应付职工薪酬账面结余金额的内容和依据进行复核验证。

（8）税项。了解公司税收相关政策，关注税收优惠并取得相关文件；关注本年度税收政策发生的变化对公司的影响，关注新政策执行的时点；复核并测试各项税金的核算是否正确及符合相关政策；获取公司完整的纳税申报资料，核实客户的实际纳税情况；关注客户是否存在重大的税收风险；对相关税项的应交、已交和未交进行符合性测试。

（9）其他流动负债：包括应付票据、应付账款和其他应付款。

（10）应付票据：与开票协议约定的保证金是否与实际相符；与函证是否相符；分析出现借方余额的项目，查明原因，必要时，作重分类调整；结合预付账款等往来项目的明细余额，调查有无同挂的项目、异常余额或与购货无关的其他款项，如有，应作出记录，必要时做调整；检查期后债务形成的相关原始凭证，查找有无未及时入账的应付账款，确定应付账款金额的准确性；关注应付账款长期挂账的原因并作出记录，注意其是否可能无需支付或未及时确认结转收入；了解其他应付款形成原因和款项性质；进行账龄分析，长账龄的合理性；关联方款项要与相关单位核对一致。

（11）权益。了解和取得资本公积、公益金、未分配利润以及实收资本形成的过程、依据和账务处理的正确性；增发股份产生的财务顾问费，检查其账务处理。

（12）成本。成本结转与长期待摊费用、无形资产、其他非流动资产分配相互钩稽；关注并测试产品结转成本时与收入是否配比。

（13）费用。了解费用开支的内控制度；开列对比式审计底稿进行分析性复核，关注重大异常项目；结合费用测算和期后检查，关注费用是否完整；或有事项、期后事项和承诺事项；上次审计调整公司是否已在账面作相应处理；

关联交易及其披露是否完整；关注潜亏因素及或有事项的审核，通过询问律师、检查贷款证、检查支付的律师费用，判断是否存在诉讼事项；关注有无非货币性交易；关注公司涉及诉讼事项。

3. 对公司收入真实性实施相关的进一步专项核查程序。

从账务核查、分析性复核、客户访谈、函证等几个层面着手，结合内外部证据，开展对截至2016年12月31日收入真实性的核查工作。

（1）会计账务核查。

核查思路：主要从单据流、实物流、现金流三个方面着手开展实质性核查程序，核查收入确认是否有充足的依据。

核查样本：根据公司提供的收入构成明细表，挑选收入占比较大的主要客户作为核查样本。选取样本时，关注广告媒体、贸易等代理公司及个人客户。

其中，对账龄1年以上的应收账款主要客户分析，对2年以上的应收账款全部分析。

获取的总体样本资料：获取报告期所有的合同存档纸质文件、最新的合同登记台账、开票清单、会计账簿、收款记录、银行对账单、验收文件、监测报告等。

核查手段：

①原始凭证检查。样本客户逐一核查双方签订的合同、工商部门或其他有权部门关于批准广告发布的核准文件、经客户确认的广告画面小样（不适用于客户自行设计画面）、委托外协单位进行广告制作的相关文件（不适用于客户自行制作画面）、经确认的安装公司验收文件、上刊监测报告和客户验收报告、下刊监测报告和客户确认文件、发票、记账凭证、对账单等书面票据流，通过执行穿行测试，核查各项票据是否齐全、票据各要素是否齐备、单据及签字盖章是否真实有效。

核查的主要程序：单据流；抽取合同存档纸质文件，检查收入台账记录是否与一致；账面确认收入的起始时间与验收报告、监测报告及客户确认文件日期是否一致；销售发票、合同、账面记录、银行转账单据客户名称、业务内容、金额是否一致；针对正在执行的主要合同，实地核查广告画面投放情况。针对已执行完的主要合同，核查为客户提供的广告发布监测照片。

②现金回款及账龄检查。逐一核查样本客户报告期内应收账款的回款情况：针对报告期内已收回的应收账款，关注回款方式，如是否存在以商业承兑汇票支付欠款的情况；针对报告期内发生的坏账核销，关注核销金额占比大小、核销原因、会计处理、搜集支持性文件，关注坏账核销后是否继续与对方开展业务；针对报告期末应收账款余额，关注是否超过企业正常的赊销期限，超出部分需要企业说明原因并提供可收回的支撑依据，关注坏账计提比例。

核查的主要程序：关注回款方式，除银行转账外的其他回款方式应特别关注，关于部分现金收款，检查现金收款方式必要性及真实性。对于非货币型抵账，例如烟酒、房产，判断实物入账日期是否正确，对于烟酒以收到实物计入其他流动资产，房产以交房可使用起计入固定资产；实物入账金额是否正确，检查合同是否等值交换或现金补差；检查实物登记流转情况，并现场监盘实物、形成监盘记录。检查应收账款的减少是否除正常回款外的其他情况，如坏账核销、与其他往来账抵销等情况；通过往来明细发现客户存在其他资金往来、采购业务等情况，判断交易的合理性。对于超过赊销期限的长期挂账客户，分析回收可能性。从行政部门获取最近未结诉讼或已结诉讼案件但未执行的情况，考虑是否单项计提坏账准备。对其他长账龄的客户，通过网上或工商信息检查是否为异常客户（资不抵债或清算客户）或其他因诉讼未执行列入非信用客户。

（2）分析性复核。

核查思路：根据 BD 公司毛利率水平纵向横向对比、同行业可比公司毛利率水平对比分析，判断 BD 公司毛利率水平是否具备合理性。结合合同签订执行情况、客户拓展情况，分析说明收入增长的合理性。

核查手段：BD 公司毛利率水平纵向比对。核查 BD 公司报告期内毛利率水平是否发生重大变化，分析变化的原因，与行业整体情况及公司自身业务经营情况是否吻合。按合并抵销后的收入和成本计算各媒体资源项目的毛利率，分析各期毛利率的变化，结合销售费用（变动成本）波动情况，判断是否与营业收入匹配。BD 公司毛利率水平横向比对。选取与 BD 公司业务类似的可比公司，例如上市公司、新三板公司、并购 BD 等，分析可比公司的毛利率水平，与 BD 公司毛利率水平及变化趋势是否一致。选择可比公司，有省广股份、雅仕维、白马户外媒体。BD 公司收入增长与合同增长匹配性。结合报告期内合同签订和执行情况，分析 BD 公司收入增长的合理性。客户维持及拓展情况。结合报告期内客户维持及拓展情况，分析 BD 公司收入增长的合理性；对各期应收账款周转率变动情况及可比公司应收账款周转率比较分析，结合公司信用政策（结算期）的变化判断公司是否存在刺激或虚增销售的情况。

（3）客户访谈。

核查思路：通过对主要客户进行走访，从第三方角度核查收入的真实性。

核查方式：根据公司提供的收入构成明细表，选择主要客户作为核查样本，并对主要客户进行实地走访，核查客户是否真实存在，客户与 BD 公司之间的业务是否真实开展，经营数据是否吻合。

具体内容有：客户业务的基本情况、与公司历史业务交易情况、除销售外的其他业务交易、合同签订情况、未按合同条款付款原因、关联关系、注册资金与交易金额的比较等内容访谈。形成访谈问卷，被访谈人、访谈人、陪同人员签字、客户盖章、合影。

（4）函证。

对主要客户的交易发生额、往来款余额进行函证，通过第三方证据验证收入真实性。

本次发函方式：选取合并范围内所有主体在报告期间内确认收入及挂账客户，对合同内容及回款金额进行函证。其中，函证收入金额占各期的营业收入 50% 以上，函证应收账款余额（截至 2016 年 12 月 31 日）占余额的 70% 以上。在公司结账后 3 日内发出，期后及时跟踪。

在选择发函对象时，对个人、代理公司、超 1 年账龄客户扩大样本。

函证时与客户工商信息核对，公司提供的发函地址与工商地址（或其他办公地址）是否一致。编制发函情况汇总表。

根据回函情况，统计函证结果汇总表。及时更新回函情况，对无法回函的单位查明原因，考虑是否进行替代测试。

4. 整理汇总审计实施过程中发现的问题及有关情况。

（1）税务风险，存在已确认收入，账面计提销项税，但未进行申报的情况，公司与税务部门进行申请，取得了延期申报许可；

（2）存在有少量销售收款通过其他个人或单位转账回款的情形；

（3）存在因合同未约定提供广告照片，而没有拍照留底的情形。

（4）存在超出信用结算期的应收账款；

（5）存在实物资产置换广告的情况，包括酒、字画等；

（6）存在集团子公司内部经营权代理，内部交易金额较大的情况；

（7）公司因资金周转需要存在与外部单位临时资金拆借的情况。

三、审计成果及建议

1. 主要审计成果。

2017 年 4 月 26 日，公司会计政策变更公告，对广告媒体资源经营权进行会计政策变更，由变更前对确认为无形资产，并采用收入趋势占比方法在经营权期限内进行无形资产摊销变更为对广告媒体资源经营权按照《企业会计准则第 21 号——租赁》规定的经营租赁进行会计核算，对于广告媒体资源经营权合同约定的经营权费用总额在经营权期限内各个期间按照直线法计入相关资产成本或当期损益。

2017 年 4 月 28 日，我所对公司按会计政策变更后的 2016 年度财务报表出具了标准无保留意见审计报告。

2017 年 6 月 12 日，财政部正式发布了《企业会计准则解释第 11 号——关于以使用无形资产产生的收入为基础的摊销方法》，明确“由于收入可能受到投入、生产过程和销售等因素的影响，这些因素与无形资产有关经济利益的预期消耗方式无关，因此，企业通常不应以包括使用无形资产在内的经济活动所产生的收入为基础进行摊销。本解释自 2018 年 1 月 1 日起施行，不要求追溯调整。本解释施行前已确认的无形资产未按本解释进行会计处理的，不调整以前各期摊销金额，也不计算累积影响数，自施行之日起在未来期间根据重新评估后的摊销方法计提摊销”。公司会计政策变更与会计准则解释第 11 号的精神相一致。

2. 建议。

（1）有少量销售收款通过其他个人或单位转账，建议签订三方代付协议；

（2）发布广告上的画、照片都需进行拍照存档，不管客户是否要求，作为公司内部控制证据资料；

（3）对远超信用结算期的应收账款，公司应定期分析款项发生坏账的可能性，并形成专项报告；

（4）加强对广告合同台账的管理，公司应建立格式内容统一、完整的合同台账，便于收入分配的检查、开票、对账、现场盘点等；

（5）公司应定期对实物资产进行盘点，包括酒、字画等，并形成盘点记录；建立完整的资产明细，包括存放的地点、连续的资产编号等内容；

（6）公司应建立完善的集团子公司内部经营权代理定价政策，并得以一贯执行；

（7）公司应统筹规划资金需求和融资渠道，应尽量避免与外部单位临时资金拆借的情况。

四、案例点评

深交所创业板上市公司 H 集团拟收购一家新三板挂牌广告公司 S 传媒，本次交易构成重大资产重组。H 集团现有经营业绩下滑，需要引入新业务形成新的利润增长点。S 传媒公司广告运营业务稳定，有利于增强 H 集团的盈利能力。H 集团与 S 传媒公司在业务、资本层面存在一定协同效应。H 集团拟以发行股份及支付现金购买 BD 公司 100% 的股权。

由变更前对确认为无形资产，并采用收入趋势占比方法在经营权期限内进行无形资产摊销变更为对广告媒体资源经营权按照《企业会计准则第 21 号——租赁》规定的经营租赁进行会计核算，对于广告媒体资源经营权合同约定的经营权费用总额在经营权期限内各个期间按照直线法计入相关资产成本或当期损益。

企业会计准则解释第 11 号进一步明确了无形资产的会计核算方式，本书的案例对于审计实务中的以广告媒体收入为主的公司具有很高的参考价值，审计程序完整且执行到位。并且通过对国内外会计准则的研究，多方面不同角度地分析了以多媒体公司的会计核算正确性和规范性，并且该合并属于重大资产重组范畴，新准则下的合并收购案例也有一定参考价值。

不足之处主要有以下两点：一是合并收购为 100% 股权收购，100% 股权收购双方会计核算方式都较方便，该审计案例不能提供较多参考价值；二是预测收入不能准确预测，但是会计政策变更披露复杂且难表达；审计获取有效凭证等不足，无法整体做到有效示范。

第三章　高新技术企业认定专项审计类

案例一　高新技术产品（服务）收入审计*

一、基本情况

H 机械设备有限公司（以下简称“H 公司”），设立于2008 年10 月12 日，2017 年首次提出高新技术企业认定申请，委托某事务所进行专项审计。某事务所委派的注册会计师 C 对 H 公司进行初步调查了解，H 公司的主要情况如表 3 – 1 所示。

表 3 – 1　　H 公司主要情况

<table>
<tr><td colspan="2">主营产品（服务）所属技术领域</td><td colspan="3">八、先进制造与自动化（一）工业生产过程控制系统
5. 工业生产过程综合自动化控制系统技术</td></tr>
<tr><td colspan="2" rowspan="2">获得知识产权数量（件）</td><td colspan="2">获得Ⅰ类知识产权数量（件）</td><td>3</td></tr>
<tr><td colspan="2">获得Ⅱ类知识产权数量（件）</td><td>11</td></tr>
<tr><td rowspan="2">人力资源情况（人）</td><td>职工总数（人）</td><td>200</td><td>从事研发和相关技术创新活动的科技人员数（人）</td><td>30</td></tr>
<tr><td>科技人员占比（%）</td><td colspan="3">15</td></tr>
<tr><td rowspan="4">近 3 年经营情况（万元）</td><td>年度</td><td>净资产</td><td>销售收入</td><td>利润总额</td></tr>
<tr><td>第 1 年</td><td>23000</td><td>6000</td><td>279</td></tr>
<tr><td>第 2 年</td><td>24000</td><td>9300</td><td>650</td></tr>
<tr><td>第 3 年</td><td>27000</td><td>13000</td><td>980</td></tr>
<tr><td colspan="2">近 3 年研究开发费用总额（万元）</td><td>1316</td><td>其中：在中国境内研发费用总额（万元）</td><td>1316</td></tr>
<tr><td colspan="3">近 1 年企业总收入（万元）</td><td colspan="2">13559</td></tr>
</table>

* 本案例由广东晨瑞会计师事务所（普通合伙）提供，获得广东省注册会计师协会行业案例库优秀案例二等奖。

续表

近1年高新技术产品（服务）收入（万元）	9750
申请认定前一年内是否都发生过重大安全、重大质量事故或严重环境违法行为	无

（一）监管背景

H公司所属行业为工程机械行业，工业和信息化部是对我国工程机械行业履行管理职能的国家部门，国资委主要负责对工程机械行业国有资产进行监管和考核，而机械工业联合会和中国工程机械工业协会则主要负责政府部门的顾问工作、行业间的协调和经济技术信息的统计等。

行业“十三五”规划正式发布，明确了行业未来发展目标。（1）总体发展目标：从规模发展、质量效益、结构优化、持续发展4个一级指标、15个二级指标、8个维度来表述工程机械行业“十三五”总体发展目标。预计到2020年我国工程机械在国内外市场的销售额将达到6500亿元，“十三五”期末我国工程机械行业出口及海外营业收入比重超过30%，出口力争实现稳步增长，到2020年行业出口额达到240亿～250亿美元，国际市场占有率20%以上。（2）数字化、智能化发展目标：结合工程机械行业特点，实施“互联网+”行动计划，推动互联网、云计算、大数据、物联网与工程机械优化产业结构、加速结构调整和推进智能化制造相结合。（3）产品质量发展目标：加快工程机械从制造大国转向制造强国。

2015年5月，国务院正式印发《中国制造2025》，是我国第一次从国家战略层面描绘建设制造强国的宏伟蓝图。《中国制造2025》在九项战略任务中四次提及工程工业，从智能制造、工业强基、质量提升、技术改造四个方面对工程机械行业提出要求，为工程机械行业指明了转型升级的大方向。

工程机械是除汽车行业之外的内燃机第二大使用行业，排放密度大、排放指标差，对环境的污染较为严重。近年内，相关政策开始积极推动工程机械行业节能减排，工程机械行业开展绿色制造。（1）废止国三柴油车：自2016年4月1日起，我国全面实施国家第三阶段非道路转移机械用柴油机排气污染物排放标准（简称“国三排放标准”）；（2）开展绿色制造专项行动：2016年4月，工信部印发《绿色制造2016专项行动实施方案》，通过实施绿色制造2016专项行动，预期实现以下目标：进一步提升部分行业清洁生产水平，预计全年削减化学需氧量8万吨、氨氮0.7万吨；筛选推广一批先进节水技术；建设若干资源综合利用中大示范工程和基地，初步形成京津冀及周边地区资源综合利用产业区域协同发展新机制；会同财务部启动绿色制造试点示范。

（二）行业特别风险

我国工程机械行业面临一些风险和挑战。

1. 从市场表现来看，目前工程机械市场仍面临去库存、房地产调控、地方财政压力等挑战。

2. 产业“大而不强”的问题仍较为突出，大多数中小企业仍存在低端产品比重偏高、产能无序扩张等问题。

3. 工程机械行业普遍采用分期付款、按揭的销售模式，销售收入一般会在设备销售初期一次性确认。

4. 海外方面，国际工程机械市场复苏依然迟缓，行业产出及投资仍在下滑，很多海外市场反弹多是基于低基数的“补涨”，能否企稳仍待进一步观察，因为在一些新兴市场，汇率的大幅波动对市场规模以及增速影响显著，短期内甚至可能远超来自下游的影响。

（三）审计目标

本次高新技术产品（服务）收入审计目标如表3－2所示。

表3－2　收入审计目标

序号	目标	内容	相关依据
1	高新技术产品（服务）收入的确认与真实性	被审计单位的高新技术产品（服务）的收入是否是企业通过技术创新、开展研发获取而形成的符合《国家重点支持的高新技术领域》要求的产品（服务）收入，且真实发生	高新技术产品（服务）明细表、知识产权证书、新产品或新技术证明、产品质量检验报告、省级以上科技计划立项证明以及其他相关证明材料，检查、必要利用的专家工作
2	高新技术产品（服务）收入的记录	是否所有应当记录的高新技术产品（服务）收入均已记录	账簿记录与发票、发货单
3	高新技术产品（服务）收入记录的完整性	与高新技术产品（服务）收入有关金额和其他数据是否已经恰当记录	账簿记录与发票、发货单、销售合同的一致性
4	高新技术产品（服务）收入记录的准确性	高新技术产品（服务）收入是否记录于正确的会计期间与账户	高新技术（产品）服务价格目录、账簿记录与发票、销售合同的复核加计
5	高新技术产品（服务）收入记录的截止	由截止认定推导出接近于资产负债表日的交易记录于恰当的期间	账簿记录、销售发票、销售退回记录、截止性测试、询证函

二、审计方法与指引

（一）审计团队组成

1. 审计人员资质。

某事务所委派注册会计师C作为项目经理组成5人审计小组，对H公司高新技术企业认定进项专项审计，审计人员资质情况如表3－3所示。

表 3-3　审计人员资质情况

序号	项目组成员	资质
1	C 项目经理	注册会计师，项目组组长
2	D 初级项目经理	注册会计师，项目组成员
3	E 审计助理	会计师，项目组成员
4	F 审计助理	初级会计师，项目组成员
5	G 审计助理	项目组成员

2. 任务分配情况，如表 3-4 所示。

表 3-4　任务分配情况

序号	项目组成员	任务分配
1	C 项目经理	统筹
2	D 初级项目经理	高新技术产品（服务）收入内部控制
3	E 审计助理	高新技术产品（服务）收入循环
4	F 审计助理	高新技术产品（服务）收入测试
5	G 审计助理	凭证抽查

（二）了解与高新技术产品（服务）收入相关的控制制度和信息系统

H 公司制定了清晰的销售业务流程和统一的销售政策，各流程、政策均具备有效的审批制度，如表 3-5 所示。

表 3-5　H 公司销售流程审批制度

流程	对象	制度	审批
订单/合同审批	现有的客户	评估客户的信用状况、洽谈、订立合同	销售总监
	新开发客户	填写客户调查表、洽谈、订立合同	销售总监
记录应收账款	销售部门	交付货物保管送货单备查，反馈财务部门	
	财务部门	确认货款是否收到、进行账务处理	财务总监
收款	销售部门	对不同信用等级的客户，采取差异化销售策略及结算方式	
	财务部门	核对收款，提醒销售部门对到期欠款催收	
对账与调整	财务部	每月 10 日前与客户核对账款，不符的作相应调整	财务总监、总经理
计提坏账准备	财务部	针对不同原因引起的坏账，差异化处理，需要各级别审批权力人审批后方可进行坏账确认	财务总监、总经理

通过表 3-5 及调查问卷，可以认为 H 公司关于高新技术产品（服务）收入的内部控制活动流程设置合理，执行清晰有效。

（三）评估被审计单位的重大错报风险

1. 确认了H公司的主要会计政策、会计估计。

2. H公司确立了创建科技创新性企业的发展战略，从而不断增加研究开发投入，并非由于涉足新的业务领域与地域、跨国界经营等因素，导致生产经营业绩不佳的经营风险而需要获得高新技术企业资格以降低税负、改善经营业绩指标，排除可能由此产生申报明细表的重大错报风险。

3. H公司以自身拥有的知识产权作为依据，对高新收入进行分类，经核实A公司知识产权及高新收入分类情况，可以认为错报风险较小。

4. 我们已获取审计单位所有开票明细，经核对，与账上收入一致。

5. H公司有部分关联交易。

6. H公司无出口业务。

总的来说，可以认为H公司目标明确、战略清晰可行、高新收入分类无误，潜在的重大错报风险较小。

（四）审计方法与工具

1. 审计方法。

（1）检查。检查被审计单位的内部生成的，以纸质、电子或其他介质形式存在的记录或文件，如后附单据、相关合同、内部管理制度等。

（2）观察。根据被审单位提供的高新技术产品（服务）收入制度文件，对被高新技术产品（服务）收入进行观察，包括不限于高新技术产品（服务）收入产生的场所、方式、相关人员及合同文件。

（3）询问。项目组通过书面或口头方式，向被审计单位内部知情人员（管理层、销售人员、财务人员）等获取高新技术产品（服务）收入涉及的财务信息和非财务信息，并对答复进行评价的过程。

针对高新技术产品（服务）收入事项，项目组注册会计师可能认为有必要向管理层和治理层（如适用）获取书面声明，以证实对口头询问的答复。

（4）重新计算。重新计算是指注册会计师对记录或文件中的高新技术产品（服务）收入数据计算的准确性进行核对，重新计算可通过手工方式或电子方式进行核对与测算。

（5）分析程序。分析程序是指注册会计师通过研究高新技术产品（服务）收入各数据之间的内在关系，对高新技术产品（服务）收入信息作出评价。分析程序还包括调查识别出的、与其他相关信息不一致或与高新技术产品（服务）收入预计以及同比数据严重偏离的波动和原因。

2. 审计工具，如表3－6所示。

表 3 – 6　审计工具

序号	审计工具	单位	数量
1	手提电脑	台	5
2	审计软件	套	3
3	Excel 2013 标准版	套	5

（五）审计实施方案

1. 被审计前高新技术产品（服务）收入概况，如表 3 – 7 所示。

表 3 – 7　H 公司被审计前 2016 年高新技术产品（服务）收入概况

项目（审计前）	2016 年（万元）	备注	专利
PS01 – * * 机械手	8500	高新技术产品收入	3 个发明专利 +3 个实用新型 + 高品证书
PS02 – * * 软件	1100	高新技术产品收入	3 个实用新型 +2 个软著
PS03 – * * 技术服务	150	高新技术（服务）收入	2 个软著（过期）
合计	9750		专利合计 13 个

根据相关指引，总收入是指收入总额减去不征税收入。收入总额与不征税收入按照《中华人民共和国企业所得税法》（以下简称《企业所得税法》）及《中华人民共和国企业所得税法实施条例》（以下简称《实施条例》）的规定计算。

H 公司 2016 年总收入 = 主营业务收入（10000 万元） + 其他业务收入（3000 万元） + 营业外收入（500 万元） + 投资收益（20 万元） + 利息收入（5 万元） + 汇兑收益（4 万元） + 视同销售收入（30 万元） – 不征税收入（0） =13559（万元）。

H 公司审计前高新技术产品（服务）收入占比 71.90%。

2. 高新技术产品（服务）收入审计实施。

根据 H 公司提供的科技立项资料、知识产权证书、新产品或新技术证明、产品质量检验报告，以及其他相关证明材料，检查产品收入 PS01、PS02 及服务收入 PS03 的技术说明并对照《国家重点支持的高新技术领域》规定，判断 PS01、PS02 及 PS03 与企业拥有的知识产权、高品证书有关。

获得 H 公司的全年的流转税申报表、汇缴申报表等资料与账上核对一致；根据 H 公司提供的高新技术产品（服务）收入明细表及指引，抽查核对企业凭证，相关后附单据为发票、出仓单等，并提供相关的销售合同；经核对，企业 PS01 存在一笔关联交易，单价较同类企业较高，金额为 30 万元，按照同期同类企业销售单价，应确认高新技术产品收入为 20 万元，核减 PS01 高新技术产品收入为 10 万元。

由于企业没有支付支撑 PS03 收入的专利续期费，导致支撑 PS03 的两个专利无效，同时无研发成果转化支撑，无法支撑企业 2016 年 PS03 的收入 150 万元，不予确认，予以核减。

H 公司审计后 2016 年高新技术产品（服务）收入概况，如表 3－8 所示。

表 3－8　H 公司被审计后 2016 年高新技术产品（服务）收入概况

项目（审计后）	2016 年（万元）	备注
PS01－＊＊机械手	8490	专利和高品证书有效支撑
PS02－＊＊软件	1100	专利证书有效支撑
PS03－＊＊技术服务	0	两个软著已经过期，无法支撑企业 2016 年高新技术产品（服务）收入
合计	9590	

H 公司 2016 年总收入为 13559 万元，审计后高新技术产品（服务）收入为 9590 万元，占比 70.70%。

三、审计成果及建议

1. 审计结果。根据对 H 公司的高新技术产品（服务）收入，2016 年 H 公司的总收入为 13559 万元，2016 年审计后高新技术产品（服务）收入为 9590 万元，占比 70.70%，符合《高新技术企业认定管理办法》规定的“高新技术产品（服务）收入占企业当年度总收入的 60% 以上”的条件。可按照约定书出具 H 公司《2016 年高新技术产品（服务）收入报告》。

2. 审计建议。

（1）高新技术产品（服务）收入审计业务开展前需要了解被审计单位的业务组成，关注被审计单位知识产权的权属和有效保护期，以便准确判断被审计单位销售产品（服务）是否属于高新产品（服务）。

（2）了解被审计单位的高新技术产品（服务）收入相关的控制活动与信息系统流程，判断其控制及信息系统的有效性与合理性，判断是否存在重大错报风险。

（3）高新技术产品（服务）收入分类、确认的合理性和准确性，包括不限于：

分类，是否清晰，包括识别和分类标志，是否在销售合同、发票及相关单据上体现等；

确认，确认时是否取得相关的知识产权证书（包括发明、实用新型、外观设计等的专利证书、软著证书）或生产批文新产品或新技术证明、产品质量报告、省级以上科技计划立项证明以及其他相关证明材料，例如企业对其高新产品（服务）符合领域的关联性说明，必要时应利用专家工作。

（4）了解总收入的组成内容。总收入是指收入总额减去不征税收入。其中，《企业所得税法》第六条规定的收入总额包括销售货物收入、提供劳务收入、转让财产收入、股息红利等权益性投资收益、利息收入、租金收入特许权使用费收入、接受捐赠收入和其他收入。特别地，企业年度所得税纳税申报表中“视同销售收入”，应当计入“销售收入”或“总收入”的范围。

四、案例点评

该案例是工程机械行业高新技术企业认定专项审计，通过对企业高新技术产品（服务）收入进行审计，来对高新技术企业资格进行认定。审计目标包括高新技术产品（服务）收入的确认与真实性、记录的完整性，以及记录的准确性。

项目组根据H公司提供的科技立项资料、知识产权证书、新产品或新技术证明、产品质量检验报告以及其他相关证明材料，检查产品收入及服务收入的技术说明并对照《国家重点支持的高新技术领域》规定，抽查核对企业凭证，发现两项不符合规定的收入，予以核减。H公司审计前高新技术产品（服务）收入占比为71.90%，审计后降到70.70%，符合《高新技术企业认定管理办法》规定的“高新技术产品（服务）收入占企业当年度总收入的60%以上”的条件，项目组按照约定书出具了H公司《2016年高新技术产品（服务）收入报告》。

项目组在了解被审计单位与高新技术产品（收入）相关的内部控制时，采取了调查问卷的方式，了解得较为细致、深入。在评估被审计单位的重大错报风险时，考虑的因素比较全面，每一项风险都有清晰的判断依据和标准。从以上两点能够看出，审计的前期工作做得较好，有利于后续工作的开展。

在审计过程中应注意鉴别企业提供的科技立项资料、知识产权证书、新产品或新技术证明、产品质量检验报告以及其他相关证明材料的真伪性，在收入的确认上，对是否符合相关标准的判断要避免主观性，必要时要利用专家的工作。

案例二　高新技术企业认定专项审计*

一、基本情况

广州D光电科技有限公司（以下简称“D公司”）成立于2010年3月，注册资本为人民币3075万元，营业执照的经营范围包括电子、通信与自动控制技术研究、开发；光学仪器制造；照相机及器材制造；工程和技术研究及试验发展。

D公司专注于中高端光学镜头研发、设计、生产与销售。核心产品主要为安防监控镜头、面阵扫描镜头、线性扫描镜头、工业远心镜头及运动航拍镜头等。

D公司经审计的2014年销售收入总额为9272.66万元、2015年销售收入总额为

* 本案例由致同会计师事务所（特殊普通合伙）广州分所余文佑提供，获得广东省注册会计师协会行业案例库优秀案例一等奖。

6578.71 万元，2016 年度销售收入总额为 5324.62 万元，总员工 120 人，其中科技人员 19 人。

D 公司于 2014 年度第一次申请高新技术认定并取得高新证书，享受 15% 的企业所得税税收优惠。2017 年，原高新技术企业证书三年期到期，7 月 D 公司重新申请高新技术企业认定，委托我所对其 2014 年度、2015 年度和 2016 年度研究开发费用结构明细表和 2016 年度高新技术产品（服务）收入明细表进行审计，并出具专项审计报告。

（一）项目风险

1. D 公司是否持续进行研究开发与技术成果转化，是否有形成企业核心自主知识产权。

2. D 公司主要产品（服务）发挥核心支持作用的技术是否属于《国家重点支持的高新技术领域》规定的范围。

3. D 公司研究开发费用结构明细表中列报的研究开发项目，是否符合《高新技术企业认定管理工作指引》的相关规定，研究开发费用的发生是否真实。

4. D 公司高新技术产品服务收入明细表中列报的高新技术产品（服务）收入的确认，是否符合《高新技术企业认定管理工作指引》的相关规定，高新技术产品收入的确认是否真实、是否存在将非高新技术产品收入混淆其中从而存在高新技术产品（服务）收入确认的风险。

（二）审计目标

通过实施审计工作对 D 公司申报明细表的下列方面发表审计意见。

1. 研究开发费用结构明细表和高新技术产品（服务）收入明细表是否在适用的会计准则和相关会计制度框架下，按照《高新技术企业认定管理办法》《高新技术企业认定管理工作指引》的规定编制。

2. 研究开发费用结构明细表和高新技术产品（服务）收入明细表是否在所有重大方面公允反映 D 公司在所审计期间的研究开发费用和高新技术产品（服务）收入情况。

（三）项目承接及审计团队组成

1. 项目承接。

某事务所在征得 D 公司的同意后，在项目承接前就相关事项与年度审计师进行了书面的沟通，并综合考虑初步了解的 D 公司情况、某事务所审计团队的独立性及专业胜任能力之后，确定承接对 D 公司的高新技术企业认定专项审计工作。

2. 审计人员及资质。

经过评估，选定三人审计团队，具体构成如表 3－9 所示。

表 3－9　三人审计团队简介

姓名	工作经验简介
A	中国注册会计师、中国注册税务师，10 年以上审计工作经验，长期关注和跟踪国家的科技政策，在高新技术企业认定方面有较为深入的研究，并致力于服务高新类企业
B	项目经理，5 年以上工作经验，在高新技术企业认定方面具有一定的业务经验
C	审计助理，2 年工作经验

3. 任务分配情况。

A：负责项目风险评估及项目总体风险把控和督导复核。

B：负责执行实质性程序。

C：协助完成实质性程序。

二、审计过程

（一）项目风险评估

1. 设定重要性水平。

基于已获取的未审高新技术产品（服务）收入明细表和研究开发费用结构明细表，审计团队初步设定的重要性水平如下所示。

（1）高新技术产品（服务）收入明细表整体的重要性水平确定。考虑到报表使用者主要是对高新技术企业认定的政府机构以及管理层本身，且鉴于专项审计的特点，审计团队初步设定的重要性水平低于相应财务报表审计的重要性水平，如表 3－10 所示。

表 3－10　高新技术产品（服务）收入明细表重要性水平

适用的基准	未审数（万元）	比例（%）	重要性水平（万元）
2016 年度高新技术收入总额	4637.13	3.0	139.11

（2）研究开发费用结构明细表整体的重要性水平确定。与设定高新技术产品（服务）收入明细表的重要性水平方法一致，审计团队初步设定的重要性水平以费用总额作为财务基准，并低于相应财务报表审计的重要性水平，如表3－11所示。

表 3－11　研发费用结构明细表重要性水平

适用的基准	未审数（万元）	比例（%）	重要性水平（万元）
近 3 年研究开发费用	1020.82	5.0	51.04

2. 了解企业及其环境。

（1）风险评估程序。如前面“基本案情”介绍，D 公司成立于 2010 年 3 月，专注于中高端光学镜头研发、设计、生产与销售，属于国家重点支持的高新技术领域新材料—无机非金属材料—功能玻璃装备技术。审计团队拟通过实施以下风险评估程序，以达到了解D公司及其环境的目的，如表3－12所示。

表3－12　　　　风险评估程序

风险评估程序	执行人	执行时间
①查阅同行业上市公司招股说明书以及光电行业相关网页，了解光电行业状况及产业政策	A	略
②查阅D公司产品宣传册，投资者编制的尽职调查报告（如有），向主管销售的负责人以及技术部主管了解及询问公司主要产品、核心技术以及产品在行业的地位	A	略
③查阅投资者编制的尽职调查报告（如有），查阅人力资源资料、国家知识产权局网页和公司提供的相关资料，并向技术部主管访谈，了解D公司创新能力情况	A	略
④获取D公司2014～2016年度法定审计报告，了解D公司对会计政策的选择与运用	A	略
⑤获取并查阅D公司提供的高新技术企业认定自评情况表，初步了解D公司高新技术企业认定的各项指标是否符合要求	A	略

（2）了解的内容和评估的风险。

①了解行业状况。

D公司所处行业属于光学与光电子行业中的光学镜头制造业。根据中国证监会颁布的《上市公司行业分类指引》（2012年修订），公司业务属于大类“C制造业”中的子类“39计算机、通信和其他电子设备制造业”；根据《国民经济行业分类》（GB/T4754—2011），公司业务属于“C3969光电子器件及其他电子器件制造”。另外，根据企业申报资料，企业属于国家重点支持的高新技术领域新材料—无机非金属材料—功能玻璃装备技术。

作为光电子行业中的基础性细分产业，光学镜头发展至今已是传统光学制造业与现代化信息技术相结合的产物，并受下游应用领域产业政策的影响。通过执行上述风险评估程序①，我们了解到近年来，国务院、国家发改委、工业和信息化部等部门颁布的与光学镜头行业发展相关的主要产业政策，如表3－13所示。

表3－13　　　　光学镜头行业主要产业政策汇总

指引号	名称	发布机构	发布时间	主要内容
1	《当前优先发展的高科技产业化重点领域指南（2011年度）》	国家发改委、科技部、工信部、商务部、国家知识产权局	2011年	将“光电子材料与器件”列为当前优先发展的高技术产业化重点领域

续表

指引号	名称	发布机构	发布时间	主要内容
2	《国务院关于城市优先发展公共交通的指导意见》	中华人民共和国国务院	2012 年	按照智能化、综合化、人性化的要求，推进信息技术在城市公共交通运营管理、服务监管和行业管理等方面的应用，重点建设公众出行信息服务系统、车辆运营调度管理系统、安全监控系统和应急处置系统。加强城市公共交通与其他交通方式、城市道路交通管理系统的信息共享和资源整合，提高服务效率
3	《关于加强社会治安防控体系建设的意见》	中共中央办公厅、国务院办公厅	2015 年	明确“高起点规划、有重点有步骤地推进公共安全视频监控建设、联网和应用工作，提高公共区域视频监控系统覆盖密度和建设质量。加大城乡接合部、农村地区公共区域视频监控系统建设力度，逐步实现城乡视频监控一体化。完善技术标准，强化系统联网，分级有效整合各类视频图像资源，逐步拓宽应用领域。加强企事业单位安防技术系统建设，实施‘技防入户’工程和物联网安防小区试点，推进技防新装备向农村地区延伸”
4	《关于加强公共视频监控建设联网应用工作的若干意见》	国家发展改革委、中央综治办、科技部、公安部等	2015 年	意见明确“到 2020 年，基本实现全域覆盖、全网共享、全时可用、全程可控”公共安全视频监控建设联网应用的目标，即“重点公共区域视频监控联网率达到 100%；重点行业、领域涉及公共区域的视频图像资源联网率达到 100%”“重点公共区域安装的视频监控摄像机完好率达到 98%，重点行业、领域安装的涉及公共区域的视频监控摄像机完好率达到 95%，实现视频图像信息的全天候应用”“公共安全视频监控系统联网应用的分层安全体系基本建成，实现重要视频图像信息不失控，敏感视频图像信息不泄露”
5	《国务院关于积极推进“互联网 +”行动的指导意见》	中华人民共和国国务院	2015 年	鼓励传统家居企业与互联网企业开展集成创新，不断提升家居产品的智能化水平和服务能力，创造新的消费市场空间。推动汽车企业与互联网企业设立跨界交叉的创新平台，加快智能辅助驾驶、复杂环境感知、车载智能设备等技术产品的研发与应用。支持安防企业与互联网企业开展合作，发展和推广图像精准识别等大数据分析技术，提升安防产品的智能化服务水平

续表

指引号	名称	发布机构	发布时间	主要内容
6	《国务院关于加快构建大众创业万众创新支撑平台的指导意见》	中华人民共和国国务院	2015 年	鼓励消费电子、智能家居、健康设备、特色农产品等创新产品开展实物众筹，支持艺术、出版、影视等创意项目在加强内容管理的同时，依法开展实物众筹
7	国务院关于印发《中国制造2025》的通知	中华人民共和国国务院	2015 年	注重需求侧激励，产用结合，协同攻关，开展工业强基示范应用，完善首台（套）、首批次政策，支持核心基础零部件（元器件）、先进基础工艺、关键基础材料推广应用

资料来源：作者根据相关资料整理。

②了解 D 公司产品情况及行业地位。

审计团队通过执行风险评估程序②，对于 D 公司的产品情况及行业地位的了解有：光学镜头设计与制造处于产业链的中游，光学镜头制造行业所处的产业价值链情况，如图 3－1 所示。

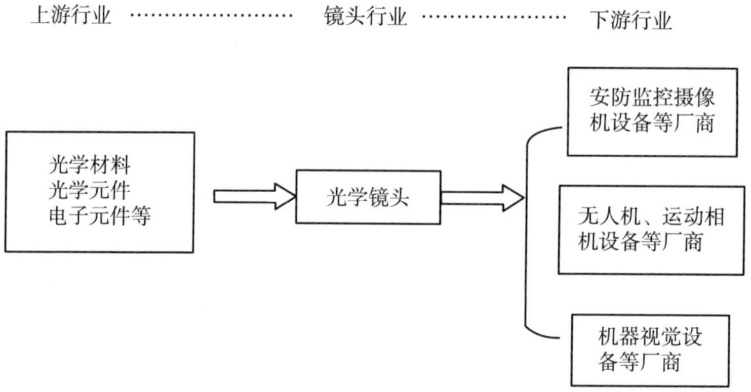

图 3－1　光学镜头制造行业产业价值链

D 公司主要产品为光学镜头。光学镜头通常由镜片、精密五金以及塑胶零件、快门/光圈、驱动马达、传感器等光机电器件组成，并利用光学折射原理将需要拍照的景物聚焦到成像面（如胶片或者图像传感器芯片）上，以达到最终的成像效果。发展至今，光学镜头已是安防监控摄像机、手机、车载成像等诸多电子设备中光学成像系统的关键组成部分。

具体而言，D 公司经营的主要光学产品如图 3－2 所示。

各产品国内技术水平如下。

工业用镜头系列：国内综合领先。

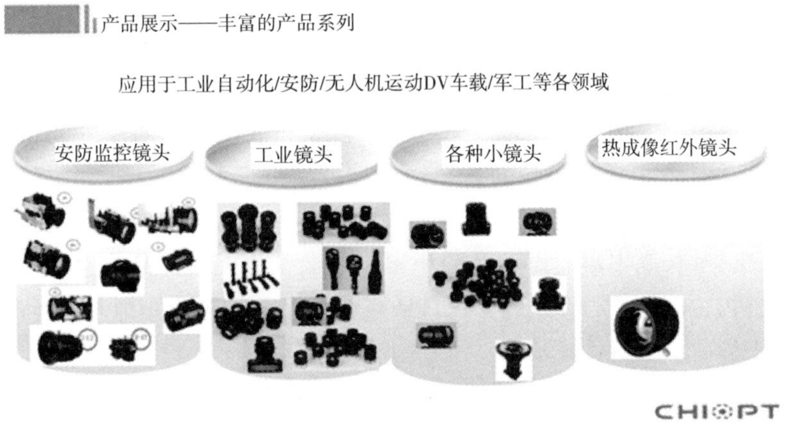

图 3－2　主要光学产品

其中，线扫描镜头系列产品：全球品种最全，性价比最好；远心镜头系列为欧姆龙（OMRON）等著名企业提供 ODM 工业镜头，国内综合领先。

安防监控镜头：只做中高端 AF/ZOOM 镜头，该系列镜头在国内排名前三，机种全，性价比好。

无人机、航拍、运动相机镜头：定位中高端，产品规格、性能均在行业中领先。

工业照相机整机 OEM：国内唯一从日本引入的完整生产线，良品率达 99.99%。

与此同时，公司已成为日本 sentech、欧姆龙、台湾光宝、海康威视等行内知名企业的供应商，并与大华股份、凌云光集团等行业知名企业达成战略合作关系。

③了解 D 公司创新能力情况。

通过执行风险评估程序③，D 公司创新能力体现在以下三个方面。

研发机构情况：D 公司建立了研发中心，并于 2015 年通过广州市研发机构认定，研发中心下设研发一组以及研发二组。

科技人员情况：截至 2016 年 12 月 31 日，D 公司总员工 120 人，其中，从事研发和相关技术创新活动的科技人员数 19 人，占公司员工总数的 15.83%。这些科技成员全部具备大专以上学历，其中，硕士 3 人，本科 7 人，均具有丰富的技术研发经验，涵盖光信息科学与技术、光学设计应用、模具设计等相关专业，具有丰富的光学工作经验和较好的研发实力。

公司核心研发人员主要有董事长兼总经理李总：光学专业与 MBA 双硕士毕业，中国光学学会光学制造专业委员会副主任委员，历任某著名光学工业公司技术统括部本部长、Concord Camera Inc（深圳）技术总监、FH 光学（广东）有限公司总经理、FH 光学（上海）有限公司总经理、FH 光学股份有限公司副总经理，2014 年以前主抓研发工作，2014 年以后负责公司经营管理；研发总负责人白总：西北大学光信息专业与中山大学 EMBA 硕士在读，历任某著名光学工厂广州公司科长、浙江某光学科技集团有限公司研发部负责人；研发总监韦总：北京工商大学机械工程系，历任亚洲光学研发项目主管、凤凰光学股份有限公司研发部课长，现任 D 公司研发部总监，为光学镜头研发方面的领军人才。

光学产品设计是光学成像系统中最重要的环节，决定成像系统的技术性能和经济性能。光学产品设计方面，与结合简单光学、机械技术的单焦点镜头不同，光机电一体化的含有自动对焦和变焦功能的高端镜头设计是一门综合性极强的复杂系统工程，其涉及光学、机械、电子和软件等学科领域，并要求设计人员自身具备极为系统专业的理论知识，以及长期丰富的设计经验积累。高端变焦镜头产品本身具有极高的行业进入门槛。公司目前的核心研发团队，具备高系统专业的理论知识和丰富的设计经验，以及光电镜头创新研发的良好基础。

项目研发情况：D 公司近 3 年共计执行了 17 项创新活动，包括机器视觉镜头的研发、线扫描镜头的研发等，主要以中高端镜头设计开发为研究方向。

科技成果转化情况。

a. 专利情况。经登录国家知识产权局网页 http：//cpquery. sipo. gov. cn 查询，以及公司提供的专利情况汇总表，公司近 3 年共获得了 10 项实用新型专利授权，另有 3 项发明专利在申请中，上述专利均为自主研发。

b. 成果转化情况。为保证公司科技成果转化工作的顺利进行，公司建立了《科技成果组织实施管理制度》，以生产部作为依托，组织实施科技成果转化。近 3 年成果转化 18 项，平均每年转化 6 项。包括“机器视觉镜头”“线扫描镜头”“工业检测镜头”等，2016 年生产属于高新技术产品 5 项，实现销售收入 4637. 13 万元，占同期总收入的 85. 15% 。

④了解 D 公司高新技术企业认定自评情况。获取 D 公司自评情况表，了解 D 公司最近 3 年研发费用及高新技术产品（服务）收入等相关指标，如表 3 – 14 所示。

表 3 – 14　　D 公司自评情况

主营产品（服务）所属技术领域	新材料—无机非金属材料—功能玻璃制备技术	
次营产品（服务）所属技术领域	新材料—无机非金属材料—功能玻璃制备技术	
获得知识产权数量（件）	获得 I 类知识产权数量（件）	
	获得 II 类知识产权数量（件）	10

续表

人力资源情况（人）	职工总数（人）	120	从事研发和相关技术创新活动的科技人员数（人）	19
	科研人员占比（%）	15.83		
近3年经营状况（万元）	年度	净资产（万元）	销售收入（万元）	利润总额（万元）
	第1年	2371.84	9272.66	333.31
	第2年	2665.58	6578.71	381.30
	第3年	3679.77	5324.62	670.36
近3年研究开发费用总额（万元）	1020.82	其中	在中国境内研发费用总额（万元）	1020.82
			基础研究投入费用总额（万元）	
研发费用占销售收入的比例（%）			4.82	
近1年企业销售收入（万元）			5324.62	
近1年企业总收入（万元）			5446.07	
近1年高新技术产品（服务）收入（万元）			4637.13	
高新技术产品收入占比（%）			85.15	
申请认定前一年内是否都发生过重大安全、重大质量事故或严重环境违法行为			否	

条件审核：根据D公司提供的认定条件自评表，D公司从事研发和相关技术创新活动的科技人员占企业当年职工总数的比例为15.83%，满足不低于10%的认定条件；研究开发费用总额占同期销售收入总额的比例为4.82%，满足不低于4%的认定条件；近1年高新技术产品（服务）收入占企业同期总收入的比例为85.15%，满足不低于60%的认定条件。

⑤评估的风险。综合以上对D公司研发基本情况的初步了解，评估的风险情况如下。

a. D公司所处行业属于国家当前优先发展的高科技产业化重点领域，且属于国家重点支持的高新技术领域新材料—无机非金属材料—功能玻璃装备技术，符合高新认定的相关要求。

b. D公司的研发中心，研发人员和研发成果展示了D公司能持续进行研究开发与技术成果转化并形成企业核心自主知识产权的能力，符合高新技术认定的前提条件。

c. 根据D公司认定自评表，初步判断符合高新技术企业认定的各类比例条件。

d. 审计团队也评估了需要特别考虑的重大风险，即假定 D 公司的研究开发费用支出和高新技术产品（服务）收入存在舞弊风险，并将在之后的审计程序中持续评估该风险。

综上所述，在了解企业及其环境阶段，从整体层面来看，D 公司符合高新技术认定的前提条件和指标，其管理层也是研发核心人员，重视科技人员的胜任程度，也具有严谨的经营理念和风格，除默认且需要特别考虑的舞弊风险外，整体层面控制不存在重大错报风险。

（二）了解和评价 D 公司研究开发费用的内部控制

1. 与项目研发相关的制度建设情况。

经检查 D 公司的相关控制手册及询问相关人员，审计团队了解到 D 公司制定了《科研项目管理制度》《研发投入核算管理制度》《产学研合作管理制度》《科技成果转化实施办法》《知识产权管理制度》《科技人员培养与进修制度》《培训管理程序》《人才引进管理制度》《研发人员绩效考核奖励制度》等研发相关的内部管理制度，以制度规范公司科研项目管理和研发经费管理。

2. 研发项目立项和预算管理情况。

经查阅近 3 年的项目流程资料及具体访谈研究开发项目负责人，D 公司与研发相关的项目立项流程为：填写立项申请书，报研发中心，研发中心进行形式审查，总工程师对立项申请书进行技术审查，项目管理委员会听取汇报后建议是否立项，报主管领导最终审查，并由总经理最终批准立项，项目流程较为规范。

（1）研发费用支出内控情况。D 公司制定了《研发投入核算管理制度》等研发支出相关的管理制度。研发投入由公司按研发项目计划下达到具体项目，实行专款专用，并由承担部门按规定的使用范围严格控制、合理使用。使用时，由研发项目负责人进行审核，并在支出凭证上签名审批。

（2）研发人员管理。审计团体获取 D 公司的员工手册并具体访谈人力资源部负责人，D 公司对于公司科研人员的组织和聘用具有严格的流程，也会有相应的考勤记录，并制定《研发人员绩效考核奖励制度》等对研发人员进行绩效考核，确保研发人员工资记录于正确期间。

（3）研发材料领用。审计团队了解到，D 公司原材料的采购及领用通过 K3 供应链模块进行管理，研发领用的原材料在 K3 系统区别于生产领料，能单独列示，研发领料数据可以直接从 K3 系统导出。研发所需材料，由研发部门申请领用，制作领料单，并由研发部门亲自领用。

（4）研发费用核算。经询问会计人员，D 公司在“管理费用”会计科目下设置二级科目“研发费用”对公司的研发投入进行归集和核算，同时设置辅助账，根据管理费用—研发费用归集的研发费用，合理分配至各研发项目，然后根据辅助账编制“研究开发费用结构明细表”。

（5）评估的风险。审计团队在了解了与研发费用相关的内部控制之后抽查样本执行穿行测试。D公司已建立较为完善的研发管理制度，项目流程较为规范，研发经费的使用有适当的审批，且研发费用核算符合会计准则以及高新认定管理办法的规定，未发现与研究开发费用相关的内部控制存在重大风险。

（三）了解和评价D公司高新技术产品（服务）收入的内部控制

1. D公司收入内部控制和收入确认政策。

经查阅内部制度以及对相关人员进行访谈，D公司销售收入流程如下：公司一般采取订单形式进行销售，订单分为纸质订单和电子订单，纸质订单大部分都有对方单位盖章，而电子订单一般有电子章，电子订单客户通过客户E-mail下单。下单之后，跟单人员在K3系统录入跟单信息，形成《销售订单》，传递给生管部进行生产。生产完成之后，跟单人开具手工的送货单，一般为4联，一联由仓库保管（发货人确认签名）、跟单人制作订单管理台账，目前，由跟单人将货物信息传递至客户并安排发货，发货方式一般为快递，快递费用一般由企业自己承担，发货过程中单据有两种方式：①发货时，后附两联送货单，一联由客户保管；另一联作为验收回单寄回（大部分签名，也有盖章）。②发货时，一联交给客户，未有验收回单，1～2日内如果货物有问题，客户直接与跟单人员联系反馈。根据销售人员介绍，货物发货之后退货的概率比较低，为此实际上D公司的产品出库并收到客户收货确认单之后，商品所有权上的主要风险和报酬转移给购货方。因此，收入确认原则应为：按购货方要求将产品交付给快递公司并收到购货方收货确认单时确认收入。

但审计团队在对财务进行访谈时发现，D公司为了与流转税申报一致，按开具发票时点确认收入，货物发出但尚未开具发票的存货挂账“发出商品”。

2. D公司高新技术产品的认定和收入确认政策。

如前所述，D公司高新技术产品为安防监控镜头、面阵扫描镜头、线性扫描镜头、工业远心镜头及运动航拍镜头，结合研发项目以及专利情况，高新技术产品认定未发现异常。

D公司对高新技术产品的销售流程和收入确认政策与“1. D公司收入内部控制和收入确认政策”所述相同。

另外，审计团队经过询问财务人员及查阅主营业务收入科目明细账，确认D公司的收入增设第四级科目——高新收入或非高新收入，对高新产品收入进行单独列示。

3. 评估的风险。

审计团队在了解了与D公司高新技术产品（服务）收入的相关控制基础上，也随机抽取了2016年一笔高新技术产品（服务）收入执行穿行测试，在收入核算上，D公司按开具发票时点确认收入，不符合会计准则的相关规定，与收入确认相关的内部控制存在重大风险。

（四）对D公司编制的未审“研究开发费用结构明细表”进行初步分析

1. 研发费用构成，如表3－15所示。

表3－15　研发费用构成　单位：万元

支出类别	2014年度	2015年度	2016年度	合计
人员人工费用	206.69	186.39	234.33	627.41
直接投入费用	157.94	69.64	47.97	275.55
折旧费用与长期待摊费用	8.52	2.65	3.48	14.65
其他费用	36.98	22.79	43.44	103.21
合计	410.13	281.47	329.22	1020.82

2. 研发费用构成比例，如表3－16所示。

表3－16　研发费用构成比例　单位:%

类别	2014年度	2015年度	2016年度	合计
人员人工费用	50.40	66.22	71.18	61.46
直接投入费用	38.51	24.74	14.57	26.99
折旧费用与长期待摊费用	2.08	0.94	1.06	1.44
其他费用	9.02	8.10	13.19	10.11
合计	100.00	100.00	100.00	100.00

3. 评估的风险。

通过表3－15和表3－16可知，D公司研发费用的主要投入为人员工人费用及直接投入费用，人员人工费用平均占比61%，而直接投入费用平均占比27%；然后为其他费用及折旧费用与长期待摊费用。

审计团队进行初步分析之后，识别出如下可能存在的风险。

（1）近3年的17个研发项目是否符合《高新技术企业认定管理工作指引》的相关规定，是否属于研发活动；

（2）对比近3年的研发费用总投入，2014年总投入最高是否合理；

（3）人员人工费用占比较高是否符合公司实际情况，是否存在将非研发人员人工费用混淆至研发费用；

（4）人员人工费用构成比例逐年增加是否合理，2015年人员人工费用总金额较之2014年减少是否合理；

（5）直接投入费用逐年下降是否合理，直接投入是否与生产投入费用混淆；

（6）折旧费用与长期待摊费用核算是否合理与真实，是否与研发费用无关的折旧与长期费用混淆。

（五）对D公司编制的未审“高新技术产品（服务）收入明细表”进行初步分析

1. 高新技术产品（服务）收入明细情况，如表3-17所示。

表3-17　　2016年度高新产品明细情况

项　目	金额（万元）
一、产品收入	
1. PS01. 安防监控镜头	2527.88
2. PS02. 面阵扫描镜头	845.84
3. PS03. 线性扫描镜头	617.01
4. PS04. 工业远心镜头	149.27
5. PS05. 运动航拍镜头	497.13
合计	4637.13
总收入	5446.07
高新技术产品（服务）收入占比（%）	85.15

2. 评估的风险。

审计团队获取D公司2016年度高新产品明细情况表，并识别出如下可能存在的风险。

（1）高新技术产品是否属于高新技术领域，高新技术产品核心技术是否来自自有专利；

（2）高新技术产品（服务）收入确认是否真实，可能存在将非高新技术产品收入混淆其中从而产生高新技术产品（服务）收入确认的风险。

（六）项目组讨论纪要——风险评定和风险领域

1. 风险评定。

根据上述已进行的项目风险评估的总体情况，基于固有风险和控制风险的评估之上，项目组初步商定将本次高新技术企业认定项目的综合风险级别评定为“中”。

2. 风险领域和重要审计事项。

根据上述已进行的项目风险评估，本次专项审计初步确认的风险领域和重要审计事项为以下两种。

（1）研发费用领域。针对研发费用领域，审计团队初步评估的风险详见“二、项目风险评估（五）对D公司编制的未审‘研究开发费用结构明细表’进行初步分析3. 评估的风险”。

（2）高新技术产品（服务）收入领域。针对高新技术产品（服务）收入领域，审计团队初步评估的风险有两项。

①风险一详见“二、项目风险评估（四）了解D公司高新技术产品（服务）收入的内部控制3. 评估的风险”；

②风险二详见“二、项目风险评估（六）对 D 公司编制的未审‘高新技术产品（服务）收入明细表’进行初步分析 2. 评估的风险”。

（七）设计总体审计方案

由于审计师对风险的识别和评估是判断性的，因而可能没有反映每个重大错报风险。同时，控制也存在包括管理层的凌驾等固有限制。进行综合风险评估后，审计团队对该专项审计设计了总体审计方案。

针对已识别的可能存在的审计风险，审计团队拟对研发费执行内控测试和实质性程序相结合的审计程序；对高新收入和总收入则不依赖控制，有针对性地实施分析程序和细节测试的实质性审计程序，以应对已识别的舞弊风险，并达到审计目标，如表 3－18所示。

表 3－18　审计目标

认定	研发费用	高新技术产品（服务）收入
发生	研发费用均在所审计会计期间已发生且与申报企业及研究开发项目有关	高新技术产品（服务）收入明细表中记录的收入为申报企业通过技术创新、开展研发活动而形成的符合《国家重点支持的高新技术领域》要求的产品（服务）收入，且真实发生
完整性	所有应当记录的研发费用均已记录	所有应当记录的高新技术产品（服务）收入均已记录
准确性	与研发费用有关的金额及其他数据已记录于争取的会计期间，且已恰当记录	高新技术产品（服务）收入已记录于正确的会计期间，且已恰当记录
列报	已按照《高新技术企业认定管理工作指引》的规定恰当地列报和披露	高新技术产品（服务）收入已按照《高新技术企业认定管理工作指引》的规定恰当地列报和披露

（八）执行进一步审计程序

研发费用审核。

（1）研发项目的判断。根据《高新技术企业认定管理工作指引》，研究开发活动是指为获得科学与技术（不包括社会科学、艺术或人文学）新知识，创造性运用科学技术新知识，或实质性改进技术、产品（服务）、工艺而持续进行的具有明确目的的活动。不包括企业对产品（服务）的常规性升级或对某项科研成果直接应用等活动（如直接采用新的材料、装置、产品、服务、工艺或知识等）；企业的研究开发费用是以单个研发活动为基本单位分别进行测度并加总计算的。

针对研发项目的判断，审计团队的审计要点在于，需执行程序判断 D 公司近 3 年开展的 17 个研发项目是否符合《高新技术企业认定管理工作指引》规定的研发活动，不符合的研发项目相关支出不属于研发费用列支范围，需从研发费用剔除。

执行实质性程序，如表 3 - 19 所示。

表 3 - 19　　实质性程序执行

实质性程序	执行人	执行时间
查阅企业提供的 17 个研发项目立项任务书（以下简称“RD 表”），了解每个研发项目的核心技术及创新点以及取得的阶段性成果	A	略
审阅企业提供的近 3 年科技成果转化汇总表，理清 RD 项目与知识产权、高新技术产品的关系	A	略
查询公司专利情况，并根据国家知识产权局官方网站上公布的摘要，了解专利内容，并与 RD 表、高新技术产品进行交叉审核，判断专利与 RD 项目的关系以及专利是否在高新技术产品中发挥核心技术作用，从研发结果侧面印证研发活动是否符合高新认定的规定	A	略

（2）人工费用的审核。根据《高新技术企业认定管理工作指引》，企业科技人员是指直接从事研发和相关技术创新活动，以及专门从事上述活动的管理和提供直接技术服务的，累计实际工作时间在 183 日以上的人员，包括在职、兼职和临时聘用人员。

对人工费用的审核，审计要点的关键是对科技人员范围的认定和费用金额的归集。科技人员认定的核心原则是直接从事研发，后勤辅助人员必须是专门从事辅助工作。

①未审数据。D 公司 2014 ~2016 年度的科技人员人工费用结构如表 3 - 20 所示。

表 3 - 20　　2014 ~ 2016 年度未审数据统计　　单位：万元

支出类别	2014 年度	2015 年度	2016 年度	合计
人员人工费用	206.69	186.39	234.33	627.41
研发费用总支出	410.13	281.47	329.22	1020.82
占比（%）	50.40	66.22	71.18	61.46

②执行分析程序。

a. 人员人工费用占比高的合理性分析。根据 D 公司提供的未审数据，如表 3 - 20 所示，近 3 年人员人工费用平均占比 61.46%，而且占比逐年上升，2016 年度高达 71.18%。

根据查阅行业资料以及访谈技术部负责人，光学产品设计是光学成像系统中最重要的环节，决定成像系统的技术性能和经济性能。光学产品设计方面，与结合简单光学、机械技术的单焦点镜头不同，光机电一体化的含有自动对焦和变焦功能的高端镜头设计是一门综合性极强的复杂系统工程，其涉及光学、机械、电子和软件等学科领域，并要求设计人员自身具备极为系统专业的理论知识，以及长期丰富的设计经验积累。为此，公司的研发投入以镜头的设计为主，人员人工费用占比高，符合行业以及企业的实际情况。同时，D 公司每年对科技人员涨薪也导致其科技人员人工费用占比也逐年上升，审计团队获取了涨薪的董事会决议。另一方面，审计团体也将在执行实质性程序中进一步确认D公司的科技人员均具有相关背景，符合科技人员的范畴。

b. 人员人工费用2014年支出较高的合理性分析。经查阅D公司研发人员清单，2014年研发人员21人、2015年研发人员21人、2016年研发人员19人，其中，2014年和2015年研发人员人数相同，但薪酬总额2014年较2015年度高20万元，经查阅人员人工费用发生明细，2014年人员人工费用包含D公司董事长兼总经理李总50%的薪酬。

经查阅李总阅历，李总为光学专业与MBA双硕士毕业，高级副总裁兼中山大学管理学院校外特聘教授、中国光学学会光学制造专业委员会副主任委员，历任日资企业广州某著名光学工业公司技术统括部本部长；Concord Camera Inc（深圳）技术总监，是D公司的技术领导者，具备参与研发的深厚技术基础。

另外，审计团队经访谈也了解到，D公司自2010年成立，一直坚持以技术创新为导向，2014年及之前，李总主抓公司的研发工作，参与公司研发事项，2015年及2015年之后，公司研发团队初步成型，李总逐步将工作重心转移至公司的管理及营销。

D公司未针对李总参与研发的事项进行考勤登记，而且实际考勤登记操作性不强，基于李总主管研发工作并参与研发事项，且2014年与其相关的薪酬数额在重要性水平51.04万元之内，为此D公司2014年将李总50%的薪酬计入研发费用的事项，基本属于合理，在风险可控范围之内。

③执行的其他实质性程序，如表3-21所示。

表3-21　　其他实质性程序执行

实质性程序	执行人	执行时间
查阅企业提供的2014~2016年研发人员清单，了解研发人员的毕业院校以及所学专业，并抽查毕业证书，以确定研发人员是否具备相关专业背景	B/D	略
检查应付工资、管理费用明细账，获取全年各月份工资表，全年个人所得税申报表，劳动合同，缴纳职工“五险一金”的相关资料等，结合研发部门人员名单，确定研发人员的工资费用是否真实，是否符合绩效考核制度标准，计算是否准确	B/D	略
查阅劳动合同、工资清单，核实是否存在累计实际工作时间未达183日以上的科技人员	B/D	略
研发人员同时参与两个或两个以上项目的，检查其分摊至各个参与项目的合理性	B/D	略

④执行实质性程序中发现的异常及处理。

a. D公司科技人员主要从事光学产品设计，与结合简单光学、机械技术的单焦点镜头不同，光机电一体化镜头是含有自动对焦和变焦功能的高端设计，是一门综合性极强的复杂系统工程，其涉及光学、机械、电子和软件等学科领域，为此，科技人员主要涉及光学、机械、电子和软件等学科。审计团队在查阅科技人员的毕业院校及专业时，发现夏某的毕业院校为湖南财经经济学院，所学专业为文秘（涉外文秘），不具备相关专业背景。

审计团队进一步查阅研发部门的职位安排以及人力资源资料，并进行访谈，夏某在研发部门的职责是协助研究人员收集整理研发相关的关键资料，而且属于专职工作，符合科技人员的定义，属于科技人员中的后勤辅助人员范围。

b. D公司研发人员存在同时参与两个或两个以上项目的情况，查阅研发项目辅助账以及薪酬分配表，公司按项目的时间跨度作为分摊的依据，分摊依据不够严谨，但基于前面“1. 研发项目的判断”未发现异常且总体人员人工费用正常，D公司按项目的时间跨度作为分摊的依据虽不严谨但基本符合实际情况。审计团队基于完善项目管理的角度，建议D公司对研发项目加强考勤及考核管理，按研发人员实际参与研发项目的工作量进行分摊。

（3）直接投入费用的审核。根据《高新技术企业认定管理工作指引》，直接投入费用是指企业为实施研究开发活动而实际发生的相关支出，也明确规定了直接投入的开支范围领用。判断企业申报领用的材料是否真实发生用于研究开发项目为审计要点与难点。

①未审数据。经统计，D公司2014～2016年度直接投入费用及占比情况如表3－22所示。

表3－22　　2014～2016年度未审数据统计　　单位：万元

支出类别	2014年度	2015年度	2016年度	合计
直接投入费用	157.94	69.64	47.97	275.55
研发费用总支出	410.13	281.47	329.22	1020.82
占比（%）	38.51	24.74	14.57	26.99

②执行分析程序。2014年直接投入费用远大于2015年及2016年的合理性分析。

审计团队查阅了2014～2016年直接投入明细表，D公司研发直接投入主要为研发耗用原材料、治工具及动力费用。经访谈技术负责人，2014年直接投入远大于其他两个年度，主要为2014年的“一体机镜头的研发”以及“1、2/3工业检测镜头的研发”两个研发项目导致，“一体机镜头的研发”以及“1、2/3工业检测镜头的研发”的研发需特定的治工具，两个项目合计领用治工具56万元；另外，“1、2/3工业检测镜头的研发”属于系列产品的研发，小试和中试领用的原材料较其他项目多，该项目合计研发用料34万元。2015年及2016年的研发项目相对平均。因此，2014年直接投入费用远大于2015年及2016年是符合企业实际情况的。

③执行的内部控制测试程序。

审计团队对研发材料的领用执行控制测试，包括检查领料单是否连续编号，与K3系统领料数据进行对比，领料单是否经过研发部门有关负责人审批，领料是否与项目相关等。领料内控得以执行，领料单据齐全且与项目相关。

④执行的其他实质性程序，如表3－23所示。

表 3-23　　其他实质性程序执行

实质性程序	执行人	执行时间
检查开支范围是否符合《高新技术企业认定管理工作指引》的相关规定	B/D	略
检查是否存在将为实施研究开发项目以外的项目而发生的采购费用、水电费、租赁费等列入直接投入的情形，若有，提请申报企业调整	B/D	略
检查多个研究开发项目之间费用的分配方法，分析费用分配方法是否合理，如不合理，提请申报企业调整	B/D	略

（4）折旧费用与长期待摊费用的审核。根据《高新技术企业认定管理工作指引》，折旧费用是指用于研究开发活动的仪器、设备和在用建筑物的折旧费。长期待摊费用是指研发设施的改建、改装、装修和修理过程中发生的长期待摊费用。

如何认定固定资产或长期待摊费用是否为研究开发活动所用，是审计的重点之一。对于非专门为研究开发购置的固定资产，折旧的计算标准以及在各研究开发项目间的分配，是分析判断的难点。

①未审数据，如表 3-24 所示。

表 3-24　　2014～2016 年度未审数据统计　　单位：万元

支出类别	2014 年度	2015 年度	2016 年度	合计
折旧费用与长期待摊费用	8.52	2.65	3.48	14.65
研发费用总支出	410.13	281.47	329.22	1020.82
占比（%）	2.08	0.94	1.06	1.44

②执行实质性程序。D 公司的研究开发活动主要是光学镜头的设计，为此与研究开发相关的固定资产设备和仪器主要有设计用电脑、数字摄像机及实景元素包等，审计团队通过执行以下实质性程序以确保折旧费用与长期待摊费用的合理性与真实性，如表 3-25 所示。

表 3-25　　实质性程序执行表

实质性程序	执行人	执行时间
获取 D 公司的研发设备清单，并检查确认企业所有研发设备是否均与研发开发相关	B/D	略
执行实地察看程序，确保研发设备是否均为研发部门专用，是否存在研究开发和生产经营共用的设备	B/D	略
获取 2014～2016 年度长期待摊费用明细表及对应的合同等，确认长期待摊费用的发生是否均与研发设施相关	B/D	略

续表

实质性程序	执行人	执行时间
检查固定资产折旧计提、长期待摊费用摊销所采用的会计政策、会计估计是否与财务报表所采用的一致，且前后各期是否保持一致，折旧或摊销的计算是否正确	B/D	略

（5）其他费用的审核。根据《高新技术企业认定管理工作指引》的规定，其他费用一般不得超过研究开发总费用的20%。针对其他费用，审计要点在于对其与研究开发项目相关性、真实性、完整性的认定。执行实质性程序，如表3－26所示。

表3－26　　实质性程序执行

实质性程序	执行人	执行时间
获取其他费用明细表，检查开支范围是否符合《高新技术企业认定管理工作指引》的相关规定	B/D	略
检查是否存在列入与研究开发项目无关的其他费用	B/D	略
检查此项费用是否超过研究开发总费用的20%	B/D	略

（6）关于需要特别考虑的与研发费用相关的舞弊风险。审计团队通过执行与研发费用相关的审计程序（包括适用的相关控制测试），并认为这些程序能够应对已识别的舞弊风险。

（7）重新评估综合风险及审核结论。通过执行上述审计程序，综合风险评估依然是有效和恰当的。D公司近3年开展的17个研发项目，均符合《高新技术企业认定管理工作指引》规定的研发活动；2014～2016年度的直接投入费用均为真实发生，2014～2016年度的折旧费用与长期待摊费用、其他费用均与研发项目相关，且其他费用不超过研究开发总费用的20%。研发费用均被记录于正确的期间。

（九）高新技术产品（服务）收入审核

1. 高新技术产品的界定。

根据《高新技术企业认定管理工作指引》的规定，高新技术产品（服务）是指对其发挥核心支持作用的技术属于《国家重点支持的高新技术领域》规定范围的产品（服务）。为此，高新技术产品收入的前置条件之一必须是发挥核心支持作用的技术属于《国家重点支持的高新技术领域》规定的范围之内。

根据D公司提供的《高新技术产品（服务）收入明细表》，其生产的高新技术产品主要为PS01. 安防监控镜头、PS02. 面阵扫描镜头、PS03. 线性扫描镜头、PS04. 工业远心镜头以及PS05. 运动航拍镜头，且其产品在国内同行属于中高端水平。同时，根据本书“二、项目风险评估（二）了解企业及其环境（3）了解企业创新能力以及管理能力情况”，D公司技术均来自自主研发且具备开展研发的硬软件条件，自主研发的技术在产品当中均发挥核心支持作用，属于国家重点支持的高新技术领域新材料—无机非金属材料—功能玻璃装备技术。

2. 对高新技术产品（服务）收入确认政策的进一步审计程序。

根据本书“二、项目风险评估（四）了解D公司高新技术产品（服务）收入的内部控制（1）了解申报企业收入确认政策”，D公司销售流程较为规范，但收入确认按开具发票时确认收入，货物发出尚未开具发票的存货挂账“发出商品”。

为确保D公司2016年度高新技术产品（服务）收入确认时点的准确性，审计团队执行了以下的审计程序。

（1）审计团队获取并查阅了D公司经事务所审计的2016年度审计报告，并执行了销售截止测试程序；

（2）查阅高新技术产品（服务）收入辅助账并结合销售截止测试及审计报告；

（3）关注周期性、偶然性的高新技术产品收入是否符合既定的收入确认原则、方法。

3. 与高新收入产品（服务）收入相关的其他实质性程序，如表3-27所示。

表3-27　　其他实质性程序执行

实质性程序	执行人	执行时间
抽取与高新技术产品收入相关的记账凭证，核查入账日期、品名、数量、单价、金额等是否与发票、发货单、销售合同等一致	B/D	略
抽取与高新技术产品收入相关的发货单，核查出库日期、品名、数量等是否与发票、销售合同、记账凭证等一致	B/D	略
取得知识产权证书、生产批文、新产品或新技术证明、产品质量检验报告以及其他相关证明材料，检查产品收入是否属于《国家重点支持的高新技术领域》规定领域的产品实现的收入	B/D	略

4. 关于需要特别考虑的与高新技术产品（服务）收入相关的舞弊风险。

审计团队通过执行上述审计程序，认为这些程序能够应对已识别的舞弊风险。

5. 重新评估综合风险及审核结论。

经过执行上述审计程序，综合风险评估仍然是恰当和合适的。审计团队也确认经审计的2016年度审计报告已进行了审计调整，将按开具发票作为收入确认时点调整为按货物发出作为收入确认时点，且D公司自报的《高新技术产品（服务）收入明细表》收入确认政策已调整为与审计报告一致，符合适用的会计准则和相关会计制度的规定，且前后各期保持一致。

（十）总收入的审核

根据《高新技术企业认定管理办法》的规定，近一年高新技术产品（服务）收入占企业同期总收入的比例不低于60%。根据《高新技术企业认定管理工作指引》的定义，总收入是指收入总额减去不征税收入。收入总额与不征税收入按照《中华人民共和国企业所得税法》（以下简称《企业所得税法》）及《中华人民共和国企业所得税法实施条例》（以下简称《实施条例》）的规定计算。

由此可见，总收入的计算规则以税法为基础而非会计准则。审计团队通过执行以下实质性程序，以保证D公司所使用的总收入数据的真实性和准确性，如表3－28所示。

表3－28 实质性程序执行

实质性程序	执行人	执行时间
查阅2016年度企业所得税汇算清缴报告，检查汇算清缴报告中的总收入是否与自报的总收入一致	B/D	略
查阅2016年度审计报告，分析审计报告中的收入与汇算清缴报告总收入的勾稽关系是否正常，并对差异（若有）进行分析	B/D	略

三、审计成果及建议

（一）主要审计成果

通过执行上述所有审计程序，D公司在《国家重点支持的高新技术领域》内，能持续进行研究开发与技术成果转化并形成企业核心自主知识产权，并以此为基础开展经营活动，符合高新技术认定的基本条件，自报的研究开发费用结构明细表和高新技术产品（服务）收入明细表能在适用的会计准则和相关会计制度框架下，按照《高新技术企业认定管理办法》和《高新技术企业认定管理工作指引》的规定编制，并在所有重大方面公允反映D公司在所审计期间的研究开发费用和高新技术产品（服务）收入情况，未发现需调整的事项。为此，我所出具标准的无保留审计报告。

（二）管理建议

根据“五、执行进一步实质性审计程序（一）研发费用审核（2）人员人工费用的审核”，D公司研发人员存在同时参与两个或两个以上项目的情况并按项目的时间跨度作为分摊的依据，分摊依据不够严谨，应按统计的工作量进行分摊。为此，审计团队建议D公司对研发项目加强考勤及考核管理，按研发人员实际参与研发项目的工作量进行分摊。

四、案例点评

该案例中的D公司主营产品为光学镜头，属于高精尖行业。注册会计师为该公司进行高新技术认定材料提供审计服务。根据该案例的介绍，对D公司进行高新技术认定材料进行审计有以下两个方面：一是D公司研究开发费用结构明细表中列报的研究开发项目的研究开发费用的发生是否真实；二是D公司高新技术产品服务收入明细表中列报的高新技术产品（服务）收入的确认，是否符合《高新技术企业认定管理工作指引》的相关规定，高新技术产品收入的确认是否存在将非高新技术产品收入混淆其中从而存在高新技术产品（服务）收入确认的风险。本案例的审计目标是确认D公司的研发费用符合《高新技术企业认定管理办法》和《高新技术企业认定管理工作指引》的规定编制和列报。

在本案例中，注册会计师先仔细了解了D公司的研发基本情况，通过了解生产业务的流程，可以大致了解研发工作在整个公司研发、生产流程中的位置与重要性，为判断研发活动的重要性程度进行量化。同时，在对研发费用确认是否符合法规要求时，能够针对企业研发实际情况与法规要求进行自主判断，避免了因脱离研发实际而作出错误判断的情况。另外，注册会计师也了解D公司对高新技术产品（服务）收入确认及核算。经执行以上审计程序，D公司在《国家重点支持的高新技术领域》内，能持续进行研究开发与技术成果转化并形成企业核心自主知识产权，并以此为基础开展经营活动，符合高新技术认定的基本条件，并在申报报表中在所有重大方面编制和列报了研发费用和高新技术产品（服务）收入。为此，注册会计师出具标准的无保留审计报告。

与此同时，注册会计师也在审计中发现D公司研发人员存在同时参与两个或两个以上项目的情况并按项目的时间跨度作为分摊的依据，分摊依据不够严谨，注册会计师建议企业对研发项目加强考勤及考核管理，按研发人员实际参与研发项目的工作量进行分摊。

案例三　高新技术产品（服务）收入明细表的审计*

一、基本情况

W能源科技股份有限公司（以下简称“W公司”）申请2017年度高新技术企业认定，聘请某事务所对其2016年度高新产品（服务）收入进行审计，出具专项审计报告（注：W公司2014年已经通过了高新技术企业认定，本次属于3年有效期结束重新申请认定）。

W公司2016年度（最近一年）经审计的营业收入为2.53亿元，会计报表附注披露，其中，产品销售收入2.0亿元，维修收入0.5亿元，技术转让收入0.03亿元。

---

* 本案例由广东粤信会计师事务所黄健提供，获得广东省注册会计师协会行业案例库优秀案例一等奖。

W公司的会计科目设置为：主营业务收入——电池材料、大型电源装置、中型电池组、小型电池；其他业务收入——维修收入、技术转让收入。

W公司目前持有25项专利证书，其中，发明专利3件、实用新型专利20件、软件著作权2件。本次申报所属一级领域为新能源与节能—新型高效能量转换与储存技术—新型动力电池（组）与储能电池技术。

（一）项目风险

1. 收入分类核算与高新技术企业申报指引的分类不同，未专门设置高新技术系统集成产品收入明细科目进行核算，无法准确划分高新技术产品（服务）收入，企业将部分产品的销售收入划分为高新技术产品收入，而如何判断该部分申报的产品（服务）能够归属于国家重点支持的高新技术领域对于注册会计师来说是个难题。

2. 产品（服务）收入可能存在交叉，不易划分，申报企业可能一项产品混用多种专有技术，那么该项产品销售收入有多大比例能够划分为高新技术产品收入也非常困难。

3. 高新技术企业的认定工作离不开高新技术的识别，而对于没有专业背景的注册会计师来说，要在较短的时间内熟悉申报企业的高新技术产品（服务），判断企业取得上述收入发挥核心支持作用的技术属于《国家重点支持的高新技术领域》是有很大困难的。

（二）审计目标

高新技术产品（服务）收入明细表是否在适用的会计准则和相关会计制度框架下，按照《高新技术企业认定管理办法》和《高新技术企业认定管理工作指引》的规定编制；高新技术产品（服务）收入明细表是否在所有重大方面公允反映申报企业在所审计期间的高新技术产品（服务）收入情况。

二、审计方法与指引

（一）审计团队组成

审计人员资质。根据审计目标、被审计单位的业务规模等，某事务所选派A注册会计师为项目负责人，组建了4人的审计小组承接本项目。A参与过本地区高新技术企业认定的政策研讨、认定指引的编制，具备充分的胜任能力；同时，结合被审计单位所属的技术领域，另外聘请了某工业研究院能源方面的教授级高工作为外部专家。

（二）了解被审计单位基本情况、评估审计风险、制定审计策略

1. A注册会计师在初步了解W公司的基础上，进一步就W公司的《高新技术产品

（服务）收入明细表》的编制方法、分类标准进行了解。其中，W 公司自行编制的 2016 年度高新技术产品（服务）收入明细表，如表 3－29 所示。

表 3－29　　W 公司 2016 年度高新技术产品（服务）收入明细

编制单位：W 公司　　　　单位：万元

项　　目		金　　额
一、产品收入		
1	PS01. 电池正极复合材料	4500.00
2	PS02. 低压储能供电系统电池	2500.00
3	PS03. 高倍率无人机电池	3000.00
4	PS04. 航天器用镍氢电池	3500.00
小计		13500.00
二、技术性收入		
1	技术转让收入	300.00
	PS05. 一种电池修复技术转让	300.00
2	技术服务收入	5000.00
	PS06. XX 系列电池组的维修	5000.00
3	接受委托科研收入	0.00
小计		5300.00
三、高新技术产品（服务）收入合计		18800.00

2. 了解企业用于编制与本业务相关的会计流程。

A 注册会计师了解到，W 公司的产品销售收入——电池材料，既包括自产的电池材料，又包括部分贸易转手销售的非自产部分，但 W 公司仅将自产的材料收入列入高新产品收入，W 公司持有该电池材料制备方法的发明专利。

W 公司的电池销售收入按大类分为大型电源装置、中型电池组、小型电池，但 W 公司仅有 3 类电池符合高新技术企业认定指引规定的高新产品定义，由于高新产品名称（以下称 PS、PS 收入）与 W 公司一贯的会计分类不同，W 公司无法在销售明细账中准确分类出 PS 及对应的 PS 收入，因此，W 公司采用了类别比例法，即分别在大型电源装置、中型电池组、小型电池三个会计明细账中选取 70%～75% 不等的销售明细进行归集（W 公司估计这个比例与公司的销售业务基本吻合）。

A 注册会计师进一步就技术转让收入和技术服务收入—维修服务收入进行了解。2016 年 W 公司将持有的一件发明专利转让给境外某企业，价格 300 万元，交易已经完成，款项已经收到。W 公司经国内某知名品牌授权，为本地区该品牌电池组的独家维保厂商，W 公司 2016 年度就此项维保服务取得 5000 万元收入。

3. 了解影响本业务的其他因素。

A 注册会计师还就 W 公司的专利取得方式、有效情况、对主营产品的作用，以及关联交易等情况进行了解。其中，A 注册会计师了解到，受让 W 公司专利权的境外企业实则为W公司实际控制的境外子公司，经咨询外部专家，所转让的发明专利在国内有可类比的交易案例。

4. 根据被审计单位基本情况评估风险，确定重要性水平。

A注册会计师认为，W公司拥有核心自主知识产权，主营业务属于国家重点支持的高新技术领域，符合高新技术企业申报的基本条件；W公司已经完成股份制改造且成长性较好，无迹象表明其持续经营能力受损，正准备申请新三板的挂牌，虽然管理层对本次高新技术认定非常迫切，但应可排除管理层可能的舞弊动机。

重要性水平确定过程：A注册会计师认为，高新产品（服务）收入明细表，是基于特殊目的编制的会计报表，实质是对一个或多个收入类科目明细账的局部（或全部）重分类的确认，因此，在利用其他注册会计师年度审计的工作成果基础上，需要特别制定重要性水平。A注册会计师考虑到高新技术企业认定基本条件之一规定，“企业近一年高新技术产品（服务）收入占企业同期总收入的比例不低于60%”，对应W公司2016年度销售收入2.53亿元的40%为1.00亿元，通常事务所的重要性水平为5%，确定本次审计的整体重要性水平为500万元，考虑到其中一项PS技术转让收入为300万元，提议修订整体重要性水平为300万元。经审计小组与事务所风险控制部门讨论，风控部门指出，高新专项审计具有特殊性，应当采用更低的重要性水平，基于本项目的审计工作量，最终将报表层面和科目层面的重要性水平确定为5万元。

5. 制定审计策略。

A注册会计师认为，审计重点应在于W企业的电池销售收入的分类确认，根据前期工作所了解的情况，W企业的PS02、PS03、PS04可能存在重大错报风险，重大错报包括两个方面：一是所列报的产品不符合PS的定义；二是所归集的金额不是准确的销售收入。因此，A注册会计师将主要审计程序设定为对PS02、PS03、PS04的实质性审计，包括逐笔检查交易合同、发票金额、交易截止等。同时收集PS02、PS03、PS04的技术资料，连同对应的专利的具体内容资料一并提交给外部专家，以获取知识产权对产品核心支持作用的意见。

（三）审计方法

A注册会计师主要拟运用如下审计方法。

1. 设计相关程序测试高新技术产品（服务）的确认标识。

2. 收入的测试样本涵盖各类高新技术产品（服务），样本量相比年度财务报表审计的样本量增加1倍。

3. 对技术转让收入这项发生频率不高的，直接采用实质性方案。

4. 围绕高新技术产品（服务）收入的发生、截止与分类认定，依据审计准则实施包括函证在内的各种审计程序。

（四）审计实施方案

1. 实施审计程序。

（1）审计小组针对与高新技术产品（服务）收入相关的控制活动和信息系统进行测试。取得审计结论有：销售订单均已经过 W 公司销售主管授权批准；销售订单和销售发票连续编号并经不同岗位人员核对；W 公司每个季度组织一次存货的盘点，并保留了相关记录；仓库信息系统比较完善；销售发票开具以销售部门通知，会计部门未主动查询销售订单和发运凭证（或提货单）进行核对，并且发票品名未填写产品的具体型号规格，仅填写为电源、电池组，审计小组追加对销售订单、发运凭证（或提货单）连续编号情况进行检查，未发现异常；W 公司已制定了按月与客户的对账制度，寄发对账单或发送电子邮件，回函有完整记录；W 公司未建立区分不同产品归类的专项制度和分类方法，特别是对高新技术产品收入未作出明确规定，区分高新产品缺乏准确性。

（2）审计小组通过实施实质性审计程序，取得审计结论有：W 公司高新技术产品（服务）收入明细表中记录的收入是通过技术创新、开展研发活动而形成的符合《国家重点支持的高新技术领域》要求的产品（服务）收入，且真实发生；W 公司与高新技术产品（服务）收入有关的金额和其他数据已恰当记录在会计科目；高新技术产品（服务）收入记录于正确的会计期间；W 公司与高新技术产品（服务）收入 PS02、PS03、PS04 有关的金额和其他数据记录的完整性、准确性不完全正确，需要提请调整；W 公司通过独家授权取得的维保收入，W 公司并不具备该品牌电池的相关专利产权的所有权。

2. 整理汇总审计实施过程中发现的问题及有关情况。

（1）针对 W 公司未能合理设计对 PS02、PS03、PS04 分类归集标准的情况，审计小组依据控制测试的了解，提请 W 公司依据销售订单和发货记录，以具体产品为分类标准，重新归集 PS02、PS03、PS04 辅助核算明细账；W 公司接受审计建议。

（2）针对 W 公司对境外子公司关联交易，根据外部专家提供意见和调查了解结果，同类发明专利在国内近期交易价格约为 200 万元，审计小组提请 W 公司调整高新技术产品（服务）收入 PS05 的金额，按公允价格 200 万元填报。W 公司接受审计调整意见。

（3）针对 W 公司通过独家授权取得的维保收入，W 公司并不具备该品牌电池的相关专利产权的所有权的情况，审计小组与 W 公司充分沟通后一致认为，根据高新技术企业认定办法的规定，“对企业主要产品（服务）发挥核心支持作用的技术属于《国家重点支持的高新技术领域》规定的范围；主要产品（服务）是指高新技术产品（服务）中，拥有在技术上发挥核心支持作用的知识产权的所有权，且收入之和在企业同期高新技术产品（服务）收入中超过 50% 的产品（服务）”，W 公司提供的维保服务属于《国家重点支持的高新技术领域》规定的范围，虽然不拥有知识产权的所有权，但其取得的收入低于同期高新技术产品（服务）收入的 50%，因此，符合政策，其归集可以确认。

3. 实施相关的进一步审计程序。

（1）检查程序。根据 W 公司重新编制的 PS02、PS03、PS04 辅助核算明细账，审计小组实施追加的审计程序，确定 W 公司已经按照具体产品分类归集，其中，PS02. 低压储能供电系统电池销售收入为 2650 万元；PS03. 高倍率无人机电池销售收入为 2950 万元；PS04. 航天器用镍氢电池销售收入为 3350 万元。

（2）函证程序。审计小组以销售订单和发货单为依据，选择部分交易进行函证，重点在与向购买方函证交易的产品信息，回函未发现不符。

（3）分析程序。审计小组根据重新审定的金额，与 W 公司审计前编制的高新技术产品（服务）收入有关的金额进行比对，虽然存在偏差，但不属于重大的偏差，进一步排除了 W 公司管理层可能舞弊的情况。

三、审计成果及建议

1. 主要审计成果。审计小组完成全部审计程序后，经与 W 公司交换意见，最终审计后的结果，如表 3－30 所示。

表 3－30　　审计结果统计

编制单位：W 公司　　　　单位：万元

项　　目		金　　额
一、产品收入		
1	PS01. 电池正极复合材料	4500.00
2	PS02. 低压储能供电系统电池	2650.00
3	PS03. 高倍率无人机电池	2950.00
4	PS04. 航天器用镍氢电池	3350.00
小计		13450.00
二、技术性收入		
1	技术转让收入	200.00
	PS05. 一种电池修复技术转让	200.00
2	技术服务收入	5000.00
	PS06. XX 系列电池组的维修	5000.00
3	接受委托科研收入	0.00
小计		5200.00
三、高新技术产品（服务）收入合计		18650.00

2. 建议。

根据高新收入专项审计的特征，我们认为除了遵循审计准则的基本规范外，还要紧密结合《高新技术企业认定管理办法》《高新技术企业认定管理工作指引》所规定的标准，以及充分利用中国注册会计师协会发布的高新技术企业认定专项审计指引，适当时候聘请或咨询外部专家意见，目的是能在业务承接、了解和控制测试、实质性测试等方面，充分识别被审计单位的高新特性，并结合此特性合理制定审计程序，达成审计目标。

四、案例点评

W 能源科技股份有限公司在 2014 年已经通过了高新技术企业认定，此次注册会计师对其 2016 年度高新产品（服务）收入进行审计，是属于 3 年有效期结束后重新申请认定高新技术企业。根据该案例的介绍，本案例的审计目标有以下两个方面。一是高新技术产品（服务）收入明细表是否在适用的会计准则和相关会计制度框架下，按照《高新技术企业认定管理办法》和《高新技术企业认定管理工作指引》的规定编制；二是高新技术产品（服务）收入明细表是否在所有重大方面公允反映申报企业在所审计期间的高新技术产品（服务）收入情况。执行相关审计程序后，W 公司公允地反映了 2016 年度高新产品（服务）收入。

在本案例中，审计小组参考了事务所风控部门的相关意见，考虑到高新专项审计具有特殊性和本项目的审计工作量，采用了更低的重要性水平。在对 W 公司关联交易进行了解时，咨询了外部专家的意见并参考了国内可类比的交易案例。

针对 W 公司未建立区分不同产品归类的专项制度和分类方法，特别是对高新技术产品收入未作出明确规定，区分高新产品缺乏准确性这一情况，审计小组可以实施更加严格的审计程序以对高新产品进行分类，使其高新技术产品收入的确定更具有准确性。

案例四　高新技术认定研发费用审计*

一、基本情况

广州市 H 机械设备有限公司（以下简称“H 公司”），成立于 2008 年 10 月 12 日，2017 年首次提出高新技术企业认定申请，委托某事务所进行专项审计。某事务所委派的 A 注册会计师对 H 公司进行初步调查了解，H 公司的主要情况，如表 3 - 31 所示。

---

* 本案例由广东晨瑞会计师事务所（普通合伙）提供，获得广东省注册会计师协会行业案例库优秀案例二等奖。

表 3－31　　　　　　　　　　　　　　H 公司基本情况

<table>
<tr><td colspan="2">主营产品（服务）所属技术领域</td><td colspan="3">八、先进制造与自动化（一）工业生产过程控制系统 5. 工业生产过程综合自动化控制系统技术</td></tr>
<tr><td colspan="2" rowspan="2">获得知识产权数量（件）</td><td colspan="2">获得Ⅰ类知识产权数量（件）</td><td>3</td></tr>
<tr><td colspan="2">获得Ⅱ类知识产权数量（件）</td><td>11</td></tr>
<tr><td rowspan="2">人力资源情况（人）</td><td>职工总数（人）</td><td>200</td><td>从事研发和相关技术创新活动的科技人员数（人）</td><td>30</td></tr>
<tr><td>科技人员占比（%）</td><td colspan="3">15</td></tr>
<tr><td rowspan="4">近 3 年经营情况（万元）</td><td>年度/种类</td><td>净资产</td><td>销售收入</td><td>利润总额</td></tr>
<tr><td>第 1 年</td><td>23000</td><td>6000</td><td>279</td></tr>
<tr><td>第 2 年</td><td>24000</td><td>9300</td><td>650</td></tr>
<tr><td>第 3 年</td><td>27000</td><td>13000</td><td>980</td></tr>
<tr><td colspan="2">近 3 年研究开发费用总额（万元）</td><td>1316</td><td>其中：在中国境内研发费用总额（万元）</td><td>1316</td></tr>
<tr><td colspan="3">近 1 年企业总收入（万元）</td><td colspan="2">13559</td></tr>
<tr><td colspan="3">近 1 年高新技术产品（服务）收入（万元）</td><td colspan="2">9750</td></tr>
<tr><td colspan="3">申请认定前一年内是否都发生过重大安全、重大质量事故或严重环境违法行为</td><td colspan="2">无</td></tr>
</table>

（一）监管背景

H 公司所属行业为工程机械行业，工业和信息化部是对我国工程机械行业履行管理职能的国家部门，国资委主要负责对工程机械行业国有资产进行监管和考核，而机械工业联合会和中国工程机械工业协会则主要负责政府部门的顾问工作、行业间的协调和经济技术信息的统计等。

行业“十三五”规划正式发布，明确行业未来发展目标。

1. 总体发展目标：从规模发展、质量效益、结构优化、持续发展等 4 个一级指标、15 个二级指标、8 个维度来表述工程机械行业“十三五”总体发展目标。预计到 2020 年我国工程机械在国内外市场的销售额将达到 6500 亿元；“十三五”期末我国工程机械行业出口及海外营业收入比重超过 30%，出口力争实现稳步增长，到 2020 年行业出口额达到 240 亿～250 亿美元，国际市场占有率 20% 以上。

2. 数字化、智能化发展目标：结合工程机械行业特点，实施“互联网＋”行动计划，推动互联网、云计算、大数据、物联网与工程机械优化产业结构、加速结构调整和推进智能化制造相结合。

3. 产品质量发展目标：加快工程机械从制造大国转向制造强国。

2015 年 5 月，国务院正式印发《中国制造 2025》，是我国第一次从国家战略层面描绘建设制造强国的宏伟蓝图。《中国制造 2025》在九项战略任务重四次提及工程工业，从智能制造、工业强基、质量提升、技术改造四个方面对工程机械行业提出要求，为工程机械行业指明了转型升级的大方向。

工程机械是除汽车行业之外的内燃机第二大使用行业，排放密度大、排放指标差，对环境的污染较为严重。近年内，相关政策开始积极推动工程机械行业节能减排，估计工程机械行业开展绿色制造。

（1）废止国三柴油车：自 2016 年 4 月 1 日起，我国全面实施国家第三阶段非道路转移机械用柴油机排气污染物排放标准（简称“国三排放标准”）。

（2）开展绿色制造专项行动：2016 年 4 月，工信部印发《绿色制造 2016 专项行动实施方案》，通过实施绿色制造 2016 专项行动，预期实现以下目标：进一步提升部分行业清洁生产水平，预计全年削减化学需氧量 8 万吨、氨氮 0.7 万吨；筛选推广一批先进节水技术；建设若干资源综合利用重大示范工程和基地，初步形成京津冀及周边地区资源综合利用产业区域协同发展新机制；会同财务部启动绿色制造试点示范。

（二）行业特别风险

我国工程机械行业面临一些风险和挑战。

1. 从市场表现来看，目前工程机械市场仍面临去库存、房地产调控、地方财政压力等挑战。

2. 产业“大而不强”的问题仍较为突出，大多数中小企业仍存在低端产品比重偏高、产能无序扩张等问题。

3. 海外方面，国际工程机械市场复苏依然迟缓，行业产出及投资仍在下滑，很多海外市场反弹多是基于低基数的“补涨”，能否企稳仍待进一步观察，因为在一些新兴市场，汇率的大幅波动对市场规模以及增速影响显著，短期内甚至可能远超来自下游的影响。

2015 年，工程机械行业持续在底部区间运行，产能过剩、竞争加剧的局面未见明显改善，受此影响，在对市场发展方向有了更加清晰和明确的把握之后，工程机械企业的生产、投资更趋立项。基于行业的现实背景，相关政策基调明显转向；不再单纯强调规模和产能，而是开始主要围绕行业结构调整、转型升级、开拓海外市场等方面下功夫。

（三）审计目标

本次研发费用审计目标如表 3 – 32 所示。

表 3-32　　研发费用审计目标

序号	目标	内容	相关依据
1	研发活动开展	被审计单位是否真实开展研发活动，是否有相关的研发活动场所、研发设备、研发人员及管理制度	研发活动场所说明、照片、研发设备清单、照片、研发部门、内部研发管理制度
2	研发活动记录的发生	研发活动中记录的交易是否是真实的	某项目没有发生该笔费用，但在账上做出记录
3	研发活动记录的完整性	研发活动完整性认定推导已发生的交易确实已经记录	某项目发生了该笔费用，但是在账上没有做出记录
4	研发活动记录的准确性	研发活动记录的准确性认定推导出已记录的交易是按正确金额反映的	记录在账上的某项目发生的研发费用金额是否正确记录
5	研发活动记录的截止	由截止认定推导出接近于资产负债表日的交易记录于恰当的期间	记录在账上的某项目费用是否超过项目期间或者在开展之前已经记录
6	研发活动记录的分类	由分类认定推导出被审计单位记录的交易经过适当分类	研发费用分类记录的准确性：例如，记录在账上的某项目研发人员“五险一金”是否归集到项目的人员人工费用上

二、审计方法与指引

（一）审计团队组成

1. 审计人员资质。

某事务所委派 A 注册会计师作为项目经理组成 5 人审计小组，对 H 公司高新技术企业认定进项专项审计，人员资质汇总如表 3-33 所示。

表 3-33　　审计人员资质汇总

序号	项目组成员	资质
1	A 项目经理	注册会计师，项目组组长
2	B 初级项目经理	注册会计师，项目组成员
3	C 审计助理	会计师，项目组成员
4	D 审计助理	初级会计师，项目组成员
5	E 审计助理	项目组成员

2. 任务分配情况，如表3－34所示。

表3－34　审计任务分配情况

序号	项目组成员	任务分配
1	A项目经理	统筹
2	B初级项目经理	内部控制
3	C审计助理	研发活动循环
4	D审计助理	研发费用测试
5	E审计助理	凭证抽查

（二）了解审计单位基本情况、评估审计风险、制定审计策略

1. 了解研发费用相关的业务流程及其会计信息流程。

A注册会计师在对H公司初步了解中获知，H公司有相关的研发活动场地并设有独立的研发部门，购置并管理一批研发设备以支持公司的研发活动开展，根据公司提供的内部研发管理制度，其主要业务流程如下。①项目申请：研发项目负责人通过产品的市场使用信息、市场需求的调研分析，组织相关研讨，输出研发项目立项报告书。②立项评审：研发部经理初审《研发项目立项报告》，初定可行性，研发部经理会同总经办、各职务部门经理、业务专家对研发项目可行性、预算进行评审，评审不通过则需对项目重新调研确认，评审通过则进入下一流程。③实施阶段：研发部经理协调组织项目组，根据立项书上各研发人员的工作职责，落实工作。研发项目负责人负责协调项目实施过程中相关事宜。④中期检查：研发部经理根据进度情况组织实施阶段评价，对项目给予专业支持与把关，确认项目进度的合理性与有效性。⑤项目验收：项目负责人提请验收报告，将研发项目成果、工作总结等资料交由研发部经理审核，审核通过，研发部经理会同总经办、各职务部门经理、业务专家对验收报告进行评审，审核通过，项目完成。

管理层对公司的研发高度重视，对研发费用采用辅助账形式进行核算，相关的内部控制制度能有效实施。

2. 了解不同类别研发费用归集原则。

研发费用主要包括人员人工、直接投入、折旧与长期待摊费用、无形资产摊销、设计费用、装备调试费用与试验费用、委托外部研究开发费用及其他费用等八大费用。其归集的原则，如表3－35所示。

表3－35　研发费用确认原则汇总

费用类别	确认原则
人员人工	研发人员工资薪金、“五险一金”及外聘研发人员的劳务费用是否根据其参与研发项目归集相应的人员人工？单个研发人员参与多个项目是否按照工时分配？

续表

费用类别	确认原则
直接投入	材料费：是否有相关的研发领用单证？ 燃动费：是否有项目分摊表及分摊依据？内部燃动测试费是否有测试登记表及测试报告支撑？ 检测费：后附报销单、发票、检测报告等是否有直接写明用于哪个项目？……
折旧与长期待摊费用	折旧费：是否划分了研发设备，研发折旧的项目分摊方式？是否有项目使用设备台班表（工时表）及对应的项目折旧分摊表？ 长期待摊费用：划分属于研发费用部分的依据是什么？是否有相应的项目分摊表？
无形资产摊销	是否为专利、软件或非专利技术的无形资产？是否有相关研发发生的无形资产摊销的项目分摊表？
设计费用	是否有相应的报销单、合同等直接写明用于哪个项目？设计费与项目的研发部分是否直接相关对应？
装备调试费用与试验费用	是否有相关测试费用登记表、测试报告或报销单、发票、合同等？是否直接写明用于哪个项目？
委托外部研究开发费用	是否有相应的报销单、发票、合同？是否有直接写明用于哪个项目？相关的知识产权的归属是否属于被审计单位？
其他费用	其他费用限额是否超过20%？发生的其他费用如差旅费、会议费、通信费、业务招待费等是否直接与研发项目相关？

3. 根据被审计单位基本情况评估审计风险，确定重要性水平。

研发费用结构明细表整体的重要性水平确定方法及金额，如表3－36所示。

表3－36　研发费用结构明细表重要性水平

项目	2014年度	2015年度	2016年度	确认依据
适用的基准	研发费用	研发费用	研发费用	以费用总额作为财务基准，确定的重要性水平应当低于相应财务报表审计的重要性水平
基准数（万元）	336	420	560	
经验百分比（%）	0.5	0.5	0.5	
计划的重要性水平（万元）	1.68	2.10	2.80	
实际执行的重要性水平（万元）	1.12	1.47	1.96	实际执行的重要性通常为申报明细表整体重要性的50%～70%，视项目总体风险高低也可低于50%或高于75%
临界值（万元）	0.08	0.11	0.14	注册会计师应当累计审计过程中识别出的错误，除非错报低于临界值，所有未调整错报金额总和不超过计划的重要性水平标准；低于临界值的情况不需要调整，通常临界值的为计划的申报明细表整体重要性水平的5%，但不超过申报明细表整体重要性的10%

4. 制定审计策略及具体计划。

（1）审计策略。①确定审计业务的特征，以界定审计范围。申报明细表编制基础：《企业会计准则》，最近3个年度财务报表审计情况：近3年（2014~2016年）均经某事务所进行审计，3个年度审计报告的报备号分别为：A审2015年506号、A审2016年314号及A审2017年294号，均无重大保留事项或其他重要事项。

②明确审计业务的报告目标，以计划审计的时间安排和所需沟通的性质。本次审计目标包括研发活动的开展、研发活动记录的发生、研发活动记录的完整性、研发活动记录准确性、研发活动记录的截止及研发活动记录的分类。安排审计时间为两周，通过书面、口头及现场的形式进行与客户进行沟通并开展审计工作。

③根据职业判断，考虑用以指导项目组工作方向的重要因素。企业出具报告目的主要用于申报认定高新技术企业，本次审计的工作方向的重要因素是企业是否真实开展研发活动且研发项目执行过程中发生的研发费用是否合理、准确、完整地在财务账上反映。

④确定执行业务所需资源的性质、时间安排和范围。

具体见本书第二部分审计方法与指引。

（2）审计计划，如表3-37所示。

表3-37 审计计划

计划内容	适用是否	执行人	执行时间	是否修改计划	修改原因
一、风险评估程序					
1. 了解被审计单位及其环境（不包括内部控制）	是	C	2017年3月7日	否	无
行业状况、法律环境与监管环境及其他外部因素	是	C	2017年3月7日	否	无
申报企业的性质、知识产权和研发项目情况	是	C	2017年3月7日	否	无
会计政策	是	C	2017年3月7日	否	无
企业的目标，战略以及相关经营风险	是	C	2017年3月8日	否	无
财务业绩的衡量和评价	是	C	2017年3月8日	否	无
2. 了解被审计单位内部控制	是	D	2017年3月8日	否	无
在整体层面了解和评价内部控制	是	D	2017年3月8日	否	无

续表

计划内容	适用是否	执行人	执行时间	是否修改计划	修改原因
在业务流程层面了解和评价内部控制	是	D、E	2017 年 3 月 8 日 ~ 2017 年 3 月 14 日	否	无
3. 舞弊风险评估与应对	否			否	无
4. 关联方及关联方交易	否			否	无
5. 风险评估—项目组讨论纪要	是	C	2017 年 3 月 10 日	否	无
6. 评估重大错报风险	是	C	2017 年 3 月 11 日	否	无
评估申报明细表层次的重大错报风险	是	C	2017 年 3 月 11 日	否	无
评估认定层次的重大错报风险	是	C	2017 年 3 月 11 日	否	无
二、计划的进一步审计程序				否	无
研发费用	是	F、G		否	无
1. 人员人工	是	F、G	2017 年 3 月 14 日	否	无
2. 直接投入	是	F、G	2017 年 3 月 14 日	否	无
3. 折旧费用与长期待摊费用的摊销	是	F、G	2017 年 3 月 14 日	否	无
4. 设计费	是	F、G	2017 年 3 月 14 日	否	无
5. 设备调试费用与试验费用	是	F、G	2017 年 3 月 14 日	否	无
6. 无形资产摊销	是	F、G	2017 年 3 月 14 日	否	无
7. 其他费用	是	F、G	2017 年 3 月 14 日	否	无
8. 委托外部研究开发	是	F、G	2017 年 3 月 14 日	否	无
三、其他程序	否			否	无

（三）审计方法与工具

1. 审计方法。

（1）检查。检查被审计单位的内部生成的，以纸质、电子或其他介质形式存在的记录或文件，如后附单据、相关合同、内部管理制度等。

（2）观察。根据被审单位提供的研发制度文件，对被审计研发活动进行观察，包括不限于研发活动场地、研发设备、研发人员及其开展研究开发的执行。

（3）询问。项目组通过书面或口头方式，向被审计单位内部知情人员（管理层、科研人员）等获取研发活动涉及的财务信息和非财务信息，并对答复进行评价的过程。针对研发事项，项目组注册会计师可能认为有必要向管理层和治理层（如适用）获取书面声明，以证实对口头询问的答复。

（4）重新计算。重新计算是指注册会计师对记录或文件中的研发数据计算的准确性进行核对。重新计算可通过手工方式或电子方式进行核对与测算。

（5）分析程序。分析程序是指注册会计师通过研究不同研发费用数据之间以及费用数据与非费用数据之间的内在关系，对研发费用信息作出评价。分析程序还包括调查识别出的、与其他相关信息不一致或与研发费用预算数据严重偏离的波动和关系。

2. 审计工具。

审计工具汇总如表 3－38 所示。

表 3－38　　审计工具汇总

序号	审计工具	单位	数量
1	手提电脑	台	5
2	审计软件	套	3
3	Excel 2013 标准版	套	5

（四）审计实施方案

H 公司 3 年研发项目基本信息，如表 3－39 所示。

表 3－39　　H 公司 3 年研发项目基本情况

项目编号	项目名称	项目研发期间	项目预算（万元）	项目参与人数（个）
RD01	** 设备的研发	2016 年 01 月～2016 年 12 月	105	7
RD02	** 技术的研发	2016 年 03 月～2016 年 11 月	78	5
RD03	** 机械的研发	2016 年 04 月～2016 年 12 月	80	6
RD04	** 设备的研发	2016 年 01 月～2016 年 07 月	62	4
RD05	** 技术的研发	2015 年 01 月～2015 年 12 月	100	4
RD06	** 设备的研发	2015 年 02 月～2015 年 12 月	90	5
RD07	** 机械的研发	2015 年 01 月～2015 年 07 月	58	6
RD08	** 设备的研发	2015 年 01 月～2015 年 10 月	82	3
RD09	** 系统的研发	2016 年 02 月～2016 年 10 月	78	4
RD10	** 设备的研发	2015 年 07 月～2015 年 12 月	50	5
RD11	** 技术的研发	2014 年 01 月～2014 年 10 月	73	6
RD12	** 技术的研发	2016 年 07 月～2016 年 12 月	52	7
RD13	** 设备的研发	2014 年 01 月～2014 年 12 月	88	4
RD14	** 系统的研发	2015 年 01 月～2015 年 07 月	40	3
RD15	** 机械的研发	2014 年 01 月～2014 年 09 月	65	3
RD16	** 设备的研发	2016 年 01 月～2016 年 12 月	105	6
RD17	** 技术的研发	2014 年 07 月～2014 年 12 月	45	5
RD18	** 系统的研发	2014 年 05 月～2014 年 12 月	62	4
RD19	*** 培训体系研发	2016 年 01 月～2016 年 08 月	3	2

审计小组获取了每个项目的预算书、立项书、测试报告、验收报告、研究开发人员花名册，研究开发成果等资料。通过审核上述资料，审计小组发现以下问题。

项目“RD19 *** 培训体系研发”为企业常规性的培训，通过运用国际安全生产研讨会提出的“模糊评价法”，结合公司实际建立起来的培训体系。从内容上看不属于《高新技术企业认定管理工作指引》定义的“为获得科学与技术（不包括社会科学、艺术或人文学）新知识，创造性运用科学技术新知识，或实质性改进技术、产品（服务）、工艺而持续进行的具有明确目的的活动”。此项目为企业的常规性培训，只具有企业内部培训技术不应属于研发活动。

审计小组同时运用了目标或结果判定法。在了解研发活动的目的、创新性、预算的基础上，结合了成果转化情况（无转化），审计小组认为该项目不属于研发项目。

同时，H 公司的研发费用加计扣除意见鉴定书对该项目的鉴定意见为：经鉴定，该研究开发项目不属于《国家重点支持的高新技术领域》第八类先进制造与自动化第一条工业生产过程控制系统第五款工业生产过程综合自动化控制系统技术规定的研究开发活动，不适用税前加计扣除。

综上，审计小组认为项目“RD19 *** 培训体系研发”不属于研究开发项目，此项目产生的费用（3 万元）不属于研究开发费用，予以核减。

核减后 3 年的研发费用，如表 3 -40 所示。

表 3 -40　　H 公司 2014 ~2016 年研发费用汇总（核减后）

年度	2014	2015	2016
研发费用（万元）	336	420	557
比例（%）	5. 60	4. 52	4. 28

A 企业向审计小组提供了研究开发费用明细账、研发人员工资表、社保明细表、纳税证明、领料汇总表、研发设备清单、技术合同等资料。经审计，发现如下问题。

（1）人员人工。审计小组对企业提供的个税及社保申报表与企业编制的研究开发人员统计表进行核对，检查科技人员人数统计表中科技人员的认定是否符合《高新技术企业认定管理工作指引》的相关规定，检查工资发放记录、奖金核准及发放记录，检查人员人工费用在各项目之间分配合理性，前后各期一致性。

H 公司提供的研究开发人员统计，如表 3 -41 所示。

表 3 -41　　H 公司 2014 ~2016 年研发人员汇总

年度	2014	2015	2016
总员工（人）	180	190	200
科技人员（人）	20	25	30
比例（%）	11. 11	13. 16	15

审计小组核查发现：

科技人员王鑫为2016年9月1日入职，李鹏为2016年10月1号入职，累计工作时间没有达到183日以上。

2016年科技人员名单包括了公司总经理，通过核对考勤表，总经理参与研发管理的天数未达到183日以上。

项目“RD08 ** 设备的研发”项目期间为2015年01月~2015年10月，H公司在2015年12月31日计提了当年的年终奖金，未列支属于该项目的奖金。

审计小组根据H公司提供的2014~2016年各年1月、3月、6月、9月和12月个税及社保申报汇总表，确认H公司2014~2016年职工总数分别为180人、190人及200人。通过核对科技人员的工资表、考勤表，以及劳动合同，确认2016年累计实际工作时间小于183日的技术人员王鑫、李鹏和参与研发管理的天数未达到183日公司的总经理均不能算为科技人员。核减原因如下：《高新技术企业认定管理工作指引》规定“科技人员是指直接从事研究开发和相关技术创新活动，以及专门从事上述活动的管理和提供直接技术服务的，累计实际工作时间在183日以上的人员，包括在职、兼职和临时聘用人员。”

核减后H公司实际科技人员，如表3-42所示。

表3-42　H公司2014~2016年研发人员汇总（核减后）

年度	2014	2015	2016
总员工（人）	180	190	200
科研人员（人）	19	24	27
比例（%）	10.56	12.63	13.50

符合高新技术企业认定管理办法第十一条第（四）项：“企业从事研究开发和相关技术创新活动的科技人员占企业当年职工总数的比例不低于10%”的条件。

研发人员的奖金应根据研发项目的研发月份*全年奖金/12在各研发项目列支。项目“RD08 ** 设备的研发”项目期间为2015年01月~2015年10月，应将该项目研发人员1~10月的奖金列支在此项目，故调增该项目的人员人工费用2万元。

调整后H公司人员人工费用，如表3-43所示。

表3-43　H公司2014~2016年研发人工费用汇总　单位：万元

年度	2014	2015	2016
研发费用	336	422	557
人员人工	117.6	136.4	170.6

（2）直接投入。审计小组根据H公司提供的项目立项书、测试申请、测试报告、直接投入预算、直接投入明细账、领料汇总表，检查直接投入情况是否与研究开发内容和进度匹配，是否为研究开发项目发生的费用，是否与相关的原始凭证相符，检查水电费、租金分配方法的合理性及前后各期的一致性，对分配金额的正确性实施复核

程序。

审计小组核查发现：

①2015 年项目 RD06 的测试领用及试制期间为 2015 年 07 月 ~2015 年 09 月，但根据相关单据该项于 2015 年 11 月领用了一批材料 2.0 万元。

②2016 年项目 RD16 的测试领用及试制期间为 2016 年 05 月 ~2016 年 09 月，相关单核对该项目领料明细汇总表，该项目于 2016 年 9 月领用一批材料 1 万元，该批材料为塑料及纸皮箱。

③H 公司除了原有自建大楼，还租用一块场地，该场地除了进行研发活动还有进行日常经营活动，H 公司将该租用场所发生的租金全额计入研发费用。

④2016 年 RD16 研发期间发生的一笔测试费用（0.3 万元），该笔费用除了报销单外，无其他单据。

⑤2016 年 RD15 研发期间发生的一笔测试费（0.2 万元），根据提供的合同等实际为商标费用。

针对以上问题，审计小组作了以下分析。

①RD06 立项书、测试申请报告等显示测试期间为 2015 年 07 月 ~2015 年 09 月，测试结果显示已达到预计目标，而领料单上领用日期为 2015 年 11 月，根据取得的上述资料，审计小组认为该笔材料为非研发领料，不予确认该笔材料，予以核减。

②项目 RD16 为“ ** 设备的研发”，检查立项书、测试申请等资料，该项目主要领用零配件、钢铁等材料，塑料与纸皮箱与该项目设备的试制无关，审计不予确认该笔材料，予以核减。

③审计小组对 H 公司进行实地勘察并获取了 H 公司场地租赁合同，审计小组认为租用的场地应该按照研发产地占地面积与非研发场地占地面积区分的研发费用与非研发费用。经计算，H 公司租用场地面积为 200 平方米，租金每月 1 万元（12 万元/年）其中用于研发的活动场所面积为 160 平方米，直接投入归集的金额应为 160/200 ×12 =9.6（万元/年），该场所于 2013 年租用，3 年研发费用中直接投入应核减(12 -9.6) ×3 =7.2（万元）。

④根据《高新技术企业认定管理工作指引》规定，直接投入是指企业为实施研究开发活动而实际发生的相关支出。该笔测试费用无测试报告，无单据作为后附支撑是否与该项目相关，审计小组认为该笔测试费不应确认为研发费用，予以核减。

⑤根据《高新技术企业认定管理工作指引》规定，商标费用不能确认为研发费用，审计小组对该笔费用予以核减。

核减相关费用后研发直接投入费用，如表 3 -44 所示。

表 3 -44　　H 公司 2014 ~2016 年研发人工费用汇总（核减后）　　单位：万元

年度	2014	2015	2016
研发费用	333.6	417.6	553.10
直接投入	138.72	197.2	276.1

（3）折旧费用与长期待摊费用。

审计小组对H公司提供的研究开发设备清单中的研究开发设备实施了现场盘点程序，核对了研究开发设备折旧明细表，检查固定资产折旧计提所采用的会计政策、会计估计与财务报表所采用的方法的一致性、前后各期的一致性以及折旧计算的正确性，对大型共用设备进行详细的测算，检查折旧分配方法的合理性及前后各期的一致性，对分配金额的正确性实施复核程序。

审计小组发现：H公司项目RD16研发设备清单中有一辆小轿车（2016年09月购入），该辆小轿车用于日常经营活动及研发活动，但无车辆使用登记记录。

审计小组认为：对于共用设备，需要根据设备使用记录，区分研发与非研发。审计小组随即向财务人员了解情况，该小轿车没有对应的使用记录，无法区分研发与非研发，该部分折旧（0.2万元）不予确认。

审计后研发折旧及摊销，如表3-45所示。

表3-45　H公司2014~2016年研发折旧及摊销汇总　单位：万元

年度	2014	2015	2016
研发费用	333.6	417.6	552.9
折旧及摊销	10.08	11.2	11

（4）无形资产摊销。

审计小组H公司提供的无形资产明细账、无形资产摊销明细表，根据无形资产购入合同、发票、付款单等，核对无形资产摊销原值，检查无形资产摊销政策的正确性、前后各期摊销金额一致性、摊销金额的正确性。在检查中，审计小组发现：项目RD02“**技术的研发”无形资产摊销费用中除应项目需要购入的“**软件”的摊销外，还将财务用友软件也摊销归集到该项目中。

审计小组认为：财务软件不属于因研究开发活动需要而使用的专利、非专利发明、许可证、专有技术、设计和计算方法所发生的费用，该部分摊销费用不属于研发活动，不予确认，因此，核减2016年列支在该项目财务软件摊销0.3万元。

审计后研发无形资产摊销费用，如表3-46所示。

表3-46　H公司2014~2016年研发无形资产摊销费用汇总　单位：万元

年度	2014	2015	2016
研发费用	333.6	417.6	552.6
无形资产摊销	3.36	5.6	5.3

（5）装备调试费用及试验费。

审计小组从H公司提供的立项文件、装备调试记录、调试损耗记录、调试结果及相关凭证资料，了解到H公司的装备调试费用具体为利用自主知识产权所做的相关模具研究开发所发生的调试费用，由模具进入工装调试到试制样品完成（H公司以制出经检测达到设计要求的第3个样品为完成）发生的装备调试费。审计小组检查发现：项目RD16“ ** 设备的研发”2016年领用了一批样品，该批样品金额为5万元。

审计小组认为：样品领用属于《高新技术企业认定管理工作指引》规定的直接投入范畴，属于用于中间试验和产品试制的模具、工艺装备开发及制造费，不构成固定资产的样品、样机及一般测试手段购置费，试制产品的检验费细目，应将此笔费用调整到直接投入。

审计后装备调试费用及试验费用、直接投入费用，如表3－47所示。

表3－47　H公司2014～2016年装备调试费用及试验费用、直接投入费用汇总

单位：万元

年度	2014	2015	2016
研发费用	333.6	417.6	552.6
装备调试费用及试验费用	16.8	25.2	11.8
直接投入	138.72	197.7	281.1

（6）其他费用。

审计小组根据H公司提供的其他费用明细账、立项书、研发人员花名册、费用报销制度等资料，检查相关费用的核准与内部管理办法的规定一致性，费用与项目关联性，检查办公费用、通信费等费用在研发项目与其他活动产生的费用分摊的合理性、前后各期是否保持一致，分摊金额正确性；列支的“其他费用”是否超过研究开发总费用的20%。

审计小组检查发现：

①2016年项目RD01中列支一笔广告费用0.3万元，一笔业务招待费0.1万元。

②2016年项目RD03中列支一笔研发人员报销的差旅费用0.1万元，为非该项目的参与人员。

③2014～2016年将研发部门的通信费全额归进研发费用，并按照在研项目的预算进行归集分摊。

审计小组认为：

①2016年项目RD01中列支的广告费用、业务招待费不属于研究开发活动直接相关的其他费用，予以核减。

②2016年项目RD03中列支的差旅费，与该项目无关，予以核减。

③通信费应根据项目的研发人员实际报销的金额，归集到各个研发项目中。

调整后其他费用，如表3－48所示。

表3－48　H公司其他费用汇总

单位：万元

年度	2014	2015	2016
研发费用	333.1	417	552.1
其他费用	25.5	28.8	38.7

H 公司审计后 3 年研发费用结构，如表 3－49 所示。

表 3－49　H 公司研发费用结构　单位：万元

年度	人员人工	直接投入	折旧及摊销	无形资产摊销	设计费	装备调试费用及试验费用	其他费用	委外	合计
2014	117.6	138.72	10.08	3.36	7.44	16.8	25.5	13.6	333.1
2015	136.4	197.2	11.2	0	5.6	25.2	28.8	12.6	417
2016	170.6	281.1	11	0	5.3	11.8	38.7	33.6	552.1
合计	424.6	617.02	32.28	7.44	14.26	53.8	93	59.8	1302.2

三、审计成果及建议

1. 审计结果。

根据对 H 公司的研发费用审计，2014～2016 年 H 公司的收入为 28300 万元，2014～2016 年研发费用合计 1302.2 万元，研发费用占比 4.60%；符合《高新技术企业认定管理办法》规定的“最近一年销售收入在 5000 万元～2 亿元（含）的企业，近三个会计年度的研究开发费用总额占同期销售收入总额的比例不低于 4%，在中国境内发生的研究开发费用总额占全部研究开发费用总额的比例不低于 60%”的条件。可按照约定书出具 H 公司《2014～2016 年研发费用报告》。

2. 审计建议。

（1）研发费用审计业务开展前需要了解被审计单位的研发基础，包括但不限于被审计单位是否划分研发活动场所、设立研发部分、聘请专门从事企业研发活动的科技人员、购置使用管理研发活动设备并设立相关的研发制度（包括不限于研发管理制度、研发费用核算制度等）以支撑企业的研发活动开展。

（2）了解并归整被审计单位的研发循环，以被审计单位的整体架构（是否包括研发部门）、研发部门科研人员的主要职责为基础，整理被审计单位科研立项申请、立项审批、项目执行过程的费用发生并归集、中期报告、验收报告及成果转化一套流程。

（3）研发费用归集的合理性、准确性，包括不限于：

人员人工：研发人员是否与被审计单位签署了研发岗位劳动合同，被审计单位是否按时足额支付研发人员工资薪金、“五险一金”；被审计单位财务人员是否根据科研人员参与项目归集到相应的研发项目费用，单个研发人员参与多个研发项目是否根据研发工时分配的原则来归集人员人工费用。

直接投入：研发领用的材料是否与项目的试制阶段匹配，研发项目归集的材料费用是否有相应的领料单、出库单作为支撑；燃动费是否有相应的项目分摊表作为支撑；检测费用、试制费用是否有相应的合同及检测试制报告作为该项目的费用发生依据。

折旧与长期待摊费用：被审计单位是否有单独管理研发设备，相关研发设备折旧是否全额计入研发费用，各研发项目共用的研发设备的折旧是否按照工时分配。生产设备在当月生产与研发共用时是否提供相应的设备使用台班表，是否按工时计入该项目实际发生的折旧费。

无形资产摊销：被审计单位是否只将专利、软件等归集到研发无形资产摊销，根据研发活动面积计算的摊销费用不属于项目的研发无形资产摊销，应归集到其他费用。

委托外部研发产生的费用：是否有相关的合同、发票作为支撑，注意与其他企业合作申报国家项目，国家单笔全额支付给主申报单位，由主申报单位划拨相应国家项目专项资金的，该部分不属于委托外部研发产生的费用。

其他费用：其他费用是否超过 20% 的限额，注意其他费用不能包括与研发项目无关开展的费用，如业务招待费以及与研发项目无关的专利费用等。

四、案例点评

广州市 H 机械设备有限公司所属行业属于工程机械行业，长期以来，该行业一直在底部区间运行，产能过剩、竞争加剧。随着近年来国家政策的调整，该行业不再单纯强调规模和产能，而是开始进行行业结构调整、转型升级、开拓海外市场等。H 公司于 2017 年首次提出高新技术企业认定申请，所以该案例是某事务所对 H 公司高新技术企业认定进行专项审计，主要审计目标是 H 公司的研发费用。经一系列审计程序，H 公司符合《高新技术企业认定管理办法》规定的“最近一年销售收入在 5000 万元 ~ 2 亿元（含）的企业，近三个会计年度的研究开发费用总额占同期销售收入总额的比例不低于 4%，在中国境内发生的研究开发费用总额占全部研究开发费用总额的比例不低于 60%”的条件，可按照约定书出具 H 公司《2014 ~ 2016 年研发费用报告》。

在该案例中，审计小组能根据被审计单位的具体情况和研发费用的具体流程评估审计风险，确定了合理的重要性水平。采用了多种审计方法执行审计程序，对研发费用进行了详细的归集。对研发费用是否符合《高新技术企业认定管理工作指引》的相关规定，能够根据 H 公司具体的情况进行判断，并且谨慎、合理地处理每一个研发费用归集中存在的可疑问题。

在人员人工费用在各项目之间分配的问题上，审计小组是通过核对科技人员的工资表、考勤表，以及劳动合同，确认人员的累计实际工作时间或者参与研发管理的天数是否达到了能够认定为科技人员的相关规定。但是，若单个研发人员参与多个研发项目，更合理的是根据研发工时分配的原则而不是按照累计的天数和工作时间来归集人员人工费用。

案例五　研发费用审计*

一、基本情况

DC 五金制品有限公司是一家中外合资企业，于 2014 年通过认定，成为高新技术企业。2017 年 5 月，我们接受委托对其高新技术认证进行专项审计，这是该公司 3 年后的复审。

DC 五金公司系经市工商行政管理局批准，由 DC 实业有限公司、J 不锈钢制品厂出资组建的中外合资企业，于 1992 年 8 月 21 日成立，公司注册资本人民币 6000 万元，公司住所位于当地工业开发区。

公司经营范围：生产经营安装平安保管箱、金库门、组合金库、保险柜、文件柜、档案柜、防火卷闸、防火门、防盗门、特种门、屏蔽门、核电特种门、核电非标设备及非压力级容器等系列产品。

（一）监管背景

由于 DC 五金公司的经营范围是生产、销售、安装金库门、组合金库、保险柜、特种门、核电特种门、核电非标设备及非压力级容器等系列产品，这些产品不属于法律限制限定的范畴，并且产品技术含量较高，所以近期颁布的法律法规对其产品销售不会产生重大不利影响。

（二）项目风险

申报企业管理层可能存在为享受税收优惠政策而申报高新技术企业资格的动机，从而导致高新技术企业研究开发费支出与高新技术产品（服务）收入存在重大错报风险。

大型复杂的研究开发项目可能涉及多个分支机构和部门，也存在委托外部研发单位参与的情况，注册会计师应当考虑费用的归集是否完整。同时需考虑高新技术产品（服务）收入是否涉及重大的关联交易；其确认是否可能存在较大的随意性；是否涉及异常或者与商业惯例不符的重大交易。

（三）审计目标

注册会计师通过实施审计工作对申报企业申报明细表的下列方面发表审计意见。

---

* 本案例由广东省江门市江源会计师事务所邱会栋提供，本案例获得广东省注册会计师协会行业案例库优秀案例三等奖。

1. 研究开发费用结构明细表和高新技术产品（服务）收入明细表是否在适用的会计准则和相关会计制度框架下，按照《高新技术企业认定管理办法》和《高新技术企业认定管理工作指引》的规定编制。

2. 研究开发费用结构明细表和高新技术产品（服务）收入明细表是否在所有重大方面公允反映申报企业在所审计期间的研究开发费用和高新技术产品（服务）收入情况。

二、审计方法与指引

（一）审计团队组成

1. 审计人员资质。

审计小组由四人组成。A、B 两人为注册会计师；C 为审计高级助理，具有会计中级职称；郑灵具有会计初级职称，具备一定的工作经验。

2. 任务分配情况。

A 担任项目经理，负责与被审计单位沟通协调工作，编制审计计划、审核审计资料和撰写审计报告。

B 负责对研发费用中人员支出、直接投入的审核；C 负责对折旧与摊销、设计费、外部投入的审核；郑灵负责对其他费用、高新收入的审核。

（二）了解被审计单位基本情况

DC 五金公司于 2014 年通过认定，成为高新技术企业。而上次高新认证专项审计报告也是由本所出具的，因此，该公司为本所老客户。2017 年 5 月，我们受邀为其做高新技术认证专项审计，这是该公司 3 年后的复审。

虽然是老客户，但审计人员还是对 DC 五金公司行业状况、法律环境与监管环境，以及其他相关外部因素重新评估；对公司所有权结构、治理结构、组织结构、经营活动、投资活动、筹资活动初步加强了解；我们也询问了公司对会计政策的选择与运用。

公司为了今后的发展，制订了涉足新的业务领域与地区的经营目标，以适应新的业务领域与用户需求；确立了创建科技创新型企业的发展战略，从而确定增加研究开发投入。

公司是一家老企业，成立于 1992 年，近 3 年主要股东、关键管理人员和治理层未发生重大变化，也未发现其诚信方面的重大问题，我们的工作范围不会受到不适当的限制。而本所审计人员具备高新技术企业认证专项审计的资质和经验，且本所人员与被审计单位不存在影响独立性的各种情况，其他事务所为该企业连续 3 年出具了无保留意见审计年度报告，就收费问题来说，我们与客户达成一致意见，因此，2017 年 5 月 6 日，项目组负责人在完成业务保持评价后上报事务所管委会，经管委会同意，决定执行本项审计。

（三）总体审计策略

1. 确定审计业务的特征。

（1）申报明细表编制基础：《企业会计准则——基本准则》《企业会计制度》；

（2）最近3个年度财务报表审计情况，如表3－50所示。

表3－50　　近3年财务报表审计情况

是否、经谁审计	经××事务所审计
重大保留、遗留事项	无保留

2. 根据职业判断，考虑用以指导项目组工作方向的重要因素。

重要性水平的确定。重要性确定依据：《中国注册会计师审计准则第1221号——计划和执行审计工作时的重要性》

研究开发费用结构明细表整体的重要性水平确定方法及金额，如表3－51所示。

表3－51　　研究开发费用的重要性水平

项　目	2014年度	2015年度	2016年度	确认依据
适用的基准	费用总额	费用总额	费用总额	以费用总额作为财务基准，确定的重要性水平应当低于相应财务报表审计的重要性水平
基准数	490.93	256.81	331.61	
经验百分比（%）	0.80	0.80	0.80	
计划的重要性水平	3.93	2.05	2.65	
实际执行的重要性水平	2.36	1.23	1.59	
临界值	0.12	0.06	0.08	

注：如果在审计过程中获知了某项信息，而该信息可能导致注册会计师确定与原来不同的财务报表整体重要性，应当予以修改。修改重要性对之前确定的进一步审计程序的性质、时间安排和范围的影响要重新评估，本项目没有修改。

3. 明确审计业务的报告目标，以计划审计的时间安排和所需沟通的性质。

（1）报告目标。

注册会计师通过实施审计工作对申报企业申报明细表的下列方面发表审计意见。

研究开发费用结构明细表和高新技术产品（服务）收入明细表是否在适用的会计准则和相关会计制度框架下，按照《高新技术企业认定管理办法》和《高新技术企业认定管理工作指引》的规定编制；

研究开发费用结构明细表和高新技术产品（服务）收入明细表是否在所有重大方面公允反映申报企业在所审计期间的研究开发费用和高新技术产品（服务）收入情况。

审计的时间安排，如表3－52所示。

表 3－52　审计的时间安排

执行审计时间安排	时间
（1）被审计单位对外提交经审计的财务报告	6 月 15 日
（2）重要审计程序的执行时间安排：	
制定总体审计策略及具体审计计划	5 月 6 日
更新对被审计单位及其环境的了解	5 月 6 日
控制测试	5 月 7 日、5 月 8 日
重要项目的进一步审计程序——研究开发费用实质性测试	5 月 9 日
——高新技术产品（服务）收入实质性测试	5 月 9 日～20 日
专项审计报告与已申报明细表复核	5 月 22 日～28 日

（2）沟通的性质，如表 3－53 所示。

表 3－53　沟通的性质

沟通方	时间
与被审计单位治理层及管理层的沟通安排：	5 月 7 日
项目组内部的沟通安排： ［项目组会议（包括准备会和总结会）］	准备会 5 月 6 日； 总结会 5 月 22 日
与其他方的沟通	5 月 7 日与企业申报辅导单位初步沟通，并保持联系

4. 确定执行业务所需要资源的性质、时间安排和范围，如表 3－54 所示。

表 3－54　项目组主要成员的职责分工

姓　名	职　级	主要职责
A	项目经理	沟通、审核
B	注册会计师	费用的实质性测试
D	助理	资料的整理
C	高级助理	高新收入的实质性测试

项目组成员独立性声明

本人声明：

1. 本人与该客户间不存在可能损害独立性的情形；

2. 本人对该客户的独立性不因任何私人关系、利益冲突或其他情况而改变。

项目组成员签名（略）。

（四）具体审计计划

2017 年 5 月 6 日，我们向 A 公司提供了标准格式的业务约定书，待其盖章签约后，我们再向其提供了执行本次专项审计所需文件与资料清单。

项目组为审计工作制订了具体审计计划，以将审计风险降至可接受的低水平。具体审计计划包括风险评估程序、计划实施的进一步审计程序和其他审计程序。

（五）风险评估

1. 风险评估程序汇总，如表3－55所示。

表3－55 风险评估程序汇总

1. 总体审计策略	√	D1
2. 了解被审计单位及其环境（不包括内部控制）	√	D2
2.1 行业状况、法律环境与监管环境以及其他外部因素	√	D2－1
2.2 被审计单位的性质	√	D2－2
2.3 会计政策的选择和运用	√	D2－3
2.4 目标、战略及相关经营风险	√	D2－4
2.5 财务业绩的衡量和评价	√	D2－5
3. 了解被审计单位内部控制	√	
3.1 在整体层面了解和评价内部控制	√	D3－1
3.1.1 整体层面了解和评价内部控制汇总表	√	D3－2
3.1.2 整体层面了解和评价内部控制调查表（适用于小型企业）	√	
3.1.3 控制环境（适用于非小型企业）		
3.1.4 风险评估（适用于非小型企业）		
3.1.5 信息系统与沟通（适用于非小型企业）		
3.1.6 控制活动（适用于非小型企业）		
3.1.7 对控制的监督（适用于非小型企业）		
3.2 在业务流程层面了解和评价内部控制		
3.2.1 业务流程层面了解和评价内部控制汇总表		
3.2.2 与研究开发费用相关的控制活动和信息系统		
3.2.3 与高新技术产品（服务）收入相关的控制和信息系统		
4. 舞弊风险评估与应对		
5. 风险评估—项目组讨论纪要		
6. 评估的重大错报风险		
6.1 评估的申报明细表层次的重大错报风险		
6.2 评估的认定层次的重大错报风险		
7. 计划的进一步审计程序		

2. 了解被审计单位及其环境。风险评估程序实施步骤如表3－56所示。

表3－56 风险评估程序实施步骤

审计目标和审计程序	适用与否	工作底稿索引
一、审计目标 通过了解被审计单位及其环境，识别和评估申报明细表层次的重大错报风险（无论该错报由于舞弊还是错误导致）		
二、实施的风险评估程序 1. 了解行业状况、法律环境与监管环境以及其他外部因素，评估相关风险 1.1 向被审计单位销售总监询问其主要产品（服务）技术变化、行业发展状况等信息 1.2 查阅以前年度工作底稿、内部与外部的相关信息资料 1.3 其他相关程序	√ √	D2－1

续表

审计目标和审计程序	适用与否	工作底稿索引
2. 了解被审计单位的性质，评估相关风险 2.1 向管理层询问被审计单位所有权结构、与申报事项相关的治理结构和组织结构 2.2 了解经营、投资、筹资活动，并查阅相关合同	√	D2－2
3. 了解被审计单位对会计政策的选择和运用，评估相关风险 3.1 向财务总监询问被审计单位采用的与研究开发费用和高新技术产品（服务）收入核算相关的主要会计政策、会计政策变更的情况、财务人员配备和构成情况等 3.2 查阅被审计单位会计工作手册、操作指引等财务资料和内部报告 3.3 其他相关程序	√	D2－3
4. 了解被审计单位的目标、战略以及相关经营风险，评估相关风险 4.1 向管理人员询问被审计单位实施的或准备实施的目标和战略 4.2 其他相关程序	√	D2－4
5. 了解被审计单位财务业绩的衡量和评价，评估相关风险 查阅被审计单位管理层和员工业绩考核与激励性报酬政策、分布信息与不同层次部门的业绩报告等	√	D2－5
6. 根据了解被审计单位及其环境，评估申报明细表层次和认定层次的重大错报风险	√	D4－2、D4－3

3. 了解被审计单位及其环境——行业状况、法律环境及监管环境，如表3－57所示。

表3－57　　了解被审计单位及其环境调查

调查内容	调查结果
1. 被审计单位所处行业的市场供求与竞争状况 主要关注：产品（服务）关键技术指标值与行业指标值相比较是否存在较大差异，从而影响被审计单位的产品销售价格（服务价格）或数量，被审计单位需要进行技术研究开发活动以增强竞争能力	被审计单位所处行业是充分竞争行业，增加研发支出可以获得更强的企业竞争力
2. 产品（服务）技术变化 主要关注：产品（服务）是否含有较高的技术含量，产品更新换代或服务升级是否较快，被审计单位是否为保持技术领先从而需要进行较多的技术研究开发。（如通信产品制造业因其产品更新换代较快，开展的研究开发项目较多）	要有比较高的技术含量；被审计单位需要持续投入研发力量和资金

续表

调查内容	调查结果
3. 能源供应与成本	能耗较高；需要开发新产品提升利润空间
主要关注：产品是否为高耗能产品，被审计单位是否因能源供应日趋紧张、成本上升，需要开展研究开发活动以降低产品能耗与产品成本	
4. 法律监管环境	影响小
主要关注：近年颁布的法律法规是否对被审计单位的产品销售产生重大不利影响而需要进行技术研究开发活动以使产品适应法律监管要求。（如汽车制造业，因尾气排放标准不断提高而需要不断进行关于降低尾气污染物排放的研究开发项目）	

总体评价及潜在风险描述：被审单位产品要有比较高的技术含量；需要持续投入研发力量和资金；其他方面影响小，风险一般。

4. 了解被审计单位及其环境——被审计单位的性质（1），如表3－58所示。

表3－58　　被审计单位及其环境调查（1）

调查内容		调查结果	
1. 所有权结构			
1.1 被审计单位的所有权性质（属于国有企业、外商投资企业、民营企业，还是其他类型企业）		外商投资企业	
1.2 被审计单位的所有权结构			
投资者名称	投资者性质	出资比例（%）	出资额
A实业有限公司	外企	51	11023140.03
B不锈钢制厂	内企	49	10235207.89
合计		100	21258247.92
1.3 被审计单位子公司情况			
子公司名称	注册资本	被审计单位出资比例	业务及规模描述
无			
2. 治理结构			
2.1 被审计单位股东会、董事会的构成情况		有董事会和股东会	
2.2 股东会、董事会运作情况		正常运转	
2.3 业主对经营活动的参与程度		高	
考虑被审计单位治理层是否能够在独立于管理层的情况下对申报相关事项（包括申报明细表）作出客观判断：能			

了解被审计单位的所有权结构与主要所有者，识别关联方，并分析主要所有者与被审计单位关联方之间的关系是否会对高新技术产品（服务）销售等数据归集的真实

性产生不利影响：未分析关联销售。

5. 了解被审计单位及其环境——被审计单位的性质（2），如表3-59所示。

表3-59 被审计单位及其环境调查（2）

调查内容	调查结果
3. 组织结构	
了解被审计单位研究开发部门的设置与分布，分析是否存在专门的机构与人员从事研究开发活动，包括：	
3.1 研发场所、研究开发部门数量及其人员	有研发场所和一个独立的研发部门，有专职的研发人员
3.2 研究开发项目组成员与来源，技术职称结构	配备了高级工程师、工程师等技术人员
3.3 研究开发人员的考核奖励制度等	有
4. 经营活动	
4.1 被审计单位主要高新技术产品（服务）的种类	高新产品的生产销售
4.2 最近3个会计年度的研究开发计划与主要研究开发成果、目前实施的研究开发项目名称与性质、研究开发工作外包等情况，以分析判断研究开发项目的真实性	研发活动取得进展，审计期间共开展了21个项目的研究，取得1类知识产权3件，2类知识产权10件
4.3 研究开发项目的目的、性质与类型，关注是否属于《国家重点支持的高新技术领域》范围，获得相关审批的情况（如需要）以及目前的进展情况	技术领域属于：先进制造与自动化—新型机械—机械基础件及制造技术
4.4 研究开发项目的立项过程和具体流程	立项—申报—研发—转化
4.5 是否委托关联方或者其他外部机构进行实质性研究开发	关联方未参与，但部分委托外部机构，比如产学研
4.6 产学研的合作方式、合作研究开发项目的所有权归属等	企业为主导，产权归企业
4.7 在了解上述研究开发项目内容时，考虑利用专家的工作	与跟辅导机构联系沟通
5. 投资活动	
5.1 了解为开展研究开发项目而投入的主要研究设备	取得项目资产清单
5.2 考虑实施观察程序以实地考察研究开发项目所使用的固定资产是否未用于研究开发项目	已实地观察
6. 筹资活动	
6.1 被审计单位的筹资活动，如银行借款，关联方借款，票据贴现，经营租赁，融资租赁等	已了解和查询

续表

调查内容	调查结果
6.2 重点分析研究开发项目是否使用了金融机构的贷款，包括是否采用融资租赁方式租赁研究开发设备	没有租赁设备的情况
总体情况及潜在风险描述： 企业进行了正常的研发活动，外部有参与但企业占主导；有专门的研发设备，其他经营活动未见异常	

6. 了解被审计单位及其环境——会计政策的选择和运用，如表3－60所示。

表3－60　　被审计单位会计政策的选择与运用调查

调查内容	调查结果
1. 被审计单位研究开发费用和高新技术产品（服务）收入核算时所确定的会计政策与编制申报明细表时所确定的会计政策是否一致	是
2. 被审计单位的研究开发费用、高新技术产品（服务）收入如何归集	按研发时实际发生额归集、并分配到项目
3. 是否有新颁布的会计准则、法律法规，被审计单位何时采用、如何采用这些规定	无
4. 被审计单位多个研究开发项目之间费用的分配方法，分析费用分配方法是否合理	人工支出按项目参与人员、参与时间；材料耗用；其他费用按人员实际发生或项目实际发生
5. 识别与确定高新技术产品（服务）收入归集的对象是否属于《高新技术认定管理办法》规定的范围，包括被审计单位如何确定相关产品（服务）的识别标志、技术属性等	按产品包含的研发项目产生的高新技术
6. 销售截止认定相关证据的性质，包括服务收入确认的主要标志与确认文件	按《企业会计制度》：商品发出，收取货款或取得收取货款的权利
7. 财会人员是否拥有足够的运用会计准则的知识、经验和能力	是
8. 是否拥有足够资源支持会计政策的运用，如人力资源及培训、信息技术的采用、数据和信息的采集	是
总体情况及潜在风险描述： 该单位会计人员素质较高，《企业会计制度》执行状况良好	

7. 了解被审计单位及其环境——主要会计政策、会计估计调查，如表3－61所示。

表 3－61　　被审计单位会计政策、会计估计调查

主要会计政策、会计估计	内　容	是否适用	当期变动说明
1. 目前执行的会计准则和会计制度	企业会计准则（　）企业会计制度（√） 小企业会计制度（　）　其他：	√	
2. 会计年度	1 月 1 日～12 月 31 日	√	
3. 记账本位币	人民币（√）美元（　）日元（　）港币（　） 其他：	√	
4. 记账基础和计价原则	权责发生制（√）收付实现制（　）历史成本（　）现行市价（　）	√	
5. 外币业务核算方法	记账汇率：按当月月初汇率（　） 按业务发生当日汇率（√）	√	
6. 外币财务报表折算方法	现行汇率法（√）　　时态法（　）	√	
7. 固定资产折旧方法	平均年限法（√）　工作量法（　） 双倍余额递减法（　）年数总和法（　）	√	
8. 固定资产净残值率	固定资产原价的（10%）	√	
9. 固定资产减值准备	1. 不计提减值准备√	√	
	2. 按单项固定资产预计可收回金额低于其账面价值的差额计提减值准备		
10. 无形资产核算方法	1. 土地使用权按 50 年平均摊销	√	
	2. 　　　按　年平均摊销		
11. 无形资产减值准备	1. 不计提减值准备	√	
	2. 按单项无形资产预计可收回金额低于其账面价值的差额计提减值准备		
12. 长期待摊费用内容及摊销方法	1. 　　　按　　　年平均摊销		
	2. 　　　按　　　年平均摊销		
13. 销售商品收入确认	1. 一般于产品已经发出，劳务已经提供，同时收讫价款或者取得收取价款的凭据时，确认销售收入的实现	√	
	2. 已将商品所有权上的主要风险和报酬转移给购货方；既没有保留通常与所有权联系的继续管理权，也没有对已出售的商品实施控制；与交易相关的经济利益能够流入企业；相关的收入和成本能够可靠地计量		

8. 了解单位知识产权、研发项目、费用结构明细，如表3－62所示。

表3－62　　A公司2014～2016年研发项目及费用归集（账面金额）　　单位：元

编号	项目名称	研发费用发生额			
		2014年	2015年	2016年	费用总额
RD1	防尾随联动互锁安全门的研发	20472.48			50472.48
RD2	智能化金库门的研发	33847.68			33847.68
RD3	高效双通道旋转门的研发	699926.35			699926.35
RD4	核电翻转门研发	1363180.14			1363180.14
RD5	微型金库的研发	693359.08			693359.08
RD6	高防水性能金库门的研发	535667.92			535667.92
RD7	种新型路障机的研发	43161989	22162.21		453782.10
RD8	核电AC厂房气密门的研发	664149.99	36317.98		700467.97
RD9	管道银行的研发	437050.30	27712.42		464762.72
RD10	新型高安全性能保管箱电子锁的研发		508388.31	23004.18	531392.49
RD11	新型大型电动防盗安全门的研发		648653.20	37943.23	686596.43
RD12	智能网络版保管箱管理系统的研发		550327.83	23178.03	573505.86
RD13	金库门复合开启装置的改进		688841.30	29809.66	718650.96
RD14	银行24小时自助个人存储系统的研发		85671.46	584995.20	670666.66
RD15	带全副实心板式门闩的金库门的研发			385339.96	385339.96
RD16	机械密码门锁自动上锁装置的研发			265599.55	265599.55
RD17	兼有应急功能的金库门的研发			242624.47	242624.47
RD18	金库门门闩开启装置的研发			335941.02	335941.02
RD19	门锁状态检测装置的研发			433047.54	433047.54

续表

编号	项目名称	研发费用发生额			
		2014 年	2015 年	2016 年	费用总额
RD20	门锁自动上锁及状态检测装置的研发			475843.68	475843.68
RD21	智能机电双控电子锁的研发			478871.95	478871.95
合计		4909273.83	2568074.71	3316198.47	10783547.01

2014～2016 年，A 公司获得 3 项 1 类、10 项 2 类知识产权（名称略），我们已经检查相关证书。

9. 整体层面了解和评价内部控制。

被审计的公司是一家中小企业，我们审计小组仅从整体层面了解和评价其内部控制，并形成汇总，如表 3－63 所示，如有其他不足之处将在实质性测试中进行弥补。

表 3－63　　整体层面了解和评价内部控制汇总

主要控制点	描述企业的内控设计	评价内控的设计和执行（是的打“√”）		
		设计合理，并得到执行	设计合理，未得到执行	设计无效或无相应控制
一、控制环境				
1. 业主（管理层）是否执行重要的控制职能，如签字审批、监督、检查职能等	健全，执行良好	√		
2. 业主（管理层）对诚信和价值道德观念的落实		√		
3. 业主（管理层）对员工胜任能力的重视程度		√		
4. 业主（管理层）的经营理念和风格	稳健型	√		
5. 被审计单位是否存在相关的政策或程序以保持适当的职责分离？	无	√		
二、风险评估过程				
在小型被审计单位，业主（管理层）可能没有正式的风险评估过程。注册会计师应当与业主（管理层）讨论其如何识别与申报明细表有关的经营风险以及如何应对这些风险		√		
三、信息系统与沟通				
1. 简要说明会计系统和人员分工	有 3 个会计岗位，出纳与会计分离	√		

续表

主要控制点	描述企业的内控设计	评价内控的设计和执行（是的打“√”）		
		设计合理，并得到执行	设计合理，未得到执行	设计无效或无相应控制
2. 如果被审计单位使用计算机进行会计处理，简要说明计算机信息系统及其所进行的会计处理	金蝶 K3 系统	√		
3. 被审计单位制定哪些内部控制政策与程序，以识别被审计单位发生的交易，并合理保证所有交易均已入账	执行制度	√		
4. 会计处理方法是否有特殊之处，如有，具体说明	无			
5. 会计系统是否提供了完整的会计记录，使注册会计师能够在成本与效益原则的基础上实施审计程序	是			
6. 如何使员工了解各自在与申报明细表有关的内部控制方面的角色和职责	内部岗位制度	√		
7. 员工之间的工作关系	不相容岗位分离，协作	√		
8. 向适当管理层报告例外事项的方式	口头汇报为主	√		
四、对控制的监督				
小型被审计单位通常没有正式的持续监督活动，业主往往通过其对经营活动的密切参与来识别财务数据中的重大差异和错报，注册会计师应当考虑业主对经营活动的密切参与能否有效实现其对控制的监督目标。可考虑从以下三个方面进行讨论：				
1. 对控制运行情况的监督	审核单据、文件资料			
2. 如何及时纠正控制运行中的偏差	通知财务负责人			
3. 其他				

（六）审计实施方案

5 月 7 日开始，我们对 DC 公司研发费用进行实质性测试，研发费用明细账的费用总额是 1079.35 万元，表中费用也包括了委托外部研发而产生的费用，这部分费用最终按 80% 计算到研发费用结构明细表。其审定后的研发费用汇总，如表 3－64 所示。

由于广东省注册会计师协会已经发布了高新技术企业认定专项审计工作底稿（详见袁庆、琳琳、黄健等著《高新技术企业认定专项审计实务》，中国时代经济出版社 2017 年版），本所的审定表是参照其制定的，为节省篇幅，本书不一一列示各费用项目的审定表。

表 3－64　研究开发费用汇总

编制单位：DC 五金制品有限公司　　单位：万元

项目/累计发生额	2014 年	2015 年	2016 年	合计
一、内部研究开发投入额	490.93	256.44	327.91	1075.28
人员人工	135.74	146.62	225.21	507.57
直接投入	316.23	85.95	74.03	476.21
折旧费用与长期待摊费用摊销	37.39	21.61	25.66	84.66
设计费	0	0	0.08	0.08
设备调试费	0	0	0.38	0.38
无形资产摊销	0	0	0	0
其他费用	1.57	2.26	2.55	6.38
二、委托外部研究开发投入额		0.31	2.96	3.27
其中：境内的外部研发投入额		0.31	2.96	3.27
三、研究开发投入额（内、外部）小计	490.93	256.75	330.87	1078.55

1. 对研发费用实施的实质性审计程序。

（1）人员人工。

对人员人工的审核，审计人员要对以下七个方面进行检查。

①获取申报企业编制的研究开发人数统计表和申报企业缴纳职工“五险一金”的相关资料，检查两者之间是否相符，必要时，抽查劳动合同；

②检查研究开发人数统计表中研发人员的认定是否符合《高新技术企业认定管理工作指引》的相关规定；

③对各研究开发项目企业研究开发项目情况表中的本项目研发人员数进行汇总，将汇总数与研究开发人数统计表中的合计数核对，并记录差异的原因；

④检查工资发放记录、奖金核准及发放记录，核实人员人工中的基本工资、津贴、补贴等，以及奖金、年终加薪与相关记录是否相符；

⑤检查管理层相关决议及相关支付记录，核实与研发人员任职或者受雇有关的其他支出（包括股份支付，同时取得股东大会决议及监管部门批复）与相关资料是否相符；

⑥检查是否存在将非研发人员工资薪金列入研究开发费用的情况，若有，提请申报企业调整；

⑦若存在人工相关费用在各项研究开发项目之间的分摊，检查分摊方法是否合理

且前后各期是否保持一致。

审计完成后，要形成“人员人工明细审定表”“研究开发人员清册及项目分工表”“人员人工抽查表”“人员人工测试”等工作底稿。A 公司本项费用总额为 507.57 万元。

（2）直接投入。

对直接投入的审核，审计人员要对以下五个方面进行检查。

①检查开支范围是否符合《高新技术企业认定管理工作指引》的相关规定；

②检查为实施研究开发项目而购买的原材料等相关支出，例如，水和燃料（包括煤气和电）使用费等，用于中间试验和产品试制达不到固定资产标准的模具、样品、样机及一般测试手段购置费、试制产品的检验费等，以及用于研究开发活动的仪器设备的简单维护费，核实其是否与相关原始凭证相符；

③对以经营租赁方式租入的固定资产所发生的租赁费，检查相关合同或协议、付款记录；

④检查是否存在将为实施研究开发项目以外的项目而发生的采购费用、水电费、租赁费等列入直接投入的情形，若有，提请申报企业调整；

⑤检查是否存在将达到固定资产、无形资产确认标准的支出一次性计入直接投入的情形，如不符合规定，提请申报企业调整。

审计人员在完成“直接投入费用汇总分析表”“直接投入费用月度波动分析表”“费用凭证抽查底稿”后，形成“直接投入费用审定表”。A 公司本项费用总额为 476.21 万元。

（3）折旧费用与长期待摊费用摊销。

对折旧费用与长期待摊费用摊销的审核，主要包括以下三个方面。

①检查是否属于为执行研究开发活动而购置的仪器和设备或研究开发项目在用建筑物的折旧费用；

②检查固定资产折旧计提、长期待摊费用摊销所采用的会计政策、会计估计是否与财务报表所采用的一致，且前后各期是否保持一致，折旧或摊销的计算是否正确；

③对于研究开发项目和非研究开发项目共用的资产，检查折旧或摊销的分配方法是否合理，且前后各期是否保持一致，分配的金额是否正确。

审计人员在完成“固定资产折旧测算表”和“长期待摊费用测算表”后形成“折旧费用与长期待摊费用摊销审定表”。A 公司本项费用总额为 84.66 万元。

（4）设计费用。

对设计费用的审核，审计人员要完成以下三个方面的检查。

①检查是否为新产品和新工艺的构思、开发和制造，进行工序、技术规范、操作特性方面的设计等所发生的费用；

②检查设计费用的核准、支付是否符合内部管理办法的规定，是否与原始凭证相符；

③检查是否存在列入与研究开发项目无关的设计费的情形，若有，提请申报企业调整。

审计人员在完成“设计费用抽查表”后形成“设计费用审定表”，A 公司设计费总额为 0.8 万元。

（5）设备调试费。

对设备调试费的审核，审计人员要完成以下三个方面的检查。

①检查是否属于工装准备过程中研究开发活动（如研制生产机器、模具和工具，改变生产和质量控制程序，或制定新方法及标准等）所发生的费用；

②检查相关费用的核准、支付是否符合内部管理办法的规定，是否与原始凭证相符；

③检查是否存在列入为大规模批量化和商业化生产所进行的常规性工装准备及工业工程发生的费用的情形，若有，提请申报企业调整。

审计人员在完成“设备调试费用抽查表”后形成“设备调试费审定表”。A 公司本项费用总额为 0.38 万元。

（6）无形资产摊销。

对无形资产摊销的审核，审计人员要完成以下四个方面的检查。

①检查是否属于因研究开发活动需要而购入的专利、非专利发明、许可证、专有技术、设计和计算方法等所发生的费用摊销；

②取得相关无形资产初始购置时的协议或合同、发票、付款凭证等，检查无形资产原值的确认是否正确；

③检查无形资产摊销的政策是否正确，且前后各期是否保持一致，摊销的金额是否正确；

④检查是否存在列入与研究开发项目无关的其他无形资产摊销的情形，若有，提请申报企业调整。

审计人员在完成“无形资产摊销测算表”后形成“无形资产摊销审定表”。A 公司账面未列支本项费用。

（7）其他费用。

对其他费用的审核，审计人员要完成以下六个方面的检查。

①检查是否属于为研究开发活动所发生的其他费用，如办公费、通信费、专利申请维护费、高新科技研发保险费差旅费和培训费等；

②检查相关费用的核准、支付是否符合内部管理办法的规定，是否与原始凭证相符；

③检查是否存在列入与研究开发项目无关的其他费用的情形，若有，提请申报企业调整；

④若存在其他费用在研究开发项目与其他项目之间分摊的情形，检查分摊方法是否合理，且前后各期是否保持一致，分摊的金额是否正确；

⑤检查列报的其他费用是否超过研究开发费用总额的 10%，若超过 10%，提请申报企业调整；

⑥检查研究开发费用中列支的借款费用是否符合资本化条件，资本化金额的计算是否正确。

对其他费用的检查，在完成“其他费用抽查表”和“其他费用分摊测试工作底稿”后形成“其他费用审定表”。A 公司本项费用总额为 6. 38 万元。

（8）委托外部研究开发投入。

对委托外部研究开发投入的审核，审计人员要完成以下五个方面的检查。

①检查是否属于申报企业委托境内其他企业、大学、研究机构、转制院所、技术专业服务机构和境外机构进行研究开发活动所发生的费用，关注项目成果是否为申报企业拥有且与申报企业的主要经营业务紧密相关；

②检查委托外部研究开发费用的定价是否按照非关联方交易的原则确定；取得相关协议或合同、付款记录，检查其是否与账面记录相符；

③检查是否存在列入研究开发项目以外的其他委托外部支出的情形，若有，提请申报企业调整；

④检查研究开发项目中委托外部研究开发的投入额是否按 80% 计入研究开发费用总额，若超过 80%，提请申报企业调整；

⑤检查是否存在列入委托境外机构完成研究开发活动所发生的费用的情形，若有，提请申报企业调整。

对委托外部研究开发投入的检查，在完成“委托外部研究开发投入检查表”和“委托外部研究开发投入凭证检查表”后形成“委托外部研究开发投入审定表”。A 公司本项费用总额账面金额是 4. 08 万元，纳入研发费用结构明细表的总额是 3. 27 万元。

2. 整理汇总审计实施过程中发现的问题及有关情况。

审计过程中，相关技术问题要与公司高新认证申报辅导机构保持密切沟通，他们是技术方面的行家。

审计过程中，项目负责人要随时与项目小组成员保持密切沟通；在实质性程序完成后，认真细致整理审计底稿，根据充足的证据作出审计结论。

3. 实施相关的追加审计程序。

无。

（七）审计意见

我们认为，DC 五金制品有限公司 2014 年、2015 年和 2016 年的研究开发费用结构明细表（费用总额 1078. 55 万元）已在《企业会计制度》框架下，按照《高新技术企业认定管理办法》和《高新技术企业认定管理工作指引》的规定编制，在所有重大方面公允反映了 DC 五金制品有限公司在所审计期间的研究开发费用情况。

三、建议

审计前准备要充分。认真学习《高新技术企业认定管理办法》《高新技术企业认定管理工作指引》《高新技术企业认定专项审计指引》等指导文件，掌握学习高新技术企业认定的文件、程序等；学习《国家重点支持的高新技术领域》，了解国家重点支持的高新技术领域具体有哪些。

以风险导向理念实施专项审计。专项审计指引要求注册会计师应当假定申报企业的高新技术研究开发费用支出与高新技术产品（服务）收入存在舞弊风险，要求注册会计师针对研究开发项目和高新技术产品（服务）了解申报企业及其环境。

风险评估要严谨细致。注册会计师在实施风险评估程序时，应当结合申报企业的行业特征、产品（服务）的技术变化等情况，判断申报的研发项目或产品（服务）是否与国家重点支持的高新技术领域相符；了解研究开发人员的组成，以分析研究开发费用中有关人员人工与委托外部研究开发费用的分类是否正确；了解投资活动，以分析有关测试仪器与设备、相关固定资产的折旧是否应当列入研究开发费用结构明细表，恰当评估申报明细表的重大错报风险。

注册会计师应对技术资料进行研判。建议审计中取得各研究开发项目的有关立项批复、实施方案、阶段性报告或工作总结、验收报告或政府有关主管部门的批复等，取得高新技术产品（服务）的鉴定材料，取得知识产权证书或独占许可合同、生产批文、新产品或新技术证明、产品质量检验报告，以及其他相关证明材料。必要时与相关专家、认证辅导机构取得联系，询问与技术有关的问题。

报告需取得充分适当的审计证据。在实施实质性程序时，注册会计师应检查研究开发费用项目的分类、各项目归集范围和核算内容是否符合工作指引的相关规定；要按照各费用组成部分（人员人工、直接投入等）执行相应的审计程序。

四、案例点评

该案例中的 DC 五金制造公司为高新技术企业，在接受审计的过程中，会计师事务按照审计准则执行审计程序，获取充分适当的审计证据、高新技术产品（服务）收入的佐证材料；在对科研费用的认定与归集上，能从产品立项和预算管理、人员管理、设备及材料管理、委托外部研究开发管理、结项管理等流程分析中识别研究开发费用的关键控制点，对研究开发费用实施了进一步审计程序。

对于某些为整个审计报告的权威性和高新技术企业申报的通过率带来一定安全隐患和风险的难以执行的实质性程序，事务所把关高新技术产品（服务）收入的归集、核算及其佐证材料，以及确认研发费用的明细账、核算、凭证完整性，例如，其在业务约定书中详细说明了执行本次专项审计所需的完整、充足的文件与资料清单。

就 DC 五金制造公司而言，事务所不仅要将目光放在认定问题上，也应在实质性程序中，关注本期主营产品（主要高新技术产品）的毛利率并与上期比较，关注收入与成本是否配比，检查是否异常，两期之间是否存在异常波动，如有异常波动，应当查明原因。也应关注单位时间段高新技术产品（服务）收入的波动情况，分析其变动趋势是否正常，是否涉及重大的关联方交易，是否符合申报企业的经营规律（如季节性、周期性等），查明异常现象和重大波动的原因。

第四章　清产核资类

案例一　行政单位清产核资专项审计*

一、基本情况

根据财政部发布的《财政局关于开展2016年全国行政事业单位国有清产核资工作的通知》及其相关文件，某事务所与某单位签订关于以2015年12月31日为截止日的清产核资审计业务约定书，对某单位的资产、负债和净资产进行全面的清产核资审计。

（一）项目风险

某单位清产核资项目风险主要是清查核资预期时间与实际完成时间的冲突风险。审计工作必须在1个月内完成，具有较高的难度及风险。

（二）审计目标

对某单位截至2015年12月31日的资产、负债和净资产的真实性、合法性和合理性进行全面的清产核资，并最后出具清产核资专项审计报告。此外，根据审计业务约定书规定，还应发表"按照在信息系统中填报的清产核资报表及相关纸质报表"的审计意见。

二、审计方法与指引

（一）审计团队组成

1. 审计人员资质。由1名主任注册会计师、2名会计师，以及若干名助理人员组成。

2. 任务分配情况。主任注册会计师起草审计方案，布置任务和负责撰写审计报告。2名会计师分别带领若干名助理人员，一组在某单位本部；另一组在市各县级大队。

---

* 本案例由广东省清远市新正达会计师事务所杜灵琪提供，获得广东省注册会计师协会行业案例库优秀案例三等奖。

（二）了解被审计单位基本情况

1. 审计范围。

本次清查的范围为某单位全部资产、负债，其中，资产总额437752092.50元，负债总额42177447.54元，净资产395574644.96元（其中，财政拨款结转－33602524.49元，财政拨款结余28541675.76元，其他资金结转10619198.03元，资产基金390016295.66元）。

2. 清查依据。

（1）法规依据。

①《中国注册会计师独立审计准则》。

②《行政单位会计制度》《行政单位会计准则》《行政单位财务规范》。

（2）行为依据。

①《财政部关于开展2016年全国行政事业单位国有资产清查工作的通知》《转发财政部关于开展2016年全国行政事业单位国有资产清查工作的通知》《行政事业单位资产清查核实管理办法》。

②资产清查专项审计的业务约定书。

3. 具体实施情况。

（1）对某单位资产清查基准日2015年12月31日的原会计报表进行审计，以保证某单位资产清查基准日账面数的准确；（2）核对、询证、查实某单位债权、债务，监盘某单位现金和查核银行存款账面数是否与银行对账单余额一致；（3）盘点、核查固定资产并验证其产权；（4）协助某单位按照《行政单位会计准则》和资产清查的相关要求调整有关账项，计算执行《行政单位会计准则》所带来的损失；（5）根据资产清查政策和有关财务会计制度规定，对某单位清理出的有关资产盘盈、资产损失及资金挂账进行核实、确认；（6）协助某单位编制资产清查后的行政单位会计报表。

（三）整理汇总审计实施过程中的问题及有关情况

在清产核资审计工作中，事务所派出的某单位清产核资专项审计清查组（以下简称“清查组”）遇到了较大困难与众多问题，主要是实地盘点困难大、账实对碰难度大和审计流程严重滞后三个问题。

1. 实地盘点困难大。

（1）固定资产总量巨大。主要是固定资产的实地盘点困难大，其中一个原因是某单位的固定资产的总量巨大，一共18295项，固定资产净值382872920.66元，其中，土地26项，金额22396176.29元；房屋建筑物72项，金额134741742.07元；运输工具369项金额73216950.00元；通用设备9643项，金额69637320.41元；专用设备2058项，金额75331380.3元；文物和陈列品2项，金额3000元；家具、用具、装具6125项，金额7546351.59元。某单位清产核资汇总，如表4－1所示。

表 4 – 1　　某单位清产核资汇总

固定资产类别	行次	账面数			
		数量	原值（元）	累计折旧	净值（元）
栏次		1	2	3	4
合计	1	18295.00	382872920.66		382872920.66
一、土地、房屋及构筑物	2	98.00	157137918.36		157137918.36
其中：房屋	3	72.00	134741742.07		134741742.07
二、通用设备	4	10012.00	142854270.41		142854270.41
其中：汽车	5	369.00	73216950.00		73216950.00
三、专用设备	6	2058.00	75331380.30		75331380.30
四、文物和陈列品	7	2	3000		3000
其中：文物	8				
陈列品	9	2	3000		3000
五、图书档案	10				
其中：图书资料	11				
六、家具、用具、装具及动植物	12	6125.00	7546351.59		7546351.59
其中：家具用具	13	6125.00	7546351.59		754635.59

（2）固定资产存放地点分散。某单位固定资产存放过于分散，主要分布在全市 23 处，包括 FG、LT、YS、LZ、YT 和 LS6 个大队的存放点。其中，外围清查小组往返各大队点，行程约 1132 千米，花费了近半个月的时间，加班加点才把上述 6 个大队存放的固定资产清理完毕。此外，存放在某单位主楼的固定资产总量也十分惊人，负责主楼的清查小组花费了近 20 日，才把主楼 1 号楼 2826 项资产盘点完毕，以 141.3 项/日的速度进行，某单位固定资产存放情况汇总，如表 4 – 2 所示。

表 4 – 2　　某单位固定资产存放情况汇总

固定资产存放点	账面数（项）	账面金额（元）
某单位 1 号楼	2826	47358987.99
某单位 2 号楼	122	508110.00
某单位 3 号楼	1497	11939837.53
某单位 4 号楼	1013	7978215.52
某单位 5 号楼	30	134164.00
大院宿舍	29	73345.00
办公室	14	61720.00
FG 大队	899	9042722.00

续表

固定资产存放点	账面数（项）	账面金额（元）
LT 大队	912	4893568.00
YA 大队	629	5581809.00
LZ 大队	469	4369334.00
YT 大队	345	1164963.56
LS 大队	589	1638670.00
×队大楼	3333	30078920.50
旧×队宿舍	25	1113700.00
开发区××单位	1356	7090381.62
××考场	1439	5205688.00
QX 驻点	610	3221235.00
待报废物品库	49	779206.00
国资仓库	1528	8361933.58
某市保安服务公司	16	46870.00
某市府前检测中心	94	1865894.00
FG 驻村工作组	4	8777.00
合计	17828	152518053.3

2. 账实对碰难度大。

在清产核资过程中，清查组中负责账实对碰的组员发现，在账实对碰时遇到了极大的困难。具体是实地盘点取得的资料和某单位提供的固定资产资料难以对碰。实际盘点的固定资产在规格、型号和数量难以与固定资产账上的数据逐一核对。具体表现在固定资产存放地点变动和组员内缺乏信息沟通。

（1）固定资产存放地点变动。实际盘点的清查组发现，不少原固定资产存放地点已经做了实际变动，但是某单位国有资产管理系统尚未及时更改信息。例如，A 队的办公地点由原来的 4 号楼变为现在的 8 号楼，A 队使用的固定资产也随之变动。而原 A 队的办公地点更变为 B 队的办公室。因此，部门的变动导致部门使用的固定资产变动，但是固定资产管理系统信息没有及时更新，拿着 A 队的盘点资料去盘点 B 队的固定资产，结果下来肯定会导致实际资产与账面资产出入极大。负责账实对碰的组员将情况反映后，再三询证，才获取到资产变动的信息。

因固定资产存放地点变动导致了清查组在账实对碰时遇到了极大的困难。

（2）组员内缺乏信息沟通。账实对碰难度大还体现在组员内缺乏信息沟通。由于负责实地盘点与账实对碰工作并非同一人，负责实地盘点的组员与账实对碰的组员没有沟通落实好实地盘点资料的确切信息。例如，实地盘点的组员只记录了固定资产的数量和品牌，并没有记录固定资产的出厂编号和型号等信息，仅仅以一个自编的固定资产名称，如“办公桌”命名，导致账实对碰的组员难以判断该资产应对应固定资产账上的哪个资产。此外，个别实地盘点的组员没有采取统一的工作方法，按照自己的盘点方法，整理出来的实地盘点资料可能存在许多问题。

3. 审计流程严重滞后。

在进行本次清产核资中，清查组并没有按照一般审计流程开展工作，而是被某单位相关工作人员"牵着鼻子走"，先完成了审计业务约定书没有规定的上报财政局清查系统的相关表格的填报工作，后重新开展一般审计流程的工作，最终导致审计流程严重滞后，而且由于时间匆忙，盘点的固定资产数据大部分未发送给固定资产使用部门最终确定，可能导致清产核资的数据严重缺乏真实性和可靠性。

（四）清产核资问题的原因分析

1. 实地盘点操作方式不一致。

导致实地盘点困难大的主要原因是清查组实地盘点操作方式不一致。据了解，个别组员在实地盘点中只注重速度，没有按照之前清查组整理好的盘点资料和统一部署的清查方法执行盘点工作，仅根据实际盘点所在部门存放的固定资产全部登记，笔录载明固定资产的简要名规格、型号和名称等信息，然后把笔录信息交给账实对碰的组员。账实对碰的组员根据其资料难以判断资产的真实性和可靠性，在现有的资料下只能以数量和品牌来核对，整个清查过程严重缺乏依据。下面将详细列举操作不一致的情况。

（1）固定资产编号编写方法不一致。根据清查组统一的固定资产编号编写方法，应该是每一项资产对应每一个编号。例如，1 台联想台式电脑启天 M4306，属于通用设备 02 类，存放在市 × × 大楼 15 楼 1501 室，固定资产编号为 71150102015，其中，71 是市 × × 大楼的代码，1501 表示 15 楼 1501 室，02 表示通用设备类，015 表示 1501 室 02 类的第 15 个，如图 4 – 1 所示。

图 4 – 1　资产标签（资产编号 71150102015）

但是个别组员对同一型号、同一规格的固定资产采取同一个固定资产编号表示。例如，联想台式电脑启天 M4306 在 1501 室有 4 台，第 1 ~ 4 台的固定资产编号统一用

71150102015 表示，并且没有拍照记录该台式电脑的出厂编号。

因此，由于固定资产编号编写方法不一致，导致了实地盘点困难大。

（2）实地盘点没有逐一拍照。由于个别组员没有对盘点的固定资产逐一拍照，导致了实地盘点困难大。个别组员反映，逐一拍照并没有太大意义，只会浪费时间。但是，笔者认为，对每一项固定资产拍照，不仅能以拍照数量验证盘点数量，而且可以从照片信息中获取填列表格所需的信息，更重要的是，当标签脱落或资产移动后，清查组可以通过照片去验证资产的存在性。

因此，实地盘点没有逐一对盘点的固定资产逐一拍照，增大了盘点工作的难度。

（3）工作用表不一致。由于个别组员整理数据的工作用表不一致，导致了盘点工作更加困难。虽然在正式清查前并没有统一使用一种账实对碰的表格，但是笔者认为，根据统一盘点方法的部署，应该采用清查组整理出来的实地盘点表来进行账实对碰，如图 4－2 所示。

固定资产盘点表——　　大楼一交通事故救助中心

						47,597.00		截止日期：2015年12月31日								
序号	资产类别	资产名称	规格型号	产品序列号	计量单位	购买金额	账载数	使用单位	原放置地点	现放置地点	责任人	购买日期	楼号	门牌	类别	序号
8465	通用设备	碎纸机	三木SD9331		台	880.00	1	交通事故救助中心	救助中心	71市 大楼	向	2014-7-8	71	601	02	001
8466	通用设备	照相机及器材	尼康D5200	39003470	台	5,500.00	1	交通事故救助中心	救助中心	71市 大楼	向	2014-7-8	71	601	02	002
8467	通用设备	复印机	夏普AR-2308D	45053725	台	12,500.00	1	交通事故救助中心	救助中心	71市 大楼	向	2014-7-8	71	601	02	003
8468	通用设备	传真通信设备	联想M3410	LP0408814	台	2,150.00	1	交通事故救助中心	救助中心	71市 大楼	向	2014-7-8	71	601	02	004
8469	通用设备	台式电脑	联想M4350	SA1679116	台	3,800.00	1	交通事故救助中心	救助中心	71市 大楼	向	2014-7-8	71	601	02	005
8470	通用设备	台式电脑	联想M4350		台	3,800.00	1	交通事故救助中心	救助中心	71市 大楼	向	2014-7-8	71	601	02	006
8471	通用设备	台式电脑	联想M4350		台	3,800.00	1	交通事故救助中心	救助中心	71市 大楼	向	2014-7-8	71	601	02	007
8472	通用设备	打印设备	惠普M401D	CF274A	台	1,950.00	1	交通事故救助中心	救助中心	71市 大楼	向	2014-7-8	71	601	02	008
8473	家具、用具、装具及动植物	台、桌类	电脑桌 YB-819A		张	730.00	1	交通事故救助中心	救助中心	71市 大楼	向	2014-7-3	71	601	06	006
8474	家具、用具、装具及动植物	台、桌类	电脑桌 YB-819A		张	730.00	1	交通事故救助中心	救助中心	71市 大楼	向	2014-7-3	71	601	06	001
8475	家具、用具、装具及动植物	台、桌类	电脑桌 YB-819A		张	730.00	1	交通事故救助中心	救助中心	71市 大楼	向	2014-7-3	71	601	06	002
8476	家具、用具、装具及动植物	台、桌类	电脑桌 YB-819A		张	730.00	1	交通事故救助中心	救助中心	71市 大楼	向	2014-7-3	71	601	06	003
8477	家具、用具、装具及动植物	台、桌类	电脑桌 YB-819A		张	730.00	1	交通事故救助中心	救助中心	71市 大楼	向	2014-7-3	71	601	06	004
8478	家具、用具、装具及动植物	台、桌类	电脑桌 YB-819A		张	730.00	1	交通事故救助中心	救助中心	71市 大楼	向	2014-7-3	71	601	06	005
8479	家具、用具、装具及动植物	台、桌类	电脑桌 YB-819A		张	730.00	1	交通事故救助中心	救助中心	71市 大楼	向	2014-7-3	71	601	06	007
8480	家具、用具、装具及动植物	台、桌类	电脑桌 YB-819A		张	730.00	1	交通事故救助中心	救助中心	71市 大楼	向	2014-7-3	71	601	06	008
8481	家具、用具、装具及动植物	台、桌类	号FX025-SJ107长几		张	1,282.00	1	交通事故救助中心	救助中心	71市 大楼	向	2014-7-11	71	601	06	010
8482	家具、用具、装具及动植物	沙发类	[illegible]办公沙发		套	1,605.00	1	交通事故救助中心	救助中心	71市 大楼	向	2014-7-11	71	601	06	009
8483	家具、用具、装具及动植物	橱柜类	文件柜 YS-041		个	730.00	1	交通事故救助中心	救助中心	71市 大楼	向	2014-7-3	71	601	06	012
8484	家具、用具、装具及动植物	橱柜类	文件柜 YS-041		个	730.00	1	交通事故救助中心	救助中心	71市 大楼	向	2014-7-3	71	601	06	023
8485	家具、用具、装具及动植物	橱柜类	文件柜 YS-041		个	730.00	1	交通事故救助中心	救助中心	71市 大楼	向	2014-7-3	71	601	06	041
8486	家具、用具、装具及动植物	橱柜类	文件柜 XS-045		个	800.00	1	交通事故救助中心	救助中心	71市 大楼	向	2014-7-3	71	601	06	011
8487	家具、用具、装具及动植物	橱柜类	文件柜 XJ-143		个	1,500.00	1	交通事故救助中心	救助中心	71市 大楼	向	2014-7-3	71	601	06	013

图 4－2　某单位固定资产盘点表——71 市 × ×大楼一交通事故求助中心表

根据图 4－2 罗列的资产对实物逐一对碰，能较快、准确地核对出该部门使用的固定资产。但是，清查组个别组员采用了总表核对，如图 4－3 行政事业单位固定资产盘点单（局本级账面资产）表（节选）所示。

行政事业单位固定资产盘点单(局本级账面资产)

盘点单编号:　　　　盘点日期：2016年6月　　　　159,458,527.30

行次	原资产编号	资产名称	资产类别	规格型号	简易条码码				计量单位	取得日期	入账日期	账面数		原使用单位	原放置地点	原责任人
					楼号	门牌号	资产类别	序号				数量	原值			
栏次	1	2	4	6					8	9	10	12				
1	4418003101104489010001	碎纸机	通用设备	三木碎纸机9221	01	514	02	001	台	2009-11-10	2009-11-10	1	680.00	长514室	局514室	周
2	4418003101104643000001	照相机及器材	通用设备	数码相机/索尼T300相机	01	514	02	002	台	2008-4-23	2008-4-23	1	3,285.00	长514室	局514室	周
3	4418003101106311000001	冰箱	通用设备	海尔151T/G	01	514	02	003	台	2003-12-1	2003-12-1	1	1,600.00	长514室	局514室	周
4	4418003101106322000003	房间空调	通用设备	壁挂式/三菱1.5匹分体空调	01		02		部	2003-11-18	2003-11-18	1	3,950.00	长514室	局514室	周
5	4418003101106322000004	房间空调	通用设备	壁挂式/三菱1.5匹分体空调	01	514	02	004	部	2003-11-18	2003-11-18	1	3,950.00	长514室	局514室	周
6	4418003101106322000005	房间空调	通用设备	华凌5匹柜式空调	01	514	02	005	部	2003-11-18	2003-11-18	1	8,600.00	长514室	局514室	周
7	4418003101106322000012	房间空调	通用设备	柜式空调/格力KF-50LW/E(50268L)DAC-N2	01	514	02	006	部	2011-6-21	2011-6-21	1	4,200.00	长514室	局514室	周
8	4418003101106331000001	洗衣机	通用设备	乐声30-P300	01	514	02	007	台	2003-12-1	2003-12-1	1	1,030.00	长514室	局514室	周
9	4418003101106336000002	电热淋浴器	通用设备	电热水器(80升真珠)	01	514	02	008	台	2003-11-18	2003-11-18	1	2,907.00	长514室	局514室	周
10	4418003101106336000003	电热淋浴器	通用设备	万家乐淋浴热水器	01	514	02	009	台	2010-8-25	2010-8-25	1	1,388.00	长514室	局514室	周

图 4-3　行政事业单位固定资产盘点单（局本级账面资产）表（节选）

虽然图 4-2 某单位固定资产盘点表——71 市 × × 大楼—交通事故求助中心表是从图 4-3 行政事业单位固定资产盘点单（局本级账面资产）表分选出来，但是在账实对碰时难免会出现数据量过大而对碰难度增加的问题。

因此，由于清查组组员工作用表的不同，在一定程度上增加了盘点工作的难度。

2. 个别组员没有根据某单位提供的固定资产资料盘点。

在清产核资中，存在个别组员没有根据清查组统一发放的固定清产核资资料如图 4-2某单位固定资产盘点表——71 市 × × 大楼—交通事故求助中心表开展实地盘点工作，增大了账实对碰的难度。

个别组员在开展固定资产盘点时，没有事前熟悉固定资产存放地存放哪些固定资产，更没有依据如图 4-2 的盘点资料逐一核对，而是采用“全盘”的方法进行盘点。笔者认为，“全盘”的方法存在一定的盲目性。本次清查的固定资产是截至 2015 年 12 月 31 日账面登记的数据，但是在 2016 年后各单位部门又采购了一批固定资产，还有一部分不足 500 元的固定资产，此外，还存在部分已报废但尚在使用的固定资产。换句话说，采用“全盘”方法必须要将 2016 年购置的固定资产、不足 500 元的固定资产和已报废仍在使用的固定资产剔除，才能比较准确地得出某单位固定资产账上罗列的固定资产明细。

若“全盘”的资产涉及部门调动的情况，账实对碰工作更加难以进行。

因此，个别组员没有根据某单位提供的固定资产资料盘点的情况，增加了账实对碰的难度。

3. 固定清产核资组没有全面深层次地了解某单位的需求。

因为固定清产核资组没有全面深层次地了解某单位的需求，所以造成审计流程严重滞后。

笔者认为，本次固定清产核资工作存在着一个极大的工作失误，就是被某单位相关工作人员“牵着鼻子走”。归根结底，是清查组没有彻底全面地了解某单位的审计需求。

某单位最需要事务所提供固定清产核资的数据和填报财政部相关的清产核资报表。对于事务所认为极其重要的清产核资审计程序和出具审计报告，某单位一概不理。

因此，为了满足某单位的首要需求，清查组加班加点地将清查数据和相关报表逐一填列，并在规定的时间内完成。至于大部分的审计程序尚未进行的，例如，询证往来款的真实性、会计科目的凭证抽查等，以及审计流程严重滞后，可以选择不做，或者延后完成。笔者建议，事务所应该与某单位就财政局上报清产核资表格的填列与出具清产核资专项审计报告两项业务分开签订业务约定书。

三、审计成果及建议

（一）主要审计成果

事务所完成了本次清产核资专项审计工作，并最终在规定时间内出具审计报告。

（二）建议

经过本次清产核资工作，笔者多次与组内人员讨论，总结了一些个人经验，以供参考与学习。

1. 分析与利用某单位提供的固定资产资料。

分析与利用某单位提供的固定资产是做好清产核资首要工作。

笔者认为，由于某单位采用较为完善的国有资产管理系统，如图 4－4 某单位国有资产管理系统通用设备类资产情况汇总表（节选）所示。

使用单位	资产名称	规格型号	计量单位	购买金额	责任人	放置地点	购买日期	资产编号
处	去湿机组	乐声902DH	台	1950	张	518室	2003-6-9	4418000100001670000
处	装订机械	打孔机	台	4400	章	档案室	2014-5-21	4418000100004324000
处	辅助设备	修编刀	台	2000	章	档案室	2014-5-21	4418000100004328000
处	碎纸机	科密838	台	595	张	519室	2008-3-3	4418000100004489010
处	碎纸机	三木牌SD9	台	580	叶	503室	2004-11-2	4418000100004489010
处	碎纸机	密理碎纸机	台	500	邓	505室	2009-3-30	4418000100004489010
处	碎纸机	三木9310	台	1350	林	501室	2011-3-28	4418000100004489010
处	碎纸机	三木9331	台	680	梁	601室	2010-4-1	4418000100004489010
处	碎纸机	科密638	台	580	罗	人事科	2013-4-11	4418000100004489010
处	碎纸机	三木SD933	台	750	章	人事科	2014-7-15	4418000100004489010

图 4－4　某单位国有资产管理系统通用设备类资产情况汇总表（节选）

从图 4－4 某单位国有资产管理系统通用设备类资产情况汇总表（节选）可知，某单位提供的固定资产信息是比较全面的，能够从表格中反映出资产具体的规格型号、使用部门和放置地点，以上几个信息大致可以满足我们实际盘点的需求。因此，清查组根据上表以使用单位为分表要素，分出如图 4 – 2 某单位固定资产盘点表——71 市 × × 大楼—交通事故求助中心表作为实地盘表。实地盘点的组员依据实地盘点表逐一确认固定资产，现场编写固定资产编号并拍照。基本可以在现场完成盘点和账实对碰工作。

2. 实际盘点的一般工作方法和步骤。

（1）提前熟悉清产核资盘点表格。在实际盘点工作中，笔者所带领的清查小组在清查前熟悉盘点部门大致有什么固定资产，并在实地盘点表上把相机、录音笔等不容易现场发现的固定资产标记起来，以便提醒对方清查时及时提供上述资产。

（2）电子设备类以拍照为准事后确认。由于台式电脑、打印机和笔记本电脑等电子设备有十分详细的规格型号，因此，笔者对于这部分的固定资产采用“现场拍照，事后确认”的工作方法，在现场只需要核对数量，确认完毕后再录入出厂编号等信息，以提高实地盘点的效率。

（3）专用设备类和家具用具类采取现场拍照和确认。由于专用设备类资产具有特殊性，大部分通信类专用设备以整套设备入账。因此，实际盘点时不能盲目盘点，否则容易把整套设备拆分盘点，给后续账实对碰工作产生极大的困难。

在盘点家具用具类固定资产时，笔者认为，可以根据资产的存放地点和购买日期，进行现场确认。若无法现场确认，则通过询问固定资产使用部门的工作人员，以收集有用的信息。

（4）及时整理数据并反馈盘点情况。对于当天盘点的照片，笔者在其他组员有效整理的基础上，总结出较为科学、合理的照片资料管理方法。

首先，根据照片上载明的固定资产编号信息的楼号和房号设置文件夹。例如，固定资产编号为 0112202002 的格力空调，规格型号是 KF – 72LW/E1（7233L1）C – SN5，设置一个命名为 02 的文件夹，其次，在 02 的文件夹中新建一个 01 – 122 的文件夹，把该照片放入 01 – 122 的文件夹中，如图 4 – 5 所示。

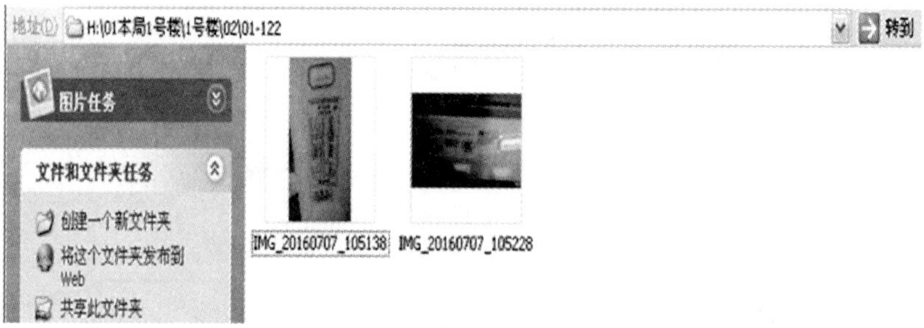

图 4 – 5　照片存放路径

当填列表格时，账实对碰的组员可以根据存放路径查询到对应的图片，获取出厂编号等有用的信息。

根据现场确认和事后比照相片后确认，若存在无法账实核对的固定资产，则应该及时将盘点情况向固定资产的使用部门反映，追踪确认固定资产的下落。

以上执行工作方法和步骤，笔者所负责盘点的部门，资产准确率能达到90%以上。

3. 与某单位展开全面沟通并商议具体的工作日程。

经过本次清产核资后，笔者认为，在开展清产核资前，应该全面、彻底了解某单位的需求，总体评价项目难度和项目成本，明确我所的责任和义务，对于关键性问题不能含糊概括。例如，关于财政部要求的数据填列工作，应属于另外的业务，与本次清产核资专项审计业务无关，应区别收费或增加费用。

一旦发现某单位增加另外的工作，例如，笔者撰写的两篇工作汇报，则应该及时告知某单位，拒绝服务或增加费用。

（三）总结

经过某单位清产核资专项审计，笔者认为，事前的业务评价程序和审计方法的采用十分重要，只有弄清楚客户的需求和明确我所的职责，才能少走弯路，捍卫自己的权益。

四、案例点评

该案例是对某单位的资产、负债和净资产进行全面的清产核资审计。项目风险主要是清查核资预期时间与实际完成时间的冲突风险。某单位的固定资产的总量巨大、存放地点分散，审计工作要求的完成时间是1个月内，具有较高难度及风险。审计目标是对某单位资产、负债和净资产的真实性、合法性和合理性进行全面的清产核资，并最后出具清产核资专项审计报告。此外，根据审计业务约定书规定，还应发表“按照在信息系统中填报的清产核资报表及相关纸质报表”的审计意见。在审计中，清查组遇到了较大困难与众多问题，主要是实地盘点困难大、账实对碰难度大和审计流程严重滞后三个问题，但最终事务所完成了本次清产核资专项审计工作，并在规定时间内出具了审计报告。

笔者带领的清查小组实地盘点工作做得较好，在清查前提前熟悉清产核资盘点表格，做到心中有数；对电子设备类采用“现场拍照，事后确认”的工作方法，提高了盘点效率；专用设备类和家具用具类，根据资产自身的特性采取现场拍照和确认的方法；对于盘点的照片资料总结出了科学合理的管理方法；及时反馈盘点情况。以上方法使得资产准确率大大提高。

但也存在以下不足：负责实地盘点的组员与账实对碰的组员没有沟通落实好实地盘点资料的确切信息；个别实地盘点的组员没有采取统一的工作方法，按照自己的盘点方法，整理出来的实地盘点资料可能存在许多问题；清查组并没有按照一般审计流程开展工作，而是被某单位相关工作人员“牵着鼻子走”，导致审计流程严重滞后，清产核资的数据严重缺乏真实性和可靠性。

案例二　企业清产核资专项审计*

一、基本情况

LT公司成立于2001年8月10日，原由一个法人企业及其工会出资组建，成立后一直未生产经营。2014年10月10日，新科资产经营有限公司收购了LT公司原股东持有的全部股权，对LT公司进行全资控股，LT公司成为国有法人独资企业。自2015年1月起，LT公司租赁生产车间及主要生产设备，开始进行生产经营。

LT公司主要经营范围包括制造和销售工程建设机械、矿山通用机械、交通运输机械、电子衡器、机械衡器、轻工食品机械、气动液压元件，以及以上机械产品零配件等。

LT公司近期主要生产和销售混凝土搅拌站，该产品根据用户订单要求，采用主要配件统一集中采购和生产，在客户指定地点装配，装配材料就近采购的模式进行生产。

现因控股股东新科资产经营有限公司拟出让其所持有的全部股权而对LT公司进行清产核资，基准日为2017年4月30日，委托方为新科资产经营有限公司，如表4－3所示。

表4－3　LT公司2017年4月30日的资产负债表项目余额　单位：元

资产	金额	负债及所有者权益	金额
货币资金	304101.71	应付账款	840162.26
应收票据	682000.00	预收账款	7169962.60
应收账款	3941914.35	应付职工薪酬	45511.58
预付账款	1951941.66	应交税费	214807.04
其他应收款	1053671.63	其他应付款	8225112.50
存货	8727873.57	实收资本	364602.98
固定资产原值	12435.89	未分配利润	40013.16
减：累计折旧	7692.30		
在建工程	233925.61		
资产总额	16900172.12	所有者权益合计	16900172.12

（一）项目风险

经与委托方充分沟通，某事务所对被审计单位LT公司基本情况、生产经营情况进

* 本案例由广东省韶关市智杰会计师事务所（普通合伙）邵传宏提供，获得广东省注册会计师协会行业案例库优秀案例三等奖。

行详尽了解后，根据 LT 公司财务报表项目的构成情况，确定项目风险。

1. 存货。存货是否账实相符，计价是否存在低估或高估？

2. 债权债务。债权债务是否真实，有无存在无法收回或无需支付的款项？

（二）审计目标

通过审查核实 LT 公司基准日 2017 年 4 月 30 日的资产、负债、所有者权益，对基准日 2017 年 4 月 30 日的资产负债表反映的财务状况的公允性发表审计意见。

二、审计方法与指引

（一）审计团队组成

1. 审计人员资质。本次审计派出以张佳为项目负责人的四人审计小组，审计人员具体情况，如表 4－4 所示。

表 4－4　　审计人员具体情况

序号	姓名	资质	职务
1	张佳	注册会计师	项目负责人
2	李媛	会计师	中级审计助理
3	刘庆	会计师	中级审计助理
4	邱明	初级	初级审计助理

2. 任务分配情况。

针对本次审计工作的特点，并结合审计组人员的构成情况，分配本次审计任务，具体情况如下。

（1）张佳的审计任务。

主要负责了解被审计单位基本情况、评估审计风险、制定审计策略、对项目小组的业务进行指导和协调。

（2）李媛的审计任务。主要负责存货、固定资产、无形资产的清查。

（3）刘庆的审计任务。主要负责债权债务的清查。

（4）邱明的审计任务。主要负责货币资金、所有者权益的清查。

（二）了解被审计单位基本情况、评估审计风险、制定审计策略

1. 了解被审计单位基本情况，重点关注行业状况、单位的生产经营情况。

2. 了解被审计单位的内部控制情况。

3. 根据被审计单位基本情况评估风险，确定重要性水平。

4. 制定审计策略。

（三）审计方法

本次清产核资主要采取以下审计方法（审计程序）。

1. 检查。对货币资金、实物资产等采用检查方法。

2. 观察。对被审计单位人员执行的实物资产盘点活动、内部控制活动等采用观察方法。

3. 询问。

4. 函证。对主要的债权债务进行函证。

5. 重新执行。

（四）审计实施方案

1. 实施审计程序。

（1）对销售与收款循环实施控制测试；

（2）对采购与付款循环实施控制测试；

（3）对生产与存货循环实施控制测试。

2. 整理汇总审计实施过程中发现的问题及有关情况。

3. 实施相关的进一步审计程序。

清查时，某事务所根据LT公司提供的清查基准日的资产清查明细表，进行逐项复核，核实的主要内容是资产类型、账面金额、形成及产权状况等。资产清查工作按以下审计程序进行。

（1）货币资金（包括现金和银行存款）。

①将现金资产清查明细表与资产负债表、总账、现金日记账进行核对，并盘点现金，同时审查清查基准日至现金盘点日的收支金额，并倒轧清查基准日应结存的现金余额，同时与现金账面余额核对；同时抽查审计期间大额银行存款和异常收支的原始凭证，检查原始凭证是否齐全、记账凭证与原始凭证是否相符。

②将银行存款资产清查明细表与资产负债表、总账、银行存款日记账、银行对账单进行核对，并对银行存款余额进行函证；同时抽查审计期间大额银行存款和异常收支的原始凭证，检查原始凭证是否齐全、记账凭证与原始凭证是否相符，是否存在非营业目的大额货币资金转移，并核对相关账户的进账情况，有无与被审计单位生产经营无关的收支事项。

（2）债权。包括应收账款、应收票据、预付账款和其他应收款，在清查核实时，项目组将LT公司填制的清查明细表与资产负债表、总账、明细账进行核对，并抽查凭证，审查其金额、内容、日期是否与账本相符，对数额较大的款项，通过发函形式进行询证，并核实有无难以收回的款项。

（3）存货。对于存货，在清查核实中将LT公司填制的清查明细表与资产负债表、总账、明细账进行核对，并抽查凭证，审查其金额、内容、日期是否与账本相符，然后对其进行实地抽点，并根据清查基准日至盘点日存货的变化情况，倒轧出清查基准日存货的数额。在抽查盘点时，应同时关注存货有无毁损、滞销、变质的情况。

（4）固定资产。对于固定资产，首先根据LT公司提供的清查明细表进行账务核实，并抽查部分凭证；其次根据公司提供的房产证、车辆行驶证等所有权证资料核实清查明细表上的各项数据；最后对各项固定资产进行现场清查和核实，同时关注固定资产是否存在已报废但未进行清理的情况。

（5）债务。包括应付账款、预收账款、应付职工薪酬、应交税费和其他应付款，在清查核实中，项目组将LT公司的资产负债表、总账、明细账和其填制的清查明细表进行核对，并抽查凭证，审查其金额、内容、日期是否与账本相符。

①应付账款、预收账款，抽查重要的购销合同，并对数额较大和异常项目的款项，通过发函形式进行询证，检查预收账款有无存在未及时确认收入的情况。

②其他应付款，对数额较大和异常项目的款项通过发函形式进行询证，检查有无存在隐藏收入的情况，调减其中预提性质的款项。

③应付职工薪酬，询问应付职工薪酬余额形成的原因，检查相关资料，来证实余额是否真实存在。

④应交税费，将应交税费与纳税申报表进行核对，并对一定期间内应交税费的计缴情况进行测试。

三、审计成果及建议

1. 主要审计成果。通过本次清产核资，项目组对于不能逐一盘点的发出商品怎样进行核实才能合理保证账实相符，获得了一些审计经验。

2. 建议。被审计单位的发出商品，要核算发出需安装的整台（套）混凝土搅拌站，虽然发出商品数量不太多，但地域分散，且有些距离很远，在不能对全部发出商品一一进行实地盘点的情况下，对不能盘点的发出商品，项目组可以通过审阅被审计单位与客户签订的合同，同时获取货款的预收情况和发出商品的安装进度表，来判定发出商品是否真实存在，或是否已达销售实现的条件而未将其做销售处理。

四、案例点评

该案例中的LT公司主要制造和销售工程建设机械、矿山通用机械等，新科资产经营有限公司收购了LT公司原股东持有的全部股权后才开始进行生产经营。某事务所受新科委托对LT公司进行清产核资。该案例的审计目标为对基准日的资产负债表反映的财务状况的公允性发表审计意见。针对该审计目标，审计团队进行了合理分工，先了解被审计单位基本情况、评估审计风险、制定审计策略，使用检查、观察、询问、函证等审计方法，实施审计程序。对销售与收款循环、采购与付款循环、生产与存货循环实施控制测试，针对实施过程中发现的问题实施相关的进一步审计程序，根据 LT 公司提供的清查基准日的资产清查明细表，进行逐项复核，获得了一些针对不能逐一盘点的发出商品如何核实才能合理保证账实相符的审计经验。

在本案例中，注册会计师先针对项目目标确定了项目可能存在的风险，又基于这两点进行了合理的分工，为审计工作的顺利展开奠定了基础。在审计过程中，注册会计师根据出现的问题合理地实施了进一步审计程序，在解决棘手问题中获得了宝贵的审计经验。

对于被审计单位的发出商品，由于产品的特殊性且地域分散，很难对全部发出商品一一进行实地盘点，项目成员通过审阅被审计单位与客户签订的合同，同时获取货款的预收情况和发出商品的安装进度表，来判定发出商品是否真实存在略有不妥，因为只有被审计单位与客户签订的合同、货款的预收情况和发出商品的安装进度表都真实可靠的情况下，实施上述审计程序才有效。

第五章　司法鉴证类

案例一　虚拟财产价值司法会计鉴定*

一、基本情况

A 是 Y 公司的员工，并经该公司安排到《W 网络游戏》游戏运营部查盗组，负责受理《W 网络游戏》游戏用户的查盗诉求，根据用户账号登录情况及用户游戏内的行为判断是否存在被盗事实，帮助被盗的游戏用户挽回被盗损失。其日常工作流程为当游戏用户有查盗诉求时，使用由 Y 公司分配的权限账号查询《W 网络游戏》游戏用户查盗诉求涉及的游戏数据。

Y 公司提供的资料反映，2012 年 5 月 10 日至 2013 年 7 月 22 日，在无游戏用户查盗诉求的情况下，A 使用 Y 公司分配的权限账号在后台查看游戏用户待出售的“未鉴定”游戏装备的具体装备属性；当某项该游戏装备“鉴定”后的市场交易价格较高时，则在查询后另行使用自己控制的游戏账户购买该装备并在游戏中“鉴定”，再通过《W 网络游戏》藏宝阁（《W 网络游戏》官方虚拟物品交易平台）以人民币标价出售给其他游戏用户以获利。

对于 A 涉案行为给 Y 公司造成的损失以及 A 个人取得的收益，Y 公司已向广州某单位天河区分局报案。Y 公司提供的资料显示，涉案游戏装备为 237 件，其中，A 已售出的游戏装备为 203 件，尚未售出的游戏装备为 34 件。

（一）案件的特别风险

Y 公司委托某事务所进行损失审计，认为公司存在损失，且要求必须计算并定义公司的损失数额，而虚拟财产的价值确认一直存在争议，涉案的虚拟财产应如何计算出一个有意义的价值用以衡量损失是一大风险点。另外，由于虚拟财产获得途径的多样性，通过公式计算的价值是一个平均值，并非必然存在该平均值的损失额，本案的风险点在于如何通过文字描述虚拟资产的价值才能避免被认定我司确认该平均值为公

* 本案例由广东诚安信会计师事务所提供，获得广东省注册会计师协会行业案例库优秀案例二等奖。

司的损失额。

（二）审计目标

经双方后商定的委托事项表述为 A 涉案行为导致 Y 公司损失的数额。

二、审计方法与指引

（一）团队构成

1. B（注册会计师、高级会计师、司法鉴定人），负责协调 Y 公司相关人员、识别本案风险点，制定及修正鉴定程序，编写司法鉴定报告。

2. C（司法鉴定人）复核司法鉴定报告。

3. D（司法鉴定助理），负责执行司法鉴定人制定的鉴定程序，获得鉴定检材，编制鉴定底稿。

（二）了解案件基本情况及实施审计程序

1. 了解《W 网络游戏》网络游戏装备获得规则。

根据《W 网络游戏》网络游戏规则，游戏用户取得高价值的“游戏装备”的途径有以下两种。

（1）游戏用户在游戏中通过“打造”形成。“打造”是游戏用户通过消耗“打造材料”等游戏道具，获得由游戏系统生成的“游戏装备”，“打造材料”可由游戏用户消耗相应的游戏时间完成“任务链”获得。“打造”分为“普通打造”和“强化打造”。“强化打造”是“普通打造”的加强形式，“普通打造”只需要耗费“打造材料”，“强化打造”除耗费“打造材料”之外，还要耗费游戏道具“强化石”。

上述经“打造”形成的“游戏装备”属“未鉴定”状态，游戏用户在客户端界面看不到“未鉴定”装备的属性且不能使用该装备。为此，游戏用户还需要通过“鉴定”将“游戏装备”的状态从“未鉴定”转化为“已鉴定”，才能在客户端界面看到鉴定后的装备属性并能使用该装备。

注：装备等级、装备附带的特技特效以及装备数值属性（如装备的“伤害”“防御”等性能的量化数字）等统称为“装备属性”，“装备属性”是决定游戏装备价值及其在游戏用户间交易价格的重要参数。装备属性在游戏装备生成时已经固定，不同的装备属性产生的概率不同，生成概率由《W 网络游戏》系统所控制。

（2）游戏用户在游戏中用“游戏币”购买。“游戏币”为《W 网络游戏》网络游戏中的虚拟货币。游戏用户除通过“打造”形成“游戏装备”外，还可以在游戏中以“游戏币”购买“游戏装备”。

2. 了解游戏装备价值计算的公式及概率。

Y 公司向项目组提供了打造游戏装备所消耗的游戏时间的计算公式并作出具体说

明，该计算公式由《W 网络游戏》系统设定，计算公式中采用了前述游戏用户在游戏中通过“打造”形成游戏装备之方式，具体包括完成任务链的游戏时间计算；获得 1 套用于普通打造的打造材料所消耗的游戏时间计算；获得 1 套用于强化打造的打造材料所消耗的游戏时间计算。Y 公司同时提供了游戏时间与游戏点数折算，以及游戏点数与人民币折算的相关资料。

3. 将游戏装备的价值通过所消耗的游戏时间折算成人民币。

（1）完成任务链的游戏时间计算；

（2）获得 1 套用于普通打造的打造材料所消耗的游戏时间计算；

（3）获得 1 套用于强化打造的打造材料所消耗的游戏时间计算；

（4）通过打造生成含高价值装备属性装备所需的游戏时间计算；

（5）游戏时间与游戏点数的折算；

（6）游戏点数与人民币的折算。

4. 对 Y 公司的《W 网络游戏》游戏系统实施审计程序。

（1）观察并作为一名普通玩家执行《W 网络游戏》游戏系统中获得游戏装备的整套流程；

（2）记录《W 网络游戏》游戏系统代码中关于生成高价值游戏装备的概率值，并测试《W 网络游戏》游戏系统生成高价值游戏装备的情况；

（3）了解并观察相关人员按 A 的涉案手法进行操作的步骤。

5. 识别、评估上述计算方法及计算过程的风险。

上述游戏装备价值计算的结果本质上是游戏装备平均价值，可以作为公司损失的参考，但并非实际损失金额，因此，在表述这个平均价值时需要采用的是“游戏用户基本需要消耗 ** 游戏时间”这一用词，避免直接把计算结果描述为“游戏用户消耗 ** 游戏时间”等措辞。

三、审计成果及建议

1. 审计成果。

（1）根据 Y 公司提供的资料，2012 年 5 月 10 日至 2013 年 7 月 22 日，A 在无游戏用户查盗诉求的情况下，使用 Y 公司分配的权限账号在后台查看游戏用户待售的“未鉴定”游戏装备的具体装备属性，并使用自己控制的游戏账户购买其中的 237 件游戏装备，经在游戏中“鉴定”后，通过《W 网络游戏》藏宝阁将 202 件游戏装备以人民币标价出售给其他游戏用户。

（2）A 的涉案行为造成了 Y 公司的损失。对于涉案的 237 件游戏装备，按《W 网络游戏》系统设定公式计算需消耗的游戏时间为 4083332.13 小时，该游戏时间折算成人民币为 2174400.18 元。

（3）根据 Y 公司提供的资料，A 在《W 网络游戏》藏宝阁售出涉案的 202 件装备获得的收入为 997070. 10 元，A 为购买及出售涉案游戏装备所支付的成本为 139678. 93 元。

2. 审计结果运用。

（1）区人民法院完全采纳事务所审计意见，认定计算的游戏装备价值 2174400. 18 元为 Y 公司损失金额，认为被告人 A 非法获取、使用公司商业秘密，并从中牟利，给 Y 公司造成重大损失，其行为已经构成侵犯商业秘密罪。依法判处被告人 A 有期徒刑两年，并处罚金 100 万元，退赔 Y 公司的经济损失 2174400. 18 元。

（2）该案例被省高级人民法院列为《高院发布服务保障非公经济十大典型案例》之一，法院的判决有效维护了 Y 公司的合法权益，为网络信息行业的健康发展营造良好的市场法治环境。

3. 心得建议。

（1）针对类似案例应当关注其虚拟物品的生成过程及相应概率值是否固定于游戏的代码当中，在涉案期间不存在调整情况。

（2）报告文字应当明确价值的计算公式、基础数据由 Y 公司给出，不由项目组主观判断决定，项目组仅按照公司给出的公式及数据进行计算。

（3）有时看似对报告文字的过度解读，实际上对报告的字斟句酌正是对审计师的保护。就损失审计而言，审计报告处于一个微妙的平衡点，一方面委托单位要求提及损失以便直接指证嫌疑人；另一方面审计师在不直接定义损失的原则要保证报告的可使用性，在承受风险和报告可用中找到平衡。

四、案例点评

该案例中的 A 的主要工作是《W 网络游戏》游戏用户的查盗诉求，帮助被盗的游戏用户挽回被盗损失。但他却滥用职权为自己谋取私利，由于 A 涉案行为给 Y 公司造成损失，Y 委托天心进行损失鉴定，且要求必须计算并定义公司的损失数额。首先该案例的主要风险点在于虚拟财产价值的确认，针对该问题，事务所组织了最强最专业的项目团队，他们第一件事是了解《W 网络游戏》网络游戏装备获得规则，游戏用户取得高价值的“游戏装备”的途径有以下两种：一是在游戏中通过“打造”形成；二是在游戏中用“游戏币”购买。其次又借助 Y 公司了解游戏装备价值计算的公式及概率。最后折算为人民币。最终由法院认定计算的游戏装备价值为 Y 公司损失金额。

审计师们了解并观察相关人员按 A 的涉案手法进行操作的步骤，为确定金额奠定了基础。游戏装备价值的计算公式、基础数据由 Y 公司给出，审计师充分利用公司给出的公式及数据进行计算。就损失鉴定而言，该案例的鉴定报告找到了合适的平衡点，在承受风险和报告可用性中找到了平衡。

类似的案例应当关注其虚拟物品的生成过程及相应概率值是否固定于游戏的代码当中，以确定是否需要调整；鉴定报告的文字说明中应当明确价值的计算公式、基础数据由 Y 公司给出，不由审计师主观判断决定，审计师仅按照公司给出的公式及数据进行计算，以免承担不必要的风险和责任。

案例二　融资性“棉纱贸易”导致重大损失专项审计*

一、基本情况

2011 年 12 月至 2014 年 3 月，YJ 公司（全资国有企业）向 P 公司（赖某个人投资的企业）棉纱销售，同时向 M 公司（P 公司的全资子公司）棉纱采购。合同约定：P 公司按货款预付 20% 货款给 YJ 公司，YJ 公司收取 P 公司按货款 20% 预付货款时，向 M 公司办理采购，按采购金额全额向 M 公司开具 90 ~ 120 日信用证结算，棉纱运入三方指定的仓库（第三方仓库），物权属于 YJ 公司；YJ 公司收到 P 公司在《远期信用证》到期日前支付 80% 货款时开出提货单，P 公司方能从第三方仓库提走委托采购的对应数量棉纱。2014 年 2 月，YJ 公司财务发现 P 公司四项合同的 80% 款项逾期未付，仍继续开出 7787.48 万元远期信用证给上游供应商；2014 年 3 月 YJ 公司到仓库盘点，发现存在严重的货物短缺，意识到已开具的大量的信用证款项可能无法收回，遂向上级集团报告，并以赖某涉嫌贸易诈骗罪向公安局报案。上级集团对 YJ 公司总经理、副总经理、业务一部经理、业务员做出停职处理，地方国资委委托某事务所对 YJ 公司开展专项审计。

（一）监管背景

YJ 公司是某集团属下的全资国有企业，主要从事包括棉纱在内的进出口贸易、国内贸易业务。该企业从形式上由全民所有制企业转制为有限公司，经营管理方面则沿用老一套做法，未彻底按照公司法的要求建立健全及落实法人治理和未建立健全现代化企业内部控制管理制度，仍实行粗放管理模式及按照之前的代理进出口服务模式开展经营活动，在上级集团不断增加收入考核指标的情况下，片面追求账面业务收入规模增长，不重视上下游交易对手是同一控制人情况下容易踏入融资诈骗陷阱的风险防范，不重视存货管理，不重视合同管理，不重视信用证开证条件，无视改变合同结算方式、擅自替交易方贴现信用证带来的严重风险，内设部门管理松懈且严重监管不到位，最终导致严重经营失败。

（二）审计目标

通过审计调查，报告 YJ 公司在 2011 年 12 月至 2014 年 3 月棉纱贸易损失的金额、

* 本案例由广州银粤会计师事务所提供，获得广东省注册会计师协会行业案例库优秀案例二等奖。

原因、相关人员的责任。

二、审计方法与指引

（一）审计团队的组成、资质、任务分配

审计团队由地方国资委纪检室领导、审计处领导、事务所合伙人组成领导小组，事务所骨干组成审计小组联合作业，分工情况如表5－1所示。

表5－1　审计团队的组成、资质、任务分配情况

序号	姓名	资质	分工
1	A	纪检主任	⑴主持进点工作会议，协调审计过程中的配合事宜和外调事宜；⑵带队进行外部调查；⑶向主管部门反映工作情况；⑷复核报告
2	B	审计处长、会计师	⑴布置审计目的和具体要求；⑵审定审计方案；⑶主持对相关人员访谈；⑷每周召开审计工作现场会议，讨论发现的问题及证据，指导审计工作；⑸对报告进行全面复核
3	C	注册会计师、司法会计鉴定人	⑴拟订审计方案，设计访谈调查提纲，设计调查表；⑵指导审计人员的现场工作，并解决审计过程中遇到的疑难问题；⑶参与外部调查，内部人员访谈；⑷审核关键的内部及外部证据反映的问题性质，分析造成经营失败的原因；⑸界定主要人员在具体事项中的责任；⑹撰写报告初稿
4	D等2名主审人员	注册税务师、会计师	详细审查：⑴2011年12月至2014年3月，棉纱贸易合同及其审批记录、进出仓单证、信用证申请审批记录、信用证开具记录、会计核算记录；⑵获取内部控制制度文件并评价其健全性，结合业务书证评价内部控制制度的遵循性、健全性；⑶审查开展棉纱业务前的可行性研究、合同评审记录、贸易对象的信用调查报告，分析甲、乙等公司的财务状况；⑷计算棉纱贸易的损失金额及其对净资产的影响
5	助理人员5人	助理会计师	协助主审会计师开展各项调查工作，根据实际情况编制各类明细表，进行统计分类及分析

（二）了解被审计单位基本情况，评估审计风险，制定审计策略

1. 了解被审计单位基本情况（方法：问卷调查及询问法）。

采用问卷调查法，设计相关调查表，让YJ公司提供以下信息，同时，设计问话提纲，分别对YJ公司经营班子成员、关键岗位人员（业务一部、财务、办公室、风险管理小组）进行询问了解。

（1）获得YJ公司董事会、经营班子、监事会的组成人员清单，检查是否存在相应的议事规则和“三重一大”决策制度，了解法人治理机构是否正常运作。

（2）获得YJ公司内设部门人员名单，在日常经营业务中的职责、权限及审批流程，是否存在处理业务和事项的内部控制制度。

（3）了解被审计期间YJ公司的业务结构、报表信息及年度审计情况、上级集团考核情况。

（4）了解收入成本相关的业务流程及其交易/会计信息流程、了解相关业务流程的会计分录。

2. 评估审计风险，制定审计策略。

（1）评估审计风险。本项目是内部监察审计，主要风险在于：

①能否顺利获得有效证据以界定该期间的棉纱贸易是否属于正常的贸易？

②能否顺利获得有效证据以界定相关人员是否存在违反内部控制制度？

③该业务造成的资金损失是外部原因造成还是内部管理不善或内部人员违规造成？

④该业务造成的资金损失如何计算？对损益及净资产的影响如何评价？

控制审计风险的途径是：除实施对账面会计资料的基础审计工作外，重视实施以下程序：深入到企业各内部部门、各业务关键环节中获取是否存在有效控制活动的证据，开展外调并收集相关部门已掌握的调查证据，以企业管理活动书证暴露的问题为基础开展对当事人的针对性询问，汇总内外部有效证据、会计信息及非会计信息并反复论证。

（2）制定审计策略。

①审计调查方向：重点调查"三重一大"决策规则和关键内部控制的执行情况。包括与赖某控制企业棉纱贸易前，是否存在可行性研究，以及如何进行决策；棉纱贸易合同主要条款及主要风险控制节点、合同审批流程及签订情况；业务执行过程中的关键环节风险点是否采取适当的控制措施，以及相关责任部门和责任人员是否存在不正确履行职务的问题等。

②对"棉纱交易"全过程进行详细审查：重点是调查是否属于存在以实物为基础的实际交易。包括到第三方仓库获取逐一审查"棉纱"入库和出库的原始单证；按时间顺序、每一项销售合同配对每一项采购合同，对棉纱规格型号、数量、单价、销售金额及采购金额、20%预收款项和80%货款收取、信用证开具及贴现、其他费用支付、未收款款项、损益情况等分别进行细致的审查和汇总。

③获取并分析赖某控制企业的财务状况及生产状况资料。

④调查业务一部在该期间的绩效奖励收入情况。

（三）制订审计实施方案

根据委托内容、审计目标，初步了解获得的信息和存在的问题，制订审计实施方案，明确审计组每个成员的审计任务、主要审计程序、证据要求和底稿编制要求（含表格的格式和内容）。

（四）主要审计程序及发现的主要问题

1. 召开进场会，获取交易资料。

召开进场会，提出需要提供的详细资料清单，提出审计配合要求；获取YJ公司该期间与赖某控制企业棉纱贸易的财务会计资料、所有合同以及其审批资料、信用证备查簿及开具远期信用证申请与审批资料、内部规章制度、会议纪要及决议、各项基础信息调查表、其他相关资料。

2. 梳理棉纱交易记录。

（1）整理采购和销售合同的签订日期、合同期间、合同标的数量及金额、款项结算条款、签署人员、审批部门及审批人员的主要信息（企业未设置明细的合同台账），为责任认定提供基础信息。

有以下两点发现。

①企业的合同权限设置过大，固有交易风险高。审计组注意到，YJ 公司没有划分不同层级的合同签署权限金额和合同累计金额限定，涉案的 162 项合同均由业务一部经理签署，最小合同金额 600 万元，最大金额 3500 万元，平均每项合同标的额 2200 多万元。

②YJ 公司为了业务规模，合同风险评估和审批仅是走过场，固有管理风险高。业务部门按照每笔业务的销售合同款扣减采购合同款得出交易毛利，毛利率约为 1‰（即代理服务费），整个期间仅赚取微薄的代理服务费却承担了巨大的风险，只要 1 项合同出现问题，当年的微薄利益就全部丧失。

（2）根据会计凭证背面的原始凭证，重新整理会计账面的棉纱进销存的日期、规格型号、数量、单价、金额（会计账仅是简单分类核算，未能提供该等详细信息），含进仓单编制人、验收人、复核人、存放地点；与同类业务（与其他企业的棉纱贸易）的进出仓单证进行比对，并与第三方仓库提供的棉纱进仓单信息进行一一比对。

有以下三点发现。

①会计账面的棉纱进销存的进销存数据直接来源于业务员自编的进出仓单证，经了解，验收人、审核人均是形式上打印上去的（推断相关人员可能没有履行相关业务流程）。按截至各主要时点（半年、年末）的库存数量和金额与第三方仓库提供的单证计算的各主要时点结存数量严重不符。

②经比对，第三方提供的入库单均无相关人员签名，并无入库相关的物流信息，只有第三方公章；而同时期与非涉案公司的棉纱交易的第三方仓库入库单的各项信息及签名均是完整的，包括明确标明负责运输的货车车牌号和有送货司机的签名。

③经到第三方仓库实地调查和比对租赁合同，注意到 YJ 公司经常性地出现当天运入仓库的棉纱数量大大超出所租用仓库的库容量等严重不合理情形。

以上信息表明，会计凭证后附的由业务员编制的进仓单、出库单不真实（说明：如果仅按企业会计凭证后附的原始凭证进行审查，只能提出疑点，难以发现这些问题）。

（3）按日期顺序、合同结算条款，对 162 项购销合同的资金收支活动以及债权债务关系进行梳理。

有以下三点发现。

①企业账面记账混乱，多头设账，核算严重滞后和诸多该调整未调整情况，难以

清晰反映真实的债权债务关系，甚至反映相反的关系。即赖某企业应该是负债人，账面上却体现为债权人。未按规定进行会计核算，对于国内棉纱业务，不管是否符合销售确认条件，均按90%入库数量结转库存和销售成本，使会计存货记录失去对第三方仓库的数量监督关系，会计电算系统又缺乏信用证逾期警示等关键信息反馈，导致财会部无法发挥财务监督职能。

②在交易期中和期末，P公司多次违反合同延迟支付80%尾款或无法支付现象，ABC公司未相应做出任何处理或采取有效措施。

③YJ公司向M公司（M公司是P公司的全资子公司）开出远期信用证的同时，为M公司代理贴现了资金，实际上M公司收取的是实实在在的货币资金而非远期信用证；YJ公司向贴现银行支付贴息后，将利息加入销售款项中向P公司收回。（针对性的询问及调查显示总经理、副总经理等知悉P、M存在同一控制关系）

以上情况表明，在购销对象均是赖某投资控制的母子公司情况下，YJ公司汇往M公司的贴现资金，将被P公司用于支付80%货款的资金来源（也用于其他方面），一旦P公司资金链出现问题，P公司就难以按期或继续支付80%货款，YJ公司将因贴现信用证而最终成为贷款人并承担相应的负债义务。因此，2013年10～12月，3个月签订了35项合同（其中，12月21项），YJ公司为此向赖某企业开出信用证35笔，开证金额达6.42亿元，最终造成4.57亿元资金无法收回，并因贴现行为，YJ公司差点被银行申请破产清算。

3. 存货入库验收制度及是否遵循的调查取证。

（1）审查存货入库的内部控制制度是否建立健全。

发现：内控制度中只有简单的规定。购入存货可以由第三方仓库负责验收，也可以由业务部门组织验收；至于什么前提下由第三方仓库验收及如何监控，什么情况下由业务部门验收，以及验收实施程序、标准、执行人、复核人等并未做出明确和可操作性的规定，也未对财务部门参与验收或监督验收做出具体要求。

这说明企业采购入库环节的制度是十分不健全的，存在严重的制度缺陷，存货管理属于放任状态。

（2）访谈总经理、副总经理并让其提供关于采购入库的管理措施资料。

发现：总经理熊某仅仅是多次在会议上提到“控货”一词，但更是讨论如何利用资金做大业务规模的事情（即融资性贸易模式），未具体谈及采购入库的管理措施、监督程序。副总经理曹某未对业务部门如何管理采购入库提出具体的要求或实施具体的监督。

这说明：YJ公司不但缺乏具体的采购入库制度约束，也缺乏具体的管理措施，董事长兼总经理熊某对制度不健全和监督不到位负有责任。副总经理兼董事曹某未采取具体管理措施，负有责任。

（3）访谈业务部门经理、业务人员和仓库管理员。

发现：业务部经理侯某也未对棉纱入库验收提出具体实施要求和采取合理的监督

措施，业务部经理侯某和业务员马某从未对棉纱入库实施实地验收或监督仓库办理验收程序，仅是偶尔到仓库，看到由汽车运来棉纱、仓库有库存棉纱就以为没事，十分不负责，还说以前都是这样的。

部门经理和业务员是棉纱采购实施人，对棉纱验收入库负有验收的义务，即使由第三方仓库验收，也应当到场履行对第三方仓库实施验收的监督义务（这在货物贸易中是常识），况且第三方仓库提供的入库单明显缺少车牌号、运货司机签名等异常的信息不全以及与常规入库单明显不同的情形，他们一开始就有常识辨认出存在虚假入库或假造入库单的情况。如果部门经理和业务人员一开始就对合同标的物的入库予以重视并实地开展点验工作或实地监督第三方仓库据实验收并一贯坚持下来，几乎可以杜绝被赖某企业和第三方仓库联合造假和贸易诈骗事情的发生。因此，部门经理和业务员对此负有责任。

（4）审查仓库服务合同、到经侦部门调阅仓管员笔录。

在检查第三方合同时发现：YJ 公司与第三方仓库签订仓库服务合同之外，还同时与 P 公司或 M 公司、第三方仓库签订了《三方补充协议》，约定仓租由赖某控制企业承担并有权直接使用 YJ 公司租用的仓库。

审计组到第三方仓库调查和在阅读经侦部门笔录时发现：赖某控制企业派员常驻仓实施管理，在没有实际货物进出仓时，第三方仓库按赖某控制企业驻仓员指挥和授意向 YJ 公司开具所谓的棉纱入库单或出仓单，然后快递或派员直送 YJ 公司业务员。

这说明：YJ 公司因《三方补充协议》而从一开始就丧失了对仓库的独立监管和对合同标的物的控制权。正因为如此，2014 年 2 月扣留仓内 0.3 万吨棉纱时，需要赖某企业与 YJ 公司办理棉纱的转权手续、补交仓租，第三方仓库才同意将棉纱转交 YJ 公司。赖某派员驻仓实施管理，通过与第三方仓库串通、联合虚造入库单和出库单，并可以随时更换仓内物资所有权标识，为躲避银行及 YJ 公司的检查提供了有利条件。

4. 依次就其他各重要的内控环节进行调查。

发现的主要问题有：

（1）在该项棉纱贸易前，YJ 公司未对赖某企业进行资信调查，之后各年度也未派员调查企业的资信情况。我们外调获取了赖某财务报表及会计信息，分析到：M 公司该期间生产量合计仅 1.5 万吨且处于非常严重亏损状态、负债总额近 10 亿元（含欠 YJ 公司 4.64 亿元）、资不抵债超过 7 亿元；P、M 等公司长期拖欠银行数亿元贷款，账面上贴息支出和业务招待费花费巨大，大量资金用于其他投资和不明去向。YJ 公司如在业务开展之前开展相应调查，相信是可以判断出交易方存在巨大的债务风险。

（2）将银行授信额度投放于同一客户和业务，且没有额度控制或预警机制，对业务风险麻木不仁。未根据贸易方的注册资本或企业净资产设置合理授信额度，甚至将银行增加授信额度（2012 年 5 亿元，2013 年 12 亿元）几乎全部用于与赖某企业的合同业务上，且未提交经过董事会和上级集体研究，其中，2013 年大部分月份使用授信额度达 8 亿 ~9 亿元。经营班子权力过于集中（总经理同时是董事长，两名副总经理同时是董事），自以为经营班子决定代表着董事会决策，这反映经营班子对法律法规、规章政策缺乏应有认识；而将巨额融资性贸易业务过分集中于特定客户且基本不了解客户财务状况和生产经营情况，则反映经营班子缺乏应有的风险意识；业务部门则利用公司绩效奖励办法，片面追求做大业务所带来的代理费收益获取丰厚的奖金。综合调查信息表明，YJ公司高管在2011年底以前已知悉P、M等企业是赖某直接控制企业，也清楚对方严重缺乏经营资金，且其不易获得超过注册资本规模及可抵押资产的银行贷款，特别在开证银行提出关联公司之间不能开证后，仍找到另外两家相对隐蔽的关联公司继续开证，说明对方让YJ公司代理国内棉纱业务，目的是为了获取并迅速贴现信用证资金，以极小的代理费博取巨额贸易性融资资金。

（3）YJ公司的信用证开证的形式流程无法发挥监管作用。由业务员根据P公司20%预付款申请开信用证（一部部长同时签名），财务部门仅看是否有20%预付款汇入而不审查之前合同的80%款是否逾期。2014年2月，在P公司之前4项合同尾款逾期情况下，财务部经理金某和总经理熊某仍继续签发信用证并贴现，负有责任。在同时注意到，对于P公司逾期未付各项合同尾款，未有合适的信息保全及报告指引，例如，2014年2月出纳员发现P公司之前4项合同尾款逾期时，仅口头而非电子邮件或书面通知财务经理且未通知负责信用证初始审批的财务副经理，业务部经理口头而非电子邮件或书面向总经理报告P公司逾期未支付合同款，导致总经理否认其知情和接到报告。

（4）YJ公司替M公司贴现信用证属于对合同结算方式的重大变更，YJ公司未经任何会议研究就配合M公司实施，总经理负有直接责任。

5. 损失金额及其影响计算。

（1）最后的35项内贸合同资金损失4.57亿元。由于赖某控制企业资金链断裂，导致无法向YJ公司结付自2013年9月以后的35项内贸合同款。计算至2014年底，YJ公司与赖某企业虚假贸易造成的直接资金损失4.57亿元，如表5－2所示。

表5－2　　国内棉纱虚假交易损失资金计算表　　单位：亿元

序号	项目	损失金额	说明
1	无法回收的棉纱贸易资金款	4.40	对①②项已做扣减
	其中：①已扣减没收的保证金	0.05	
	②已扣减转权棉纱0.3万吨处置收入	0.61	
2	信用证资金转贷款承担的利息	0.15	
3	处置棉纱时结付的仓租费支出	0.02	
4	合计资金损失4＝1＋2＋3	4.57	未含增值税进项转出损失

（2）七项进口合同资金损失730万元。2013年11月～2014年3月，YJ公司为P公司代理多项棉纱进口业务，采取按采购合同价款向外国企业兑付信用证、收取P公

司10%定金、余款于P公司提货日前支付的办法，但是，最后七项《代理进口合同》的货物，P公司未结付90%货款即将货物直接从码头提走（最后一个货柜棉纱除外），造成坏账损失730万元。

（3）导致企业资不抵债3.05亿元。上述棉纱业务损失，已导致企业严重资不抵债。YJ公司2014年10月底账面净资产1.42万元，减除无法回收应收账项4.47亿元后（4.40亿元+0.07亿元），调整后净资产为-3.05亿元。上级集团已出面担保到期未收回款信用证引起的借款，YJ公司暂时免于破产清算风险。

6. 损失的外部原因与内部控制中存在的问题剖析。

（1）外部原因：源于赖某及其控制企业的合同诈骗和资金断裂。2011年12月~2014年3月，赖某企业为了从YJ公司骗取信用证和操作信用证贴现套取资金，骗取YJ公司与其签订无实物基础的国内棉纱贸易合同共162项，涉及棉纱13多万吨（M公司的实际产能仅1.5万吨），并联合所谓的第三方仓库编造虚假《入库单》，经查，均无实物入库，整个贸易活动属于无实际货物流通基础的虚假交易（注：库存在第三仓库的棉纱是由赖某企业原有的存货，并非162项合同形成的）。

截至2014年3月，赖某企业与YJ公司结清其中127项内贸合同款项。由于资金被赖某及其企业挪用于投资、支付贴现利息和其他费用、填补经营亏损等，最终资金断裂，导致无法支付YJ公司后期的35项内贸合同款项和7项进口棉纱货款。

（2）内部原因：源于YJ公司内部管理混乱。经调查，YJ公司存在重大管理漏洞。

①在内部控制制度方面，存货、重大贸易、信用证、风险防控、风险事件通报等管理制度严重不健全。

②在业务决策上，未对赖某控制企业进行企业资信调查，对与赖某企业签订巨额贸易合同、给予巨额信用证额度、擅自进行信用证贴现等未召开董事会讨论决定，严重违反了《企业内部控制基本规范》中关于“三重一大”的管理规范。

③在合同审查及管理上，内贸业务方面与赖某企业及第三方仓库签署《三方补充协议》丧失了对仓库的独立监管和对合同标的物的控制，代理进口业务方面因未及时续签《保险合同》而导致货款损失无法理赔。

④在业务进行中，未实地点验内贸合同标的物，财务部门未切实履行年终盘点，财务部门未履行监督职责。

⑤2014年2月9日发现赖某企业无法支付合同款项的消息，未全面通报给风险控制小组成员、全体经营班子成员和全体董事会成员，未采取处置合同标的物措施，却继续开出并兑付信用证，导致损失扩大。

三、主要审计结论

1. 损失情况。

经审计，2011年12月~2014年3月，YJ公司与赖某控制企业开展162项的“棉纱贸易”属于无实物交易基础的虚假交易和对方以骗取信用额度为目的的欺诈性交易，共造成损失 4.64 亿元，并导致企业严重资不抵债 3.05 亿元。

2. 损失责任认定建议。

原法定代表人、董事长、总经理熊某未尽职履行全面管理、财务管理、信用证贴现管理的责任，严重失职；原副总经理曹某未尽职履行分管国内贸易和进口贸易业务责任，严重失职；侯某（进出贸易部原经理）、马某（进出贸易部原业务员）、金某（金融财会部原经理）在控货环节和信用证开证环节严重失职。建议界定上述人员对 YJ 公司的损失承担直接责任。

3. 建议与启示。

（1）对被审计企业和委托方的建议。

建议 YJ 公司建立董事会、监事会、经营班子等机构的议事规则，建立“三重一大”决策规则，完善法人治理机制。

建议 YJ 公司对棉纱贸易损失事件组织全面剖析并公布事件经过，检讨事件发生原因和业务流程中存在的重大漏洞，在此基础上，按照五部委《企业内部控制基本规范》和 18 项企业内部控制应用指引等文件的规范要求，结合企业实际全面制定内部控制制度（特别是资信调查、存货管理、重大贸易业务管理、合同审批管理、资金及信用证管理、风险防控管理、风险事件通报管理等实施细则），完善内控制度；细化岗位责任，将具体管理责任落实到人，并加强内部职能部门对业务执行的有效监管；对贸易业务的监管，实行事先咨询调查和每年至少一次资信调查，合同签订与合同执行、采购与存货入库、销售与存货出库等不相容职责相分离；规范和改善会计核算，及时对业务合同执行、货物进销存、资金结算、信用证额度、逾期违约预警等的实时监督。

建议在国资系统内全面停止与上下游为关联关系的企业从事融资性贸易，建议根据直属企业的业务性质及规模，对直属企业达到一定数额的重大合同、重大贸易、重大资金支付等事项实行报送审查制度。

（2）启示。

①企业重大经营失败，与企业未按照公司法的规定进行严格的法人治理有关（企业只是形式上设立相关机构、缺乏从人事上合理配置和缺乏议事规则），与企业内部控制存在严重漏洞密切相关，与企业财务部门没有切实履行监督职责密切相关，企业经营团队风险意识薄弱有关。因此，此类专项审计需审查法人治理结构人事组成及会议纪要或决定，需重点深入审查企业关键环节的内部控制制度的具体遵循情况，才能查清内部存在的问题和责任承担。审计程序的设计与实施需达到执业准则的基本要求，而不能走过场和仅取得形式证据，更重要的是深入到最原始证据和管理环节，才能发现和查清问题（说明：该企业 2011 ~2013 年的审计报告均发表无保留审计意见；注册会计师的每年审计时间仅有三日，仅简单审查会计资料就撤场，未进行现场实物监盘、未审查合同履行情况等，因审计不足而未能发现问题和发表了无保留意见的审计报告，

实质上属于审计失败)。

②涉及此类融资性贸易的业务，往往存在不真实的交易。注册会计师在开展审计工作时，应将业务的可行性研究、合同签订背景、合同决策情况、合同关键条款以及其合法合理性、合同标的物的交割情况、合同资金的结算方式及资金流转关系、标的物进出仓原始单证类型、相关账册的记录等进行穿行性审查，才能掌握交易业务的虚假性和交易实质。弄清问题本质后，应当根据关键的特征证据扩展审查至整体业务或同类业务是否存在同类问题。

③在专项审计（例如，任期经济责任审计、失败案件的责任审计等）中，询问和外调工作具有不可替代的突出作用，是不可忽视或省略的程序，应当针对性地规划和设计，对重大责任事件、重大矛盾事项（例如，形式与实质的矛盾）、重大疑问或不确定性事项应当着重调查，力求通过询问和外调理清相关问题。在利用询问和外调结果时，注意与实物证据、资金证据、合同证据、议事证据、内控证据等合并起来通盘考虑的基础上综合认定，以事实和证据作出结论，避免无依据的、先入为主的主观臆断，使审计意见符合客观实际并令人信服。

④在专项审计（例如，任期经济责任审计、失败案件的责任审计等）中，责任认定需十分谨慎。首先，审计组应当梳理相关基础信息，如图 5－1 所示，包括对交易事件的当事方及交易流程（合同关系、标的物流转、单据传递、资金流向等）、当事人职务及任期、当事人的管辖事务或岗位责任。其次，根据各当事人在具体交易环节中未履行职责的具体证据，按所起作用是否直接和责任轻重进行分类排队，并与岗位责任、内部规章制度、议事规则、企业章程以及国家有关法律法规等具体条款进行对比，同时在审计组内进行充分讨论并达成一致意见，必要时咨询或组织审计和法律专家论证，做到责任定性准确公允并既有事实证据又有法规依据。

四、案例点评

该案例中，事务所通过一系列审计活动判定 YJ 公司损失情况和责任认定。案例中，企业利用关联企业的融资性贸易的集团筹资优势，以贸易合作为借口给充当企业的“中转站”搞虚假贸易，一定程度上也导致虚增集团本部经营规模。在如此不恰当的利益输送下，对方企业出现经营违规、资金链断裂等情况，留给集团债务、损失和巨亏。审计单位判定 YJ 公司与赖某控制企业开展 162 项的“棉纱贸易”属于无实物交易基础的虚假交易和对方以骗取信用额度为目的的欺诈性交易，造成巨额损失。

注册会计师发现未按照公司法的规定进行严格的法人治理有关（企业只是形式上设立相关机构、缺乏从人事上合理配置和缺乏议事规则），并指出企业内部控制存在严重漏洞。当企业存在或有类似融资性贸易时，首要是查清融资企业的主营业务和股权关系。大宗商品因其同质化、可交易等特点，已经具备了一定的准金融属性，许多主营大宗商品的贸易公司已经被异化为骗取银行融资的工具。因此，相关人员在筛选检

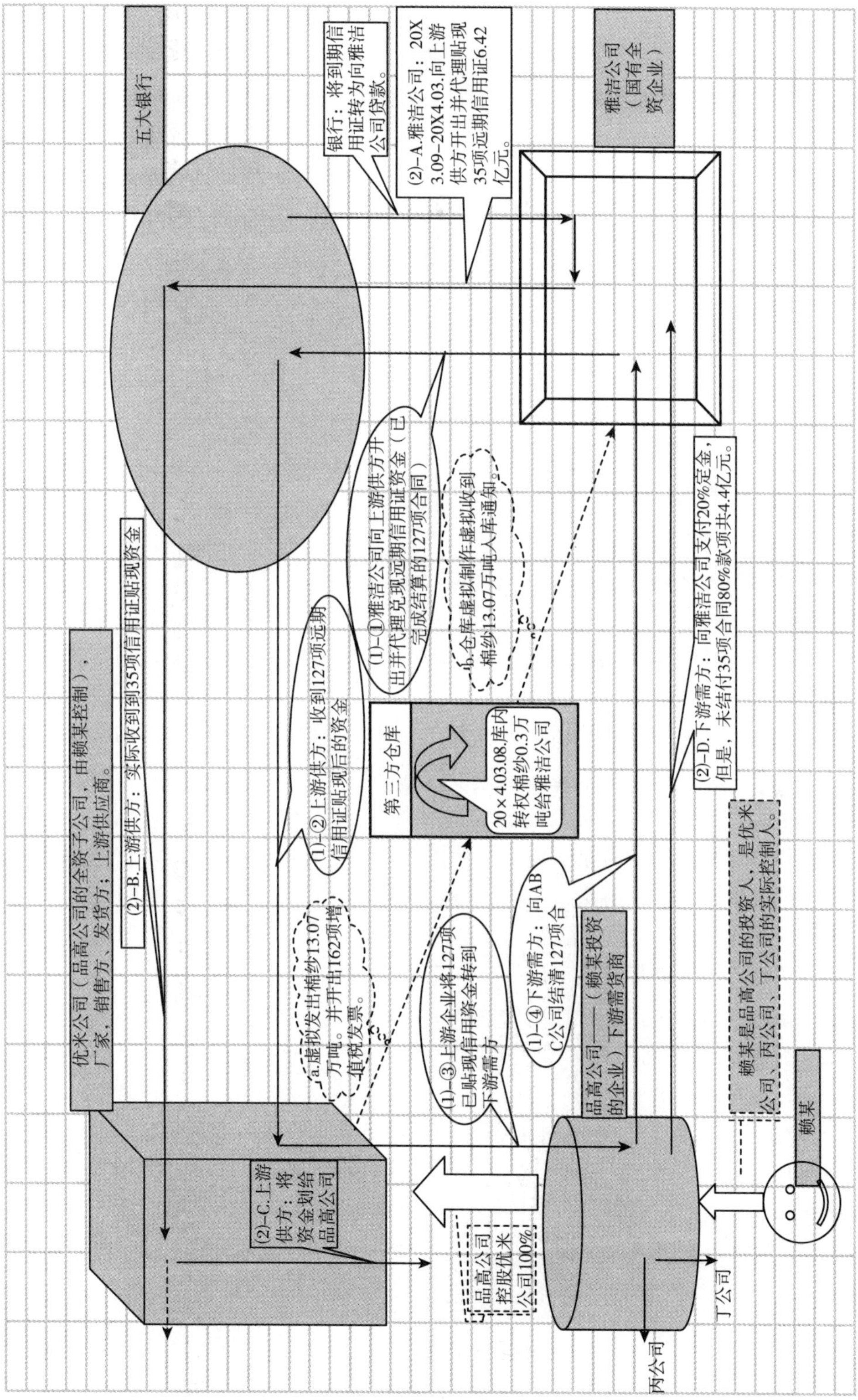

图 5－1　162 项国内棉纱购销《合同》资金流示意

查重点时，要注意以大宗商品贸易为主营业务的贸易公司，密切关注其股权结构，尤其关注股权关系复杂的融资企业。在基本确认贸易背景虚假的情况下，就需要审计人员追踪贸易链条上的相关企业与关键审批人之间蛛丝马迹的关系，确定是否存在利益输送的案件线索。

该案例中，注册会计师过分强调和利用询问和外调的结果，实际操作中应该更加注意询问结果与实物证据、资金证据、合同证据、议事证据、内控证据等合并起来通盘考虑的基础上综合判断。

案例三　财产价值司法鉴证审计*

一、基本情况

2017 年 × 月 × × 日《中国纪检监察报》报道：C 公司原总经理 A（已退休）、业务部原经理 B 等人利用职务便利，私分国有资产、挪用公款非法获利，A 受到开除党籍处分，B 受到开除党籍、开除公职处分。A、B 等人涉嫌犯罪问题移送司法机关依法处理，并于 2017 年 × 月 × 日通报全市。

据了解，最先揭露这起“私分国有资产、挪用公款非法获利”案的，是某事务所承办一项司法委托审计业务出具的专项审计报告。现将当时对该项业务的审计情况介绍如下，并就实施司法鉴证审计业务谈几点体会，与大家分享。

1. W 公司与 C 公司因合同纠纷，经法院判决，C 公司应向 W 公司清偿债务及其利息，但 C 公司均以无财产清偿为由不履行清偿义务，在 A 市执行无果的情况下，W 公司向省高院申请，省高院裁定该案由中级人民法院执行。法院通过摇珠选定某事务所对 C 公司的财产情况进行专项审计。

2. 某事务所接受中级人民法院的委托，组成审计小组，历时 4 个月，于 2009 年 2 月 10 日向中级人民法院出具“会专审字（2009）第 002 号、003”《专项审计报告》（以下简称“0203 号报告”）。

3. 中级人民法院凭借 0203 号报告与 C 公司及其主管部门沟通，比较顺利地履行了对 C 公司判决事项的执行。同时，0203 号报告揭露的问题，引起 C 公司主管部门、纪委、检察机关的注意。纪委、检察机关根据 0203 号报告提供的线索，较顺利地查处了 C 公司相关人员“利用职务便利，私分国有资产、挪用公款非法获利”（以下简称“违法谋利”）一案，并作为案例给予全市通报。

---

* 本案例由广东省惠州市正大会计师事务所邓宏昌提供，获得广东省注册会计师协会行业案例库优秀案例二等奖。

（一）项目风险

对法院委托的司法鉴证审计项目，应将审计风险评估为较高水平。

（二）审计目标

法院委托审计的目的，是查清 C 公司是否有可执行的财产，具体的审计目标有以下三个。

1. C 公司截至 2008 年 9 月 30 日的资产、负债情况。

2. C 公司在 1997 年 5 月 1 日至 2008 年 9 月 30 日“C 综合市场”项目的开发建设与销售情况。

3. C 公司向控股的“A 市宏大物业公司”（以下简称“宏大物业”）投资（持股变化）情况。

二、实施情况

（一）组织实施审计情况

1. 组成强有力的审计小组。某事务所接受委托后，对本项目进行了风险评估，将风险水平评估为较高。据此，抽调由下列人员组成项目小组：项目负责人由本所具有较丰富审计工作经验的主任会计师 C 担任，项目小组成员包括具有 5 年以上审计经验的会计师审计员 D、E 以及 5 年以上审计经验的审计员 F、G。

2. 在法院的组织下，获取审计资料。根据审计目标要求，及时向中级人民法院提交《审计应准备资料清单》，在法院的组织下，调取 C 公司历年的会计核算资料予以审计。

3. 实施审计的方法。根据本案的实际情况与审计目标要求，将审计小组先分成两组：一组审查会计账户，按常规的审计方式重点核实资产项目；另一组以审核基本情况资料及涉外事项调查为主，本案中，事务所向公司登记、建设规划及房产登记等部门进行了资料查询。

4. 对审计过程中发现的问题及处理。经对 C 公司的会计账户进行全面审计，发现下列问题，引起审计小组的高度关注。

（1）C 公司在“开发成本”科目下单独设置了“C 综合市场”子账户、对“C 综合市场”的开发成本进行核算，该账户 1997 年 1 月 1 日以前发生余额为 18300952.13 元，此后一直没有发生变化。且所有会计年度内没有“C 综合市场”项目的“房屋销售收入”和“销售成本结转”的记录。查现场，“C 综合市场”的 1 ~ 3 楼商场已竣工交付使用。

（2）C 公司自 2000 年 5 月开始反映对宏大物业的长期投资记录。C 公司于 2000 年 6 月 27 日将 35 万元转到宏大物业账户内，对宏大物业增加投资 35 万元。但至 2001 年 4 月，通过“其他应收款”科目将对宏大物业的长期投资作冲销处理。经冲销后，C 公司一直没有反映有对宏大物业的长期投资。即自 2001 年 4 月后，C 公司账户上记录不是宏大物业的股东。

5. 申请扩大审计范围，进行延伸审计。鉴于存在上述疑点，经综合分析后，审计小组向法院提议需扩大审计范围、进行必要的延伸审计，即向房管部门查询C公司与宏大物业名下的所有房产信息，向公司登记机关查询宏大物业的公司登记信息，包括股东变更情况，并追加对宏大物业的会计资料进行审计的要求。法院采纳了审计小组的意见，发函查询资料，同时，审计小组在法院的组织下，调取宏大物业历年的会计核算资料予以审计。

（二）案情详细情况

1. 从房管部门查询的产权登记资料表明，房管局在审查了申请人的《房地产权登记申请书》等有关证件资料后，于2003年1月13日向宏大物业核发了《房地产权证》，将“C综合市场”的1～3楼商场的权属登记到宏大物业名下。但核对C公司的账户记录，没有收到宏大物业支付购买该房屋的价款。

2. 审查宏大物业的会计账户记录，自2003年开始，没有“C综合市场”的1～3楼商场的房租租金收入入账记录。据调查预测，“C综合市场”的1～3楼商场的月租金收入30万元左右。

3. 从公司登记机关查询的资料表明，公司登记机关存档的、申请股东变更登记的××会计师事务所（2000）031号《验资报告》与宏大物业自己存档的××会计师事务所（2000）031号《验资报告》不一致，为了慎重起见，事务所向××会计师事务所发出《询证函》，××会计师事务所回函明确：宏大物业自己存档的××会计师事务所（2000）031号《验资报告》与××会计师事务所存档的是一致、真实的，即验资报告验证的股东是“C公司持有宏大物业94%的股权比例”，而宏大物业在向公司登记机关变更登记时，将宏大物业的股东“C公司”篡改为“张强”（注：张强为宏大物业的员工）。这样，造成宏大物业存档的与公司登记机关存档的《验资报告》不一致。

4. 以上情况已清楚地表明，这是一个有预谋、有策划的侵占国有资产的违法谋利案，其“路线图”也很典型、清晰。

（1）C公司的房产→将产权证无偿办理到宏大物业名下。

（2）C公司原本持有宏大物业94%的股权，在增资扩股过程中、宏大物业篡改《验资报告》、将股东名称“C公司”篡改成“张强”、将宏大物业变为私营企业，且从C公司无偿取得的房屋资产不入账、租金收入不入账。

（三）汇总审计结果，出具审计报告

三、审计结论及体会

（一）结论

0203号报告对具体审计BD审计结论表述为（注：画横线部分表示摘自0203号

报告原文内容，除公司名称有替换外，下同)：经审计，从会计账面记录反映如下所示。

1. 截至2008年9月30日，C公司审计后的资产总额为116212337.05元，负债总额为122651775.93元，净资产为－6439438.88元。

2. 在C公司的会计账户中，没有“C综合市场”房屋销售的收入记录。

3. 查账户记录，C公司的账户中自2000年5月起反映有向“宏大物业”的长期投资记录——至2001年4月C公司通过“其他应收款”科目将对“宏大物业”的长期投资作冲销处理（转7号记账凭证)，经冲销后，C公司就一直没有发生对宏大物业的长期投资记录。

4. 以上审计结论可以说是账户记录的陈述。对发现C公司存在违法谋利问题的处理、见附后第四部分“几点体会第六款内容”。

（二）体会

1. 必须把审计风险列入较高水平，配备经验丰富的注册会计师组织实施。

司法鉴证审计业务不是一般财务会计报表审计，情况复杂，涉及的内容广泛。必须把审计风险列入较高水平，配备经验丰富的注册会计师组织实施。本案中，某事务所组成以主任会计师谢林为项目负责人的审计小组来完成该项目的审计任务。

2. 索取审计证据资料，必须通过法院转给审计机构，或由法院向被审计单位索取，且经双方当事人质证后的证据资料。

实施司法鉴证审计业务，如何获取审计证据资料是个关键环节，要特别注意。根据最高人民法院《对外委托鉴定、评估、拍卖等工作管理规定》（以下简称《管理规定》）第7条规定：法院对外委托鉴定、评估、审计等工作时，应当移交“经法庭质证确认的当事人举证材料”，第31条规定“需要补充材料的，应由监督、协调员通知审计或执行部门依照法律法规提供，补充的材料须经法庭质证确认或主办法官审核签字。当事人私自向专业机构或专家个人送交的材料不得作为鉴定的依据”。

本案中，需调取C公司和宏大物业的历年会计核算资料，C公司和宏大物业均有抵触情绪，项目组将情况报告法院，全部在法院的组织下调取。

3. 在法院知情的情况下，注册会计师可实施询证、查询，但不可单独、直接去搜集证据。

司法鉴证审计是注册会计师依据法律、法规、运用司法会计方法和技术，对案件涉及的财务事实进行验证、审查，并作出书面意见的鉴证证明活动。根据《管理规定》第33条规定“对当事人提出的异议及证据材料，专业机构应当认真审查，自主决定是否采纳，并说明理由。需要进行调查询问时，由监督、协调员与专业机构共同进行，专业机构不得单独对当事人进行调查询问”。

本案中，项目组查询了C公司、宏大物业的公司登记信息、房屋登记信息以及向××事务所询证其出具的验资报告的真实性等，均向法院报告后，由法院出具查询函或得到法院许可后实施。

4. 要充分利用法律及其他专家的工作。

司法鉴证审计业务涉及其他专业问题较多、情况复杂，仅凭会计、审计专业知识往往不够，因此，注册会计师要充分利用法律及其他专家的工作来协助完成业务，包括利用专家实施询证、查询以及商定审计结论等，以便降低审计风险。

5. 审计结论必须与法院《委托书》委托的事项相配比。

（1）司法会计鉴证涉及会计专业知识比较强，法院的委托书往往比较笼统、给审计人员实施审计增加很多困难。在本案中，起初法院委托书写得较简单，只是说对C公司“C综合市场”项目的开发情况及其资产、负债情况进行审计。从法院的角度来看，委托的目的是审计出C公司是否有可执行的财产。

（2）在实施审计过程中，综合分析本案的实际情况，项目组又追加了C公司对宏大物业持股变化情况进行审计。所以项目组根据案情的实际情况，请求法院在《委托书》中更具体地明确审计目标。

（3）如果审计结论与法院《委托书》委托的事项不相符，事务所与注册会计师将承担更大的审计风险。

6. 当发现被审计单位存在重大舞弊问题或贪污行为时，必须坚持原则，勇于担当，可根据实际情况，审计结论可灵活处理，以最大限度保护自己、减少承担法律责任为主。

如前所述，本项目通过审计，我们可以清楚地发现，C公司存在违法谋利问题。针对这种情况，审计结论应如何作出确实让人为难。当时，项目组考虑以下三种形式。

（1）仅按账面的数据出具的审计结果无法得出真实审计结论的审计报告。对C公司存在的违法谋利问题“假装没看见”，这样，审计风险也低，法院也可结案。

（2）向有关部门实名举报C公司存在的违法谋利问题。这样，超出了法院的委托范围，注册会计师及事务所将在较长时间内与被审计单位产生纠缠，甚至要承担较大的法律责任与风险。

（3）在审计报告中以“恰当的方式”披露被C公司存在违法谋利问题，但又不会承担过多的法律责任。

经综合考虑，项目组的审计结论采取第三种形式。所以在02报告中，审计师作了如下的结论表述。

综合以上审计情况，我们可以得出如下结论：

（1）“C综合市场”项目开发建设单位应该是“C公司”，根据《企业会计准则》和《企业会计制度》的规定，“C综合市场”项目实现的房屋销售收入及开发建设该项目的成本费用应纳入C公司的会计账户中进行核算。

（2）在C公司的会计账户中，没有“C综合市场”房屋销售的收入记录，包括房地产权证已办妥到宏大物业名下的“C综合市场”一、二、三层商场房屋，C公司未收到宏大物业支付购置该房屋的任何价款。

（3）在会计账户的记录中，C公司没有发生收到宏大物业投入款项（资金）用于

“C 综合市场”项目建设的记录。

以上三点清楚地告诉报告使用者：C 公司开发建设的“C 综合市场”一、二、三层商场房屋无偿转移到宏大物业。

在 03 报告中，审计师作了如下的结论表述。

综合以上审计情况，我们得出以下结论。

（1）虽然在 C 公司账户记录中，已冲销了对 A 市宏大物业的投资记录，但“C 公司”仍是“A 市宏大物业”的股东。宏大物业成立时至 2000 年 6 月增资前，C 公司拥有宏大物业 80% 的股权。

（2）根据真实的 × × 会计师事务所（2000）031 号《验资报告》，宏大物业在其账户中曾记录 2000 年 6 月增资后的股东及其股权比例为：①C 公司出资 47 万元占 94%；②张强出资 3 万元占 6%。

（3）鉴于宏大物业存档的 × × 会计师事务所（2000）031 号《验资报告》是真实的，因此，2000 年 6 月宏大物业在向公司登记机关申请股东变更登记时，向公司登记机关提供（现存于公司登记机关）的 × × 会计师事务所（2000）031 号《验资报告》是被篡改的、虚假的。由于对提供虚假资料向公司登记机关申请股东变更登记这种行为的合法性及其结果有效性作出鉴定意见已超出了本所的业务范围，因此，我们不予对宏大物业篡改《验资报告》、提供虚假资料向公司登记机关申请股东变更登记这种行为的合法性及其结果的有效性发表意见。对宏大物业篡改《验资报告》、提供虚假资料向公司登记机关申请股东变更登记导致相关权益人的权益受到损失，相关权益人可向公司登记机关申请撤销变更登记或通过司法程序处理，以维护其合法权益。

以上清楚地告诉报告使用者：宏大物业通过篡改《验资报告》向公司登记机关提供虚假资料、将“C 公司”拥有“宏大物业”的股权变为“没有了”，且“C 公司”账户中已冲销了对宏大物业的“股东”记录。这样，大家一看就可以明白，这是一个有策划、有预谋的侵占国有资产的贪污行为。

7. 必须有充分的证据来支持审计结论。

从某种意义上讲，司法鉴证业务得出的审计结论，必须有 100% 的充分的证据来支持审计结论，不是一般年度财务报表审计的“合理保证”。

本案中，据了解，事务所出具 0203 号报告后，C 公司和宏大物业明显感到压力很大，召集法律专家针对 0203 报告进行了专门研究，希望能找出审计报告的漏洞、缺陷，推翻这两个审计报告或追究注册会计师的法律责任。另外，法律专家当面询问 C 公司、宏大物业相关人员，两个报告审计结论所陈述的事项是否真实，C 公司和宏大物业相关人员均表示，是事实。法律专家说：如是那样就没有推翻这两个报告的任何法律依据，要追究事务所和注册会计师的法律责任也没有任何胜诉的可能。

8. 做好司法鉴证审计业务，拓展事务所的业务范围。

（1）报告使用者对 0203 号报告给予了高度评价。

①省高院、中级人民法院对 0203 号报告给予了高度评价。由于本案是在 A 市法院

执行不到位的情况下、高院指定跨区执行。据了解，当时中级人民法院也没寄予多大希望，本想只是走走法律程序，结果利用0203号报告，就比较顺利地完成了法院对C公司判决事项，这是他们预料之外的事。

②纪委、检察机关对0203号报告给予了高度评价。0203号报告出具后，纪委、检察机关曾到某事务所了解有关情况，主要是询问0203号报告反映的问题是否属实。而后，纪委、检察机关根据0203号报告提供的线索，比较顺利地查处了C公司相关人员“利用职务便利，私分国有资产、挪用公款非法获利”一案。纪委、检察机关均表示，从0203号报告已充分表明，某事务所及其注册会计师有能力、有魄力、有勇气。今后纪检、检察工作要更充分地发挥注册会计师审计作用。

（2）今天总结0203号报告，对这个行业的发展仍有现实意义。在当前事务所面临转型时期，注册会计师在司法鉴证审计业务方面还有可拓展的空间，其关键是注册会计师要多做出一些高质量的审计鉴证报告，在司法实践中提升注册会计师行业形象、体现注册会计师的价值。

四、案例点评

该案例是由W公司与C公司的合同纠纷引起的，由于C公司以无财产清偿为由不履行清偿义务，法院选定某事务所对C公司的财产情况进行专项审计，没想到揭露了一起“私分国有资产、挪用公款非法获利”的案件。对法院委托的司法鉴证审计项目，事务所将审计风险评估为较高水平。事务所便组成强有力的审计小组，在法院的组织下，获取审计资料进行审计。起初，法院委托审计的目的是查清C公司是否有可执行的财产，但在审计过程中，却发现C公司将产权证无偿办理到宏大物业名下，宏大物业篡改《验资报告》，将股东名称“C公司”篡改成“张强”，将宏大物业变为私营企业，从C公司无偿取得的房屋资产不入账、租金收入不入账。最终审计报告中以“恰当的方式”披露被C公司存在违法谋利问题，但又不会承担过多的法律责任。

在本案例中，司法鉴证审计业务情况复杂，该事务所把审计风险列入较高水平，配备了经验丰富的注册会计师组织实施。在索取审计证据资料时，案例通过法院转给审计机构，或由法院向被审计单位索取，取得了经双方当事人质证后的证据资料。当事务所发现被审计单位存在重大舞弊问题或贪污行为时，坚持了原则，根据实际情况，灵活处理了审计结论，做到了以最大限度保护自己、减少承担法律责任为主。

司法鉴证业务仅凭会计、审计专业知识往往不够，注册会计师要学会充分利用法律及其他专家的工作来协助完成业务，以便降低审计风险。

第六章 特殊行业及新业务类

案例一 财政支出绩效评价*

一、基本情况

我们接受D市财政局的委托，根据《转发财政部关于印发〈财政支出绩效评价管理暂行办法〉的通知》，按D市财政局“财政支出绩效评价”工作部署，D市财政局组织了财政支出绩效评价组，依据D市农村低收入住房困难户住房改造建设市级补助资金使用单位提供的会计、办公室等部门的资料，遵循“科学性、规范性、客观性和公正性”的原则，对D市农村低收入住房困难户住房改造建设市级补助资金的绩效实施了评价，形成绩效评价报告。

（一）监管背景

为推动农村发展，维护农村和谐稳定，根据省人民政府《关于推进我省农村低收入住房困难户住房改造建设工作的意见》精神，将农村低收入住房困难户住房改造建设作为实施某省“十二五”规划和建设幸福省份的重要工作，作为全省扶贫开发“规划到户责任到人”工作的重点内容，按照“因地制宜、统筹规划，整村推进、分类指导、自力更生、多方支持”的原则，充分发挥广大农民的主体作用，加大各级财政扶持力度，动员社会各方力量，帮助农村低收入住房困难户建设或改造住房，切实改善农村居民居住条件。从2011年开始至2015年，用5年左右的时间将全省农村54.15万户低收入住房困难户的住房改造建设成安全、经济、适用、卫生的安居房，让这部分低收入农户实现“住有所居”的目标。按照规划，D市2012年、2013年农村低收入住房困难户住房改造任务为14462户。

---

* 本案例由广东省清远市新正达会计师事务所朱杰霖提供，获得广东省注册会计师协会行业案例库优秀案例三等奖。

（二）项目风险

1. 事前准备中存在的风险。主要存在以下风险：（1）项目绩效目标不明确，绩效目标设置不合理；（2）评价小组人员构成不合理，对财政资金的认识和能力不足，无法有效实施评价；（3）评价指标体系设置脱离实际，分值设定不合理、得分标准量化不足等问题。

2. 事中评价中存在的风险。主要存在的风险如下：（1）现场勘查时间不足，核查流程简化和弱化，随机抽样数量无法达到满意效果；（2）指标打分尺度松紧不一，各组员打分口径不一致；（3）评价资料收集不完整，评分佐证依据不足；（4）被评价方不配合，评价小组难以取得充分的凭据。

3. 事后形成评价结论中存在的风险。主要有以下三点：（1）由于收集的材料不全面或无法及时提供材料而导致评价分数与实际不符；（2）评价小组对政策的理解不够透彻对评价结果的影响；（3）评价小组对存在问题的定性不准确对评价结果的影响。

（三）审计目标

通过实地现场勘查，对财务资料进行实质性测试、评价、收集绩效评价证明相关资料，对相关资料进行审查核实，从而加强财政资金绩效考核，切实解决支出的效益问题，促进财政部门提高支出管理水平。

二、审计方法与指引

（一）审计团队组成

审计人员资质及任务分配情况。以某事务所所长、注册会计师、审计师为总指挥，负责项目的整体安排，质量的监管；以副所长为组长，主要负责归集资料、撰写报告；评价小组共6人，具体分为2个小组。第1小组：A（注册会计师）、B、C负责东芝县、西芝县、北芝市、南芝县评价工作；第2小组：D（注册会计师）、E、F负责杨城市、南城县、西城区、北城区评价工作。

每个小组在各县（市、区）评价完毕后应当场整理出评价小结，并与评价单位交换意见，确认无误后方可进入下一个县（市、区）进行评价。

（二）了解被审计单位基本情况，评估审计风险、制定审计策略

1. 了解该财政资金各县（市、区）的主管部门和具体实施单位。根据财政局提供的资金下达文件，该财政资金的项目主管部门是D市扶贫领导开发工作小组办公室（以下简称“市扶贫办”），各县（市、区）的主管部门为各县对应的扶贫领导开发工作小组办公室（以下简称“各县区扶贫办”），主要负责具体项目的实施。

2. 了解该财政资金相关的业务流程，资金流向及会计核算方法。补助资金由各县区扶贫办统计好数据后上交市扶贫办，再由市扶贫办向 D 市财政局申请划拨资金。D 市财政局根据申请材料直接下达财政资金到各县（市、区）财政局，再由各县（市、区）财政局通过财政直接支付到补助的个人账户。

3. 识别资金流经的各个单位、村集体、个人是否存在舞弊风险因素。通过对补助材料的原件进行核实分析，对补助名单随机抽样进行落户核实，了解补助对象背景，落实资金到位情况，同时收集周边农户、村民的意见。

4. 根据评价单位的基本情况评估风险，确定重要性水平。了解项目主管部门及实施单位的内部控制情况，查看其支付手续是否完善，期后监管是否有效。

5. 根据了解到的情况制定相应的审计策略。如核对补助人员名单是否符合条件，补助标准是否按规定计算，补助资金是否本人签收，补助名单是否公开透明，跟踪补助资金到位后的使用情况是否专款专用等。

（三）审计方法

主要采取成本效益分析法、比较法、因素分析法、最低成本法、公众评判法。对相关资料运用审阅、核对、计算、查询、实地勘察等方法。

1. 成本效益分析法，以评价绩效目标实现程度，将一定时期内支出与效益进行对比分析。

2. 比较法，通过对绩效目标与实施效果、历史与当期情况、不同部门和地区同类支出的比较，综合分析绩效目标实现程度。

3. 因素分析法，综合分析影响绩效目标实现、实施效果的内外因素，评价绩效目标实现程度。

4. 最低成本法，对效益确定却不易计量的多个同类对象的实施成本进行比较，评价绩效目标实现程度。

5. 公众评判法，通过专家评估、公众问卷及抽样调查等对财政支出效果进行评判，评价绩效目标实现程度。

（四）审计实施方案

1. 对绩效评价对象基本情况的了解及初步评估，制订具体工作方案，收集、学习有关文件、法规、相关资料，确定和培训参加绩效评价工作的相关人员，设计、编制预期产出、预期效果和服务对象满意程度的绩效评价指标。在 2×15 年 2 月 28 日前为准备阶段。

2. 2×15 年 3 月 1 日至 4 月 10 日为实施阶段，根据重要性原则，按以上内容进行实质性测试、评价、收集绩效评价证明相关资料，对相关资料进行审查核实，并完成工作底稿。评价组在项目评价中遇到重大问题，应及时向市财政局报告，不得擅自与被评价单位交换意见和问题，对取得的资料负有保密责任。

3. 综合分析并形成评价结论，撰写与提交评价报告，按要求填报相关报表，在2X15年4月11日至4月30日完成。

4. 做好各类资料的归集、整理，及时完整地移交财政局绩效科。

三、审计成果及建议

1. 主要审计成果。

通过对会计资料和项目相关材料的分析以及现场勘查情况，我们得出的审计结论主要有以下四个方面。

（1）资金管理和使用情况。

①补贴标准。按照《××省农村低收入住房困难户住房改造建设实施细则》要求，中央和省级计划安排补助资金标准为2012年度1万元/户、2013年度1.5万元/户；市、县两级补助资金为不低于0.5万元/户。

D市市级财政补贴0.2万元/户，县（市、区）级财政补贴0.2万元/户（D城区0.3万元/户），社会资金补贴0.1万元/户。

②资金到位情况。截至2014年9月30日，中央和省的资金分别按2012年度1万元/户、2013年度1.5万元/户，共拨付到县（市、区）资金17334.50万元。

市财政补助资金通过有关文件拨到各县（市、区）财政局。按照0.2万元/户的标准，共拨付资金2892.40万元。

县级资金按照0.2万元/户的标准（D城区为0.3万元/户），共拨付到县（市、区）资金2925.90万元。

社会资金按照0.1万元/户的标准，应拨付到县（市、区）资金1446.20万元，实际拨付到县（市、区）资金为0.00万元。

（2）资金管理及使用情况。该项目资金实行由各县（市、区）财政集中支付或报账支付。由县（市、区）财政局及各镇（街、乡）财政所按有关规定进行账务处理，正确列支专款支出，支付手续及凭证合规有效。补助资金支出内容全部符合《××省农村低收入住房困难户住房改造建设实施细则》等文件规定。

截至2014年9月30日，市级财政补助资金实际已发放（使用）2271.60万元，资金滞留620.80万元，预算执行率78.54%。

（3）项目实施情况。

①2012年、2013年D市农村低收入住房困难户住房改造建设项目计划未完成任务，2012年、2013年计划任务户数14462户，实际完成14370户，余92户任务未完成。主要是西芝县2012年度计划任务2168户，实际完成2076户，余92户未完成。

②该项目市级补助资金支出内容全部符合《××省农村低收入住房困难户住房改造建设实施细则》等文件规定，其中，杨城市、南城区、西城区省区市资金全部直补到户；北城县、北芝市、南芝县中央、省级资金直补到户，市县资金用于公共设施和

村容村貌整治建设；南芝县中央、省市资金直补到户，县级资金用于公共设施建设；西芝县中央、省级资金直补到户，市级资金整合用于“两项工程”集中安置点公共基础设施建设。住房改造工程由农户自行聘请施工队建设，公共设施及村容村貌整治项目由各镇（街、乡）政府或村民委员会聘请有资质的建设公司或个人建设，签订工程施工合同。除西芝县资金整合用于连水移民新村建设，有招投标、设计、监理、勘察等，其他工程项目因工程量及投资额小，未达到招投标标准。

项目主管部门按照实施细则等文件规定建立贫困户档案，按照2009年确定的符合住房改造条件的贫困户名单实施住房改造建设补助。项目主管部门未按《××省农村低收入住房困难户住房改造建设实施细则》规定建立项目资金公示制度，未对农村低收入住房困难户住房改造建设市级补助资金使用情况进行公示。

（4）项目成效及满意度。农村低收入住房困难户住房改造建设补助项目实施后，有效改善了贫困户居住条件，让部分低收入住房困难户实现了“住有所居”，对贫困户起到了帮扶作用，解决了贫困户建房资金筹集困难的问题，弥补了贫困户住房改造的资金缺口，提高了贫困户生活水平。但由于受贫困户名单系统的限制，部分真正贫困的农户未能及时进入贫困户名单，因而未能享受到相应的补助，农户普遍认为应完善贫困户名单系统，及时更新贫困户名单，把资金投放到真正有需要的人身上。市级补助资金用于直补到农户及公共设施建设、村容村貌整治项目，公共设施建设对完善农村基础设施有较大作用，村容村貌整治项目对改变农村“脏乱差”的面貌起了一定的作用。

2. 存在的主要问题及建议。

（1）支出内容未按照有关文件规定执行。根据《××省农村低收入住房困难户住房改造建设实施细则》等文件规定，此项补助资金用于农村低收入住房困难户住房改造建设并落实到户，市县两级补助资金各县（市、区）在确保完成农村低收入住房困难户住房改造建设任务的前提下，可统筹用于有关村庄公共设施和村容村貌整治建设。大田县、北芝市、东芝县中央和省级资金直补到户，市县资金用于公共设施和村容村貌整治建设；西芝县中央和省级资金直补到户，市级资金整合用于“两项工程”集中安置点公共基础设施建设。中央和省级资金已直补到户，住改农户也应该按照标准领取到市级、县级的补贴。

（2）没有执行项目资金公示制度。该项目主管部门未按照《××省农村低收入住房困难户住房改造建设实施细则》的规定建立项目资金公示制度，只对按照民政部门公示的低保、贫困户进行确认，但未对农村低收入住房困难户住房改造建设市级补助资金使用情况进行公示，未能保障群众的知情权和参与权。

（3）预算执行率较低。2012年、2013年度农村低收入住房困难户住房改造建设市级补助资金安排2892.40万元，截至2014年9月30日，实际已发放（使用）2271.60万元，资金滞留620.80万元，预算执行率为78.54%。

（4）社会效益不明显。北芝市、西芝县、南芝县有部分村容村貌工程未完工结算或资金未支付，未能正常投入使用；个别地区住房已建设完成，但住改户未入住，例如，杨城市大站镇大岭村2012年度有11户以新村形式建房，由于原旧屋拆迁补偿等问题未达成一致，截至评价日尚未分配入住，对项目的社会效益造成一定影响。

（5）个别计划未能落实。西芝县2012年计划安排2168户，截至绩效评价日，实际完成2076户，余92户未完成，其中，达茂山镇韦家湾村剩余2户，因群众反映改造农户不符合指标安排条件导致补助资金尚未发放；蚣障镇剩余4户未验收合格；大辟镇剩余86户由于在水田建房或其他原因需要进一步核查，补助资金尚未发放。由于计划安排任务未能全部完成，实际惠及面与计划安排有差异，项目产生的效益未能充分体现。

（6）个别质量把关不严。本次检查中，西城县有个别乡镇农户反映住房改造后房屋出现漏水的情况，相关部门已积极配合维修加固，项目主管部门应加强对建设工程竣工验收时的质量把关。

（7）管理系统滞后。本次检查中，有部分农户反映由于贫困户名单系统的限制，部分真正贫困的农户无法及时进入贫困户名单，因此，未能享受到相应的补助，农户普遍认为应完善贫困户名单系统及确认机制，及时更新贫困户名单，把资金投放到真正有需要的人身上。

四、案例点评

本案例有关注册会计师对地方农村低收入住房困难户住房改造建设市级补助资金的绩效评价，属于典型的财政支出绩效审计案例范畴。在本案例中，注册会计师对地方政府财政支出绩效审计主要目的在于推进财政资金的绩效考核，提升财政部门对支出的管理水平以充分发挥资金的效益。对此，相关审计人员在仔细了解被审计市、县的基本情况，以及识别、评估项目潜在风险的前提下，对被审计单位的市级、县（市、区）级财政补贴资金的到位及使用情况进行审计，对资金用于低收入困难户住房建设项目的实施情况、效果及满意度进行评价，指出该地方政府财政支出中存在的诸多问题，如资金用途未严格按照相关规定执行、社会效益不明显、资金计划未完全落实、建设成效有待改进等。

公共财政是以满足社会公共需要为主要目标，能否有效发挥财政资金作用，实现社会总体效益和福利的最大化，需要财政绩效审计来保驾护航。地方政府财政资金使用与管理一旦不合规，将对项目建设的进度与成效产生直接影响，最终影响社会福利。因此，财政绩效审计的主要任务在于挖掘不合理、不合规之处，通过评价社会效益以引起地方政府对支出绩效的重视，敦促其合理配置资源，这要求审计人员具备较为广泛的知识面，较高的专业技术水平，较强的综合分析判断能力，以及创新思维和一定的生活经验。

而正如案例中所反映的那样，相关审计人员对财政资金及政策的理解与认识不足，并且我国现今审计人员中财务审计专业仍占据主要地位，开展绩效评价需要的工程、技术、法律、管理等人才较少，无法满足财政审计对人才多样化的需求。因此，事务所今后应注意优化审计人员结构，逐步提高计算机、法律、环保等领域的专业人员比例，并依据不同的审计项目，有选择性地搭配、组合不同专业的人员编入审计组中，从而提高审计效率与效果。

案例二 节能减排专项审计调查*

一、基本情况

F公司是一家集产品开发、设计、生产和销售于一体的大型卫浴企业，卫生陶瓷年产量45万台/套，卫生洁具总重量16500吨，日常能源消耗品种为天然气、电力等。为降低企业生产成本，F公司投入1500万元，在2008年4月至2011年2月采用陶瓷隧道窑自动控制模式技术，新建了IT环保节能窑炉，经第三方机构审核节约3168吨标准煤。2011年10月，F公司以此项目申请广东省“2011年节能专项资金”技术改造奖励，并在2012年获得了节能技术改造一次性奖励36万元。

为核实F公司节能改造项目节能量的真实性、合规性和准确性，某事务所对F公司“新建IT环保节能窑炉”项目实施节能减排专项审计。

（一）政策环境

为了落实节约资源的基本国策，加快建设节约型社会，实现“十一五”规划纲要提出的节能目标，国务院陆续印发了《国务院关于加强节能工作的决定》和《节能减排综合性工作方案》，对节能减排工作作出了部署，提出要完善政策，形成激励和约束机制。广东省委、省政府为贯彻落实党中央、国务院的决策部署，确保实现“十一五”期间万元GDP能耗下降16%的约束性指标，鼓励企业加快进行节能降耗技术改造而设立的财政专项资金，采用奖励资金与实际节能量挂钩的方式对企业节能技术改造项目进行奖励。

（二）项目风险

F公司“新建IT环保节能窑炉”节能减排审计可能出现的审计风险主要有以下三种。一是项目是否获得过其他政府奖励是获得节能专项资金的前置性条件之一，但是由于财政信息共享性不强、企业不主动或不配合提供相关信息等原因，会出现缺乏足够的证据无法验证的情况；二是由于项目的专业性、复杂性和审计人员所掌握有关资

* 本案例由广东粤诚会计师事务所李娴提供，获得广东省注册会计师协会行业案例库优秀案例三等奖。

料信息的局限性，会出现审计取证不完备、检查工作不全面等问题，从而导致对问题原因归属判断不正确；三是第三方节能审核报告采信度低，无法借鉴利用。

（三）审计目标

依照相关法规，对F公司“新建IT环保节能窑炉”项目节能量的真实性、合规性和准确性进行专项审计，并评价项目实施后预期效益的实现程度，以保证财政资金的安全性和有效性，提高财政资金使用效率。

二、审计方法与指引

（一）审计团队组成

审计小组（以下简称“项目组”）是基于节能减排对财务、能源管理、工艺技术等方面专业知识的要求组建，其中，（1）项目组组长由注册会计师担任，熟悉国家和省节能法规和政策，了解节约能源的原则和技术，掌握能源审计的内容、方法、程序和相关标准等。(2）项目组成员由审计助理和相关专业人员组成，其中相关专业人员具备节能管理工作经验，熟悉常规生产、工艺、设备的技术和计量、统计基础知识，掌握能源消耗核算知识，了解通用工艺、设备的节能技术等。

（二）审计方案编制

1. 与被审计单位沟通，了解基本情况。

项目组通过书面函件，要求F公司在规定时间内提供相关书面资料，对F公司的技术改造项目的基本情况进行初步了解，为下一步工作打好基础。

要求提供的资料包括单位概况、项目可行性研究报告、企业节能技术改造奖励资金申请报告、第三方机构对该项目节能量的审核报告、各种能源管理制度制定及执行情况说明，能源消耗定额的管理情况说明、用能设备一览表、项目建设的有关财务账表凭证、项目改造前三个月的能耗统计数据、项目验收或试运行生产的能耗统计数据、正式投产后三个月的能耗统计数据等。

2. 评估审计风险，制定审计策略。

项目组根据F公司提供的书面资料，了解到F公司实施节能改造的工艺措施主要是改变窑炉的炉体结构比例及余热的回收利用，公司建立了能源管理制度，能耗数据比较齐全，财务核算比较规范，项目完成后聘请第三方机构对节能量进行了审核。鉴于此情况，项目组确定在进行现场审计时，一是通过审阅和控制测试，核实能源管理制度是否得到有效执行，项目改造是否按预期内容和资金计划进行建设，项目改造后预期的效果是否实现；二是通过实地踏查，核实项目的主要设备是否与申报的一致，调阅相关能耗数据判断项目运转是否正常，分析各个因素（或环节）影响企业能耗、物耗水平的程度；三是通过复核计算检验第三方机构的审核结果，以降低审计风险。

（三）审计方法

采取审阅、现场勘查、数据追溯和计算检验、成本效益分析、目标与实施效果比较等方法，考察F公司能源管理制度建立健全性以及执行规范性，核实项目实施前后能耗状况，最终计算核定项目改造的实际节能量数据是否准确。

（四）审计实施

1. 审阅资料。

（1）能源管理规范性及有效性。能源管理是企业管理的一项重要内容。建立和完善能源管理系统，制定并严格落实各项管理制度，对公司节能降耗、提高效益起着重要的作用。通过查看管理文件、问询和现场察看的方式，考察有无各项能源管理文件及制定的合理性，根据各项能源管理文件跟踪每一项管理活动，并了解有关人员理解和贯彻执行的情况。

项目组审阅了F公司的《公司能源消耗控制程序》《能源消耗管理制度》，查阅2007～2012年度的生产统计月报表、年报等资料，从审阅结果来看，F公司能源管理制度较健全，且执行较到位。确定该公司生产工艺中主要使用的能源为电和液化气，并设置了专人负责能耗的计量、统计和管理，计量人员持证上岗，相关能耗使用数据来源可靠。

（2）技术改造项目的真实性。公司是否实施了技术改造项目是节能专项资金扶持的前提条件。因此，通过审阅项目实施的有关会计账证、施工合同、购置发票等资料，结合项目可行性研究报告、用能设备一览表等其他佐证资料，综合判定企业节能项目的真实性。

根据F公司的项目可行性研究报告，项目组了解到项目实施主要是要新建一座长98米、宽3.2米的全自动电脑宽断面隧道窑，主要的设备为300立方米液化气隧道窑一座、4500平方米的烘干房、100辆窑车以及200千米输热风管。因此，项目组审阅了项目的项目支出会计核算账页、会计凭证、设备购置合同、购置发票、安装验收报告、竣工验收意见等资料，核实了项目投资额与相关设备购置的真实性，相关设备购置与改造项目的关联性，同时关注了项目实际支出与预算支出的差异情况。

（3）能源消费总量的合理性及改造效果。公司实施节能减排有多种技术路径，不同的技术路径对能源使用率、能源利用率以及消耗水平所产生影响不同。因此，审计时要关注企业项目实施前后产值、能源购入费用和污染物处理费用等变动情况，并结合专业机构的检测、监测结果，综合判断企业项目改造完成后能源消费是否合理。

项目组通过审阅原燃材料账、制造费用账、资金往来账、能源供应单位出具的发票及资金支付凭证等财务资料，发现F公司项目改造后（2012年）全年的能耗费用比改造前（2011 年）的能耗费用增长了 6% 左右，节能降耗成果似乎不理想。但从 F 公司 2011 年和 2012 年的产品销售收入账、产品销售成本账、自制半成品账、产成品账等资料获知，公司改造后的产量比改造前增加了 21% 。由此可见，F 公司能耗费用增加是因为产量增加所致，而且通过比较月度数据，发现同一时期单个产品在同等产量下，F 公司能耗费用降低了 14% 。

2. 现场踏查。节能减排工作本身概念很抽象、专业性很强，审计查证非常困难。因此，需要项目组成员在查阅财务及业务资料的基础上，开展现场踏查工作，进一步掌握项目的实际建设情况。现场踏查开展前，要和能源管理、技术等专业人员一起针对项目特点，事前制定好现场踏查的关键点，有目的地进行踏查。

针对 F 公司淘汰原有 4 座传统梭式窑、新建 1 座环保节能窑的情况，项目组事前制定的现场踏查重点是改造前设备的原主体是否存在、新购置安装设备的铭牌信息及数量与购置发票内容是否一致、现场察看能耗控制系统的数据并与近一月的计量报表数据核对等，并借助相关影像资料（如项目改造前后的影像），目的是确定是否存在以节能技术改造名义将新建项目申请资金、利用早已安装设备抵顶新建项目骗取资金等问题。

3. 综合分析比对。

在完成资料审阅和现场踏查后，项目组综合所有的审计信息，对 F 公司的改造项目的效果进行分析。同时，从审慎的角度出发，对第三方机构出具的节能量审核报告进行检查复核，对其中的相关数据及数据来源进行核实，重点关注与节能量测算有关的基础数据是否翔实。

通过复核，发现第三方节能量审核报告审定数据有以下错误。

（1）审核基准年选择错误。按《节能项目节能量审核指南》中的规定，基准年是指项目实施前一年，如果前一年产量不能正确反映该产品的正常产量，则可采用前 3 年的算术平均值。F 公司节能项目在 2011 年开始实施，基准年应选用 2009 年，第三方机构选用 2007 年，造成节能量计算发生错误。

（2）选用折标准煤系数有误。项目使用的能耗是液化气和电力，第三方机构审核时核定项目使用的能耗是天然气和电力，折标系数选用天然气的。

三、审计成果及建议

经过审计，项目组发现 F 公司通过“新建 IT 环保节能窑炉”项目，实现了能耗的大幅度降低。按照《节能减排能量审核指南》的节能量确定方法，项目组将项目实施前 3 年单位产品生产能耗算术平均值，与项目实施后一年单位产品生产能耗使用数据进行比较，单位产品能耗由改造前的 0. 563 标准煤/吨降低到 0. 355 标准煤/吨，达到了节能专项资金的奖励条件。但是第三方机构出具的节能量审核报告不严谨，影响了 F 公司实际节能量的准确性。因此，建议主管部门加强对第三方节能量审核机构的监管。

四、案例点评

某事务所承接的F公司审计业务为节能减排专项审计，F公司通过投入新型生产设备，希望在降低生产能耗的同时能够获得政府部门对其更换节能设备的补贴。本案例的主要审计风险为：F公司引进的新型设备是否真正显著实现了能耗的降低，如果引入新型设备投资巨大而产生的实际效益并不明显或者达到某个标准，那么这种更新反而是一种浪费，并且有骗取国家专项补贴的嫌疑。本案例的主要审计目标是：了解F公司的节能设备的引进成本并确定标准判断是否使用新设备能显著有效降低能耗。

在本案例中，项目组经过实地检查与财务资料审查，发现F公司在引进新设备后，产量较以往增长21%，能耗较以往增长6%，并通过计算得出在改造后，每吨标准煤能耗从0.563降低至0.355，因而得出结论，F公司引进的新设备显著降低了能耗。

项目组能够通过财务资料进行计算，判断F公司更新设备后的实际能耗下降水平，在理论上是科学且具有实践性的。并且，项目组还对设备的实际购置时间、安装时间进行审计，避免被审计单位通过篡改日期来实现旧设备变新设备，以骗取国家资金的行为。

如前文所述，项目组经审计发现，F公司的产量较以往增长21%的同时能耗上升了6%，而每吨标准煤能耗从0.563降低至0.355。按照标准煤耗用量来计算，如果要保持总能耗量与原总能耗量的一致，那么产量需要增长58.59%才可以实现，如果产量增长量没有超过58.59%，那么能耗并不会上升。同时，如果考虑规模生产效应和边际递减效应，实际产量增长应该更大才能维持原来的总能耗量。因此，这里就出现数据上的矛盾之处。

案例三 海关稽查业务*

一、基本情况

案例背景：S公司于2014年6月23日收到海关稽查通知书，将对S公司近3年保税货物的经营管理情况进行常规稽查。根据海关稽查人员的要求，本次稽查的重点主要包括单耗核实、残次品补税情况、保税货物、加工贸易不作价设备的经营管理情况等。S公司贸易方式包括一般贸易和进料加工贸易，还应关注一般贸易货物申报价格的

---

* 本案例由瑞华会计师事务所（特殊普通合伙）珠海分所肖井香提供，获得广东省注册会计师协会行业案例库优秀案例三等奖。

完整性。

S 公司保税货物成品主要是各种轿车电子油门踏板，主要料件以进口为主，少量为国内采购。生产方式主要是装配，料件计量单位主要是个数，可以采用点数的方式确认。投资方为境外上市公司，每年财务报表均经审计，内控健全、财务核算规范。存货采用 ERP 系统核算，对保税货物与非保税货物采用不同代码进行区分。

为核实其向海关备案的单耗与实际是否相符，我们向 S 公司获取了主要品种的 BOM 单和工艺图，并在生产车间通过观察、点数的方式进行确认；获取 S 公司存货管理的内控制度，抽取样本进行测试，了解内控是否得到执行，作为下一步存货抽盘范围的参考依据；现场抽盘存货，关注未征税残次品保管情况；取得稽查期间的财务核算资料，抽查对外付汇情况，审查特许权使用费、佣金等；检查库存收发存记录，以验证是否存在外发加工的情况。

（一）项目风险

海关保税业务审计涉及的法律法规较多且广泛，而注册会计师每年从事该项业务的审计较少，近几年基本为每年 1 单。随着经济的发展，加工贸易规模和产业链迅速扩张，新领域、新行业、新产品层出不穷。当前，没有可以借鉴的经验，也没有具体的行业操作指南，而且这还是一项专业性、技术性、政策性很强的业务，这就可能导致我们对加工贸易的专业知识、法律法规以及海关监管的政策文件规定等了解不完整的情况下，发表不适当的审计意见。

（二）审计目标

1. 申报价格与实际相符，价格申报真实；
2. 申报价格包括所有应包含项目；
3. 申报、备案资料与反映保税料件进口、使用情况相符、账货一致；
4. 有关结转、外发加工、手册变更等情况，程序合规；
5. 实际单耗与海关备案的单耗相符；
6. 减免税货物、加工贸易不作价设备按规定用途使用，技术指标申报真实、减免税主体资格合法。

二、审计方法与指引

（一）审计团队组成

审计团队由两名注册会计师、三名审计助理组成。注册会计师从业年限均在 3 年以上，并且从事海关保税业务审计工作两年以上；三名审计助理人员从业年限两年以上，本科财经类毕业。由两名注册会计师进行数据核实、单证检查、分析测算等，三名审计助理人员进行实物盘点、账物核对等。

（二）了解被审计单位基本情况、评估审计风险、制定审计策略

1. 项目基本情况。

S公司主要从事新型电子元器件、敏感元器件和传感器（包括汽机车类专用电子敏感元器件和传感器）的生产和销售。2011年7～12月、2012年度、2013年度、2014年1～6月进口占采购总额的比例分别为47.33%、45.62%、43.22%和42.56%，出口比例分别为40.35%、40.22%、42.66%和38.50%。采用一般贸易和进料加工贸易相结合方式。此外，S公司还含有加工贸易不作价设备（保税设备）。

S公司使用的ERP软件为AS400，设有总账管理、标准成本、采购管理、存货管理、生产管理等模块。

公司生产方式主要为组装，车间为U形工作台，每次组装都为一个成品完整的工序，不会产生半成品，因此，库存无半成品。S公司每年均对存货进行全面盘点，S公司提供了最近年度即2013年度的存货盘点计划、存货盘点结果汇总表。

2. 评估审计风险。

（1）S公司进出口业务包括一般贸易和进料加工。进料加工业务下，购买进口原料加工成品后外销，进料加工对口合同进口料件全额保税，非对口合同定额保税，进料加工项下全部使用进口料件加工的出口产品免征出口税。而一般贸易进口则不属于保税范围。S公司虽然将保税料件与一般贸易进口料件分开核算，并在ERP系统中设置不同的物料代码，但是不排除进行串料的可能。

（2）一般贸易方式下，申报价格与实际价格是否一致。完税价格是否存在特许权使用费等价外费用未列入。

（3）企业核销、补税情况是否正常，是否存在申报不实、账货不符的问题。

（4）单耗为每次稽查的重点，单耗申报方面是否属实。

（5）加工贸易不作价设备是否存在擅自租赁、抵押、质押等情形。

3. 制定审计策略。

（1）由注册会计师现场了解生产的整个过程，从原料的领用、投放、加工到在产品的结转、外发产品的加工以及完工产品的入库，了解每个环节所产生的产品，以及每个环节在整个生产过程中的次序。

（2）获取产品标准BOM单，抽取主要品种现场核对组装情况。测算实际单耗并与备案单耗核对。

（3）将申报价格与反映实际价格的合同、发票、支付单据、账簿记录进行比对，如有不符的，判断是否存在价格申报真实性问题。

（4）对特许权使用费、佣金、经纪费、转售收益等调整项目、运保费等进行审查等进行审查，如有关项目应当计入但未计入完税价格的，判断是否存在价格申报完整性问题。

（5）比对申报、备案资料与反映保税料件进口、使用情况的资料，比对企业核销、补税情况与反映实际出口、内销、结转的资料，与存货监盘相结合，判断是否存在申报不实、账货不符的问题。

（6）监盘保税设备，与查询审计报告披露的抵押、质押等事项，以及检查账面的租赁记录，判断保税设备是否存在销售、转让、投资入股等情况并导致脱离海关监管的情形，以及产权归属是否存在不符合海关规定的问题。

（三）审计方法

包括实物盘点、账物核对、数据核实、单证检查、分析测算等。具体有以下四点。

1. 实物盘点。注册会计师对S公司保税货物进行盘点，以核实S公司保税货物盘存情况。根据S公司提供的仓库平面图，注册会计师将盘点小组分为成品组、料件组、保税设备和残次品组。盘点时，采取双向核对的方式，即从盘点表中抽取记录核对到实物、从实物核对到盘点表。盘点方式采取点数的方式进行，清点实物数量。

2. 账物核对。将盘点记录与财务账进行核对，并与海关底账进行比对，判断实物是否存在异常差异。

3. 数据核实。从财务账抽取记录，与有关原始凭证进行核对，包括发票、购销合同、入库单、领料单等。

4. 单证检查。将申报价格与反映实际价格的合同、发票、支付单据、账簿记录进行比对，判断是否存在价格申报真实性问题；检查完税凭证，判断应补税的货物是否均已补税。

5. 分析测算。根据BOM单测算实际单耗，根据测算的实际单耗计算未复出口的料件结余数量与实际盘点数对比，计算两者差异，并找出差异原因。

（四）审计实施方案

1. 与S公司管理层及相关人员沟通，了解企业的实际生产过程、工艺特点等，从原料的领用、投放、加工到在产品的结转、外发产品的加工，以及完工产品的入库，了解各环节所产生的产品、在产品以及各环节在整个生产过程中的次序。

2. 获取公司的内部控制制度，检查仓库收、发、存手续是否齐全，账务记录是否真实、有效，海关监管电子数据与仓库记录是否一致，公司是否定期盘点等，通过内部控制测试，以确定保税货物的抽盘比例。

3. 在了解实际生产过程、工艺特点的基础上，取得产品BOM单，抽取主要品种测算实际单耗与备案单耗对比，验证向海关备案数据的真实性以及是否可能存在串料及内销的情形。抽取14个品种，现场对成品进行拆解，再清点各品种的实际料件。对于可以直接点数的料件，如弹簧、脚踏杆等，我们请生产车间负责人进行指认和清点，而对于一些无法点数的料件，则利用车间的专业设备进行处理。

4. 检查是否有保税料件外发加工的情况。通过检查材料收发存记录，以及公司委外加工记录，核实是否存在保税料件外发加工的情形。

5. 对保税货物实施监盘，并与海关底账进行核对，确认是否存在重大异常差异。监盘前，观察保税料件与非保税料件是否分开存放，标识是否清晰。如未分开存放，则考虑是否进行全盘，即对全部存货进行盘点，并向主管海关报告。在保税料件单独存放的情况下，由于S公司产成品品种不多，可以采取全盘的方式，但原材料种类、数量较多，难以进行全盘。经争取主管海关同意，对于价值较高的原材料，采取全盘的方式，而对于数量较多，价值较低的原材料，则抽查比较占该类材料的30%。盘点结束后，对盘点结果进行汇总，并对产成品按照BOM单折算为料件。折算汇总后与海关底账进行核对，经调整时间性的差异影响外，是否存在异常差异情况。

6. 对残次品实施监盘，确认残次品是否按规定单独存放。

7. 对稽查期间公司对外付汇情况进行审核，是否存在非贸易性付汇与采购材料相关的情况。主要是通过检查费用明细账的对外付汇记录进行核实。

8. 对加工贸易不作价设备实施监盘，确认不作价设备是否按规定存放。根据财务部提供的不作价设备清单，抽取价值较高的设备，获取了对应的进口协议书和报关单。经核对，样本设备的协议书和报关单记录的设备名称、规格、数量均与实物一致。

三、审计成果及建议

1. 审计成果。

通过审计，我们得出以下四点结论。

（1）S公司能够按照有关法律法规对保税货物及设备的要求进行报备、保管、核算等，实际单耗与报备单耗基本相符，未发现保税料件串料、内销的情形；保税设备的实际使用地与海关监管设备台账中的具体位置相符，均在公司厂房中实际使用，审核中未发现公司保税设备的抵押、出售、转移、报废等违法情况。

（2）根据《中华人民共和国海关关于加工贸易边角料、剩余料件、残次品、副产品和受灾保税货物的管理办法》规定，截至盘点日，公司尚未向主管海关申报办理残次品补税手续。

（3）通过检查原材料发出明细、委外加工费支付情况，确认S公司不存在外发加工的情形。

（4）我们对稽查期间S公司对外付汇情况进行了审核，公司的非贸易性付汇主要以技术使用费和销售佣金为主，未发现非贸易性付汇与采购材料相关的情况。

2. 建议。

在对保税设备盘点时，我们注意到部分保税设备未标识卡片编号，实物名称与台账名称不一致的情况，实物较难与账面记录一一对应，盘点时仅能通过设备的购入年份、规格型号等信息予以确认。建议公司加强固定资产的卡片管理，正确标识固定资产名称，做到实物与财务账一致。

四、案例点评

该案例是海关保税业务审计。事务所根据海关要求对企业近3年保税货物的经营管理情况进行常规稽查，稽查的重点主要包括单耗核实、残次品补税情况、保税货物、加工贸易不作价设备的经营管理情况等。审计风险主要在于对加工贸易的专业知识、法律法规，以及海关监管的政策文件规定等了解不完整的情况下，发表不适当的审计意见。审计目标包括申报价格与实际相符，价格申报真实；申报价格包括所有应包含项目；申报、备案资料与反映保税料件进口、使用情况相符、账货一致；有关结转、外发加工、手册变更等情况，程序合规；实际单耗海关备案的单耗相符；减免税货物、加工贸易不作价设备按规定用途使用，技术指标申报真实、减免税主体资格合法。经过审计，认为企业能够按照有关法律法规对保税货物的要求进行管理与核算。

项目组的两名注册会计师均从事海关保税业务审计工作两年以上，为审计工作提供了专业和经验保证。实物盘点时，进行从盘点表中抽取记录核对到实物、从实物核对到盘点表的双向核对，保证企业盘点表与实物一致。

在检查是否有保税料件外发加工的情况时，仅仅通过检查材料收发存记录以及公司委外加工记录来核实是否存在保税料件外发加工的情形似乎有些不足，还应通过函证的方式来进一步确定。

案例四　海关保税核查及稽查审计业务沟通*

一、基本情况

海关总署2006年开始引入注册会计师参与海关保税核查审计（分海关委托、企业自行委托两种）试点工作，现行实施的《中华人民共和国保税核查办法》《中华人民共和国海关稽查条例》和《〈中华人民共和国海关稽查条例〉实施办法》，明确了引入注册会计师参与海关保税核查及稽查的政策依据，现今注册会计师参与海关保税核查及稽查的审计业务日益增多，注册会计师参与海关保税核查及稽查的审计与常规财务报表审计有较大的区别，涉及海关政策性较强，审计重点、审计风险评估等均有较大差异，审计证据获取范围更为广泛，常规财务报表审计证据一般从被审计单位的账册、报表中收集，但注册会计师参与海关保税核查及稽查的审计大量的审计证据是与被审

* 本案例由广东省江门市江源会计师事务所提供，获得广东省注册会计师协会行业案例库优秀案例三等奖。

计单位的相关人员以沟通方式获取，甚至可以完全脱离被审计单位的账册、报表而获取足够的审计证据，以达到审计目标，现有的注册会计师执业准则及相关指引很难全面涉及，因此，对审计人员沟通及业务判断能力的要求相对较高，对许多参与海关保税核查及稽查审计的注册会计师来讲也是一个非常大的挑战。

二、审计方法与指引

审计沟通是指审计机构与被审计单位的管理层及有关人员就审计事项、依据、结论、决定或建议进行积极有效探讨和交流的过程。审计沟通贯穿于审计的全过程，是一项不可或缺的工作。下面试举一例注册会计师参与海关保税核查及稽查的审计的案例浅析审计沟通的技巧。

20××年8月，D市海关试行委托中介机构参与海关保税物料的核查，某事务所接受海关的委托对当地一家制衣企业20××年9月至20××年8月境外来料加工的保税物料皮革进行核查，除了核查企业遵守海关保税的有关规定外，审计的重要目的之一是对保税物料损耗及单耗的核查。事务所与海关进行事前的简单沟通，海关提供了海关总署关于试行委托中介机构参与海关保税物料核查的有关规定及有关保税物料管理的有关规定、被核查企业保税手册及相关单耗备案资料等，并简单介绍了企业基本情况。由于客观条件的限制在审计约定书签订前，事务所未能与被核查企业进行充分沟通，但审计目的、审计范围和审计责任等在业务约定书中约定清晰。会计师事务所由于刚开始承接海关核查业务，对此项业务十分重视，由从事审计工作多年且在企业有保税物料管理经验的注册会计师为组长，由在企业从事海关报关工作多年的人员及在企业从事财务工作多年的人员等为组员组成了审计小组，并进行了相关培训，讨论拟订了审计工作计划。海关相关人员将审计人员介绍给企业后，审计人员严格按审计程序及海关核查指引程序进行了核查，但在核查过程中遇到以下困难。

企业进口皮革是按重量报关，海关手册也是按重量记录及核销，而企业却是按面积进行进、出、存核算及管理，核销是按成衣每件的理论（报备）耗料进行核销。在核查中出现了以下三个问题。三种计量单位如何统一？皮革重量与面积如何换算？每件成衣的理论（报备）耗料如何确定？

审计小组与被核查单位管理层沟通得到的信息是：被核查单位多年来也为三种计量单位未能统一而苦恼。皮革重量与面积换算受四种因素影响较大：一是皮革厚薄的影响，皮革越厚，换算的单位面积相对越小，反之亦然；二是皮革的干湿度的影响，皮革越湿，换算的单位面积相对越小，反之亦然；三是皮革的季节的影响，春夏季节皮革易吸潮增重，按重量换算的单位面积相对较小，反之则相反；四是质量的影响，单张皮料的大小及可实际使用的面积等都会影响皮革重量与面积的换算。

审计小组与海关相关人员沟通得到的情况是：被核查企业保税物料管理总体来说较好，未发现被核查企业保税物料违规使用的情况，被核查企业保税物料皮革质量要求高，因此，市场价格较高，国内市场较难接受，内销的可能性较小，从开业至现在近 10 年未发现违法违规问题，至于保税物料皮革三种计量单位未能统一的情况在同类企业中也普遍存在，是海关保税物料监管难点，海关方面希望注册会计师在此方面能提出建设性意见。

面对审计工作存在的问题，我们对已完成的审计程序进行了论证，重新修正了审计工作计划，加大了现场测试工作量。在完成必要的穿行测试的基础上，重点加大了两个方面的抽查量。一是皮革裁剪下料工序的抽查。从现有库存中抽出若干批次的皮革，下料裁剪不同号码的皮衣分别计重，从而得出平均每件成衣实际耗用的皮革重量；对裁剪下料工序现场进行了仔细观察，以减少误差；再对废料按重量计量复核。二是对现有库存的成衣进行抽查称重。计算每件成衣扣除配件后的实际重量，反推换算每件成衣实际耗料的重量。

三、审计成果与建议

1. 审计成果。

完成以上审计程序后，得出初步结论为：皮革的损耗及单耗与海关手册备案相比有一定的差异，废料管理不够规范，但未发现被审计单位违规违法行为。为此审计小组提出了管理建议：除应进一步加强企业保税物料管理外，企业报关进口皮革应按面积报关及备案；在海关未批准进口皮革按面积报关及备案前，企业进口皮革应按面积及重量双重计量单位设置保税物料管理账册。审计小组与被核查企业及海关分别进行了沟通后得到双方认可，出具了保税核查报告，双方均无异议，认为核查与实际情况相符，提出的建议可行。

2. 建议与启示。

此次审计实际使用的时间是计划的几倍，事后我们认为，主要在审计沟通方面走了一定的弯路，对我们以后从事同类工作也是一个很好的经验教训，总结如下。

（1）接受委托前的审计沟通。与常规的财务报表审计相比，接受委托前，注册会计师参与海关保税核查及稽查的审计对被审计单位基本情况的了解固然重要，但更重要的是对要进行审计的具体项目情况进行了解。除了与被审计单位进行必要的常规沟通外，还要与委托方、利益方进行沟通。如上例中属海关委托的核查，审计人员除了与被审计单位就其基本情况进行沟通外，必须就核查情况与海关进行沟通；了解被核查企业以前保税物资的经营管理情况，以及海关对核查的具体要求等；分析评估审计业务的工作量及对审计人员专业水平的要求，决定能否承接该项业务。

（2）签订业务约定书时，就各项约定内容的沟通。常规财务报表审计的委托人及审计目的、审计范围、审计责任等相对比较固定，但注册会计师参与海关保税核查及稽查的审计的委托人及审计目的、审计范围、审计责任等因业务目的不同而不同。许多注册会计师参与海关保税核查及稽查的审计未达到委托人的要求或目的，主要原因之一是对约定内容的沟通不充分，委托人通常过高估计审计人员的能力，要求较高。本例中，海关将监管中多年存在的难点提出核查，注册会计师也事前无法与被审计单位沟通，没有对审计目的、审计范围、审计责任等进行认真评估，盲目签订了业务约定书，导致审计实际使用的时间是计划的几倍。

（3）编制审计计划时，就审计风险、客观环境等与相关人员的沟通。与常规的财务报表审计相比，注册会计师参与海关保税核查及稽查的审计每个项目都有其特殊性。执业准则中没有明确的指引及规范，其他可借鉴及参考的资料也是有限的。因此，就审计风险、客观环境变化等与相关人员的沟通，对编制审计计划显得非常重要，从某种角度来讲，关系到审计的成败。本例中，三种计量单位如何统一？皮革重量与面积如何换算？每件成衣的理论（报备）耗料如何确定？这三个问题如果在审计前未得到充分沟通，在审计计划中未纳入评估，对审计风险、客观环境变化评估不够，审计实施阶段将会困难重重。

（4）审计实施阶段的沟通。与常规的财务报表审计相比，注册会计师参与海关保税核查及稽查的审计可能涉及多方利益，如审计委托人、被审计人、利益相关人等，各方可能是分离的，也可能存在利益方面的冲突。如本例中，委托人（海关）作为监管方，被核查企业作为被监管方，在利益方面存在固有的冲突，因此，在审计实施阶段的沟通尤为重要。在审计实施阶段要注意三个方面的沟通。一是与被审计单位沟通，取得被审计单位必要的协助，以便审计工作顺利完成；二是当审计工作受到限制和阻碍时，应及时与委托人沟通，说明审计工作受到的限制和阻碍情况及可能对审计工作产生的影响，必要时要求多方当面沟通及协调；三是审计单位与委托人、被审计单位就审计有关事项的进行相互沟通，索取被审计单位声明书及提供的其他证据，以明确各自责任与义务。

（5）审计完成阶段的沟通。与常规的财务报表审计相比，注册会计师参与海关保税核查及稽查的审计报告的格式未作统一要求，报告的结论、措辞及意见和建议在执业准则中都没有明确的指引，因此，审计完成阶段的沟通特别要关注以下三个方面。一是审计结论的沟通。注册会计师参与海关保税核查及稽查的审计的结论可能涉及多方利益，存在分歧在所难免；审计的结论必须慎重，应充分与审计委托人、被审计人等进行沟通；对沟通中存在的分歧，应对相关审计证据进行复核，重新审视审计结论是否恰当。二是审计报告措辞的沟通。我们不可能要求注册会计师参与海关保税核查及稽查的审计报告的使用者具有会计或审计等方面的专业知识，因此，应与报告使用者进行沟通，避免理解发生歧义；报告的措辞除简洁明了外，还应通俗易懂。三是就报告中拟提出的意见和建议与审计委托人、被审计人等沟通，使意见和建议更加中肯和切实可行。

四、案例点评

审计沟通是贯穿于审计过程中必不可少的重要环节，也是每位审计人员应具备的基本能力。本案例以特殊的海关保税核查稽查案例为切入点，探讨了审计沟通在解决核查中保税物料计量单位不统一问题中的具体思路，点明了审计沟通在审计过程中于问题解决的重要意义。案例中的审计人员实际审计时间翻倍，关键原因之一在于事前没有考虑到海关保税审计的特殊性，而未就业务约定书中各项内容进行沟通，事前约定，换言之，审计判断与沟通不足导致审计人员面临诸多难点，而委托人对其能力的高期待落空。

制订审计计划时，案例中的相关审计人员也未就审计风险、客观环境等与相关人员沟通，导致审计计划中相关考虑、评估不够充分，整个计划没有应对变化、风险的弹性调整空间，以致审计实施面临较多阻碍。好在审计过程中，由于涉及多方利益，审计人员也注意了与被审计单位、委托人就有关事项进行积极的沟通与协调，明确各自义务与责任，从而使工作得以顺利进行。但此外，审计人员还要注意，审计完成后，也应就准备出具的审计结论与委托人、被审计单位等进行沟通，对存疑事项进行审计证据的复核，审慎出具审计结论。同时，报告措辞尽量保证简明扼要、避免歧义。总而言之，做好沟通工作，对顺利完成审计工作计划，提高工作效率及实现审计目标具有十分重要的意义。

第二部分

职业道德篇

第七章　注册会计师职业道德分项案例分析

第一节　诚　　信

主要风险点

会计师事务所和注册会计师诚信存在问题，例如，虚构了审计程序、出具的审计报告存在严重虚假陈述；含有严重虚假或误导性的陈述；含有缺少充分依据的陈述或信息；存在遗漏或含糊其词的信息。

案例一

A公司注册成立于2008年，并于2011年完成股份制改造，主要从事优质水稻等农作物销售。2014年，A公司与C公司协议进行重大资产重组，C公司是2011年4月在深交所上市的企业。A公司在2011年至2014年4月，采用虚增销售收入、虚增银行存款等手段虚增资产。2016年，A公司因在重大资产重组项目中披露虚假信息等问题，收到证监会行政处罚决定书。B会计师事务所及注册会计师存在下列问题。

1. B会计师事务所虚构核实函证对象收件地址的审计程序，未能发现A公司销售收入、应收账款造假的事实。B会计师事务所在实施应收款项函证审计程序时，A公司提供的关于两个重要客户的收件地址与B会计师事务所网络查询的上述公司工商注册登记地址不一致，B会计师事务所按照A公司提供的地址向上述公司寄发询证函，并在审计工作底稿记录“询证地址为该公司办公地址，走访时已核实，工商注册地与其不一致”。之后B会计师事务所收到上述客户确认A公司账面应收账款余额、销售收入数额信息无误的回函。经查，B会计师事务所在A公司审计项目上的人员未走访过上述公司。

2. B会计师事务所虚构了与A公司前任注册会计师沟通的审计程序。

B 会计师事务所审计工作底稿《与前任注册会计师的沟通记录》记载，2014 年 6 月 12 日，B 会计师事务所签字注册会计师就重大资产重组中 A 公司三年又一期财务报表审计问题，与 A 公司前任 D 事务所签字注册会计师在 D 事务所办公室进行了沟通。经核查，《与前任注册会计师的沟通记录》系补编，前后任注册会计师没有真正进行过沟通。

分析

在该案例中 B 会计师事务所的注册会计师违背了诚信的基本原则。上述行为未遵守《中国注册会计师职业道德守则第 1 号——职业道德基本原则》规定的诚信、客观原则，我国注册会计师道德守则在职业道德基本原则中把诚信放在了第一位，可见诚信对于职业会计师的重要性。诚信原则要求职业会计师在所有的职业和商业活动中，保持正直、诚实守信。诚信也指公正处事、实事求是。B 会计师事务所虚构核实函证对象收件地址的审计程序、虚构了与 A 公司前任注册会计师沟通的审计程序，没有遵守诚信原则。

案例二

A 公司为经营电子产品的集团公司，A 公司在 2013 年、2014 年连续两年亏损，但为了不被实施“ST”操作，A 公司通过虚增利润来避免这种情况的出现。2012 年、2013 年 A 公司持有 D 公司 48% 的股权。

2012 年 D 公司将质量索赔款 5355085. 00 元确认为营业外支出。2013 年 10 月，鉴于质量索赔款未实际支付且具体赔偿金额尚不能合理确定，D 公司认为 2012 年确认营业外支出时会计估计不准确，遂冲减 2013 年营业外支出 5355085. 00 元。B 会计师事务所在审计中发现该会计差错后，并未要求 D 公司按照《企业会计准则》进行追溯调整，而是要求 D 公司直接调减本期营业成本，虚增产成品。该会计处理方式导致 A 公司 2013 年虚增净利润 2570440. 80 元（未考虑所得税因素），占 A 公司当期净利润的 97. 87%。

分析

B 会计师事务所对于已识别的 D 公司质量索赔款会计差错，未采取适当措施予以处理，对 2013 年 D 公司单独出具了审计报告，审计报告中存在虚假记载。上述行为违反了《中国注册会计师职业道德守则第 1 号——职业道德基本原则》第七条，注册会计师在职业活动中没有保持正直、诚实守信，没有保持应有的职业谨慎，没有客观评价审计过程中识别出的错报。

A 公司的违规事实中，有着一个在我国长期存在的问题，即上市公司是否应对联营企业的财务报告情况承担连带责任的问题。同时，由于被查出的 A 公司存在连续 4

年的财务造假，在我国上市公司舞弊案件中也很少见，因此，承担了其连续4年审计工作的B会计师事务所，是否也应当承担对投资者损失的义务。

案例三

A公司是我国一家以纯森林资源培育为主的林业型企业。A公司于2014年5月发布停牌公告，并于当日公司内部成立工作小组，开展并购F公司的工作。

根据A公司有关公告，2014年9月A公司聘请D事务所担任重大资产重组的审计机构。2014年10月，A公司与D事务所解除合作关系，聘请E事务所为重大资产重组的审计机构。2015年1月，A公司与E事务所解除合作关系，聘请B会计师事务所为重大资产重组的审计机构。

B会计师事务所应收账款函证结果汇总表显示，注册会计师对北京4家经销商、上海2家经销商、福建1家经销商和广东1家经销商进行实地走访；经销商走访工作总结显示项目组成员对前述F公司北京4家经销商进行现场观察、访谈；审计总结显示注册会计师对厦门1家、上海2家、北京4家经销商分别进行实地走访，执行询问、观察、记录、拍照等审计程序。但审计工作底稿中未见上述实地走访的相关记录。项目组对前述北京4家经销商进行现场观察验证，未对经销商进行访谈，项目组也未对F公司其他经销商进行实地走访。

分析

B会计师事务所及其注册会计师，在实际工作中“走过场”，甚至将不实审计过程记录到审计报告中，严重违背了注册会计师应有的诚信道德。而这也成为A公司及F公司进行财务造假的“保护伞”。在该案例中，B会计师事务所的注册会计师违背了诚信的基本原则，未遵守《中国注册会计师职业道德守则第1号——职业道德基本原则》规定的诚信、客观原则。

案例四

A公司成立于2004年6月11日，是一家主营洗发护发、沐浴液、化妆品以及生物有机肥生产和销售的企业。2012年5月，A公司通过创业板发审委的首发审核，开局顺利。但于2012年6月被曝涉嫌欺诈上市，7月，A公司提交终止发审申请。B会计师事务所的注册会计师在对A公司进行审计时，存在下列问题。

审计底稿存在虚假记载。B会计师事务所工作底稿显示，2011年10月21日，B会计师事务所在深圳对A公司一重要客户C公司的经营者陈某进行了实地访谈，访谈笔录中记载A公司对客户C公司2010年度销售金额与A公司账面数相同。经查明，B会计师事务所等中介机构及其人员当日并未对C公司进行实地访谈，且2010年A公司向

C公司虚假销售34.48万元。而B会计师事务所在关于A公司有关举报问题的核查意见中称，B会计师事务所与保荐机构、律师事务所等三家中介机构对C公司进行了实地访谈，其向A公司采购茶油情况与发行人2010年度茶油销售情况一致。

分析

A公司案例中，B会计师事务所的注册会计师未能遵守《中国注册会计师职业道德守则第1号——职业道德基本原则》中关于诚实守信的要求，提供虚假的审计资料，虚构已对C公司进行实地访谈，置职业道德于不顾，出具不实的审计报告。

案例五

A公司为美国一家大型公司，是天然气和能源批发交易商，资产规模接近500亿美元，雇员高达2万多人，业务遍布欧洲、亚洲和世界其他地方。A公司10年间，收入从50多亿美元上升为1000多亿美元。近10年来都是B会计师事务所为A公司提供审计服务。A公司是B会计师事务所的第二大客户。

2001年10月，美国证券监管机构对A公司展开调查。在政府监管部门、媒体和市场的强大压力下，A公司承认作了假账：1997～2001年共虚报利润近6亿美元，并且未将巨额债务入账。证券监管部门针对A公司的会计报表展开调查后提醒会计报表使用者：A公司1997～2000年经过审计的会计报表是不可信赖的。B会计师事务所审计的会计报表未公允反映A公司财务状况、经营成果和现金流量，经B会计师事务所审计的A公司内部控制制度实际上并不可靠。但在此期间B会计师事务所为A公司提供的都是无保留意见的审计报告，B会计师事务所还宣称，A公司的内部控制制度能够合理保证其会计报表的可靠性。

分析

在该案例中，B会计师事务所的注册会计师违背了诚信的基本原则。国际职业会计师道德守则在职业道德基本原则中把诚信放在了第一位，可见诚信对于职业会计师的重要性。诚信原则要求职业会计师在所有的职业和商业活动中，保持正直、诚实守信。诚信也指公正处事、实事求是。在该案例中，B会计师事务所的职业会计师并没有实事求是地反映A公司的实际财务状况和内部控制制度的有效性，职业会计师出具的报告存在严重虚假陈述。B会计师事务所为A公司提供服务有近10年的历史，应该对A公司的实际情况是比较了解的，出具的报告并没有对A公司的情况实事求是地进行反映，明显不公允，没有遵守诚信原则。

注册会计师被称为“经济警察”，其在维护经济秩序中具有重要作用。无论注册会计师还是会计师事务所在提供审计服务时始终要把诚信放在首位。会计师事务所只有遵守了诚信原则才能够被社会接受认可，才可能获得发展的空间。离开了诚信原则，即使是百年老店也可能瞬间倒闭。

案例六

A 公司是英国一家服务业公司，B 会计师事务所从 2013 年开始连续 3 年负责审计 A 公司的财务报表。

2016 年，英国财务报告委员会（FRC）就 B 会计师事务所对 A 公司的审计业务展开调查。经调查发现，B 会计师事务所在对 A 公司 2014 年的财务报表进行审计的过程中，发现 A 公司 2014 年度存在显失公允的重大关联方交易确认的营业收入，该项目的审计合伙人 C 在审计过程中提请甲公司管理层进行收入调减并在财务报表附注中增加对该关联方及其交易事项的披露，但是遭到了 A 公司管理层的拒绝。在该种情况下，B 会计师事务所仍旧对 A 公司 2014 年的财务报表发表了无保留的审计意见并出具相应的审计报告。最终，B 会计师事务所及其审计合伙人 C 承认了其对 A 公司 2014 年财务报表的审计存在不当行为，英国财务报告委员会对 B 会计师事务所及其审计合伙人 C 进行了处罚。

分析

在本案例中，B 会计师事务所及审计合伙人 C 违反了注册会计师职业道德的诚信原则。

国际职业会计师道德守则中的诚信原则要求所有职业会计师在所有职业关系和商业关系中保持正直、诚实守信；并进一步指出，职业会计师如果认为业务报告、申报资料、沟通函件或其他信息含有严重虚假或误导性的陈述，则不应当在明知的情况下与其发生关联。

本案例中的 B 会计师事务所及审计合伙人 C 在对 A 公司进行审计的过程中，明知 A 公司 2014 年度的财务报表中存在显失公允的重大关联方交易确认的营业收入，确认的显失公允的营业收入属于国际按职业会计师道德守则中所指的“含有严重虚假或误导性的陈述”，但 B 会计师事务所仍旧针对 A 公司有问题的信息签发了无保留意见的审计报告，属于“与审计客户含有严重虚假或误导性的陈述发生关联”，明显违反了注册会计师职业道德的诚信原则。

国际职业会计师道德守则还提出，职业会计师如果注意到与含有严重虚假或误导性的陈述的信息发生关联，应当采取措施消除该关联，如果在存在关联的情况下，职业会计师出具了非标准的业务报告，不被视为违反职业道德守则的规定。本案例的 B 会计师事务所及其审计合伙人 C 如果针对 A 公司含有严重虚假或误导性的陈述签发了恰当的非标准的审计报告，则不属于与 A 公司有问题的信息发生关联。在执业的过程中，职业会计师应当公正处事、实事求是，如果发现与道德守则所指出的有问题的信息发生关联，应当采取措施消除关联，严格遵守职业道德守则的诚信原则。

第二节 独 立 性

主要风险点

实质上或形式上不能保持独立性，使得注册会计师在提出结论时损害了诚信原则、客观和公正原则或职业怀疑态度。

案例一

A公司注册成立于2004年，主营业务是茶皂素系列产品研发及山茶油加工、油茶苗培植及油茶基地开发等。A公司生产的“×”牌高山茶油，作为公司的主打产品，对公司的销售收入贡献不小。为更好地向社会公众融资，A公司在2012年意图在创业板上市。为满足上市条件，A公司不惜通过虚增资产、虚减成本以及隐瞒关联方交易等手段达到虚增利润的目的。但在2012年6月，A公司造假上市的事情被媒体曝光出来。其中，其验资签字注册会计师同为其股东的事情引起了高度关注。

根据A公司披露的招股说明书，其验资机构为B会计师事务所，经办注册会计师为赵某和王某。但赵某作为A公司的验资签字注册会计师，同时还担任A公司第三大股东、C公司总裁和D会计师事务所董事长职务。此外，2008年1月，A公司的第四次增资投资方是赵某所拥有的C公司。C公司持有A公司633.46万元股份，赵某是A公司2008年1月第四次增资报告和2008年7月整体改制进行验资的签字注册会计师，没有保持应有的独立性。

分析

根据《中国注册会计师职业道德守则第1号——职业道德基本原则》中关于独立性的要求，注册会计师与审计客户应避免存在经济利益关系的情况。会计师事务所对上市公司的审计工作应当尤为重视，其提供的信息不仅是为被审计单位使用，也为社会公众所使用。因此，会计师事务所应严格控制并降低相关的审计风险，尽量避免审计失败，并确保审计项目组成员的专业胜任能力及其独立性。审计独立性对注册会计师开展审计工作来说至关重要。

该案例中，赵某作为A公司的验资签字注册会计师的同时，还担任A公司第三大股东C公司的总裁，这严重违反了注册会计师独立性的原则。会计师事务所应做好事前准备工作，避免出现影响注册会计师独立性的情况。

案例二

A公司前身为某县所属集体所有制性质的运输企业，成立于1950年，于1994年2月经证监会批准向社会公众发行股票，1994年8月在深交所上市。自2009年6月公司股权结构进行重大调整后，企业主要提供房地产开发与经营、光伏电站投资、建设、运营、维护及管理等服务。2011年，A公司因2007年的澄清公告及2006～2009年度报告未如实披露其“代持股”问题，公司涉嫌虚假陈述，收到某市证监局的《立案调查通知书》，受到证监局的处罚。与此同时，其与B会计师事务所长达20年的合作也受到人们的关注。

事实上，A公司从20世纪就开始作假，至其被立案调查，时间长达17年。A公司在2006～2009年的财务报表中均未对涉案股票的相关情况做披露，B会计师事务所均出具了标准无保留意见审计报告。

分析

B会计师事务所连续多年为A公司提供审计服务，违反了《中国注册会计师职业道德守则第1号——职业道德基本原则》第十条、第十一条关于独立性的原则。

职业道德准则规定，独立性包括实质上的独立性和形式上的独立性。据审计业务对独立性的要求，关键审计合伙人至多6年应实行一次轮换。对关键审计合伙人在不同情况下的轮换时间作出了规定，如表7－1所示。

表7－1　关键审计合伙人适用于一般公众利益实体的审计客户

已为公众利益实体的审计客户	轮换前最长服务时间（年）	暂停服务期（年）	总结模式
一般情况	5	2	（“5＋2”）
特殊情况	6	2	（“5＋1＋2”）

而A公司与B会计师事务所的合作时间明显超过要求，违反了审计的独立性。

B会计师事务所长期委派同一名合伙人或高级员工执行某一客户的审计业务，明显违反了审计的独立性。因此，B会计师事务所在与A公司建立了5年或6年的业务关系后，应考虑更换关键审计合伙人，甚至停止接受A公司的审计业务委托，确保注册会计师的独立性，以控制审计质量。而事实上它们一直保持着密切的业务关系，因而有可能影响到审计质量。

注册会计师应严格执行轮换时间的规定，以保持独立性。在审计客户成为公众利益实体前，如果关键合伙人的服务年限不超过3年，那么可以继续服务的年限为5年减去已经服务的年限；在审计客户成为公众利益实体前，如果关键合伙人的服务年限超过4年或者更长时间，那么还可以继续服务的年限为2年。如果客户是首次公开发行证券的公司，在公司上市后，关键审计合伙人提供服务的年限不得超过2年；在一个服务期结束后，关键审计合伙人的暂停服务期应为2年。

案例三

A公司为美国一家大型能源公司，B会计师事务所自1985年就为其提供审计服务。事实上，B会计师事务所与A公司存在着千丝万缕的关系。A公司的首席财务主管、首席会计主管、公司发展部副总经理等高层管理人员都曾经是B会计师事务所的员工。即使A公司较低层次的管理人员中，也有许多人是从B会计师事务所辞职后进入的。B会计师事务所在向A公司提供审计服务的同时，又向其提供了非鉴证业务的管理咨询服务。B会计师事务所从A公司取得的非鉴证业务收入甚至超过了鉴证业务的收入。B会计师事务所每年从A公司取得的收入在很大程度上影响了它的财务状况。事实上，A公司从20世纪90年代财务状况就出现了下滑，B会计师事务所一直在帮助A公司隐瞒真实情况。

分析

在该案例中，A公司主管财务工作的高管曾经为B会计师事务所工作，他们之间的这种"你中有我、我中有你"的复杂关系是整个事件颇为关键的一环。国际职业会计师道德守则对于事务所与审计客户发生雇佣关系有明确阐述。如果审计客户的董事、高级管理人员或所处职位能够对客户会计记录或会计师事务所将要发表意见的财务报表的编制施加重大影响的员工，曾经是审计项目组成员或会计师事务所的合伙人，可能产生密切关系威胁或外在压力威胁。在该案例中A公司的首席财务主管、首席会计主管等高层管理人员都曾经在B会计师事务所工作过，而这些高管目前都受雇于A公司，并且都有能力对将要审计的会计报表的编制施加重大影响。这种密切关系对独立性产生威胁。因为在B会计师事务所工作过，熟悉事务所的工作流程，和审计项目组成员也有可能是曾经的同事。一方面，他们可能会帮助A公司隐藏不利因素；另一方面，他们可能会动用自己原来在B会计师事务所的工作关系对项目组成员施加压力，进而影响审计结果。事务所在承接业务之前要对这种关系产生的不利影响及其严重程度进行评估，是否可以采取措施将不利影响降至可接受的水平。如果没有措施可以将不利影响降低至可接受水平，则应该拒绝承接该业务。

同时在该案例中，B会计师事务所既为A公司提供审计服务，又为A公司提供非鉴证服务。当会计师事务所向审计客户提供审计服务的同时还向审计客户提供非鉴证业务，就可能因为自我评价、自身利益和过度推介等对独立性产生威胁。B会计师事务所从A公司得到的非鉴证服务的收入远远高于鉴证服务取得的收入，并且从A公司取得的收入对其自身财务状况影响巨大。当事务所从一家公司取得的收入对其其财务状况产生严重影响时，事务所可能会因为过度依赖该客户或担心失去该客户而对独立性产生不利影响。

案例四

A 公司为美国一家公司，主要从事旅游服务、房地产服务和联盟营销三大业务。A 公司拥有 30000 多名员工，经营业务遍布 100 多个国家和地区，年度营业收入 50 多亿美元。B 会计师事务所为 A 公司提供审计服务。但是 A 公司和 B 会计师事务所有着千丝万缕的关系。A 公司的前首席财务官、前主计长以及两个财务主管在加入 A 公司前都曾担任 B 会计师事务所的注册会计师，他们熟悉 B 会计师事务所的审计套路，了解 B 会计师事务所对 A 公司的审计重点和审计策略，他们直接策划和组织实施了财务舞弊，使其更具隐蔽性和欺骗性。由于 B 会计师事务所对 A 公司的审计失败，B 会计师事务所向 A 公司的股东支付了 3 亿多美元的赔偿金。

分析

在该审计失败的案例中，B 会计师事务所没有认真遵循国际职业会计师道德守则中“审计和审阅的独立性”中对于和审计客户发生雇佣关系应考虑和遵循的原则。与审计客户发生雇佣关系是许多会计师事务所都会面临的一个问题，会计师事务所的合伙人、审计项目组成员在与审计客户的交往中可能被审计客户“挖走”从而成为审计客户的员工。而且由于他们在事务所有着较高的专业水平和丰富的实践经验，一般会在审计客户中担任较高的职位。一方面，他们所处的职位使得他们能够对报表的编制施加重大影响，如本案例中的 4 位 A 公司的财务管理人员；另一方面，他们在事务所工作过，又熟知事务所的工作流程和审计的重点，他们能够有目的地规避和隐藏相关会计信息，从而逃脱审计。

如果审计客户的高级管理人员或所处职位能够对客户会计记录施加重大影响的员工，曾经是会计师事务所的合伙人或审计项目组成员，可能会因密切关系或外在压力对独立性产生不利影响。会计师事务所应当评价威胁的严重程度，并在必要时采取防范措施消除威胁或将其降至可接受的水平。例如，可以修改审计计划，不再沿用以前的惯例；可以向审计项目组分派经验更丰富的人员。

案例五

A 公司是美国一家医疗保健公司，该公司在发展过程中经历过一段急速并购时期。经过并购，2002 年 A 公司已发展成为一家颇具规模的私立保健医疗公司，在美国的 50 个州和澳大利亚、加拿大、英国等国家拥有众多的诊所、外科手术中心和疗养院。B 会计师事务所为 A 公司提供审计服务，而 A 公司一直是 B 会计师事务所某个办事处的最大客户。2000 年和 2001 年 A 公司向 B 会计师事务所分别支付了 300 多万美元的费用，其中“审计相关费用”是“审计费用”的两倍多。耐人寻味的是，2000 年度和

2001年度的“审计相关费用”合计数中包含接近一半金额的“洁净审计”费用，比审计费用还多。所谓“洁净审计”，是指A公司聘请B会计师事务所对其医疗场所及设施的卫生保洁情况进行一年一度的检查。卫生检查本来与报表审计毫无关系，但A公司美其名为“洁净审计”，并按照B会计师事务所的建议将其披露为“审计相关费用”，“洁净审计”意味着B会计师事务所每年只需派多个最初级的审计人员对南方保健多个场所的卫生保洁情况进行一次突击检查，就可收取比报表审计更高的费用。正是因为A公司是B会计师事务所的重要收入来源客户，多年来B会计师事务所一直为A公司出具的都是无保留意见的审计报告，但事实上A公司早在多年前就已经开始了利润操纵。

分析

B会计师事务所明显违背了国际职业会计师道德守则审计和审阅业务对独立性的要求。

在审计业务中，为符合公众利益，要求审计项目组成员和会计师事务所应当独立于审计客户。独立性包含两方面的含义，实质上的独立和形式上的独立。实质上的独立是一种内心状态，使得执业的会计师能够诚信行事，遵循客观和公正原则，保持职业怀疑态度；形式上的独立是一种外在表现，一个掌握了充分信息的第三方在衡量了所有相关情况后，认为会计师事务所或审计项目组成员没有损害诚信原则、客观和公正原则或职业怀疑态度。在该案例中，A公司是B会计师事务所某个办事处的最大客户，意味着B会计师事务所从A公司取得的收入对其自身的经济利益有较大的影响，B会计师事务所有可能为了自身利益而倾向于屈从A公司的意志，内心的独立产生了动摇。B会计师事务所从A公司收取的费用中，非审计费用竟然比审计费用多。从“洁净审计”来看，B会计师事务所所提供的服务和其所收取的报酬明显不对等，并且在B会计师事务所的暗示下将提供“洁净审计”的费用记入了“审计相关费用”中，明显有购买审计服务之嫌。在一个独立的第三方看来，形式上已经不具备独立性了。

事务所在承接业务时应当运用独立性概念框架识别事项或关系对独立性的威胁，评价威胁的严重程度，必要时采取防范措施消除威胁或将其降至可接受的水平。如果没有措施可以消除威胁或将其降低至可接受水平，事务所应该拒绝业务委托或终止业务。

案例六

A公司是美国一家历史悠久的以经营办公设备为主的跨国企业，也是数字与信息技术产品生产商和现代化办公设备制造商。B会计师事务所作为A公司的审计师已经有40年的历史。2003年美国证券交易所委员会对B会计师事务所的4名合伙人提起民事诉讼，指控这4名合伙人在1997～2001年纵容A公司夸大60多亿美元收入、高估

10 多亿美元利润。B 会计师事务所的一名合伙人曾担任过 A 公司审计项目的主管合伙人，因其对 A 公司的一些会计处理提出质疑引起 A 公司的强烈不满，根据 A 公司的要求被撤换掉了。在 A 公司管理当局的压力下，B 会计师事务所的 4 位注册会计师出具了无保留意见的审计报告，以保住这个给他们带来丰厚回报的客户。最终这 4 位合伙人中的 3 位支付了巨额的民事赔偿，并被暂停在美执业，另一位合伙人被公开谴责。

分析

国际执业会计师道德守则在“接受客户关系”这部分内容中明确指出，如果向同一客户连续提供专业服务，建议执业的职业会计师定期评价继续保持客户关系是否恰当。客户存在的问题可能对职业道德基本原则产生威胁，例如，客户缺乏诚信或存在可疑的财务报告问题。B 会计师事务所已经和 A 公司保持了 40 年的客户关系，当前任注册会计师因为对客户的会计处理产生怀疑而被撤换时，继任的会计师应该产生高度警觉，如果仅仅是因为对会计处理产生分歧，双方应该能够通过沟通进行解决，撤换执行审计的会计师不是一个必然选择。所以非常可能是审计客户会计处理上有造假行为，前任审计合伙人无法接受这种造假行为。继任的执业会计师应该评价对职业道德产生威胁的严重程度，采取防范措施消除威胁或降至可接受水平。比如可以向客户及其所有者、管理层、负责公司治理和经营活动的人员进行了解；要求客户对完善公司治理结构或内部控制作出承诺。但四位合伙人并没有采取必要的防范措施，而是屈服于 A 公司的压力和巨大的利益诱惑，没有保持内心的独立。

案例七

A 公司是英国一家跨国电讯服务公司，总部位于布拉克内尔，专门为大型企业、政府、运营商和经销商提供语音管理、数据和基于 IP 的服务，公司在亚太、欧洲、中东、非洲和北美地区都有业务。

2011 年、2012 年连续两年，A 公司聘请了 B 会计师事务所对其进行审计并出具 2011 年度、2012 年度审计报告。B 会计师事务所的 C 注册会计师在 2011 年 10 月 3 日被任命为 B 会计师事务所的合伙人及首席运营官，此时 C 注册会计师仍然拥有 A 公司的股份，并处于能对 A 公司的财务报表施加重大影响的地位。C 注册会计师在随后的四个月即 2011 年 10 月至 2012 年 1 月分四次处置了这些股份。根据 A 公司的股票实际情况，如果 C 注册会计师在 2011 年 10 月 3 日处置这些股份，他会遭受损失，随后再处置这些股份，他获得了经济利益。而在 C 注册会计师成为合伙人之前，B 会计师事务所并没有采取行动要求其出售所拥有的 A 公司股份。

2015 年，英国财务报告委员会公布了对 B 会计师事务所及其合伙人 C 注册会计师的纪律听证会报告，该报告指出 B 会计师事务所违反了职业会计师的职业道德标准，B 会计师事务所的不当行为有三项。B 会计师事务所未能要求 C 注册会计师出售其在 A

公司的股份；B 会计师事务所缺乏足够或适当的程序以防止或确定 C 注册会计师出售股份的失败；B 会计师事务所缺乏适当的控制环境使职业道德准则和遵守道德标准置于商业考虑之上。最终，英国财务报告委员会对 B 会计师事务所和 C 注册会计师进行了严厉的谴责，并对 B 会计师事务所处以 35 万英镑的罚款，对 C 注册会计师处以 6 万英镑的罚款，要求 B 会计师事务所承担与本次案件相关的主要费用。

分析

在本案例中，B 会计师事务所及其合伙人 C 注册会计师因自身利益违反了注册会计师职业道德的独立性要求。

国际职业会计师道德守则 B 部分“执业的职业会计师”中的“引言”部分，提出对职业道德基本原则的遵守可能受到的威胁的类别，其中包括自身利益威胁，自身利益威胁的情形之一即鉴证业务项目组成员在鉴证客户中拥有直接经济利益。国际职业会计师职业道德守则“审计和审阅业务的独立性”部分“经济利益”进一步规定，如果审计项目组成员、其直系亲属或会计师事务所在审计客户中拥有直接经济利益或重大间接经济利益，将产生非常严重的自身利益威胁，没有防范措施能够将其降至可接受的水平。因此，项目组成员、其直系亲属或会计师事务所不应当在审计客户中拥有直接经济利益或重大间接经济利益。

本案例中的 C 注册会计师作为 B 会计师事务所的合伙人，同时拥有审计客户 A 公司的股份并处于能对 A 公司的财务报表施加重大影响的地位，符合国际职业会计师道德守则所定义的拥有审计客户的“直接经济利益”，该情形产生了非常严重的自身利益威胁，C 注册会计师很有可能因为自身的经济利益而影响其独立性，进而影响对 A 公司的审计结果。B 会计师事务所未采取行动要求 C 注册会计师出售所拥有的 A 公司股份也严重违反了职业会计师道德的独立性要求。B 会计师事务所在承接业务前应当确保不存在审计人员由于自身利益而违反注册会计师职业道德的情况出现，应当确保 C 注册会计师出售所拥有的 A 公司股份才能承接对 A 公司 2011 年度、2012 年度的审计业务；如若此前 C 注册会计师仍拥有 A 公司的股份并处于能对 A 公司的财务报表施加重大影响的地位，应当拒绝承接该业务。

案例八

A 公司是英国的一家公司，B 会计师事务所对 A 公司在 2009 年 3 月 31 日至 2010 年 3 月 31 日的财务报表进行了审计，C 会计师是审计业务合伙人。

经英国财务报告委员会调查，B 会计师事务所在对 A 公司 2009 年 3 月 31 日至 2010 年 3 月 31 日的财务报表进行的审计过程存在诸多问题，包括有关当事人交易和现金限制的披露问题、商誉和其他无形资产投资等大量资产的衡量问题、对持续经营假设的评估问题、未能充分保持职业怀疑态度来处理在财务报表中的各种事项等。B 会计师事务所及其合伙人C某承认其审计过程中的不当行为，表明其未能跟踪任务和解决未完成的查询，导致了审计工作上的混淆，一些关键信息和问题被忽视；职业判断有缺陷；对重要审计事项缺乏了解；对审计风险的认识不足。他们还进一步承认其审计工作中许多缺陷的根本原因是职业怀疑态度在应用方面的重大失误。

2017年4月，B会计师事务所遭英国财务报告委员会处罚金230万英镑，审计合伙人C会计师遭英格兰及威尔士特许会计师协会（ICAEW）除名。

分析

在本案例中，B会计师事务所未能保持职业怀疑态度，违反了注册会计师职业道德的独立性要求。

国际职业会计师职业道德守则B部分中“审计和审阅业务的独立性”的“独立性概念框架”指出，独立性既包括形式上的独立性，也包括实质上的独立性。形式上的独立性是指避免出现重大的事实和情况，使一个理性而知情的第三方在权衡所有的具体事实和情况后，认为事务所、审计项目组成员的诚信、客观和公正原则或职业怀疑态度已受到损害；实质上的独立性是一种内心状态，使得职业的职业会计师在提出结论时不受损害职业判断的因素影响，因而能够诚信行事，遵循客观公正原则，保持职业怀疑态度。本案例中的B会计师事务所及合伙人C会计师，在审计业务中并没有出现形式上的独立性受到损害的情形，很明显是由于实质上的独立性受到了损害，在审计工作开展的过程中未能保持职业怀疑态度，忽视了一些关键信息和问题，忽视了可能的审计风险，最终导致了审计失败。

英国财务报告委员会对B会计师事务所及合伙人C的制裁是严肃而严厉的，这些制裁也向审计行业发出一个强有力的信号，即要坚持高标准的审计行为。这些制裁措施还将保护公众，并阻止未来在审计行业的不当行为。职业怀疑态度是审计人员工作的核心。审计人员在审计过程中，必须充分保持职业怀疑态度，保持实质上和形式上的独立。

案例九

A公司是英国的一家公司，B会计师事务所负责对A公司截至2010年12月31日和截至2011年12月31日的年度财务报表进行审计。

2013年5月，英国财务报告委员会对该审计事项展开了调查。2015年2月，英国财务报告委员会公布了有关B会计师事务所及其审计合伙人C会计师的纪律听证会报告，根据英国财务报告委员会对B会计师事务所的指控，可得知B会计师事务所的不当行为有：未能执行充分适当的审计程序以确定其审计合伙人C会计师是否有可能在2010年12月被任命为A公司的非执行董事。另外，其未能建立一个有效的控制环境，使其将遵守职业道德准则置于商业考虑之上。最终，法庭对B会计师事务所和C会计师给予严厉谴责并对B会计师事务所处以25万英镑的罚款。B会计师事务所支付英国财务报告委员会与本案有关的费用。

分析

在本案例中，B会计师事务所及其审计合伙人C会计师因自我评价违反了注册会计师职业道德的独立性要求。

国际职业会计师道德守则B部分“执业的职业会计师”中的“引言”部分，提出对职业道德基本原则的遵守可能受到的威胁的类别，其中包括自我评价威胁，自我评价威胁的情形之一即鉴证业务项目组成员担任或最近曾经担任客户的董事或高级管理人员。本案例中的C会计师作为审计合伙人在审计A公司期间即审计报告涵盖的期间担任了A公司的非执行董事，存在非常严重的自我评价威胁。C会计师担任A公司的非执行董事，很可能会依据其以往在A公司担任非执行董事执行业务时所作出的判断或得出的服务结果而对当前的审计业务作出判断，由于评价的过程中很难保持独立性，很可能产生不恰当的评价，进而影响审计结果的公允性。

国际职业会计师道德守则B部分“审计和审阅业务的独立性”中的“兼任审计客户的董事或高级管理人员”进一步规定，如果会计师事务所的合伙人或员工兼任审计客户的董事或高级管理人员，将产生非常严重的自我评价威胁和自身利益威胁，没有防范措施能够将其降低至可接受的水平。因此，会计师事务所的合伙人或员工不应当兼任审计客户的董事或高级管理人员。在本案例中，C的兼任行为明显违反国际职业会计师道德守则的规定，违反了独立性要求，没有防范措施能够将这种自我评价威胁降至可接受的水平。B会计师事务所应当执行充分适当的审计程序以确定不存在会计师事务所的合伙人或员工兼任审计客户的董事或高级管理人员的情况，如若发现该种情况，应当终止审计。

第三节　公正和客观

主要风险点

会计师事务所和注册会计师存在不公正、不客观的问题，例如，由于偏见、利益冲突而损害自己的职业判断，在他人的不当影响下发表不符合实际情况的审计意见。

案例一

A公司是国家级高新技术企业，公司主营业务是油茶及其深加工产品的研发、生产和销售，公司的主导产品是精炼山茶油、茶皂素天然洗涤用品。2012 年 6 月，A 公司被举报涉嫌造假上市，经调查，发现 A 公司存在虚增利润、隐瞒关联交易、非法参股兼职等事实。

B 会计师事务所是 A 公司首次公开发行股票并在创业板上市（以下简称“IPO”）的审计机构。经中国证监会查明，B 会计师事务所及其注册会计师在为 A 公司 IPO 提供审计鉴证服务过程中，未遵守公正和客观原则，出具的审计报告、核查意见等文件存在虚假记载。

B 会计师事务所的 C 注册会计师作为为 A 公司验资签字的注册会计师，在审计 A 公司 2009 年主营业务收入项目的过程中，未对毛利率巨幅波动（3 月为 -104.24%，11 月为 90.44%）作出审计结论，也未对异常波动的原因进行分析。

在审计 A 公司 2011 年主营业务收入项目的过程中，在 12 月毛利率与全年平均毛利率偏离度超过 33% 的情况下，得出全年毛利率无异常波动的不客观的结论，且在审计当年应收账款过程中，未发现 2011 年 12 月 A 公司现金销售回款占当月销售回款 43% 的异常情形，也未对上述两项异常进一步查验。

分析

A 公司通过各种手段虚增营业收入，其营业收入增长较之于行业平均增长速度显得非常不合理，而 A 公司的产销规模的行业排名并不靠前，注册会计师却以发现虚假销售占比较小而认为不构成重大影响为借口，忽视这些不合理的数据。如果注册会计师实质地执行一些常规的收入审计程序，如函证、截止性测试等，是可以发现 A 公司收入造假的。即使按常规的审计程序很难查证，但如果注册会计师谨慎地怀疑收入确认存在问题，运用分析程序是不难发现 A 公司收入造假的。注册会计师应保持应有的职业怀疑态度，对审计客户的会计资料的真实性提出质疑，对一些敏感异常的重大事项要谨慎对待，这对注册会计师能否保证审计结果公正和客观至关重要。

事实上，B 会计师事务所 C 注册会计师还担任 A 公司第三股东某集团公司的总裁，审计工作人员与审计客户存在经济利益关系的情况，C 注册会计师为了自身利益，置职业道德于不顾，隐瞒被审计单位的真实资料，出具不公正客观的审计报告。B 会计师事务所注册会计师 C 违反了《中国注册会计师职业道德守则第 1 号——职业道德基本原则》中第十二条和第十三条的公正和客观的原则。职业道德守则规定，注册会计师应当公正处事、实事求是，不得由于偏见、利益冲突或他人的不当影响而损害自己的职业判断。而 C 注册会计师出于自身利益的考虑，未能在审计过程中做到公正和客观。

在面对利益诱惑时，注册会计师应坚守自身，不突破职业道德底线，公正客观，实事求是，依据被审计单位的真实情况和所掌握的真实审计证据发表审计意见，不因利益损害自己的职业判断。

案例二

A 公司为专业从事水冷发动机及摩托车、全地形车（ATV）、轻型多功能车（UTV）等产品研发、制造和销售一体的大型股份制企业。

A 公司从 2010 年起年度财务报表一直由 C 会计师事务所进行审计，2016 年 10 月 12 日，A 公司要求 C 会计师事务所终止该审计工作，将该业务委托给 D 会计师事务所。D 会计师事务所承接了 A 公司 2016 年度财务报表的审计业务，在审计过程中，D 会计师事务所的注册会计师发现，A 公司销售给 B 公司的半成品价格远高于销售给其他客户的价格，由于 A 公司是国内独家生产该半成品的企业，B 公司也无法从市场上获取市场价格。而 B 公司多年财务报表审计正是由 D 会计师事务所担任，B 公司与 D 会计师事务所关系较密切，D 会计师事务所注册会计师经过测算，如果以销售半成品给其他客户的平均价格计算，B 公司 2016 年将增加利润 3000 万元，而 B 公司当年利润预计才 7000 多万元，所以半成品的进价对 B 公司具有重大影响。考虑到事情重大，D 会计师事务所委派审计 B 公司的注册会计师项目经理 E 协助对 A 公司的审计工作。

分析

该案例中，D 会计师事务所在发现 A 公司和 B 公司存在利益冲突时，委派审计 B 公司的注册会计协助 A 公司项目组的工作是不妥当的，违反了《中国注册会计师职业道德守则第 1 号——职业道德基本原则》中公正和客观的原则。职业道德守则规定，如果存在导致职业判断出现偏差，或对职业判断产生不当影响的情形，注册会计师不得提供相关专业服务。由于 A 公司和 B 公司是上下游的业务关系，委派审计 B 公司的注册会计师协助 A 公司项目组审计，可能会导致注册会计师 E 为了维护其客户 B 公司的利益而在审计 A 公司的过程中发生不公正、不客观的情况。

如果注册会计师为存在利益冲突的两个或多个客户提供服务，注册会计师应当告知所有已知相关方这一情况，并获得客户同意以在此情况下执行业务，业务承接后应委派不同的项目组以降低利益冲突产生的威胁。由于该利益冲突对职业道德基本原则的遵循产生的不利影响，采取防范措施不能消除该不利影响或将其降至可接受水平，会计师事务所应当拒绝承接或解除一个或多个存在冲突的业务合约，停止为产生利益冲突的其中一方提供服务，以保证在审计过程中的公正和客观。

案例三

A 公司是专业从事配电自动化系统、用电自动化系统软硬件产品研发、生产与销售以及配电自动化工程与技术服务的企业，长期致力于中压电力线载波通信技术的研究、开发和市场应用。

2013 年 3 月，A 公司与 B 会计师事务所签订审计业务约定书，由 B 会计师事务所负责审计 A 公司 2012 年的财务报表，B 会计师事务所的合伙人对 A 公司经营的业务很感兴趣，在承接该审计业务前就对其进行了解，同时还投资成立了一家公司，准备经营与 A 公司类似的业务，B 会计师事务所并未将此情况告知 A 公司，就与其签订了审计业务约定书。

分析

该案例中，B 会计师事务所的做法违反了《中国注册会计师职业道德守则第 1 号——职业道德基本原则》中第十二条和第十三条的客观和公正的原则。职业道德守则规定，如果存在导致职业判断出现偏差，或对职业判断产生不当影响的情形，注册会计师不得提供相关专业服务。B 会计师事务所的合伙人在承接业务前投资成立了与 A 公司经营业务相同的公司，该公司就与 A 公司形成了竞争关系，存在利益冲突，B 会计师事务所的注册会计师可能出于自身利益考虑打压竞争对手，在审计 A 公司的过程中难以做到公正处事、实事求是，从而形成不公正和客观的审计结论。

如果会计师事务所的商业利益或业务活动可能与审计客户存在利益冲突，注册会计师应当告知客户，并在征得其同意的情况下执行业务，而不能在不告知客户的情况下就与其签订审计业务约定书，以免在审计过程中出现不公正、不客观的现象。

案例四

A 公司为美国的一家大型服务型企业，在世界 100 多个国家和地区都开展有业务，拥有上万名员工，年度营业收入达到数十亿美元。为了迎合华尔街的盈利预期，A 公司主要通过六种方式进行财务舞弊。利用“高层调整”，大肆篡改季度报表；无端转回合并准备，虚构当期收益；任意注销资产，减少折旧和摊销；随意改变收入确认标准，夸大会员费收入；蓄意隐瞒会员退会情况，低估会员资格准备；综合运用其他舞弊伎俩，编造虚假会计信息。通过上述造假手段，A 公司在 1995 ~ 1997 年，共虚构了十多亿美元的营业收入、超过 5 亿美元的利润总额和 4 亿多美元的净利润，虚假净利润占对外报告净利润的一半以上。B 会计师事务为 A 公司提供审计服务。在审计过程中 A 公司的前首席财务官要求将公司合并中所计提的“重组准备”中的 1 亿多美元转回，作为 1997 年度的利润，并声明这种做法是 A 公司沿用已久的惯例，且 B 会计师事务所的注册会计师一直认可这种做法。这种做法明显违背会计准则，但是 B 会计师事务所的注册会计师对于 A 公司的财务报表进行审计时，仅因其为沿用已久的惯例，就直接认可这种做法，没有对这种行为进行审计。美国证券交易委员会对 B 会计师事务所的两名主审合伙人作出禁入裁决，禁止他们在 4 年内为上市公司提供审计服务。

分析

对于 A 公司通过六种方式进行财务舞弊，包括篡改报表、虚构收益等，B 会计师事务所的会计师在审计中却没有发现其报表中存在的问题，对严重失实的财务报表出具无保留意见的审计报告，没有遵守诚信原则，也没有遵守客观公正原则。

国际职业会计师道德守则指出，诚信原则要求所有职业会计师在所有职业关系和商业关系中，保持正直、诚实守信。诚信也指公正处事、实事求是。在该案例中，执行审计业务的注册会计师对客户会计报表中存在不实反映的故意行为视而不见，没有公正处事、实事求是，客观上有助于客户的舞弊行为。

客观公正原则要求所有职业会计师不应当由于偏见、利益冲突或他人的不当影响而损害自己的职业或商业判断。在审计客户对于所计提的“重组准备”中的 1 亿多美元转回作为 1997 年度的利润这件事情上，客户强调是公司的一贯做法，并且得到 B 会计师事务所的认可，执行审计业务的会计师就没有再深究这种不合理的做法背后是否有什么不可告人的目的，这就是让他人的不当影响损害了自己的职业判断，最终为自己的错误行为承担了后果——被禁止 4 年为上市公司提供审计服务。

只有当职业会计师建立起了自己内在的精神，有了自己的价值体系，对自己的审计工作及工作后果有了充分的认识，对自己所从事的职业有了应有的敬畏，职业会计师才能够在所有的职业关系中保持诚信、客观公正。

案例五

A 公司是美国的一家投资银行，拥有百年历史。是全球性多元化的投资银行，曾经为全球公司、机构、政府和投资者的金融需求提供服务。其雄厚的财务实力支持其在所从事的业务领域的领导地位，A 公司还担任全球多家跨国公司和政府的重要财务顾问，并拥有多名业界公认的国际最佳分析师。2008 年该投资银行申请破产保护。导致该结果的内部原因是管理层使用“回购 105”，隐瞒公司过度负债的事实。为其提供审计服务的 B 会计师事务所被指责直接协助 A 公司粉饰资产负债表长达 7 年之久，从 A 公司赚得 1 亿多美元的收入。

“回购 105”交易是指，在每个财务报表期末之前，A 公司将价值 100 元的资产以 105 元的价格抵押出去，并且将这笔交易记录为销售业务，一方面把减少的 100 元资产作为销售成本；另一方面把收到的短期资金用于偿还负债，从而达到在资产负债表日的资产与负债双降。待报告期过后，再迅速将之前“卖出”的资产回购，并支付高额利息，把债务移回了资产负债表。

分析

在该案例中职业会计师违背了客观和公正原则。国际职业会计师道德守则针对所有服务对客观和公正原则的要求提出，在提供鉴证服务时，执业的职业会计师应当客观和公正地提出结论，并且在外界看来没有偏见、无利益冲突、不受他人的不当影响。对于“回购 105”交易，虽然表面记录为销售交易，但其实质是一种融资手段。这种特殊的回购方式使A公司达到隐藏债务、降低公司净杠杆率、维持信用评级的目的。作为审计师，应当深入探究此项大额交易的目的和实质。B会计师事务所仍然为其出具了标准无保留意见的审计报告。

案例六

A公司是英国一家汽车公司。2000年，A公司被出售给由四名商人组成的B财团。经过B财团的几年经营，A公司仍旧亏损严重，并于2005年宣布破产。C会计师事务所是A公司当时的审计师，同时也是这四名商人控制或者是有关联的多家企业的企业财务顾问。

2005年，英国会计调查与纪律委员会（AIDB）决定调查作为A公司的审计师和顾问的C会计师事务所。最初，调查聚焦于2003年A公司和其最终母公司B财团，包括C会计师事务所向B财团提供的某些非审计服务。

2012年，执行律师向会计和精算纪律委员会（AADB）对A公司、B财团、C会计师事务所以及其合伙人D会计师的相关行为提起了正式诉讼。正式诉讼称，在A公司、B财团以及相关公司和股东之间存在不同商业利益的可能性，而C会计师事务所在与A公司保持客户关系的同时，又为B财团提供咨询服务，会产生利益冲突与自身利益威胁，C会计师事务所和合伙人D会计师，未能充分考虑公众利益。

2013年，英国财务报告委员会对C会计师事务所的指控围绕事务所未能在A公司、A公司所有者以及关联企业之间的系列交易中考虑到公众利益，并在提供顾问服务时有效解决各方之间潜在的利益冲突。英国仲裁庭在裁决中就监管机构英国财务报告委员会对C会计师事务所提出的13项指控给出了赞同意见，要求C会计师事务所因在2005年A公司进入破产保护之前为公司及其所有者提供的意见所具有的利益冲突而接受1400万英镑（2200万美元）的罚款。

仲裁庭在裁决中同时发出了对C会计师事务的“严厉谴责”，要求事务所合伙人D会计师支付25万英镑罚款，并禁业3年。

分析

在本案例中，C会计师事务所因利益冲突问题违反了注册会计师职业道德的“客观和公正”原则。

国际职业会计师道德守则中对客观和公正原则的解释是“不应当由于偏见、利益冲突或他人的不当影响而损害自己的职业或商业判断”。国际职业会计师道德守则B部分“执业的职业会计师”的“利益冲突”部分也指出，执业的职业会计师应当采取适当措施，识别可能产生利益冲突的情形，如果执业的职业会计师为两个以上客户提供服务，而这些客户之间存在利益冲突或对所涉及交易或事项存在争议，也可能对客观和公正或保密原则产生威胁。

本案例中的C会计师事务所既为A公司提供审计业务，同时又为B财团提供财务咨询业务，而A公司、B财团以及相关公司和股东之间存在不同商业利益，存在利益冲突，A公司在为两个客户提供服务的过程中无法保持客观和公正性，其行为明显违反了注册会计师职业道德的客观和公正原则。另外，国际职业会计师道德守则中也提出，如果利益冲突对一项或多项职业道德基本原则产生威胁，并且采取防范措施无法消除威胁或将其降至可接受的水平，执业的职业会计师应当拒绝承接某一特定业务，或解除一个或多个存在冲突的业务约定。本案例中的C会计师事务所在为A公司提供审计业务的期间就应当拒绝承接B财团的财务咨询业务或者解除与A公司的审计业务，只承接B财团的财务咨询业务，避免因两者之间的利益冲突问题而违反注册会计师职业道德的客观和公正原则。

英国仲裁庭对C会计师事务所本次的裁决也是对所有会计行业从业者一个强烈而且明确的信号，他们的责任应该是代表公众利益，其行为应该符合职业道德行为准则。会计师事务所及其审计人员在审计的过程中，必须明确自身的责任，明确公众利益的重要性，使自身的行为达到职业道德准则的要求。

第四节　专业胜任能力

主要风险点

会计师事务所和注册会计师专业胜任能力存在问题，例如，未执行相关审计程序就草率出具标准无保留意见的审计报告，未秉持专业素养，尽到勤勉义务。

案例一

A公司是一家国内农产品行业的领军企业，其在IPO过程中被发现财务造假，而执行审计工作的B会计师事务所（以下简称“B会计师事务所”）及C注册会计师在发现审计风险后并未表现出应有的专业胜任能力，反而为A公司连续出具了多年的无意见审计报告。B会计师事务所及C注册会计师存在下列问题。

1. 对A公司2012～2014年营业收入进行审计时，B会计师事务所发现A公司在2013年及2014年营业收入上存在舞弊导致的重大错报风险，并且发现在2012年前后A公司所使用的外销合同格式不一样，但C注册会计师并未予以充分关注。

2. B会计师事务所在对A公司的应收账款与销售金额进行确认时，应该开展函证审计程序。然而在实际审计过程中，C注册会计师将应当由B会计师事务所向销售客户发出的函证交由A公司寄出，未对函证保持控制。而后A公司将虚假回函寄回B会计师事务所。

3. B 会计师事务所在对 A 公司 2013 年及 2014 年财务报表进行审计时，将存货评估为存在舞弊风险，将存货和营业成本评估为存在重大错报风险。并在舞弊风险应对措施中明确提出，在存货盘点过程中要实施额外的审计程序，例如，更严格地检查包装箱中的货物、存货方式等。但在实际存货盘点过程中，C 注册会计师仅对顶层、侧面以及外围的存货进行抽样检查，未对垛中心进行存货检查。同时，B 会计师事务所在总体审计策略中提出要核对进销存账与财务账是否一致，C 注册会计师同样未遵守约定执行该审计程序。

分析

作为农业企业，A 公司的主营业务主要是农产品加工出口。根据证监会披露的违法信息可以了解到，B 会计师事务所在面对 A 公司对外出口合同的检查时，明知不同的销售合同在格式与内容上大体一致，且在合同基本要素都未满足的情况下，都没有对合同的真实性提出疑问并进行尽职审查，这显然是违背了注册会计师应有的职业道德能力，这也造成了 A 公司通过虚开合同，增加销售收入的行为。同时，在对应收账款与销售金额进行确认时，必要的手段是与客户进行函证取证，但 B 会计师事务所显然没有仔细审核函证回函的真实性，丢失了应有的职业敏感。另外，B 会计师事务所明显察觉到了可能的舞弊风险，例如对存货的估计。但在实际盘点的过程中，B 会计师事务所的注册会计师没有根据存货的实际堆摆情况采用合适的盘点方法，而是仅对存货堆放的外层区域进行抽点，这也导致了 A 公司有机会虚构存货数量。

从背景上来看，我国农业企业在税收上有各类减免和政府补助，因此，农业企业在利润及税负上的造假成本较低，并且由于农产品加工交易环节比较分散的特点，不利于调查人员对交易情况进行调查，执行标准审计程序的审计成本也较高。

我国目前依然是农业大国，针对希望在证券市场进行融资活动的农业企业来说，如何在市场上赢得更多的信任，是农业企业管理者们应该关注的问题。而对于注册会计师来说，保持应有的职业敏感，将注册会计师的责任感、道德感真正带入工作中，努力与农业企业保持合理沟通，提供合理合法合规的建议，使农业企业上市公司以及准备 IPO 的农业企业，更好地了解身为上市公司的职责所在。这样才会实现双赢的局面。

案例二

A 公司是中国领先的互联网金融信息服务提供商，从事资本市场投资咨询及相关服务业务，是经中国证监会批准，具备证券投资咨询执业资格的专业公司。A 公司于 2013 年通过承诺“可全额退款”的营销方式，以“打新股”“理财”等为名进行营销，利用与相关公司的框架协议等多重方式，共计虚增 2013 年度利润 1.2 亿余元。此外，

A公司还通过延后确认成本、提前合并报表的方式“调节利润”。作为A公司的审计机构，B会计师事务所在审计过程中存在以下问题。

1. 2013年12月，A公司将不满足收入确认条件的软件产品销售确认为当期销售收入，导致2013年提前确认收入87446901.48元。注册会计师在审计工作底稿中记录，A公司2013年12月确认收入占全年的比重达37.74%（审计调整前，以母公司口径计算），并对在2014年1月1日至2月26日财务报表批准报出日间发生销售退回的22422913.77元收入进行了审计调整，调减了2013年收入。针对临近资产负债表日的软件产品销售收入大增，期后退货显著增加的情况，B会计师事务所在审计过程中未对退货原因进行详细了解。注册会计师仅执行了查验公司合同，抽样检查并获取软件开通权限单、销售收款单、退款协议、原始销售凭证等常规审计程序，没有根据公司销售相关的财务风险状况，采取更有针对性的审计程序，以获取充分的审计证据以支持审计结论。在面对客户数量较多、无法函证的情况下，也没有采取更有效的替代程序以获取充分适当的审计证据。

2. 2013年12月，A公司对部分客户以非标准价格销售软件产品。经查，该售价主要是以“打新股”“理财”为名进行营销，虚增2013年销售收入2872486.68元。对此，注册会计师称关注到非标准价格销售的情况，并获取了销售部门的审批单，但是，相关过程没有在审计工作底稿中予以记录，同时，审计工作底稿程序表中“获取产品价格目录，抽查售价是否符合价格政策”的程序未见执行记录。

3. 2013年12月，A公司电话营销人员对客户称可以参与打新股、理财、投资等以弥补前期亏损，部分客户应邀向达知汇款，其中有客户在汇款时注明“打新股”等。A公司收到款项后计入2013年产品销售收入，经查，A公司虚增12名客户，2013年收入2872486.68元，后续已应客户的要求全部退款。B会计师事务所审计工作底稿中复印留存了部分软件产品销售收款的电子银行回单，其中摘要栏中的“打新股资金”“理财投资资金”等备注存在明显异常。对此，注册会计师以发现的错报金额低于重要性水平为由，未进一步扩大审计样本量，以确认抽样总体不存在重大错报，审计底稿中也没有任何记录表明事务所已对该异常事项执行了任何风险识别和应对的程序。经查，如果B会计师事务所扩大银行回单的抽样范围，2013年12月存在异常摘要的银行进账单笔数将为48笔，合计金额873万元，明显高于底稿中抽样所涉及回单数量及对应金额。

4. A公司将应归属于2013年的年终奖跨期计入2014年的成本费用，导致2013年少计成本费用24954316.65元。审计工作底稿未描述或记录针对审计报告报出日前已发放的2013年年终奖执行的审计程序，以及其未被计入2013年成本费用的合理性解释。审计工作底稿“应付职工薪酬”程序表中第8项应执行的审计程序记录：检查应付职工薪酬的期后付款情况，并关注在资产负债表日至财务报表批准报出日之间，是否有确凿证据表明需要调整资产负债表日原确认的应付职工薪酬，但对应的审计工作底稿明细表中未记录此程序的执行情况。

5. C公司为A公司的全资子公司，其提前一个月将D公司财务报表纳入C公司的合并范围，导致A公司2013年合并财务报表虚增利润8250098.88元，虚增商誉4331301.91元。审计工作底稿“长期股权投资——成本法××子公司审核表（初始计量）”明细表编制不完整，确认合并（购买）日的审计表格未填列，无法确定其具体执行了何种审计程序以确定购买日。审计工作底稿后附的审计证据中，未见注册会计师所称据以认定购买日的支持性文件。

分析

该案例中，B会计师事务所在审计A公司时未表现出应有的专业胜任能力。首先，对于出现的年末异常销售增加未给予必要的核查，特别是在次年初出现大规模退货退款情况，未采取有效的措施进行风险判断；其次，对于年末异常的收入项目，未保持应有的职业怀疑，仅以数额不大不影响重要性就采取了回避的态度，是极不负责任的；再次，对于出现的“应付职工薪酬”跨期发放的情况，也未给予关注，使得这笔薪酬发放作为费用计入到了次年报表当中；最后，对于全资子公司的并购项目，工作审计底稿不完整，无法确定其给予了何种审计程序确定购买日。以上这些行为，可以看出B会计师事务所的注册会计师将职业道德抛之脑后，在审计A公司的过程中纯粹是“睁一只眼闭一只眼”，这种不认真的工作态度值得所有注册会计师警惕。注册会计师应该努力提高自身的职业道德水准和专业胜任能力，在执业过程中应始终保持其独立性、客观性和公正性，以提高注册会计师的价值。

案例三

A公司是主要从事农用化工和精细化工的科技先导型企业，为国家科技部认定的高新技术企业。A公司通过隐瞒大股东资金占用和未及时披露关联交易，隐瞒关联关系及虚假记载等手段，在2008～2010年度报告进行财务造假，而执行审计工作的B会计师事务所未表现出应有的专业胜任能力，对A公司2008年财务报表出具了无保留意见的审计报告，发表了不恰当的审计意见。经证监会查明，B会计师事务所存在以下审计问题。

1. 2008年A公司将向关联方划转资金30000000元，并将该资金划转记录为对四家供应商的预付货款。B会计师事务所获取了A公司与上述四家供应商的购货合同，在合同中约定的商品采购数量与A公司2008年实际采购量出现严重偏离，并且合同未加盖A公司印章的情况下，B会计师事务所就对这30000000元预付货款进行了认定。此外，除了这30000000元，A公司在2008年与这四家供应商基本没有业务往来，对于这一点，B会计师事务所也没有提出任何异议。

2. 2008年，A公司向另一关联方划转资金19788000元，并将上述资金划转记录为向某供应商划转资金。由于A公司与该公司资金往来数额较大，B会计师事务所的审计人员对该供应商进行了函证，但没有收到该供应商的回函。在没有该供应商回函的情况下，B 会计师事务所的审计人员仅获取了一份 2008 年 1 月 10 日 A 公司向该供应商购买原煤的 14080000 元合同，未进一步实施有效的替代程序。

分析

在该案例中，购货合同中的采购数量与实际采购数量相差甚远，对于这一异常情况，B 会计师事务所的审计人员只是听取 A 公司的解释、收集 A 公司与四家供应商的购货合同，未获取充分的证据。合同没有加盖 A 公司公章，B 会计师事务所仍以其作为审计证据，也没有对合同中所列事项进一步获取充分的解释和恰当的审计证据，没有对审计证据的适当性、可靠性进行职业判断。此外，实施函证程序过程中，在没有收到供应商回函的情况下，B 会计师事务所的审计人员仅获取了一份 A 公司向该供应商购买原煤的合同，未进一步实施有效的替代程序。显然，这些问题的出现都是注册会计师违背职业道德，未表现出专业胜任能力的结果。同时，除了 A 公司记录为预付货款的 30000000 元外，A 公司在 2008 年与四家供应商基本没有业务往来，对此，B 会计师事务所的审计人员没有保持合理的职业怀疑，导致未能发现 A 公司与关联方的非经营性资金往来。

对于关联方非经营性资金占用，注册会计师都应关注关联方非经营性资金占用事项是否在财务报表附注中按照规定进行了充分的披露。在符合规定的前提下，注册会计师还应专门取得企业关于关联方资金占用情况的声明。对于有偿占用，注册会计师应该检查有偿占用的协议，判断企业利息收入的会计核算是否正确，利息收入是否符合独立交易原则。识别关联方与关联方交易的难度较大，关联方交易的审计证据难以搜集。如果注册会计师在审计关联方交易时仅遵循一般的交易审计程序，很难发现关联方交易行为，这就需要注册会计师执行专门的审计程序，才能保障审计工作质量。这也是对注册会计师职业道德的要求。

案例四

A 公司为美国的一家电信公司。20 世纪 90 年代以来，该公司利用兼并、收购等手段疯狂扩张，一次次上演“小鱼吃大鱼”和“快鱼吃慢鱼”的戏法，迅速发展为拥有 8 万多名员工，业务遍及 60 多个国家和地区的大公司。A 公司 2001 年营业额达到 300 多亿美元。2002 年，A 公司发布有巨额亏损的财务报表，显示公司有近 3000 亿美元债务在身。自从会计丑闻被曝光以来，客户对 A 公司能否正常运行表示担心，于是纷纷拖欠相关费用，而供应商也要求 A 公司提前支付货款，否则不予供货。在四面楚歌的情况下，腹背受敌的 A 公司很快就陷入了更恶性的财务危机中。

2002 年 6 月，美国证券交易委员会和司法部门开始介入。A 公司承认其将 30 多亿美元的经营开支记到了资本开支账户上，从而增加了现金流量，业绩报告也从巨额亏损变为盈利10多亿美元。调查显示1999～2001年，A公司虚构的销售收入高达90多亿美元，通过滥用准备金科目，利用以前年度计提的各种准备金冲销成本，以夸大对外报告的利润，所涉及的金额达到10多亿美元。

B会计师事务所为A公司提供审计服务。B会计师事务所从1999年起一直为A公司出具无保留意见的审计报告。

分析

在该案例中，B会计师事务所执行A公司审计业务的注册会计师没有很好地遵循国际职业会计师道德守则所规定的“专业胜任能力和应有的关注”这个职业道德基本原则。专业胜任能力对职业会计师有两方面的要求：将专业知识和技能始终保持在应有的水平；提供专业服务时，要遵守适用的职业准则和技术规范，勤勉尽责。将专业知识和技能保持应有的水平不仅包括专业能力的获取，还包含专业能力的保持，即职业会计师在职业生涯中要不断地学习，保持专业能力。

在该案例中，A公司将经营性支出计入资本性支出中，从而将亏损变为盈利。这种方法是一种常见的财务造假方法，应该不难被职业会计师发现。正是因为执行审计业务的注册会计师没有对审计工作做到勤勉尽责，B会计师事务所对A公司的财务舞弊负有重大过失审计责任。勤勉尽责要求职业会计师按照有关工作要求，认真全面及时地完成工作任务。执行审计业务的注册会计师在编制审计计划前应当对被审计单位的会计程序进行充分了解，获取足以支持其审计意见的直接审计证据。

案例五

A公司为美国一家大型医疗保健公司，十余年的疯狂扩张使得A公司消化不良。为了迎合华尔街的盈利预期，A公司在1997～2002年上半年，虚构了20多亿美元的利润，虚假利润相当于该期间实际利润（其实际利润为负数）的200多倍，在此次财务舞弊事件中，涉案的高管有10多人。A公司至少从1997年开始，就使用各种会计造假手法对经营利润和资产负债表项目进行操纵，最主要造假手段是通过“契约调整”这一收入备抵账户进行利润操纵。

其实，A公司在财务上的疑点早已有所表现。A公司内部审计人员曾向B会计师事务所的一位主审合伙人抱怨，作为内审人员，他们长年不被允许接触A公司的主要账簿资料。在2000年度的审计中，B会计师事务所就曾质疑A公司某家门诊机构固定资产的增加缺乏足够的凭证支持。A公司的会计人员当即在电脑上篡改了固定资产的采购发票为自己圆谎。

与同行业的其他企业相比，A公司利润率的成长也异常迅猛。2000年该公司的税前收益比1999年增长了一倍多，但营业收入仅增长了3%；2001年的税前收益接近1999年的两倍，而销售额只增长了8%，这明显不符合逻辑。但B会计师事务所忽略了这些疑点，从而造成审计失败。

分析

在该案例中，B会计师事务所负责执行A公司审计业务的职业会计师没有遵循“专业胜任能力和应有的关注”这个职业道德基本原则。

职业会计师在获取专业胜任能力之后，还需要保持专业胜任能力。随着经济的发展，新技术和新的经济业务层出不穷，在取得职业资格后，会计师应该通过不断的学习跟上实务的发展。“应有的关注”要求职业会计师在履行职业职责时，对客户和社会公众利益负责，保持职业怀疑态度，认真、全面、及时完成工作任务。

在该案例中，A公司的内部审计人员向主审的会计师抱怨无法接触A公司会计资料时，如果主审会计师保持了应有的关注，他就会产生警觉，为什么自己单位的内审人员反而无法接触到会计资料，这个单位的内部控制一定是有漏洞的，职业会计师对固定资产的怀疑，以及和营业收入不成比例的税前利润的增长，如果这些疑点得到了应有的关注，并对这些疑点进行追查，严格按照审计准则的要求执行审计业务，对发现的审计疑点执行必要的审计程序，则可能会避免审计失败。

案例六

A公司是英国一家零售公司，2013年12月，英国财务报告委员会公布了B会计师事务所对A公司出具2005年审计报告及其签字注册会计师的相关调查结果。调查结果显示，对于A公司财务报表的审计，B会计师事务所特别是签字注册会计师未能执行适当的程序来获取充分适当的审计证据证明需要调整或披露的事项已经在财务报表中恰当反映；未能获取充分适当的审计证据，以使他们能够得出合理的结论；未能充分考虑期后事项对财务报表和审计报告的影响。在2006年2月签署财务报表之前，他们没有恰当地考虑到A公司的重要子公司的持续经营能力，没有适当地考虑在财务报表中是否需要披露任何相关信息，以提供真实和公正的观点；未能充分地确定A公司面临的流动性和现金流问题，以及从资产负债表日起就出现的“延期付款”的情况。英国财务报告委员会最终对B会计师事务所处以75万英镑的罚款，对签字注册会计师处以5万英镑的罚款，并给予其严厉的谴责。

分析

在本案例中，B会计师事务所违反了注册会计师职业道德基本原则中“专业胜任能力和应有的关注”原则。

国际职业会计师职业道德守则A部分“本守则的一般应用”的“专业胜任能力和应有的关注”部分规定，所有职业会计师应当将专业知识和技能始终保持在应有的水平，以确保客户或雇主获得具有专业水准的服务；在提供专业服务时，遵守适用的职业准则和技术规范，勤勉尽责。

本案例中的B会计师事务所在对A公司进行审计的过程中，对于A公司的调整和披露事项的考虑、期后事项的考虑、审计客户持续经营能力的考虑、现金流问题的考虑都有所欠缺，明显体现了B会计师事务所特别是签字注册会计师的专业胜任能力的不足，缺乏对必要审计事项应有的关注，对许多重要审计事项都未能获取充分适当的审计证据就给出审计意见、出具审计报告，明显地体现其未达到勤勉尽责的要求，没有按照有关工作要求，认真、全面地完成审计工作。B会计师事务所应当委派具备专业胜任能力的职业会计师负责审计业务，以确保审计客户能够获得具有专业水准的服务。与此同时，职业会计师也应当遵守职业会计师道德守则，持续了解并掌握相关技术、专业知识和技能以及业务的发展变化，以确保自身的专业水平能够胜任审计业务，并在提供专业服务时，勤勉尽责。

案例七

A公司是英国一家从事物业服务的公司，曾入选英国富时250指数（FTSE 250），但公司于2010年破产。B会计师事务所及其合伙人C会计师对A公司及其子公司在2009年8月31日截止的年度财务报表进行审计工作。

2010年11月，英国会计与精算纪律委员会（AADB）首先宣布对B会计师事务所对A公司2009年的财务报表审计业务进行调查。2016年，英国财务报告委员会经调查，发现A公司出现超过400万英镑的会计错报，给予了该公司的两名前任财务总监以禁业的处罚。与此同时，英国财务报告委员会发现B会计师事务所在对A公司进行审计的过程中，有三个领域存在不当行为，分别是安置成本、长期合同和无形资产。经调查，B会计师事务所及其合伙人C会计师也承认对于集团及其子公司财务报表的审计没有保持专业胜任能力和应有的关注，以至于在对审计公司的安置成本、长期合同和无形资产的审计中存在不当行为。

2017年5月，英国财务报告委员会针对B会计师事务所在对A公司2009年的财务报表审计业务中存在的不当行为进行了严厉谴责，并对其处以500万英镑的罚款。B会计师事务所审计合伙人C会计师虽已退休，但因对这项审计业务负有责任而受到了谴责，并被处以15万英镑的罚款。此外，英国财务报告委员会还要求B会计师事务所承担英国财务报告委员会执行律师的法律费用，支付金额为150万英镑。

分析

在本案例中，B会计师事务所及其合伙人C会计师违反了注册会计师职业道德基本原则中“专业胜任能力和应有的关注”原则。

国际职业会计师职业道德守则A部分“本守则的一般应用”的“专业胜任能力和

应有的关注”部分规定，所有职业会计师应当将专业知识和技能始终保持在应有的水平，以确保客户或雇主获得具有专业水准的服务；在提供专业服务时，遵守适用的职业准则和技术规范，勤勉尽责。B会计师事务所及其合伙人C会计师在对A公司的审计中明显没有将专业知识和技能保持在应有的水平，才会使得安置成本、长期合同和无形资产这几个重要的审计事项出现问题，违反了注册会计师职业道德的基本原则。而B会计师事务所针对该项审计业务的调查也发表了声明称：自2010年这起案件受到调查以来，一直在努力改进我们的流程和程序。审计质量对其而言至关重要，而英国财务报告委员会年度的审计质量评估工作显示其近年来的工作有所改观。在曝出一系列会计丑闻之后，英国财务报告委员会对会计师事务所及审计人员的不当行为采取了更为严格的处置态度。各事务所必须不断提升其专业胜任能力，遵守注册会计师职业道德守则，保证审计质量。

第五节 保　　密

主要风险点

会计师事务所和注册会计师存在违反保密协议的问题，例如，利用未公开信息购买被审计单位的股票、向他人透露内幕信息、无意中泄密，特别是向近亲属或关系密切的人员泄密。

案例一

B会计师事务所是A股份有限公司（以下简称“A公司”）2006年度报告审计单位，C是2006年A公司年报审计工作的项目负责人和签字会计师。A公司是经J省经济体制改革委员会批准，由J市制药厂、S市房地产总公司、S市投资基金管理公司三家企业法人单位采取定向募集方式设立的股份有限公司。

B会计师事务所及其注册会计师在审计A公司时存在以下问题。

自B会计师事务所接受A公司委托之日起，至A公司公告后5日（2007年4月18日），C共计买入“A公司”股票18700股，其中，3月23日以每股5.93元的价格买入“A公司”股票10000股，以每股5.60元的价格买入“A公司”股票8000股；4月16日以每股7.10元的价格买入“A公司”股票700股。另外，4月19日C以每股7.70元的价格买入“A公司”股票3500股。4月30日C以每股7.81元的价格，卖出“A公司”股票22200股，获利37362元。鉴于4月19日为非限制买卖期，扣除4月19日买入的3500股，C在限制买卖期内非法获利为35995.96元。

分析

C在限制买卖期内交易“A公司”股票的行为违反了《证券法》第四十五条第二款“为上市公司出具审计报告、资产评估报告或者法律意见书等文件的证券服务机构和人员，自接受委托之日起至上述文件公开后五日内，不得买卖该种股票”的规定，构成了《证券法》第二百零一条所述“为股票的发行、上市、交易出具审计报告、资产评估报告或者法律意见书等文件的证券服务机构和人员，违反本法第四十五条规定买卖股票”行为。同时，C的行为也违背了注册会计师应当遵守保密协议的职业道德要求。

案例二

B会计师事务所是A公司2008年年报的审计方。A公司2009年计划开展重大资产重组，并于2009年11月2日向证件会申请停牌。停牌期间，市场上关于A公司重大资产重组涉嫌内幕交易行为便广为流传。在A公司12月10日复牌日当天，A公司公布了资产重组涉及买卖公司股票情况的自查公告，自查的773人中有37位高管及其亲属重组前买入公司股票，所获收益将上缴公司。粗略计算，A公司通过此次撒网自查获得额外收益超过百万元。

B会计师事务所及其注册会计师在审计A公司时存在以下问题。

B会计师事务所的审计人员李某于2009年9月29日以12.11元买入200股，于10月9日以12.75元卖出200股，获利120元。

分析

B会计师事务所审计人员李某身为A公司的审计方负责人员，利用自己获得的内幕信息购买相关股票，并且获利120元，数额虽小，但依然反映出该审计人员对注册会计师职业道德要求的忽视，严重违背了遵守保密协议的基本要求。

案例三

2014年以来，A公司（以下简称“A公司或公司”）开始考虑开展汽车LED灯智能化项目，并在2015年对外披露了车联网发展计划，2016年初设立规模约8亿元的车联网并购基金，对外寻找收购标的。

2016年4月、5月，中间人向A公司董事会秘书邓某某推荐了C公司。在中间人协调下，5月初A公司李某平、邓某某与C公司的李某丹、杨某在C公司办公室进行第一次会见，双方就主营业务及经营等情况进行介绍，了解双方进一步合作的可能性。

5月11日，邓某某向会计师巩某春表示，想要了解C公司的财务状况，12日，经李某丹同意，巩某春带2名会计师到C公司进行摸底。

5 月 16 日，邓某某参照 C 公司曾与其他公司谈判的交易方案初稿，起草了并购方案，经李某平同意后，当日下午把并购方案发给承办律师，律师据此起草了《重组意向书》，并于当日 20：07 通过邮件发回给邓某某。17 日，邓某某将《重组意向书》发至杨某指定邮箱，并电话告知，杨某表示收到。

2016 年 6 月，应 A 公司邀请，李某丹、杨某峰、杨某及中间人前来 A 公司广州总部回访，参观了公司的体验厅，了解了 A 公司的业务经营情况。6 月 17 日，张某、巩某春前往 A 公司参加公司增发的中介答谢会，见了李某平并沟通了公司的情况。

6 月 22 日，李某平向李某丹划转 500 万元诚意金。7 月 1 日，双方正式谈判，包括 A 公司拟发行股价定价的选择、现金支付比例及进度、股票解锁进度、核心管理层任职期限等内容。

7 月 22 日，A 公司李某平与 C 公司李某丹签订《重组意向书》，召开重大资产重组中介协调会，确定了独立财务顾问、法律顾问、审计机构、资产评估机构等，并向深交所报备及申请停牌。7 月 25 日，A 公司开市即停牌。9 月 29 日，A 公司发布《关于签署重组框架协议的公告》，称公司拟收购 C 公司 100% 的股权，交易对价预估值为 9 亿元。

根据 A 公司上述公告，其收购 C 公司 100% 股权的交易对价为 9 亿元，占 A 公司 2015 年度经审计净资产 10.79 亿元的 83.41%。A 公司收购 C 公司 100% 股权事项属于《证券法》第六十七条第二款第（二）项规定的重大事件，在公开前属于《证券法》第七十五条第二款第（一）项所述的内幕信息。张某作为本案并购重组事项审计机构负责人和签字会计师，属于《证券法》第七十四条第（六）项规定的内幕信息知情人，其不晚于 2016 年 6 月 17 日知悉内幕信息。

"程某更"证券账户开立于国泰君安证券股份有限公司深圳福华三路证券营业部，2016 年 6 月 20 日、22 日，该账户相继转入资金后，于 21 日、22 日、24 日分批全仓买入"A 公司"股票 18.91 万股，买入金额为 279.12 万元。截至 2017 年 9 月 27 日，该账户卖出持有的"A 公司"股票，亏损 519760.71 元。

经查，"程某更"证券账户涉案交易实际由何某决策并下单操作，何某与内幕信息知情人张某系夫妻关系。"程某更"证券账户此前未交易过"A 公司"股票，且近年来未有全仓买入单只股票的情况，本次何某通过"程某更"证券账户积极全仓买入"A 公司"股票的行为与内幕信息的形成发展过程及张某知悉内幕信息高度吻合。

分析

何某为某会计师事务所注册会计师张某的配偶。何某在内幕信息公开前买入"A 公司"股票的行为，违反了《证券法》第七十三条、第七十六条的规定，已构成《证券法》第二百零二条所述违法行为。而注册会计师张某身为审计方，没有遵守保密协议，将内幕消息以各种方式透露给其配偶，严重违反了注册会计师职业道德守则 1 号第二十条至第二十五条中关于注册会计师应当对职业活动中获知的涉密信息保密的规定。

这类案例给中国注册会计师敲响了警钟，注册会计师在遵守保密协议时，不仅要求自己不能参与内幕信息交易，同样也不能将内幕信息透露给任何人，以防他人在了解到内幕消息后参与相关交易。同时根据该案例公开的信息可以得知，何某在内幕交易中，还亏损了数十万元，这同样也给所有注册会计师以警示，无论利用内幕消息进行交易的最终结果是盈利还是亏损，都必须承担法律责任，不会因为利用内幕消息导致了亏损就可以避免法律的惩罚。

案例四

A集团公司是英国的一家制造业公司，其2011年的财务报告由B会计师事务所负责审计。

在2017年8月，B会计师事务所因对A集团公司2011财年年报审计中的疏失而被英国财务报告理事会（FRC）课以510万英镑的罚款，B会计师事务中负责该业务的资深审计合伙人C也遭受处罚。经过调查，B会计师事务所和其高级审计员、审计业务合伙人C，承认了对A集团公司2011年财务报表审计的不当行为，他们所承认的不当行为涉及审计的多个领域，其中一项是，“没有采取一切合理的步骤来保护客户的机密”。A集团的财务总监D在与审计合伙人C的日常业务沟通过程中，向C透露了公司的一项重要的投资计划，审计合伙人C就此投资计划询问了在A集团拟投资公司就职的朋友，并与朋友讨论投资的可行性。

分析

在本案例中，B会计师事务所及其审计合伙人C某违反了注册会计师职业道德的“保密”原则。

国际职业会计师道德守则中的保密原则要求职业会计师避免未经恰当且专门授权，或不存在法律法规或职业规范规定的权利或义务，而向会计师事务所或工作单位以外的第三方披露因职业关系和商业关系获知的涉密信息。本案例中的C某因职业关系的缘由获知了A集团公司的一项重要投资计划，该投资计划属于A集团的涉密信息，而C某却将该涉密信息告知会计师事务所以外的第三方，明显违反了注册会计师职业道德的保密原则。

国际职业会计师道德守则中的保密原则还进一步规定了职业会计师应当保持保密性，包括在社会环境中，警惕无意中泄密的可能性，特别是警惕无意中向关系密切的商业伙伴、近亲属或直系亲属泄密的可能性。审计合伙人C某应当提高自身对于审计客户的涉密信息的警惕性，避免将涉密信息无意透露给会计师事务所以外的第三方，避免损害审计客户的商业利益。

案例五

A公司是英国一家服务业公司，旗下拥有多家子公司。B会计师事务所承接并审计了A公司2012年、2013年、2014年三个会计年度的财务报表。2015年，A公司变更了会计师事务所，与此同时，B会计师事务所承接了另外一家与A公司处于同行业的C公司的审计业务，负责C公司2015年的财务报表审计。A公司与C公司都是同行业的佼佼者，属于商业竞争对手。

2017年，英国财务报告委员会（FRC）对B会计师事务所对C公司的审计业务展开调查，发现B会计师事务所在审计过程中存在多项不当行为，其中一项包括不合理地披露前审计客户的商业涉密信息。具体而言，B会计师事务所及审计合伙人D在对C公司进行审计的过程中，和C公司的财务主管进行业务沟通时，告知了C公司财务主管关于前审计客户A公司的利润分配方案等商业涉密信息。最终，英国财务报告委员会对B会计师事务所及其审计合伙人D进行了处罚。

分析

在本案例中，B会计师事务所及审计合伙人D某违反了注册会计师职业道德的“保密”原则。

国际职业会计师道德守则中的保密原则要求职业会计师避免利用因职业关系和商业关系获知的涉密信息为自己或第三方谋取利益。本案例中的B会计师事务所及审计合伙人D某因职业关系获知了A公司的涉密信息，并将其告知给予A公司处于同行业的C公司，严重违反了注册会计师职业道德的保密原则。C公司作为A公司的商业竞争对手，很可能利用所获知的A公司的商业涉密信息来对本公司的战略决策作出相应的调整以获利，与此同时也很可能因而损害A公司的商业利益。

国际职业会计师道德守则中的保密原则进一步规定，在终止与客户或工作单位的关系后，职业会计师仍然需要遵循保密原则。如果变更工作单位或获得新客户，职业会计师可以利用以前的经验，但不应当利用或披露因职业或商业关系获知的涉密信息。本案例的B会计师事务所在2015年终止了与A公司的审计业务关系，仍然应当遵循保密原则，不得将A公司的涉密信息告知给第三方。总的来说，职业会计师在职业生涯中很可能审计不少同行业的公司，在审计过程中，职业会计师必须把握好合理利用以前经验的尺度，避免在审计过程中将以前的审计客户的商业涉密信息告知给第三方，应当严格遵守注册会计师职业道德的保密原则。

第六节　利益冲突

主要风险点

注册会计师与自己的客户存在直接竞争关系、注册会计师为两个以上客户提供服务，而这些客户之间存在利益冲突。例如，注册会计师与被审计公司的竞争对手存在利害关系、为同行业内互为竞争对手的两家企业提供审计服务、客户提供的审计业务与税务咨询业务之间存在利益冲突等。

案例一

A 公司与 B 公司为新型互联网行业内的两家成长性极强的初创企业，二者市场定位有所重合，主营业务都为技术开发、技术服务、计算机系统服务、设计、制作、代理等，都被投资者看好，互为竞争关系。2015 年 3 月，A 公司为了解公司中层人员薪资政策及其调整情况，以作为公司薪酬政策的参考资料，聘请 C 会计师事务所进行审计，D 作为整个人力资源审计项目的注册会计师，同时拥有 B 公司 5.05% 的股权。由于 A 公司实行薪酬保密制度，负责审计的 C 会计师事务所专门就此项审计签署了保密协议，明确承诺对薪酬等敏感信息保密。然而，D 注册会计师却将薪酬机密泄露给其投资的 B 公司，导致 A 公司员工普遍强烈要求加薪，甚至以罢工、离职威胁，而 B 公司趁机以相对优厚的薪酬待遇挖走 A 公司的部分优秀研发工程师，A 公司因而损失大量优质的人力资源。

分析

负责人力资源审计的注册会计师与被审计公司的竞争对手存在利害关系，注册会计师在面临与被审计公司的利益冲突时，屈从了自身利益的诱惑，放弃了自己作为注册会计师的职业道德操守。

本案例中，对注册会计师与客户间利益冲突的忽视是造成 A 公司人力资源损失惨重的源头。尽管 A 公司在聘请会计师事务所进行审计时，应对注册会计师是否与竞争公司之间存在利害关系保持一定的警惕，但作为“经济警察”的注册会计师，更应秉持自身的专业素养，在面临此类情境时应主动回避或坦诚告知客户事实，让客户心里有数，还应合理评估利益冲突将对人力资源审计造成的不利影响程度。同时，既然注册会计师已接下了这项审计业务，签订了保密协议，就应始终保持诚信的基本职业操守，不应因利益冲突就将重要信息泄露给他人。另外，相关法律法规也应落实对与第三方存在利害关系的注册会计师主动回避或披露利害关系的规定要求，并对因利益冲突而作出违法行为的会计师事务所及注册会计师个人予以严厉的处罚规定，加大其违法成本，使整个行业重视职业道德的培育。

案例二

A 公司成立于 2001 年，是国内本土的一家著名鞋类生产商，同时也是一家大型时尚运动体育用品企业，其所生产的 T 系列在中国市场上销售额与知名本土品牌安踏、李宁相匹敌，2008年，A公司在香港证券交易所挂牌上市。自2012年起，A公司连续3年聘请全球四大会计师事务所之一B会计师事务所为其提供审计与鉴证服务，出具审计报告，其中C注册会计师一直为负责审计A公司的主管审计师。然而，C注册会计师同时也是A公司业内强有力的竞争对手——D公司的主管审计师，且与D公司的高管E私交甚密，两人为关系很好的高尔夫球友。2013年，C会计师将有关A公司的盈利数据、并购消息等内部信息泄露给E以获取金钱报酬，E利用这些信息制造不利于A公司的舆论，并在股票市场上进行内部交易，导致A公司在4月9日当天股价便下跌4%，且品牌声誉也由于虚假舆论而受到重创。4月10日，证监会对该事件进行调查，B会计师事务所承认违反审计准则，辞去了两家公司的外部审计职务，并撤回了两家公司2012~2013年的全部审计报告。同年5月，涉案会计师C已承认，并同意支付补偿金。

分析

本案例中C注册会计师为同行业内互为竞争对手的两家企业提供审计服务，不仅未评价两者间利益冲突产生不利影响的严重程度，还利用职务便利泄露其中一家公司的内部信息，将一己私利置于客户利益之上，无视注册会计师基本职业道德，其行为严重损害了注册会计师的诚信与独立性。

本案例中的C注册会计师在审计同行两家具有利益冲突的企业时，应事先告知客户事实，征求双方同意后才能执行审计职务，以降低审计违约风险，打消客户的疑虑。并且，在审计过程中，应正当评价利益冲突将给财务报表带来的潜在风险，并坚守独立性原则，不为客户开出的利益价码所惑而泄露另一客户的商业秘密。

案例三

B会计师事务所成立于1997年，总部位于中国北京，专门提供审计、税务咨询等服务，是国内百强会计师事务所之一。自2006年起，B会计师事务所为在行业竞争中增强竞争优势，开始大力向客户推进避税产品，这些产品包括债券发行溢价结构解决方案、外国杠杆投资项目、离岸投资组合策略以及公司贡献战略组合策略，其中，前三类产品涉及的许多规则属滥用或非法避税手段。一般而言，开发一种新的避税计划需要2~5个月的时间，会计师事务所可从中获取10%~40%的金额作为报酬。2009年起，B会计师事务所陷入历时3年的非法销售避税产品调查的旋涡。据调查，B会计师事务所在2006~2007年中将同一项避税计划卖给了186位纳税人。对于公司客户，除了运用惯用的营销策略外，B会计师事务所还会锁定其审计客户，让避税产品的推行者与审计师一起合作。审计师只根据推行者的意见发表审计意见，并允许审计客户把避税产品带来的收益体现在财务报表中。同时，除了服务于企业客户之外，B会计师事务所还向一些高级经理提供个人避税方案，让他们自行决定所需要的“损失”，B会计师事务所的税务合伙人则和其他的参与者（律师事务所、银行等）通过精确虚构交易的类型、规模等产生预定的“损失”。2011 年，B 会计师事务所表示，将对之前提供的非法避税服务负全责。

税收服务通常分为报税和税收规划两大类，前者主要能够获取一些手续费，后者才是有利可图的地方。据相关数据显示，税收服务占同行其他四位主要竞争对手会计公司总收入的近 1/3。同时，审计服务是会计师事务所的核心业务，安身立命之本，旨在审查违法违规行为，而税收服务却旨在游走法律的边缘，帮助公司避税，两者之间存在天然的利益冲突。因此，在提供避税服务时，确定其对财务报表的不利影响程度是每位注册会计师应遵循的职业原则。

分析

避税存在三种情况，即合法的、非违法的及违法的。合法避税是对纳税方案进行的优化选择，以减轻纳税负担，取得正当税收利益的手段。非违法避税则利用了税法本身存在的漏洞，由于无法无据，税务机关无法给予法律制裁。违法避税则指以欺诈手段逃税的违法行为。

本案例中的 B 会计师事务所通过虚构交易、伪造损失的避税手段，实际是逃税方案，与纳税人一起谋取巨额利润，是表面合法、实际违法的避税行为，此外，事务所在提供避税服务的同时，允许客户将避税收益计入财务报表的行为，严重违反了注册会计师提供专业服务时对利益冲突的处理要求，对注册会计师的独立性原则造成了威胁。

守则第 3 号第十九条和第二十二条给出了利益冲突的防范措施，但是，如果利益冲突对职业道德基本原则产生不利影响，并且采取防范措施无法消除不利影响或将其降至可接受的水平，注册会计师应当拒绝承接某一特定业务，或者解除一个或多个存在冲突的业务约定。B 会计师事务所向客户提供的审计业务与税务咨询业务之间存在天然的利益冲突，税务咨询中的避税方案降低了审计质量，损害了审计效果，因此，B 会计师事务所应该停止向被审计单位提供避税服务。

案例四

A 公司是英国一家家电制造企业，B 会计师事务所负责对 A 公司 2013 年的财务报表进行审计。2014 年，A 公司终止了对 B 会计师事务的审计业务委托工作，将该业务委托给 C 会计师事务所，由 C 会计师事务所负责对 A 公司 2014 年的财务报表进行审计。

在审计过程中，C 会计师事务所的注册会计师发现，A 公司销售给 D 公司的产品的价格远高于销售给其他客户的价格，由于 A 公司是国内独家生产该产品的企业，D 公司无法从市场上获取市场价格。而 D 公司 2014 年的财务报表正是由 C 会计师事务所审计，C 会计师事务所注册会计师经过测算，如果以销售产品给其他客户的平均价格计算，D 公司每年将增加的利润为1500 万元，而D 公司2014 年末审计财务报表的利润6000 万元。考虑到事情重大，C 会计师事务所委派审计 D 公司的注册会计师项目经理协助 A 公司项目组的工作。

分析

本案例中明显存在“利益冲突”的情形。国际职业会计师道德守则的“执业的职业会计师”中的“利益冲突”部分指出，执业的职业会计师应当采取适当措施，识别可能产生利益冲突的情形，如果执业的职业会计师为两个以上客户提供服务，而这些客户之间存在利益冲突或对所涉及交易或事项存在争议，也可能对客观和公正或保密原则产生威胁。本案例中的 A 公司与 D 公司存在销货与购货的业务往来，很明显存在利益冲突，但是 C 会计师事务所却同时承接了 A 公司、D 公司同一会计年度的财务报表审计业务，这很可能对职业会计师应当遵守的客观和公正或保密原则产生威胁。

国际职业会计师道德守则的“利益冲突”部分进一步指出，如果为存在利益冲突的两个以上客户服务，应当告知所有已知相关方并征得他们同意的情况下执行业务。本案例中的 C 会计师事务所在接替业务前没有对相关行业和 A 公司的业务进行了解，以致在接受业务前没有发现 A 公司和 D 公司存在利益冲突，更未在征得客户同意的情况下执行业务。

根据国际职业会计师道德守则的规定，如果利益冲突对一项或多项职业道德基本原则产生威胁，并且采取防范措施无法消除威胁或将其降至可接受的水平，执业的职业会计师应当拒绝承接某一特定业务，或解除一个或多个存在冲突的业务约定。本案例中存在的利益冲突明显会对多项职业道德基本原则产生威胁，C 会计师事务所应当采取防范措施消除威胁或将其降至可接受的水平，若无法消除，C 会计师事务所应当解除与 A 公司、D 公司其中一家公司的业务约定。

案例五

A 会计师事务所长期为 B 公司提供非鉴证服务，为了很好地利用 B 公司已有的资源，A 事务所经过所有合伙人同意和 B 公司共同投资了成立了 C 公司，C 公司的主营业务是家具的设计和生产，公司成立后运行良好。在 2015 年 A 会计师事务所准备新承接一家公司——D 公司的年报审计工作。在前期调查工作中，A 事务所的合伙人 E 注册会计师了解到，D 公司的主要业务也是家具的设计生产，是 C 公司的有力竞争者。E 注册会计师在实地对 D 公司调查了解后认为 D 公司的检查风险可以接受，A 会计师事务所有比较强的胜任能力，并且初步商定的审计收费较为合理，于是决定接受 D 公司的委托，并签订了审计业务委托书。但 E 会计师所并没有告知 D 公司有关 C 公司的相关情况。

分析

在该案例中存在利益冲突问题。执业的职业会计师应当采取适当措施，识别可能产生利益冲突的情形。国际职业会计师道德守则以列举的形式给出了两种利益冲突的情形。执业的职业会计师与客户存在竞争关系，或与客户的主要竞争者存在合资或类似关系。这些情形可能对客观和公正原则产生威胁。在该案例中产生利益冲突是列举的第二种情形。

当执业的职业会计师判断会产生利益冲突时，必须采取防范措施。在该案例中，E会计师应该告知D公司相关情况，并征得D公司的同意后，才能够执行业务。但很显然，A会计师事务所隐瞒了相关情况。

第七节　收　　费

主要风险点

1. 出于竞争压力，注册会计师可能会违背职业道德大幅降低服务费，审计业务收费过低难以保证审计质量。

2. 某一审计业务收费在会计师事务所的全部业务中所占比例过大，可能会产生客户依赖，增加审计风险。

3. 会计师事务所在鉴证业务中含有或有收费可能会导致注册会计师为了获得收费或多收费，往往会发表不恰当的意见，违背职业道德做出有违社会公众利益的行为。

案例一

2018年4月2日，××省注册会计师协会收到投诉举报，××县财政局社会中介机构入库采购项目中，部分事务所涉嫌低价不正当竞争。某大学对内部审计项目委托中介机构入围遴选以竞争性谈判方式进行采购，项目内容：参与财务预算执行和决算审计、财务收支审计、经济责任审计、内部控制审计、资产管理审计、专项审计、效益审计等审计项目的审计服务。被审验标的资产金额未确定，投标报价要求投标人竞报审计服务费率下浮率，投标中介机构有再次报价的机会，再次报价优于上一次报价。部分事务所最终报出下浮75%、80%的报价并中标入围，据了解，20%、25%的报价极有低于审验成本的风险。协会对涉嫌低价竞标的6家会计师事务所和6家评估机构的竞标行为进行了调查处理。

分析

低于审计成本投标，背离于职业道德要求，有悖于诚信建设的初衷，是对注册会计师劳动和尊严的践踏。过低价格收费必然造成事务所在执业中简化或省略审计程序，执业质量难以得到保证，将危害行业的健康发展，损害委托方乃至全社会的利益。

鉴于此，注册会计师协会特意对会计师事务所和行业从业人员提出以下要求。

1. 规范业务承接。建立和完善业务收费管理制度，在进行投标前，应当充分了解委托事项的内容、性质和工作量，研判完成审计工作所需的成本，杜绝低于成本投标。

2. 保证审计质量。执业质量是会计师事务所的生命线，更是品牌建立的基础，事务所必须坚持质量导向，不得因收费低而牺牲业务质量。

3. 防范执业风险。目前经济活动日益复杂化，审计风险与日俱增，要增强风险意识，强化风险管理，在接受委托前，应当充分了解委托方诚信情况，拒绝“有毒”业务，防止饮鸩止渴。

案例二

A 企业为上市龙头企业，于 2016 年委托 B 会计师事务所承担审计业务，根据调查 B 会计师事务所从 A 企业收取的审计费用占事务所全年收费总额的 40% 以上，出于对客户的依赖性在连续审计期间为客户出具虚假的审计报告。

分析

近年来中国证监会行政处罚决定书和中注协的调查结果均显示，我国目前的注册会计师审计质量仍令人担忧，究其原因，会计师事务所和注册会计师难辞其咎。在激烈的市场竞争中，会计师事务所为了获得较高的市场份额，寻求长久的生存发展，对于重要审计客户的特殊需求，会计师事务所很可能以牺牲独立性为代价出具令其满意的审计报告，降低了审计质量。但是，如果会计师事务所对重要审计客户妥协导致审计失败，事务所的声誉受损，这无疑违背了注册会计师职业道德的要求，同时也给事务所的未来发展带来重创。

案例三

A 会计师事务所位于辽宁省沈阳市，该事务所成立于 2003 年，是经财政部批准，具有独立法人地位的社会中介机构。注册资本为 100 万元人民币，注册员工人数为 30 人，主要经营业务有审计业务、工程预决算、税务代理、会计咨询、会计和税务培训、资产评估等。

在对 A 会计师事务所的调查中发现该事务所的审计质量存在审计人员专业素养不

高、审计方法不合理以及审计工作底稿质量偏低等问题，经分析，发现造成审计质量问题的原因之一是A会计师事务所存在或有收费的情况。或有收费是指该审计业务是否收费或者收费的金额大小是由审计工作的结果决定的。如果被审计单位对事务所出具的审计报告不满意，那么将不会支付或减少审计费用，而这种现象很大程度上会导致审计主体为了自身事务所利益而向被审计单位妥协，丧失审计的独立性，从而影响审计的质量。

分析

注册会计师作为“经济警察”，又作为市场经济中的利益主体，在尊严与利益之间选择，注册会计师面临两难境地。一方面要客观、公正地对被审计单位的财务报告发表审计意见；另一方面又要从被审计单位获得审计业务和报酬。当审计意见不能为被审计单位所接受时，注册会计师就很难做到客观发表审计意见、保持其独立性同时，又能继续获得被审计单位的审计及其相关业务。但从长远来看，只有当注册会计师遵守职业道德准则，保证其审计质量才能不断提升职业水平，维系会计师事务所的声誉。

案例四

A会计师事务所是一家小型事务所，2011年为B公司提供审计服务，双方约定2012年仍由A事务所为B公司提供审计服务。但在以后的业务接触过程中，B公司向A事务所表示，A事务所的收费有些高，C事务所的收费只相当于A事务所的2/3，B公司可能会选择C事务所提供审计服务。A事务所考虑再三，为了保住B公司这个客户，最终同意降低收费。

因为收费标准的降低，A事务所在2012年为B公司提供审计服务的项目组成员只有3人，但在2011年审计项目组成员有5人。由于人手时间都非常紧张，所以在审计过程中审计项目组需要B公司提供更多的帮助。在存货审计环节，项目组成员只是象征性地到达了盘点现场，但并没有开展实质性的工作，以至于盘点结果全部采纳了B公司的意见。但其实B公司有一部分存货是帮助别人保管的，并不是B公司自己的存货，审计项目组成员并没有发现。

分析

在该案例中A会计师事务所为了保住客户压低了收费标准，缩减的收费并不是在正常的收费浮动区间，而是减少了正常收费的1/3，过低收费导致了无法保证审计质量，违背了有关收费的原则要求。

通常故意压低报价会被认为是恶意竞争的一种方式。国际职业会计师道德守则认为，某一职业会计师的报价可能比其他职业会计师低，这本身并非不道德，然而，过低的报价可能导致难以按照适用的技术规范和职业准则的要求执行业务。在本案例中过低的报价无法支撑会计师事务所按照必要审计程序执行审计业务的成本，导致审计失败。

审计收费可以计时收费，也可以计件收费。无论哪种收费方式都有收费标准和收费依据。在确定收费标准时应考虑多种因素的影响，例如，业务的复杂程度、所需要的时间、专业人员的技能等。过低的收费无法给予审计人员合理的报酬，从而无法保证审计质量。

如何在收费环节降低对职业道德产生的威胁，国际职业会计师道德守则给出了两个防范措施。让客户了解业务约定条款，特别是确定收费的基础及在此报价内所能提供的服务；安排恰当的时间和具有胜任能力的员工执行任务。

案例五

A 公司是一家医疗用品制造企业，从 2010 年开始 B 会计师事务所已经连续 3 年为其提供审计服务，双方的合作日益深入，2014 年 A 公司负责税务及筹划的人员因意外事故住院，估计有相当长的时间不能为 A 公司提供服务，A 公司有意向从 2015 年开始将本公司的税收筹划业务也委托给 B 会计师事务所。

2014 年 A 公司生产的一批医疗用品在进行抽样检查时被查出不合格，因该不合格产品会对消费者造成不可逆的伤害，A 公司面临着主管部门的严厉惩处。也因为该事件对 A 公司的声誉产生了不良影响，A 公司的产品销量开始下滑。

2014 年年报审计开始时，A 公司希望 B 会计师事务所能够协助其对该事件的不良反映加以隐瞒，并承诺，如果 B 会计师事务所出具的是标准的无保留意见的审计报告，A 公司会将今后的税收筹划业务交由 B 会计师事务所承担，预期这项业务会给 B 会计师事务所增加和审计业务同等的收入。2015 年 B 会计师事务所为 A 公司出具了无保留意见审计报告。

分析

在该案例中，涉及或有收费的问题。B 会计师事务所违反了在审计业务中禁止或有收费的规定。

或有收费是指收费与否或收费多少取决于交易的结果或会计师事务所执行工作的结果。在该案例中，B 会计师事务所能否承接到 A 公司的税收筹划业务取决于其所出具的 2014 年的审计报告。国际职业会计师道德守则指出，会计师事务所提供审计服务时，以直接或间接形式（如通过中介机构）收取或有收费，将产生非常严重的自身利益威胁，没有防范措施能够将其降至可接受的水平，因为会计师事务所不应当采用这种收费安排。即对于审计业务禁止采用或有收费。

国际职业会计师道德守则并不禁止所有的或有收费，因为或有收费广泛存在于某些类型的非鉴证业务。因为非鉴证业务只涉及两方，非鉴证业务的结果不提供给第三方，所以在非鉴证业务中使用或有收费这种收费方式不会造成不良影响。然而在某些情况下，或有收费可能对职业道德基本原则产生威胁，或有收费可能对客观和公正原则产生自身利益威胁。职业会计师应当评价威胁的严重程度，并在必要时采取防范措施消除威胁或将其降至可接受的水平。

国际职业道德守则在B部分对或有收费进一步作了说明。非鉴证服务的或有收费是由对财务报表发表意见的会计师事务所取得，并且对该会计师事务所影响重大或预期影响重大，将没有防范措施将威胁降至可接受的水平，会计师事务所不应当接受这种收费安排。

第八章　注册会计师职业道德综合案例分析

案例一　企业为 IPO 收入造假，会计师事务所失“职业谨慎”*

一、案例介绍

辽宁隆祥特产股份有限公司（以下简称“隆祥特产”）前身为阜新隆祥土特产有限公司，是一家具有出口自营权的中外合资企业，成立于 2000 年 10 月，2011 年 9 月完成股份制改造并更名为辽宁隆祥特产股份有限公司。

隆祥特产主营业务为南瓜子（仁）系列产品及其他果仁产品的收购、加工与销售。主要产品有南瓜子、南瓜子仁、葵花子、葵花子仁、松子、开心果、杏仁，以及各种子仁类烘焙产品和南瓜荞麦挂面、杂粮等。产品销售分为国外和国内两个渠道。随着公司核心产品南瓜子仁产能的提高，公司将继续巩固在欧美市场的主导地位，同时开拓东南亚和中东市场。而在国内，将继续深化与国内大型食品批发商以及下游加工企业的战略合作伙伴关系，提升自己的品牌影响力。

隆祥特产以子仁类产品的加工与销售为核心业务，拥有十多年的国际贸易经验。曾经是国内子仁加工行业的领军企业。率先使用了国际领先的色选机、异物剔除机、激光分选机等设备，并实现自动化控制。根据海关信息网发布的重点商品企业排行榜信息，隆祥特产在 2013 年处于农业出口企业百强榜第 35 位。

隆祥特产为了实现上市的目的，在首次公开募股（IPO）环节利用农业产业特有的性质，在 IPO 时操纵利润，被监管机构发现。纵观 IPO 造假历史案例，农业股算得上“一枝独秀”。而此次事发的隆祥特产亦主打特产销售，农产品加工企业终端分散、现金交易，让核查真实性变得特别困难。此外，农业类企业享受许多税收优惠，使虚增

---

* 本案例内容整理改编自中国证监会网站（http：//www.csrc.gov.cn/pub/zjhpublic/G00306212/201703/t20170330_314402.htm）及其他相关文献资料。

收入和利润的税务成本非常低。

瑞江会计师事务所（特殊普通合伙）（以下简称“瑞江所”），系隆祥特产首次公开发行股票并上市（IPO）审计机构，对隆祥特产2012年、2013年及2014年财务报表进行审计并出具了标准无保留意见的审计报告。瑞江所在审计过程中未勤勉尽责，其所出具的审计报告存在虚假记载。

根据中国证监会的信息披露：

2015年3月13日，中国证券业协会首发企业信息披露质量抽查抽签情况，决定对隆祥特产进行信息披露检查工作。

2016年9月2日，证监会对隆祥特产于2013～2015年向证监会申报的四份招股说明书存在虚假记载作出行政处罚及市场禁入决定。

2017年3月13日，中国证监会对瑞江所作出行政处罚决定书。

二、案例分析

隆祥特产作为国内农产品行业的领军企业，在此次IPO过程中暴露出了我国农业企业在寻求上市过程中会出现的各类问题。以往会计师事务所，就对农业企业的上市工作抱有职业敏感的怀疑，因为在我国，农业企业在税收上基本都有各类减免，地方政府与国家有时也会对部分农业领域提供扶持，因此，农业企业在利润及税负上造假的成本比较低。同时，由于农产品加工交易的环节比较分散，也不利于调查人员对交易真实情况进行调查，审计工作与审计成本也随之增加。此次隆祥特产IPO造假被查事件发生后，最显著的影响是参与此次IPO工作的会计师事务所，面临行政处罚以及暂时性的停业整顿。瑞江所在审计过程中没有认真执行《中国注册会计师职业道德守则第1号——职业道德基本原则》第十六条、第十七条的规定，未勤勉尽责，其失职在于：

（一）瑞江所未保持应有的职业怀疑，未充分关注境外销售合同的异常情况

瑞江所在对隆祥特产2012～2014年营业收入进行审计时，隆祥特产提供的与各个境外销售客户签订的合同的格式大致相同，合同中缺少对外贸易合同的一些基本要素，如：对货物质量的约定（如纯度、含水率、破损率等）；包装标准；付款条件（如见票即付）；需要提交的文件（如发票、提单、各种检疫检验证明文件等）。瑞江所在审计时发现隆祥特产在2012年前后使用的外销合同格式不一样，但未保持应有的职业怀疑，特别是在2013年及2014年营业收入存在舞弊导致的重大错报风险的情况下，对上述异常情况未予以充分关注。

（二）未对函证保持控制

瑞江所在对隆祥特产2012～2014年财务报表进行审计时，对大部分销售客户（包括大部分境外销售客户）期末应收账款余额及当期销售金额进行了函证。经查，瑞江

所将向销售客户的询证函交由隆祥特产的工作人员发出，未对函证保持控制。隆祥特产之后安排将虚假回函寄回瑞江所。

（三）未按审计准则及其设计的舞弊风险应对措施、总体审计策略执行相应的审计程序

瑞江所对隆祥特产2013年及2014年财务报表进行审计时，将存货评估为存在舞弊风险，将存货和营业成本评估为存在重大错报风险，并将存货评估为存在特别风险。在舞弊风险应对措施中提出，在观察存货盘点的过程中实施额外的审计程序，例如，更严格地检查包装箱中的货物、存货堆放方式等。但注册会计师在监盘过程中，在隆祥特产的存货密集堆放，各垛物品间没预留可查看空间的情况下，只对顶层、侧面以及外围的存货进行抽样检查，未对垛中心存货进行检查。此外，瑞江所在总体审计策略中提出，核对库房进销存账与财务账是否一致，但实际未执行。

（四）未按审计准则及总体审计策略的要求，实施有效的抽盘程序

经查，2012~2014年隆祥特产虚增的以及存放于天津代工厂的存货金额分别占各年末存货金额的比例为24.84%、30.97%及41.49%，该部分存货于各年年末在隆祥特产的自有库房中是无法盘点出来的，而瑞江所在审计底稿中记录2012年、2013年及2014年的抽盘比例分别是54.36%、67.85%及88.56%。且在实际监盘时，瑞江所仅从每一垛存货中抽出部分存货进行称重或查看质量，进而认为整垛存货是经过抽盘的，故瑞江所实际抽盘的比例远低于审计底稿记载的比例。此外，2013年及2014年，瑞江所在总体审计策略中提出要加大抽盘的范围与数量，但实际也未执行。

作为农业企业，隆祥特产的主营业务主要是农产品加工出口。首先，根据证监会披露的违法信息可以了解到，瑞江所在面对隆祥特产对外出口合同的检查时，明知不同的销售合同在格式与内容上大体一致，且在合同基本要素都未满足的情况下，却没有对合同的真实性提出疑问并进行尽职审查，使隆祥特产通过虚开合同，增加销售收入的行为得逞。在对应收账款与销售金额进行确认时，必要的手段是与客户进行函证取证，但瑞江所显然没有仔细审核函证回函的真实性，丢失了应有的职业敏感。其次，瑞江所明显察觉到了可能的舞弊风险，例如对存货的估计。但在实际盘点的过程中，瑞江所的注册会计师没有根据存货的实际堆摆情况采用合适的盘点方法，而是仅对存货堆放的外层区域进行抽点，采用的审计方法不当或没有实施必要的审计程序，这也导致了隆祥特产有机会虚构存货数量。

瑞江所的上述行为违反了《中国注册会计师职业道德守则第1号——职业道德基本原则》第十六条、第十七条的规定，没有保持应有的职业谨慎，违背了注册会计师职业道德守则。

三、案例启示

我国目前依然是农业大国，针对希望在证券市场进行融资活动的农业企业来说，如何在市场上赢得更多的信任，是农业企业管理者们应该关注的问题。而对于注册会计师来说，保持应有的职业敏感，将注册会计师的责任感、道德感真正带入工作中，努力与农业企业保持合理沟通，提供合理合法合规的建议，使农业企业上市公司以及准备 IPO 的农业企业，更好地了解身为上市公司的职责所在，这样才会实现“双赢”的局面。

案例二 企业为避“ST”虚增利润，会计师事务所违“诚实守信”*

一、案例介绍

海南大亚实业发展股份有限公司（以下简称“大亚实业”）原系由中国寰岛（集团）公司、中国银行海口信托咨询公司和交通银行海南分行等单位共同发起，以定向募集方式设立的股份有限公司，1997 年 1 月，经中国证监会批准上市发行社会公众股 3100 万股，1997 年 2 月 28 日，公司股票正式在深圳证券交易所挂牌上市；2008 年 7 月 8 日更名为海南油脂科技发展股份有限公司（股票简称：ST 油脂）；2010 年 2 月 8 日公司更名为海南大亚实业发展股份有限公司（股票简称：大亚实业），经历次配、送、转股后，现有股本总额为 32327 万股。

公司现已拥有海南国际五星级酒店——寰岛大酒店股权，并拥有亚龙湾海底观光项目股份。公司还经营电子、电器产品，电子元器件、家用电器、计算机终端设备、通信设备的生产、销售等。

大亚实业 2013 年、2014 年两年实际发生连续亏损，按照规定，若符合连续两年亏损将被实施“*ST”的操作，因此大亚实业通过虚增利润来避免这种情况的出现。

2010~2014 年，大亚实业的年度报告均存在信息披露违法的情形，包括了虚增、虚减营业收入和净利润的数额，且占公司当期披露数的比重较大。

大亚实业的审计所是永华会计师事务所，永华会计师事务所（特殊普通合伙），成立于 2011 年 2 月，2014 年 3 月变更为现用名称（以下简称“永华所”），住所为北京市海淀区。

2016 年 1 月 26 日，中国证监会做出行政处罚决定书，对海南大亚实业发展股份有限公司相关人员在信息披露上出现虚假信息的违法事件提出处罚。

2017 年 1 月 6 日，中国证监会作出行政处罚，对大亚实业的审计所永华会计师事务所以及签字注册会计师温亭水、秦宝等人作出行政处罚决定。

---

* 本案例内容整理改编自中国证监会网站（http://www.csrc.gov.cn/pub/zjhpublic/G00306212/201701/t20170111_309280.htm）及其他相关文献资料。

二、案例分析

永华会计师事务所在审计大亚实业2013年年度财务报表过程中未勤勉尽责，出具的审计报告存在虚假记载，具体违法事实如下：

（一）永华所未合理考虑已识别的期后事项对长期股权投资减值准备的影响，未对相应错误予以识别和采取适当措施

2012年、2013年大亚实业持有济南固锝电子器件有限公司（以下简称“济南固锝”）48%的股权。2013年12月31日，大亚实业董事会决议通过《关于转让济南固锝电子器件有限公司21%股权的议案》，披露的股权转让价格为8750000.00元，定价依据为截至2012年12月31日大亚实业所持济南固锝股权的账面价值20017561.21元。2014年1月20日，大亚实业临时股东大会决议通过《关于转让济南固锝电子器件有限公司21%股权的议案》。大亚实业未根据前述定价依据对所持济南固锝48%股权对应的长期股权投资计提减值准备2377904.37元，导致其2013年虚增净利润2377904.37元（未考虑所得税因素），占当期净利润的90.54%。

永华所在出具审计报告前知悉了大亚实业股权转让的事宜，在仅取得大亚实业大股东出具《承诺函》的情况下，未合理考虑该事项对长期股权投资减值准备的影响，未对相应错误予以识别和采取适当措施。上述行为违反了《中国注册会计师审计准则第1332号——期后事项》第十一条的规定和《中国注册会计师审计准则第1101号——注册会计师的总体目标和审计工作的基本要求》第二十八条的规定。

（二）永华所对于已识别的济南固锝质量索赔款会计差错，未采取适当措施予以处理

2012年济南固锝将质量索赔款5355085.00元确认为营业外支出。2013年10月，鉴于质量索赔款未实际支付且具体赔偿金额尚不能合理确定，济南固锝认为2012年确认营业外支出时会计估计不准确，遂冲减2013年营业外支出5355085.00元。永华所在审计中发现该会计差错后，并未要求济南固锝按照《企业会计准则》进行追溯调整，而是要求济南固锝直接调减本期营业成本，虚增产成品。2013年12月31日，济南固锝冲回2013年10月所做凭证，并根据永华所要求在下一个凭证中冲减当期营业成本5300000.00元，对应调增产成品5300000.00元，并将剩余55085.00元通过借记“本年利润红字55085.00元”，贷记“利润分配——未分配利润红字55085.00元”进行会计处理。该会计处理方式导致大亚实业2013年虚增净利润2570440.80元（未考虑所得税因素），占大亚实业当期净利润的97.87%。

（三）永华所出具标准无保留意见审计报告

永华所设定的重要性水平为120万元。2014年4月24日，永华所对大亚实业2013

年年度财务报表出具标准无保留意见的审计报告，签字注册会计师是秦宝、温亭水。永华所2013年大亚实业财务报表审计业务收费为35万元；对2013年济南固锝单独出具了审计报告，审计业务收费为4万元，共计收费39万元。

永华所的上述行为违反了《中国注册会计师职业道德守则第1号——职业道德基本原则》第七条、第十六条、第十七条的规定，没有遵守诚实守信的原则，没有保持应有的职业谨慎，违背了注册会计师职业道德守则，没有客观评价审计过程中识别出的错报。

三、案例启示

在大亚实业的违规事实中，有着一个在我国长期存在的问题，即上市公司是否应对联营企业的财务报告情况承担连带责任的问题。同时，由于被查出的大亚实业存在连续4年的财务造假，在我国上市公司舞弊案件中也算少见的，那么，承担了其连续4年审计工作的会计师事务所，竟然能在连续4年的审计报告中给出如此荒唐的无保留意见，是否也应当承担对投资者损失的义务。永华所在大亚实业审计中，注册会计师违背了诚实守信原则，对来自外界的束缚没有抵御能力，从而影响了审计的客观性。

案例三　企业违法重大重组，会计师事务所未“保持应有的关注”*

一、案例介绍

福建林森林业股份有限公司（以下简称“福建林森”）于2007年11月改制设立，2012年6月5日在深圳证券交易所正式上市，募集资金3.7亿元，公司注册股本13868万元。是中国生态环境建设十大贡献企业和农业产业化省级重点龙头企业，也是我国首家纯森林资源培育型林业上市企业。公司于2009年获得“FSC—FM/COC”国际森林可持续经营认证，是我国南方经国际森林认证蓄积量最大的森林资源培育企业。公司经营范围有：森林经营和管护；造林和更新；花卉及其他园艺植物的种植；对林业、农业项目的投资；木制品、竹制品、初级农产品销售；对外贸易；中草药种植；木材、竹材采运、加工、销售等。

根据福建林森有关公告，2014年9月福建林森聘请江华会计师事务所（以下简称“江华所”）担任重大资产重组的审计机构；2014年10月，福建林森与江华所解除合作关系，聘请华大会计师事务所（以下简称“华大所”）为重大资产重组的审计机构；

---

* 本案例内容整理改编自中国证监会网站（http：//www.csrc.gov.cn/pub/zjhpublic/G00306212/201609/t20160909_303186.htm）及其他相关文献资料。

2015 年 1 月，福建林森与华大所解除合作关系，聘请利达会计师事务所（以下简称“利达”）为重大资产重组的审计机构。

2014 年 5 月 28 日，福建林森因筹划重大事项发布停牌公告。同日，公司成立工作小组，开展并购福建连华股份有限公司（以下简称“连华”）部分股权的工作。

2015 年 2 月 7 日，福建林森在证监会正式受理重大资产重组申请前撤回申请，并披露了《关于向中国证监会申请撤回发行股份及支付现金购买资产并募集配套资金暨重大资产重组相关申报材料并终止本次重大资产重组的公告》。经查，连华为了实现重组后的资产扩大，通过虚增收入达到虚增利润的目的。

2016 年 8 月 2 日，证监会对福建林森、连华存在的信息虚假记载等违法行为作出行政处罚决定。

2016 年 8 月 3 日，证监会对利达承接的福建林森重大资产重组审计事项作出行政处罚决定。

2017 年 2 月 24 日，证监会发布 2016 年证监稽查 20 大典型违法案例，包括了福建林森违法重大重组事件。

二、案例分析

经查明，利达存在未勤勉尽责，违法事实如下。

（一）福建林森披露的《重大资产重组报告书（草案）》存在虚假记载

2014 年 5 月，福建林森开展并购福建连华部分股权的工作，利达系福建林森本次重大资产重组的审计机构。

福建林森 2015 年 1 月 13 日披露的《重大资产重组报告书（草案）》中，连华 2012 年度、2013 年度、2014 年 1 ~ 9 月各年（期）虚增营业收入分别为 28255650 元、27463495 元、22147080 元，虚增比例分别为 15.93%、14.76%和 13.96%。

经过调查，利达在对连华财务报表进行审计时相应的审计程序未履行到位，未收集充分合理的审计证据，其出具的审计报告存在虚假记载。

以上事实，有福建林森有关公告、连华出具的有关说明、连华有关财务报表、银行存款明细账、营业收入明细账、连华销售数量金额明细表、有关当事人谈话笔录、连华及有关当事人银行账户资金流水等证据证明，足以认定。

（二）利达对连华的风险评估、应收账款、营业收入的审计未能勤勉尽责，出具的审计报告存在虚假记载

1. 利达对连华 2012 ~ 2014 年 9 月财务报告审计总体情况。

2014 年 10 月，利达开始对连华 2012 年 1 月 ~ 2014 年 9 月财务报表进行审计，2015 年 1 月出具了标准无保留意见的审计报告，审计收费 205 万元，签字注册会计师

为王晶和田小珑，田小珑为项目负责人。

2. 利达未执行前后任注册会计师的沟通程序。

2015 年 1 月，福建林森与华大会计师事务所解除合作关系，聘请利达为重大资产重组的审计机构。利达业务承接评价表未显示利达曾关注变更会计师事务所的原因，或与前任注册会计师进行过必要的沟通。

对前后任注册会计师按照业务规则进行沟通的情况，利达没有提出具有证明力的证据予以证明，审计工作底稿亦未按要求载明与前任注册会计师的沟通情况记录。

3. 利达对连华的风险评估程序未执行到位，未能识别和评估财务报表重大错报风险。

利达了解被审计单位及其环境（不包括内部控制）的审计底稿显示，注册会计师实施的风险评估程序包括：向被审计单位项目总体负责人询问主要业务和行业发展状况等信息、对兰花专家进行访谈、对经销商及花卉市场进行调研与询价等；审计底稿中兰花市场调研总结显示，对兰花市场的调研分为南线组、北线组、北京组和广州组进行；审计总结显示，项目组专程到昆明对昆明市西山区兰花协会秘书长李某某进行访谈，在盘点现场对中国植物学会兰花分会理事长罗某某进行访谈。截至调查日，注册会计师未向证监会提供向被审计单位项目总体负责人询问主要业务和行业发展状况的工作记录；对昆明市西山区兰花协会秘书长李某某的访谈记录为复印件，且没有记录参加访谈的项目组成员，也未能提供项目组成员的出行记录；未能提供项目组成员进行市场调研的出行记录，未能证明注册会计师或其他审计项目组成员执行了上述审计程序。

4. 利达对连华应收账款、营业收入的审计未能勤勉尽责，审计结论不公允。

（1）审计底稿未能证明审计程序的履行。应收账款函证结果汇总表显示，注册会计师对北京 4 家经销商、上海 2 家经销商、福建 1 家经销商和广东 1 家经销商进行实地走访；经销商走访工作总结显示，项目组成员田小珑等对前述连华北京 4 家经销商、进行现场观察、访谈；审计总结显示，注册会计师对厦门 1 家、上海 2 家、北京 4 家经销商分别进行实地走访，执行询问、观察、记录、拍照等审计程序。但审计工作底稿中未见上述实地走访的相关记录。项目组对前述北京 4 家经销商进行现场观察验证，未对经销商进行访谈，项目组也未对连华其他经销商进行实地走访。经查，2012 年 1 月 ~2014 年 9 月连华账面记录的虚假销售收入累计达 17066335 元。据调查，审计机构对重要的审计科目，如营业收入的审计程序未执行到位，未能收集充分适当的审计证据。

（2）利达利用前任注册会计师访谈底稿未做复核，未对不符事项实施进一步审计程序。利达对经销商杨某某等以书面询函形式进行访谈，访谈函的访谈记录均为连华董秘王某提供的连华原审计机构华大所访谈底稿的复印件，利达审计工作底稿中未见对前任注册会计师访谈底稿的复核。其中，对北京经销商黄某某的访谈函件上，被访谈人记录为杨某妹，利达审计工作底稿未说明访谈杨某妹的原因，未说明杨某妹与黄某某的关系。

5. 利达未按行业准则规定对银行存款实施函证程序。

2012 年 1 月 ~2014 年 9 月，连华西安分公司的银行账户、连华北京分公司的银行账户、连华福州分公司的银行账户均销户。注册会计师未对当期销户银行账户实施函证程序，审计底稿也未说明不实施函证程序的理由。以上事实，有福建林森有关公告、审计业务约定书、利达为本次重组出具的审计报告、审计底稿、会计凭证、利达和当事人出具的有关说明、有关当事人谈话笔录等证据证明，足以认定。

利达对连华 2012 年 1 月 ~2014 年 9 月财务报表的审计未按照行业标准履行勤勉尽责义务，违反了《中国注册会计师职业道德守则第 1 号——职业道德基本原则》第十六条、第十七条的规定。

三、案例启示

通过上述案例分析可以看出，利达在审计福建林森的过程中，未保持必要的勤勉尽责，反而是采取了得过且过的态度进行审计。利达事务所以及该事件中的签字注册会计师的行为，应该值得全国审计行业人员的反思。首先是在与前任会计师事务所进行交接的工作程序上，采取了走过场的态度，没有认真地执行必须的沟通交流。其次，在进行行业调查时，很难体现出利达采取了主动调查、实地走访的工作程序，反而有一种敷衍了事的感觉。最后，在各类函证的确认中，利达同样采取了消极态度，要么是不进行认真细致的实地走访，以获得必要的佐证；要么就是干脆未进行函证程序。

利达的注册会计师执行的审计程序不充分、不适当，缺乏必要的职业谨慎和合理的职业判断，对连华财务报表重大错报，没有运用重要性水平判断审计客户的错报是否重大，从而采取补救措施，有效地控制风险。说明整个审计过程没有勤勉尽职，反映了注册会计师在审计过程中没有认真执行职业道德守则。

案例四 企业欺诈发行，会计师事务所缺乏应有“独立性”*

一、案例介绍

丹东华泰电气股份有限公司（以下简称“华泰电气”）由丹东整流器有限公司整体改制而成，注册资本 7000 万元。华泰电气是辽宁省重点高新技术企业，同时也是“国家火炬计划”的重点高新技术企业。于 2014 年 1 月 27 日在深圳创业板上市。成功 IPO 上市后，华泰电气的应收账款在年末异常增长，与此同时，利润却并未增长。其实

---

* 本案例内容整理改编自中国证监会网站（http：//www.csrc.gov.cn/pub/zjhpublic/G00306212/201608/t20160801_301480.htm）及其他相关文献资料。

早在2009年，华泰电气就首次提交了IPO申报材料，但在2011年，华泰电气收购了辽宁华泰股份有限公司的部分资产，该项收购导致了华泰电气的收入大幅下降，对公司的持续盈利能力构成了重大的不利影响，最终华泰电气未能在证券市场上市。随后，华泰电气更换了保荐机构准备再次IPO上市，为了获得可靠的持续盈利能力指标，华泰电气放松了客户审查标准，导致公司出现了大量难以回收的应收账款。

根据李花果（2017）的分析，华泰电气造假后的2010～2014年的应收账款占总资产的比例为21.24%、20.90%、24.26%、27.67%和33.95%，而经过更正后的应收账款占总资产比例的数据，2011～2014年分别为35.77%、40.55%、54.22%和42.08%（见表8－1）。

表8－1　　　　华泰应收账款情况

项目		2010年	2011年	2012年	2013年	2014年
华泰造假数据	应收账款数额（万元）	10364.87	13531.06	16883.41	20781.95	39004.90
	占总资产的比重（%）	21.24	20.90	24.26	27.67	33.95
华泰更正后数据	应收账款数额（万元）		23028.06	28219.41	40721.95	43906.83
	占总资产的比重（%）		35.57	40.55	54.22	42.08

中国证监会2017年7月8日通报，华泰电气被正式认定为欺诈发行。随之而来的将是退市程序的启动。由此，华泰电气将成为因欺诈发行被退市的第一单。

2016年6月17日，证监会通报对华泰电气以及中介机构违法违规案件查处情况。

2016年7月8日，证监会对华泰电气欺诈发行正式作出处罚，启动强制退市程序。

2016年7月27日，证监会对北京华兴会计师事务所作出行政处罚决定书。

2017年7月12日，华泰电气复牌，交易30个交易日后于8月23日开市起停牌。此外，证监会表示华泰电气不能恢复上市。然而，在11个跌停后，8月18日，复牌后更名为“＊华泰退”的华泰电气一度意欲冲上涨停，11亿资金在表演着“刀口舔血”。华泰电气最终被强制退市，它成为因欺诈发行退市的第一单。

二、案例分析

华泰电气从2011～2014年，持续四年，六期财务报告，每期虚构收回应收账款从7000多万元到近2亿元不等。尽管手法隐蔽、造假成系统且不惜成本，创业板上市公司华泰电气还是得到了应有的惩罚。

北京华兴会计师事务所（以下简称“华兴所”）作为华泰电气IPO的财务审计机构，对其2010～2013年上半年进行了审计，并出具了标准无保留意见的审计报告。

华兴所对华泰电气2013年度、2014年度出具的仍然是标准无保留意见的审计报告。

经证监会查明，华兴所存在以下违法事实。

（一）华兴所对华泰电气 IPO 期间财务报表审计时未勤勉尽责，出具的审计报告存在虚假记载

1. 在将收入识别为重大错报风险的情况下，对与其相关的应收账款明细账中存在的大量大额异常红字冲销情况未予关注。

华兴所对华泰电气 IPO 期间财务报表进行审计时，各会计期间均将收入评估为“可能存在较高重大错报风险的领域”，并在审计工作总结中将“收入及利润上涨风险”认定为“评估的特别风险”；2011 年年报审计时将“应收账款”科目认定为重大账户；2012 年年报和 2013 年半年报审计时将“应收账款存在”识别为“重要的交易、账户余额和披露及相关认定”。

经查，华泰电气通过外部借款、使用自有资金或伪造银行单据的方式在各会计期末冲减应收账款，虚构应收账款的收回，大部分在下一会计期期初以应收账款贷方红字冲销和银行存款借方红字冲销的形式予以冲回。2011 年，应收账款科目发生 54 笔红字冲销，金额共计 14331 万元；2012 年，应收账款科目发生 138 笔红字冲销，金额共计 28495 万元，发生于 1 ~2 月的有 41 笔，金额共计 10449 万元，其中即包括华泰电气恢复前一会计期期末虚构收回的应收账款 10156 万元；2013 年上半年，应收账款科目发生 85 笔红字冲销，金额共计 10559 万元，发生于 1 ~ 2 月的有 74 笔，金额共计 10004 万元，其中即包括华泰电气恢复前一会计期期末虚构收回的应收账款 9110 万元。注册会计师在对应收账款进行替代测试时，抽查 2013 年 1 月 433 号、358 号凭证，红字冲销金额分别为 1452 万元、1647 万元，均涉及虚构应收账款收回。

对于上述大量大额异常红字冲销情况，华兴所未保持职业怀疑予以关注，继而未设计和实施相应的审计程序以获取充分、适当的审计证据。

2. 未对应付账款、预付账款明细账中存在的大量大额异常红字冲销情况予以关注。

华泰电气应付账款科目借方红字冲销的情况为：2011 年，应付账款科目发生 65 笔红字冲销，金额共计 18722 万元；2012 年，应付账款科目发生 63 笔红字冲销，金额共计 21265 万元；2013 年上半年，应付账款科目发生 177 笔红字冲销，金额共计 20800 万元，其中包括部分华泰电气虚构增加的应付账款共计 4310 万元。

华泰电气预付账款科目借方红字冲销的情况为：2013 年上半年，预付账款科目发生 11 笔红字冲销，金额共计 3760 万元，其中包括华泰电气虚构收回的预付账款共计 3500 万元；注册会计师在对预付账款进行替代测试时，抽查 2013 年 6 月 757 号、758 号凭证，红字冲销金额分别为 550 万元、450 万元，均涉及虚构收回预付账款。

对于上述大量大额异常红字冲销情况，华兴所未保持职业怀疑予以关注，继而未设计和实施相应的审计程序以获取充分、适当的审计证据。

3. 在应收账款、预付账款询证函未回函的情况下，未实施替代程序，未获取充分适当的审计证据。

华兴所在对华泰电气 2012 年财务报表应收账款进行审计时，共向 51 家客户发出询证

函，在其中7家客户未回函的情况下，仅对其中1家客户进行了替代测试，剩余6家客户未做替代测试。6家客户中有2家系华泰电气虚构收回应收账款的客户，共计虚减应收账款2104万元。对于回函客户中有2家客户存在函证金额、审计最终确认金额与账面余额不一致的情况，华兴所未予关注、未做调整也未实施进一步的审计程序。华兴所在对华泰电气2013年半年报应收账款进行审计时，共向46家客户发出询证函，在未收到任何回函的情况下，仅对其中13家客户进行了替代测试，剩余33家客户未做替代测试。33家客户中有19家系华泰电气虚构收回应收账款的客户，共计虚减应收账款5704万元。华兴所在对华泰电气2013年半年报预付账款进行审计时，共向19家客户发出询证函，在未收到任何回函的情况下，仅对其中5家客户进行了替代测试，剩余14家客户未做替代测试。14家客户中有1家系华泰电气虚构调整预付账款的客户，金额为1000万元。

4. 未对银行账户的异常情况予以关注。

华兴所对华泰电气货币资金进行审计时，在丹东市商业银行函证未回函的情况下，对该账户2013年1～6月累计借方发生额为－1444万元的异常情况，未予关注，未实施进一步的审计程序，未能发现该账户2013年1月存在大量减少银行存款同时冲回应收账款的记录。

（二）华兴所对华泰电气2013年财务报表审计时未勤勉尽责，出具的审计报告存在虚假记载

1. 在将收入识别为重大错报风险的情况下，对与其相关的应收账款明细账中存在的大量大额异常红字冲销情况未予关注。

华兴所对华泰电气2013年财务报表进行审计时，将收入评估为"可能存在较高重大错报风险的领域"，并在审计工作总结中将"收入确认"认定为"存在舞弊风险的因素"。

经查，华泰电气在上市后继续通过外部借款或伪造银行单据的方式，虚构应收账款的收回，在会计期末冲减应收账款，大部分在下一会计期期初以应收账款贷方红字冲销和银行存款借方红字冲销的形式予以冲回。2013年，应收账款科目发生100笔红字冲销，金额共计11169万元，发生于1～2月的有74笔，金额共计10004万元，其中包括华泰电气恢复前一会计期末虚构收回的应收账款9110万元。注册会计师在对应收账款进行审计时，抽查2013年1月358号、433号凭证，红字冲销金额分别为1647万元、1452万元，均涉及虚构应收账款收回。

对于上述大量大额异常红字冲销情况，华兴所未保持职业怀疑予以关注，继而未设计和实施相应的审计程序以获取充分的审计证据。

2. 未对应付账款明细账中存在的大量大额异常红字冲销情况予以关注。

华泰电气应付账款科目借方红字冲销的情况为：2013年，应付账款科目发生203笔红字冲销，金额共计22576万元，其中包括部分华泰电气虚构增加的应付账款共4310万元。注册会计师在对应付账款进行审计时，抽查2013年6月667号红字冲销的凭证，红字冲销金额为52.5万元，涉及虚构增加应付账款。

对于上述大量大额异常红字冲销情况，华兴所未保持职业怀疑予以关注，继而未设计和实施相应的审计程序以获取充分、适当的审计证据。

3. 在应收账款询证函未回函的情况下，未实施替代程序，未获取充分适当的审计证据。

华兴所在对华泰电气2013年财务报表进行审计时，共向24家客户发出询证函，在其中22家客户未回函的情况下，仅对其中8家进行了替代测试，剩余14家未做替代测试。14家客户中有7家系华泰电气虚构收回应收账款的客户，共计虚减应收账款4303万元。在对8家客户进行替代测试时，华兴所未按照其审计工作底稿程序表的要求，将销售回款金额与银行对账单核对，其中3家客户系华泰电气虚构收回应收账款的客户，共计虚减应收账款928万元。华兴所的上述行为违反了《中国注册会计师审计准则第1312号——函证》第十九条的规定。

4. 未对银行账户的异常情况予以关注。

华兴所对华泰电气货币资金进行审计时，未对丹东市商业银行账户发出询证函也未在审计工作底稿中说明原因，对该账户2013年1～12月累计借方发生额为－1444万元、期末借方余额为－56万元的异常情况未予关注，未实施进一步的审计程序，未能发现该账户2013年1月存在大量减少银行存款同时冲回应收账款的记录。

（三）华兴所对华泰电气2014年财务报表审计时未勤勉尽责，出具的审计报告存在虚假记载

华兴所对华泰电气2014年财务报表进行审计时，将应收账款评估为“可能存在较高重大错报风险的领域”，并在审计工作总结中将“收入确认”认定为“存在舞弊风险的因素”。2014年，应收账款科目发生180笔红字冲销，金额共计19521万元，发生于1～3月的有70笔，其中即包括华泰电气恢复虚构收回的应收账款5865万元。注册会计师在对应收账款进行审计时，抽查2014年10月41号、231号、597号、11月676号凭证，红字冲销金额分别为494.71万元、655.40万元、1225.32万元和1162.64万元，均涉及虚构应收账款收回。

对于上述大量大额异常红字冲销情况，华兴所未保持职业怀疑予以关注，继而未设计和实施相应的审计程序以获取充分的审计证据。

华泰电气在财务造假的情况下成功上市。但在2015年5月，华泰电气被辽宁证监局现场检查时，发现华泰电气可能存在财务造假的行为。经过调查，最后确定华泰电气在IPO的准备过程中，存在虚造财务数据，故意欺瞒投资者的行为。同时，作为中介机构，北京华兴会计师事务所也存在未能勤勉尽责的行为。

华兴所的上述行为违反了《中国注册会计师职业道德守则第1号——职业道德基本原则》第十六条、第十七条的规定，被一并处理。

三、案例启示

作为华泰电气的审计所，华兴所在审计过程中无视注册会计师职业道德，丧失了

独立性，迁就上市公司，没有制止公司的造假，必然带来虚假会计信息的披露，从而给投资者造成重大损失，阻碍资本市场健康发展。

首先，华泰电气通过应收账款虚增利润，华兴所在将收入识别为重大错报风险的情况下，对与其相关的应收账款明细账中存在的大量大额异常红字冲销情况未予关注，这就很让人匪夷所思了。其次，在应收账款、预付账款询证函未回函的情况下，未实施替代程序，未获取充分适当的审计证据，表现出华兴所对工作程序安排的不上心。最后，华兴所也未对银行账户的异常情况予以关注，导致收入上出现了巨大的缺口。可见，华兴所的本次审计工作，缺乏专业胜任能力和应有的关注。这次案件的严重后果，是每一位注册会计师以及会计师事务所都要反思的，这在一定程度上说明现行审计制度上存在问题，我国必须尽快改变会计师事务所与上市公司的聘任机制，使会计师事务所能独立地进行审计工作。

案例五　企业为 IPO 财务舞弊，会计师事务所未“勤勉尽责”*

一、案例介绍

深圳迅联科技股份有限公司（以下简称“迅联科技”）成立于 2000 年 1 月，是一家从事计算机应用服务的创业板民营企业。经营范围包括：开发研究计算机硬件、从事信息网络技术软件开发、公用信息网、专网、企业网的信息系统应用软件开发业务，销售自产产品，并提供相关技术咨询；从事信息通信网络系统集成技术开发业务；计算机网络系统集成及相关技术服务。

自成立起，迅联科技就有着上市的想法。2002 年，迅联科技根据海外红筹上市模式，期待在境外上市。然而因为 2003 年“非典”的原因，公司的业务受到了较大影响，不得不中止了其在海外上市的筹划之路。自 2008 年起，为了满足国内上市的要求，迅联科技再次通过股权变动，从国外独资企业变成国内企业，然而自 2008 年金融危机起，我国的 IPO 上市之路变得十分缓慢，同时，IPO 的条件也不断变动，迅联科技不得不跟着这些硬性要求一起变动。最后，也许是上市之心十分急切，迅联科技对 2008 年、2009 年、2010 年以及 2011 年 1 ~6 月的财务报表数据进行了违法调整，以期达到上市的目的。

迅联科技于 2011 年 11 月 23 日在深交所创业板成功上市，负责上述年份审计的中介机构是深圳市大鹏会计师事务所（以下简称“大鹏所”）以及保荐人平安证券。在迅联科技舞弊案件揭露之前，2016 年 8 月 31 日，此时的大鹏所已经申请注销，案件审

---

* 本案例内容整理改编自中国证监会网站（http：//www.csrc.gov.cn/pub/zjhpublic/G00306212/201611/t20161111_305765.htm）及其他相关文献资料。

理终结，中国证监会官网发布了最终的处罚决定书，决定对原深圳大鹏会计师事务所签字注册会计师李洪、刘涛给予市场禁入的处罚决定。

二、案例分析

根据中国证监会官网所发布的处罚通知书，大鹏所在负责迅联科技财务报表审计工作时，存在严重的违法违规行为。

经查明，大鹏所在审计迅联科技首次公开发行股票并在创业板上市（IPO）财务报表和2011年度财务报表过程中未勤勉尽责，出具的审计报告存在虚假记载，具体事实如下：

（一）未勤勉尽责，出具的《深圳迅联科技股份有限公司2008年度、2009年度、2010年度、2011年1~6月财务报表审计报告》存在虚假记载

为实现发行上市目的，迅联科技存在以虚构合同方式虚增营业收入、临近会计期末拆借资金冲减应收账款并在下一会计期初冲回的行为。2011年7月27日，大鹏所对迅联科技上市前三个年度和最近一期财务报表出具标准无保留意见的审计报告，即《深圳迅联科技股份有限公司2008年度、2009年度、2010年度、2011年1~6月财务报表审计报告》。

1. 未对迅联科技2010年和2011年上半年收入、成本和毛利率的重大波动情况予以适当关注并实施相应的审计程序。

大鹏所在审计迅联科技IPO财务报表时，未对迅联科技2010年和2011年上半年收入、成本和毛利率的重大波动情况予以适当关注并实施相应的审计程序，导致未能发现迅联科技2010年9月、2011年6月虚构合同虚增营业收入的舞弊行为，具体情况为：（1）大鹏所《重要产品主营业务收入、成本分析表》（2010年）审计工作底稿显示，迅联科技2010年9月信息应用系统建设业务的销售成本率为22.45%，而当年其他11个月的销售成本率介于52.47%~87.29%。（2）大鹏所《月度毛利率分析表》（2011年1~6月）审计工作底稿显示，迅联科技2011年6月的主营业务收入数额是当年1~5月主营业务收入总额的1.1倍、月平均数额的5.5倍，是上年6月主营业务收入数额的2.97倍；该月46.52%的主营业务毛利率，也远高于当年1~5月15.05%~30.55%和上年6月37.85%的主营业务毛利率水平。大鹏所未对迅联科技2010年9月信息应用系统建设业务销售成本率及2011年6月主营业务收入、毛利率的重大波动进行调查并获取充分审计证据。

2. 未按照规定实施2010年末和2011年上半年年末应收账款函证程序。

大鹏所在审计迅联科技IPO财务报表时，未按照规定实施应收账款函证程序，导致未能发现迅联科技2010年和2011年上半年虚构收回应收账款的舞弊行为，具体情况为：（1）大鹏所在对迅联科技2010年末和2011年上半年年末应收账款实施函证程序时，未对迅联科技提供的被询证客户的地址、电话、联系人等联系方式进行必要的检查、核对，也未亲自督促被询证客户回函。（2）大鹏所在对迅联科技2011年上半年年末应收账款实施函证程序时，仅对8家未回函客户中的2家客户实施替代审计程序，对其余6家客户未实施替代审计程序。（3）大鹏所在函证迅联科技客户湖南星电实业集团股份有限公司物流分公司（以下简称“湖南星电”）2010年末的应收账款时，对函证回函寄出地址为“上海辉电”而非被询证客户的异常情况，未予关注并实施相应的审计程序。

3. 实施2010年、2011年上半年货币资金检查、收入真实性检查、应收账款替代测试等审计工作时，未保持职业怀疑态度，对审计中的异常情况未予以适当关注并实施相应的审计程序。

大鹏所在审计迅联科技IPO财务报表时，未保持应有的职业怀疑态度，对迅联科技临近会计期末冲减应收账款并在下一会计期初冲回的情况未予以适当关注并实施相应的审计程序。同时，大鹏所在实施货币资金检查、收入真实性检查、应收账款替代测试等审计工作时，对已获取的审计证据显示的迅联科技应收账款收款异常情况，也未予以适当关注并实施相应的审计程序，导致未能发现迅联科技虚构收回应收账款的舞弊行为，具体情况为：（1）大鹏所在检查迅联科技2010年1~9月货币资金时，已抽取到迅联科技2010年1月发生的2笔对客户的大额退款，金额分别为934.67万元、494.24万元，但其未予以适当关注，导致其未能发现该2笔退款系迅联科技退回2009年12月29日违规冲减的应收账款。（2）大鹏所在《收入真实性检查表》（2010年度）、《应收账款替代测试表——中南空管局》（2010年度）2张审计工作底稿中，均抽取到了2010年12月31日收到客户民航中南空中管理局293.04万元款项的记账凭证，但该记账凭证后附的银行回单中的付款方为“福建省电力通信有限责任公司”。大鹏所对迅联科技记账凭证与原始凭证中付款方名称不一致的异常情况，未予适当关注，导致其未能发现该笔收款系迅联科技通过非客户第三方转入资金冲减应收账款。（3）大鹏所《应收账款——山东电力集团公司替代测试表》（截至2011年6月30日）审计工作底稿显示，对编号为SI9SW3012的合同，迅联科技先在2011年1月4日退款191.97万元，后在2011年6月29日收款191.97万元。大鹏所对同一合同款项在会计期初退回，会计期末重新收回且金额一致的异常情况，未予适当关注，导致其未能发现退款系迅联科技退回2010年12月30日违规冲减的应收账款，收款系迅联科技再次通过非客户第三方冲减的应收账款。大鹏所未对审计中的异常情况予以适当关注并实施相应的审计程序。

（二）未勤勉尽责，出具的《深圳迅联科技股份有限公司2011年度财务报表审计报告》存在虚假记载

迅联科技在发行上市后，仍存在以虚构合同方式虚增营业收入、临近会计期末拆借资金冲减应收账款并在下一会计期初冲回的行为。2012年4月9日，大鹏所对迅联科技2011年度财务报表出具标准无保留意见的审计报告，即《深圳迅联科技股份有限公司2011年度财务报表审计报告》。

1. 未对迅联科技2011年各月主营业务收入重大波动情况予以适当关注并实施相应的审计程序。

大鹏所在审计迅联科技2011年财务报表时，对已获取的审计证据显示的迅联科技2011年各月主营业务收入的重大波动情况，未予以适当关注并实施相应的审计程序，导致未能发现迅联科技2011年6月、9月虚构合同虚增营业收入的舞弊行为，具体情况为：大鹏所《主营业务收入明细表》（截至2011年12月31日）审计工作底稿显示，迅联科技2011年6月、9月主营业务收入分别为5716万元和8072万元，而当年其他10个月的主营业务收入介于439万~4334万元。迅联科技2011年6月、9月的主营业务收入，分别是当年其他10个月月均主营业务收入的2.9倍和4.1倍。大鹏所未对迅联科技2011年6月、9月主营业务收入重大波动情况予以适当关注并实施相应审计程序。

2. 实施2011年末应收账款替代测试时未保持职业怀疑态度，对审计中的异常情况未予以适当关注并实施相应的审计程序。

大鹏所在审计迅联科技2011年财务报表时，未保持应有的职业怀疑态度，对迅联科技在会计期初向客户大额退款情况未予以适当关注并实施相应的审计程序。同时，大鹏所在执行应收账款替代测试审计工作时，对已获取的审计证据显示的迅联科技应收账款收款异常情况，也未予以适当关注并实施相应的审计程序，导致未能发现迅联科技虚构合同虚增营业收入和虚构收回应收账款的舞弊行为：（1）大鹏所《应收账款替代测试表——山西省电力公司电力通信中心》（截至2011年12月31日）审计工作底稿显示：迅联科技2011年6月30日对编号为SI11SW4003的合同确认收入并借记应收账款288万元，同时在2011年6月30日、12月27日对该合同分别确认收款259.2万元、259.2万元；迅联科技2011年6月30日、12月12日对编号为SI10SW3053的合同分别确认收款244.65万元、209.7万元，但迅联科技应收账款明细分类账确认该份合同应收账款总额为349.5万元；迅联科技2011年6月30日、8月9日对编号为SP10NN3033的合同分别确认收款195.23万元、101.69万元，但迅联科技应收账款明细分类账确认该份合同应收账款总额为203.37万元。（2）大鹏所《应收账款替代测试表——山东电力集团公司》（截至2011年12月31日）审计工作底稿显示：迅联科技2011年6月30日对编号为SI11SW4004的合同确认收入并借记应收账款261万元，同时在2011年6月29日、12月31日对该合同分别确认收款234.9万元、234.9万元；迅联科技2011年6月29日、12月22日对编号为SI10SW3041的合同分别确认收款196.8万元、196.8万元，但迅联科技应收账款明细分类账确认该份合同应收账款总额为328万元；迅联科技2011年6月29日、12月23日对编号为SI10SW3040的合同分别确认收款154.2万元、154.2万元，但迅联科技应收账款明细分类账确认该份合同应收账款总额为257万元。大鹏所对前述6份合同累计收款金额大于合同金额的异常情况，未予以适当关注，导致其未能发现编号为SI11SW4003的合同系迅联科技虚构的合同，该合同的2次收款为迅联科技通过非客户第三方转入资金冲减应收账款；未能发现其他5份合同在2011年6月底的收款以及编号为 SI11SW4004 的合同在 2011 年 12 月的收款系迅联科技通过非客户第三方冲减应收账款。大鹏所未对审计中的异常情况予以适当关注并实施相应审计程序。

大鹏所在迅联科技 2012 年前负责迅联科技的审计业务工作，没有发现迅联科技应收账款大额冲减问题，一般来说，该问题通过函证应是能较轻易地发现的，说明大鹏所没有保持充分的职业怀疑态度，未能认真严格地实行函证程序。近 40% 的应收账款冲减额，完全没有被纳入函证范围的可能性较低，故可看出大鹏所没有严格控制函证过程，在审计过程中没有尽到足够的责任。

大鹏所的上述行为，违反了《中国注册会计师职业道德守则第 1 号——职业道德基本原则》第七条、第十六条、第十七条的关于注册会计师应当诚实守信、勤勉尽责的原则，未对审计中的异常情况予以适当关注并实施相应的审计程序，未保持职业怀疑态度。

三、案例启示

在迅联科技案中，可以说迅联科技选择大鹏所不仅仅只是单纯的商业性选择，而是双方对 IPO 上市所需要的舞弊行为的默契。从中国证监会发布处罚通知后，大鹏所提出的异议就可以看出来，大鹏所对于这些违法业务早有一套自己的辩词，希望大事化小，小事化了。无论是大鹏所对与迅联科技的主营业务收入的波动关注不足还是对函证处理程序的不符合规范，都可以看出大鹏所对业务的敷衍了事的态度，即处罚决定书所述，严重的“未勤勉尽责”与持续的“不作为”，这是对社会上广大投资者的不负责，违背了注册会计师应有的职业道德守则。

案例六　企业利用关联方交易虚增利润，会计师事务所缺“职业判断”*

一、案例介绍

安徽大江物流（集团）股份有限公司（以下简称“大江物流”）是一家集煤炭物流、大宗生产资料电商物流和集装箱物流于一体的大型现代综合物流企业。大江物流地处我国东部沿海经济发达地区和西部内陆地区的结合部，是长江能源输出第一大港和安徽省最大的货运、外贸、集装箱主枢纽港，国家一类对外开放口岸，安徽省内规模最大的现代综合物流企业之一。大江物流原名芜湖港储运股份有限公司，2003 年 3 月正式上市，淮南矿业集团于 2010 年对芜湖港储运股份有限公司注入淮南矿业集团铁路运输有限责任公司（铁运公司）、淮矿现代物流有限责任公司（以下简称“淮矿物

---

* 本案例内容整理改编自中国证监会网站（ http://www.csrc.gov.cn/pub/zjhpublic/G00306212/201509/t20150911_283809.htm）及其他相关文献资料。

流”），2014 年更名为大江物流。

大江物流自 2010 年被淮南矿业注入淮矿物流后，公司每年应收大幅增加，因为淮矿物流为多家公司提供动产差额回购担保业务，导致被多家银行起诉，资产也被冻结，出现百亿负债。随后，大江物流不得不匆忙面对来势汹汹的审查。然而在审查过程中，大江物流被发现了虚增主营业务收入、虚增营业利润的违法行为。

2015 年 7 月 30 日，大江物流收到中国证监会下发的《行政处罚决定书》。经查明，大江物流存在以下违法事实：

（1）大江物流 2012 年虚增收入 4550546404. 97 元，占 2012 年年报收入的 14. 05%，虚增利润 255853505. 71 元，占 2012 年年报利润总额的 51. 36%；2013 年虚增收入 4603540216. 10 元，占 2013 年年报收入的 13. 48%，虚增利润 233966308. 60 元，占 2013 年年报利润总额的 64. 64%。

（2）大江物流未在 2011 年年报披露淮矿物流为华中有色、上海中望、中西部钢铁、溧阳建新制铁有限公司（以下简称“溧阳建新”）、溧阳昌兴炉料有限公司（以下简称“溧阳昌兴”）等公司提供 16 亿元的动产差额回购担保业务。

（3）2014 年淮矿物流向中西部钢铁等公司提供共计 2. 2 亿元的最高额担保，2013 ~2014年淮矿物流为江苏匡克等 8 家公司承担最高额为 13. 05 亿余元的动产差额回购担保。大江物流未按规定披露上述事项，其中 1. 56 亿元动产差额回购担保事项也未在 2013 年年报中披露。

（4）2013 年大江物流未按规定披露淮矿物流与福鹏系公司 30 亿元债务转移情况。

以上事实有大江物流相关合同、财务账册、会计凭证、资金存取和划款凭证、工商登记资料、询问笔录、情况说明等证据证明，足以认定。

大江物流 2012 年、2013 年年报虚增销售收入和利润，2011 年、2013 年年报未披露对外担保。

事件的导火线是大江物流子公司淮矿物流因无足额资金偿还资金到期债务，被民生银行上海分行起诉。2014 年 9 月 5 日，物流公司在银行等金融机构的 20 多个账户被全部冻结，冻结金额共计 1. 5 亿元。9 月 17 日，大江物流接上交所电话通知，称光大银行武汉分行向该所反映了淮矿物流商业承兑汇票逾期形成光大武汉分行垫款事宜。而起因是，购销合同执行过程中，淮矿物流因与上海中望实业有限公司发生贸易纠纷，拒绝承兑商业承兑汇票。

在此之后，大江物流对淮矿物流性质类似的业务进行梳理后发现，截至已经发生的涉及光大银行该类业务共 5 笔，除了与上海中望的业务外，尚有 2014 年 10 月到期 1. 5 亿元、2014 年 11 月到期 1. 4 亿元、2015 年 1 月到期 1 亿元、2015 年 2 月到期 1. 2 亿元。经粗略统计，淮矿物流涉及光大银行的承兑汇票合计接近 6 亿元。数天后，即 9 月 24 日，大江物流经过自查，债务黑洞数据扩大到了 167. 49 亿元。

而从事后掌握的情况来看，这是子公司（淮矿物流）层面的全程舞弊，系统隐瞒，掐断了母公司与子公司的信息沟通渠道。按照正常的信息沟通渠道，上市公司有重大事项沟通制度等，各种内控制度也健全，但落实到执行层面没有执行到位。

接下来我们将从两个方面去探讨大江物流财务造假的手段及原因。

（一）财务造假情况及手段分析

大江物流作为安徽省内大型的综合物流企业，为什么会出现无力偿还到期债务的问题？它又是运用怎么样的手段去完成财务造假的？在证监会发出的行政处罚书中，我们发现，大江物流主要运用了以下四种手段造假。

1. 虚构贸易循环。具体如表 8－2 所示。

表 8－2　　大江物流虚构贸易循环情况

年份	虚增收入（亿元）	占年报收入比重（%）	虚增利润（亿元）	占利润总额比重（%）
2012	45. 5	14. 05	2. 6	51. 36
2013	46	13. 48	2. 3	64. 64

2012 年，大江物流子公司淮矿物流虚构与湖北华中有色金属有限公司（以下简称“华中有色”）、上海中望实业有限公司（以下简称“中望实业”）、武汉中西部钢铁交易有限公司（以下简称“中西部钢铁”）、杭州萧山新星金属材料有限公司（以下简称“萧山新星”）、上海福鹏投资控股有限公司（以下简称“上海福鹏”）和福鹏控股（北京）有限公司（以下简称“福鹏控股”）、厦门海翼国际贸易有限公司和厦门海翼厦工金属材料有限公司（以下统称“厦门海翼”）之间的采购 42 亿元，虚构销售收入 45. 5 亿元。如图 8－1 所示。

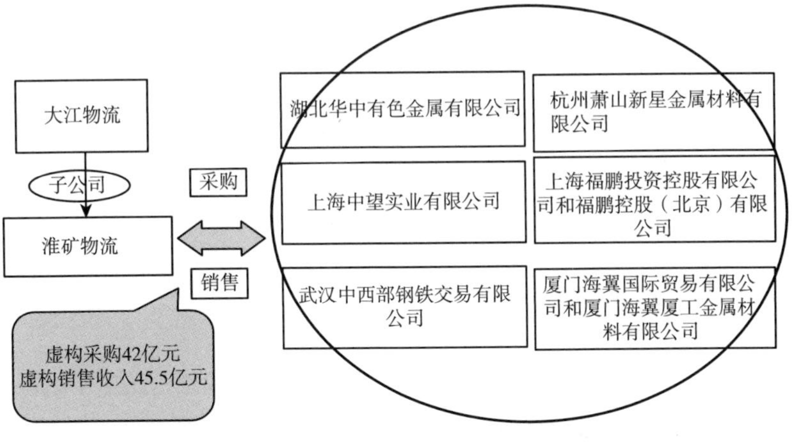

图 8－1　大江物流虚构贸易循环手段

在虚构的贸易循环中，福鹏系公司指定贸易品质（如铜、锌锭），淮矿物流从福鹏系公司采购，然后销售给福鹏系公司。淮矿物流与上下游福鹏系公司同时互相签订购销合同、收付资金、开具增值税发票，形成一个贸易循环。在整个贸易循环中，完全不存在实物，淮矿物流销售与采购金额的差额为淮矿物流向福鹏系公司收取的资金占用费。如图8－2所示。

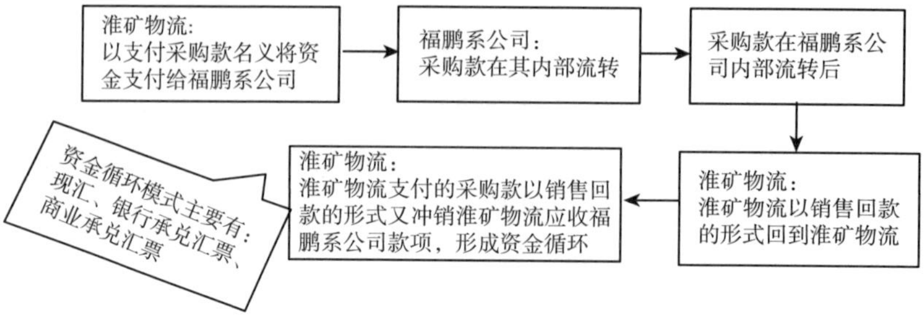

图8－2　淮矿物流虚构贸易资金循环过程

资金循环模式主要有以下三种：第一种是淮矿物流以现汇的方式支付采购款给福鹏系公司，资金在福鹏系公司内部流转后回款到淮矿物流冲销对福鹏系公司的应收款项；第二种是淮矿物流开具银行承兑汇票，支付给福鹏系公司指定的上游公司，再背书至福鹏系公司，银票在福鹏系公司内部流转后由福鹏系公司背书给淮矿物流，冲销对福鹏系公司的应收款项，或者福鹏系公司贴现后将贴现款汇给淮矿物流冲销对其的应收款项；第三种是淮矿物流开具商业承兑汇票给福鹏系公司，福鹏系公司将商票在银行质押，开出银行承兑汇票回款给淮矿物流冲销对其的应收款项，在此过程中，淮矿物流还向福鹏系公司支付现汇，福鹏系公司将其支付给开票行，作为福鹏系公司开具银票的保证金。

2. 虚提交易价格，虚增收入。

2013年，淮矿物流通过签订阴阳合同的方式处理高价库存螺纹钢，合同销售价格比实际结算价格高出2.4亿元，淮矿物流按合同销售价格确认相应的收入并结转成本，虚增大江物流销售收入2亿元，虚增利润2亿元，如图8－3所示。

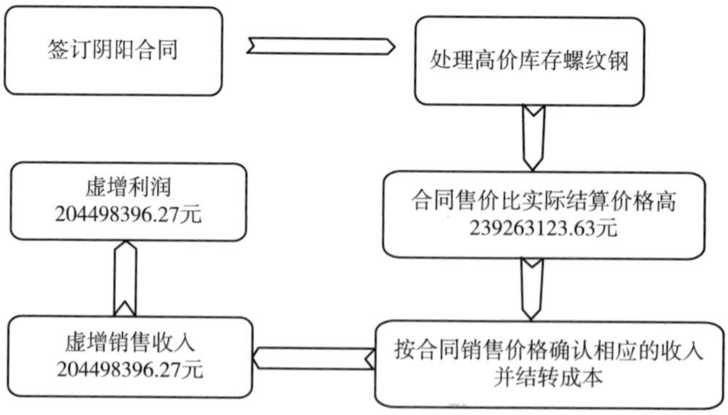

图8－3　虚提交易价格虚增收入情况

3. 贴现费用未合理记账。

2012年和2013年，淮矿物流通过买方付息方式进行银行承兑汇票贴现，其中2012

年有300万元、2013年有3000万元贴现费用未计入财务费用，导致大江物流两年虚增利润0.33亿元。

4. 坏账准备不合理。

2012～2013年，淮矿物流在对福鹏系公司债权计提坏账准备时，计提基数及账龄分析不当，未合理对福鹏系公司的债权计提坏账准备；并且存在通过调增应收票据（调减应收账款）的方式来减少坏账准备计提，增加利润。淮矿物流2012年应补提坏账准备2亿元、2013年应调减坏账准备90万元。由此导致大江物流2012年年报多计利润2亿元、2013年年报少计利润90万元。

（二）托盘业务分析

在涉及大江物流为什么会无力偿还到期债务的问题时，我们小组发现这其中主要是由于其子公司陷入了类供应链金融的泥潭——托盘业务。

1. 关于托盘业务。

（1）定义及操作流程。动产差额回购担保，是指买方履行购销协议时存在资金缺口，由银行在融资授信额度内向买方提供融资，卖方根据购销协议约定按银行指令进行发货，融资到期时对所收到的货款与发货金额之间的差额向银行予以退款，第三方对上述业务提供担保，这也就是业内所称的托盘业务。

（2）一般标准动产融资差额回购业务操作规程。主要涉及以下三方：买方（授信申请人）；卖方（回购方）；授信行。

授信：买方凭借与卖方签订的采购协议向银行申请授信，银行对买方授信后，与卖方、买方三方签署动产融资差额回购协议；

承兑：买方向银行缴存保证金，银行开出限定收款人为卖方的银行承兑汇票；

提货：卖方收到银票后，及时储备相应货品，经销商存入的首笔开票保证金允许在限度内自由提货；后续提货严格按款到提货方式办理；

赎单：买方每次提货前，均需向保证金账户追加存入等于提货金额的提货保证金，银行确认款到账后向卖方发放“提货通知书”，买方方可提取相应金额的货物；

回购保障：汇票到期前10天，买方必须存入足够保证金。若买方在汇票到期前10天未足额存入保证金的，其差额部分由卖方全部回购。

由此可见，托盘业务，简单来说就是，A公司有钱，B公司没那么多钱，B想到C公司进货，苦于没有资金；于是B就找A公司让其给他托盘，B打部分定金给A公司，A公司于是去C公司全款进货，双方约定B公司加些利润给A公司算作资金利息。货定出来后B公司要按合同约定把余款打给A公司才能最终提到相应的货物。在这里，淮矿物流就是充当了A公司的作用，应下游经销商之请到上游供应商去购买货物并形成本公司的货权，待下游经销商有足够的钱时再把货权转移给下游，如图8－4所示。

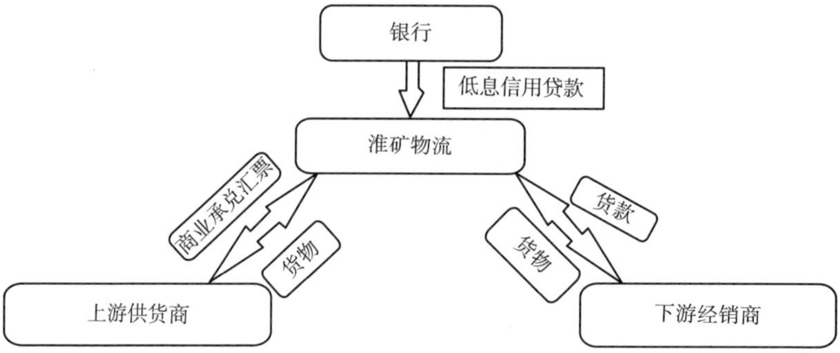

图 8-4　托盘业务流程

2. 淮矿物流托盘业务违规情况。

（1）大江物流未按规定披露2014年淮矿物流向镇江中友、中西部钢铁提供共计2.2亿元的最高额担保事项，如表8-3所示。

表 8-3　大江物流担保额

年份	被担保方	银行	担保金额（万元）
2014	镇江中友	江苏银行镇江润州支行	4000
2014	中西部钢铁	华夏银行武汉江岸支行	18000

（2）2013～2014年大江物流未按规定披露淮矿物流为月月潮钢管等公司承担的最高额为13.05亿余元的动产差额回购担保事项，如表8-4所示。

表 8-4

年份	被担保方	银行	担保金额（亿元）
2013	月月潮钢管	淮南通商银行	0.84
2013	镇江中友	淮南通商银行	0.72
2013	奉化胜达等	平安银行福州分行	5.29
2014	月月潮钢管	淮南通商银行	0.84亿元
2014	奉化胜达	民生银行宁波分行	0.8亿元
2014	上海申特公司	兴业银行合肥分行	10亿元
2014	江苏匡克	兴业银行合肥分行	0.57

根据资料和数据显示，与淮矿物流有交易往来的其他公司存在资金缺口，银行在融资授信额度内向其提供融资，淮矿物流根据购销协议约定按银行指令进行发货，融资到期时对所收到的货款与发货金额之间的差额向银行予以退款，第三方对上述业务提供担保。淮矿物流当时尚有2014年10月到期1.5亿元、2014年11月到期1.4亿元、2015年1月到期1亿元、2015年2月到期1.2亿元，合计达6.3亿元，这些承兑汇票均是源于托盘业务。此外，根据相关公告，淮矿物流申请破产重整的金融类债务总额为127.18亿元，涉及19家银行，据业内人士分析，上述银行债务多与托盘业务有关。

在这个案例中，淮矿物流在为下游提供托盘业务时，需核实下游企业的产品信息和供货方信息，并收取下游一定的订货保证金，当下游有钱付给淮矿物流时，就把货权转移给下游企业。在这个业务交易中，淮矿物流以赚取代理费用为目的而愿意承担一定的风险，同时，下游企业要承担的风险就是当不能及时付款时承担一定的罚息，以及市场价格下跌时增加相应的保证金。这也就解决了整个交易中，淮矿物流为什么愿意承担收不到下游货款的风险，并且下游经销商在其中又应当承担怎样的风险的问题。

但是，淮矿物流的所有业务中有一部分是涉及担保回购业务的。根据大江物流在上交所提交的经修订的2011年、2012年年报资料可以得知，以2011年年报为例，公司披露2011年民生银行合肥分行和武汉分行分别与华中有色、上海中望、中西部钢铁、溧阳建新、溧阳昌兴签订了《综合授信合同》，并分别授信这五家企业5亿元、2亿元、1亿元、5亿元和3亿元，与此同时，民生银行、淮矿物流分别与这五家企业签订了《动产融资差额回购协议》，协议中约定民生银行向这五家买方企业提供融资，卖方淮矿物流根据协议按民生银行指令向买方发货，融资到期时，淮矿物流向民生银行分别承担最高额5亿元、2亿元、1亿元、5亿元和3亿元的差额回购责任。由此可以推知，在回购担保业务中，应由卖方承担回购责任。那么，在前述托盘业务中，当下游经销商没钱时，应由供货方向淮矿物流购回货物。

根据证监会的调查结果，大江物流2012~2013年，共计虚增收入91.55亿元，虚增利润4.9亿元。这个数字，是自A股成立以来最大的财务造假数据。然而在中国证监会给出的最终处罚决定书中，却没有发现2012年与2013年为大江物流出具无保留意见的华普天达会计师事务所（以下简称“华普天达”）的名字。

二、案例分析

大江物流被行政处罚主要因为其子公司淮矿物流涉及多年财务报告造假，其造假手段主要为虚构贸易循环、虚提交易价格虚增收入、坏账准备不合理等。华普天达的注册会计师没有发现该财务造假的主要原因如下。

1. 虚构贸易循环。在整个虚构的贸易循环中，涉及多项收入和成本的确认，同时涉及多家供应商和客户的应收应付款项。在销售与收款循环的审计中，注册会计师必须对大额应收账款进行积极式函证。在该案例中，显然注册会计师没有在函证中发现大江物流的认定层次的重大错报风险，在这种情况下，注册会计师应当检查有关合同、发运单、运货单据等原始凭证，以发现业务并非真实存在。

对于整个贸易循环完全不存在实物，注册会计师当年因无法进行存货监盘而发表了保留意见的审计报告，但是在无法进行存货监盘的情况下，注册会计师仍然应当进行替代程序以发现认定层次的重大错报风险，而当年天达会计师事务所没有对此进行深究。从《行政处罚书》可知，福鹏系公司地域跨度较广，涉及武汉市、上海市、杭州市等地公司，如果注册会计师在审计过程中，检查相关原始单据如运货单据，可以发现相关交易中存货的流转并没有发生，由此可以看出整个贸易循环都是淮矿物流与福鹏系公司联合造假，属于虚构的贸易循环。

2. 虚提交易价格虚增收入。对于虚提交易价格虚增收入，即阴阳合同的审计，注册会计师应当检查相关原始凭证如合同等，查看收入确认的条件，并结合应收账款的函证以发现确认的营业收入存在虚增的现象。同时，注册会计师可以通过检查应收账款的贷方发生额以发现所确认应收账款能否全额收回，若不能全额收回，则有可能是虚增应收账款以虚增销售收入。

3. 坏账准备不合理。注册会计师在审计过程中没有发现企业所计提的坏账准备不合理是不应当的，注册会计师在对应收款项进行审计时，应当对应收账款的坏账准备进行重新计算，并结合实质性分析程序以发现被审计单位认定层次的重大错报风险。在该案例中，注册会计师明显在坏账准备的重新计算中存在不可推卸的责任。

4. 托盘业务。除了全称参与淮矿物流造假，淮矿物流多次为福鹏系公司提供托盘业务。在托盘业务的审计中，银行也应负一定责任。注册会计师对银行进行积极式函证时，我们假设银行并没有将相关的担保业务回函告知注册会计师，因为假如银行回函相关内容，注册会计师应该会对其实施进一步审计程序，以发现所担保业务存在高风险。在钢铁贸易中，淮矿物流所提供的托盘业务则是先帮贸易商支付货款，货材放在第三方仓库，一段时间后，贸易商通过加付一定的佣金费用或者利息费用偿还资金后，拿回货权。但是实际贸易中，福鹏系公司并没有足够的资金以支付货款拿回货权，而淮矿物流已经签发给上游企业的商业承兑汇票已到期，这也成为淮矿物流被曝出造假事件的导火线。显然，托盘业务所涉及的贸易商的应收账款的坏账准备计提不足，所涉及的营业收入的确认也存在不确定性。注册会计师在审计时没有充分了解该类业务的具体内容，以识别相关认定层次的重大错报风险，该风险涉及的报表项目也较为广泛，如营业收入、应收账款、应付票据等。注册会计师如果了解该项业务，也应当适当降低重要性水平，以将审计风险控制在可接受的低水平。

注册会计师审计固然会受到固有风险等的影响，无法发现所有错报，但在对大江物流的审计中，注册会计师较为明显地进行了形式上的审计，而没有深入了解被审计单位和相关业务性质，导致最终企业财务报表存在重大错报而没有审计出来，违反了《中国注册会计师职业道德守则第 1 号——职业道德基本原则》第十六条、第十七条的规定，注册会计师在审计中应该合理运用职业判断，保持应有的关注，运用重要性水平判断审计客户的错报是否重大。

三、案例启示

作为大江物流的审计机构的华普天达，虽然中国证监会并未给予其相关处分，但华普天达一定要对自己的业务执行情况进行反思。虽然在审计中，会计师事务所很难完全对被审计单位的子公司进行审计，但淮矿物流作为大江物流的最大主营收入来源，就应该对其有足够的关注，而且华普天达也没有发现违法担保情况，连续两年出具无保留意见，仅在第三年东窗事发后，才发布了一份保留意见的审计报告，这属于亡羊补牢的行为，但无法挽回给投资者造成的损失。

大江物流的财务造假，是通过与多家关联企业进行虚假交易，疯狂增加主营业务收入，身为注册会计师，在审计中，发现可能存在的风险，并进行深入细致的实地调查就是必须的了。

案例七　企业重大重组虚构资产，会计师事务所未“遵守执业准则”*

一、案例介绍

广西康正农业股份有限公司（以下简称“康正农业”）的前身是2008年注册成立的广西康正农业种植发展有限公司，2011年公司股份制改造，主要从事优质水稻等农作物销售。浙江布林服饰股份有限公司（以下简称“布林股份”）的前身是2008年注册成立的诸暨百树服装厂，几度更名，于2011年4月在深交所上市。康正农业与布林股份于2014年开始进行重大资产重组，永信会计师事务所（以下简称“永信所”）担任重大资产重组期间的审计。

2014年8月22日，布林股份公告的《重大资产重组报告书（草案）》中，披露的重组对象康正农业2011～2014年4月30日期间（简称“报告期”）主要数据，存在虚假记载。而康正农业曾计划42亿元借壳“布林股份”上市。

2016年2月14日，广西康正农业股份有限公司和浙江布林服饰股份有限公司由于在重大资产重组项目中披露虚假信息等问题，收到证监会行政处罚决定书。

2016年3月29日，布林股份公告收到证监会《行政处罚决定书》。经查，报告期内，康正农业分别虚增资产2亿元、3.4亿元、4.7亿元和5亿元，占其当期披露总资产约50%。意味着康正农业一半的资产都是虚构的。

2017年5月23日，由于永信所为布林股份与康正农业重大资产重组出具康正农业2011年、2012年、2013年和2014年1～4月（以下简称“三年又一期”）财务报表审计报告，在审计过程中未勤勉尽责，出具的审计报告存在虚假记载，永信所收到证监会行政处罚决定。

二、案例分析

在本次资产重组信息披露过程中，永信所未遵守《中国注册会计师职业道德守则

* 本案例内容整理改编自中国证监会网站（http://www.csrc.gov.cn/pub/zjhpublic/G00306212/201705/t20170527_317495.htm）及其他相关文献资料。

第 1 号——职业道德基本原则》第七条、第十二条、第十六条、第十七条规定的诚实守信、合理运用职业判断和勤勉尽责的原则。具体违法事实如下。

（一）永信所审计未发现康正农业三年又一期财务报表错报总体情况

中国证券监督管理委员会《行政处罚决定书》认定，康正农业 2011 年、2012 年、2013 年和 2014 年 1 ~4 月虚构对广西万里种业有限公司（以下简称“万里种业”）销售收入 12068133 元、12008957.8 元、12203897 元和 9579332 元；2012 年、2013 年虚构应收万里种业款项 889915 元、776000 元；2012 年、2013 年虚构应收三亚金稻谷南繁种业有限公司（以下简称“金稻谷”）款项 1762182 元、2007900 元。

康正农业 2011 年虚增银行存款 163948934.5 元，2012 年虚增银行存款 309704967.33 元，2013 年虚增银行存款 418598990.8 元，2014 年 1 ~4 月虚增银行存款 498034904.17 元。

（二）永信所虚构核实函证对象收件地址的审计程序，未能发现康正农业销售收入、应收账款造假的事实

永信所在实施应收款项函证审计程序时，康正农业提供的万里种业、金稻谷收件地址与永信所网络查询的上述公司工商注册登记地址不一致，永信所按照康正农业提供的地址向上述公司寄发询证函，并在审计工作底稿记录“询证地址为该公司办公地址，走访时已核实，工商注册地与其不一致”。之后永信所收到上述客户确认康正农业账面应收账款余额、销售收入数额信息无误的回函。经查，永信所康正农业审计项目人员未走访过上述公司。

永信所的上述行为未遵守《中国注册会计师职业道德守则第 1 号——职业道德基本原则》第七条规定的诚信、客观原则，导致未能发现康正农业三年又一期虚构对万里种业销售收入，2012 年、2013 年虚构万里种业、金稻谷的应收款项。

（三）永信所未实施恰当的审计程序，未能发现康正农业银行存款造假的事实

永信所审计函证康正农业账面主要银行账户广西桂林漓江农村合作银行榕湖支行账户 2011 年、2012 年、2013 年末和 2014 年 4 月末银行存款金额时，银行回函确认的康正农业该账户 2011 年末银行存款金额与康正农业账面金额相差 62777843.86 元。对该不符事项，永信所核对康正农业账面金额与康正农业提供的银行对账单金额后，对康正农业账面金额予以了确认，未实施恰当的进一步审计程序。

永信所未能发现康正农业 2011 年虚增银行存款 163948934.5 元，2012 年虚增银行存款 309704967.33 元，2013 年虚增银行存款 418598990.8 元，2014 年 1 ~4 月虚增银行存款 498034904.17 元。

（四）其他情况

永信所审计工作底稿《与前任注册会计师的沟通记录》记载，2014 年 6 月 12 日，

永信所签字注册会计师就重大资产重组中康正农业三年又一期财务报表审计与康正农业前任致同会计师事务所（以下简称“致同所”）签字注册会计师，在致同所办公室进行了沟通。经核查，《与前任注册会计师的沟通记录》系补编，前后任注册会计师没有真正进行过沟通。永信所虚构了与康正农业前任注册会计师沟通的审计程序。

（五）永信所出具标准无保留意见的审计报告

2014 年 7 月 7 日，永信所出具“信会师报字〔2014〕第 211122 号”审计报告，对康正农业三年又一期财务报表发表了标准无保留意见。

以上事实，有永信所出具的康正农业三年又一期财务报表审计报告、审计工作底稿、相关人员询问笔录、相关银行流水、审计业务约定书等证据证明，足以认定。

上述事实说明，永信所在对康正农业与布林股份重大资产重组项目的审计中，没有遵守《中国注册会计师职业道德守则第 1 号——职业道德基本原则》第七条、第十二条规定的诚实守信、客观公正的原则，提供了虚假的审计文件；同时没有遵守《中国注册会计师职业道德守则第 1 号——职业道德基本原则》第十六条、第十七条规定，缺乏足够的专业知识、职业技能与职业经验收集和客观评价审计证据，没有勤勉尽责的态度。

三、案例启示

康正农业为实现借壳上市目的，有组织地进行了系统性财务造假，各期财务报表虚增资产、虚增营业收入，造假金额巨大，造假手段恶劣，情节严重。作为一家历史悠久、具有一定影响力的知名会计师事务所，对于应收账款和营业收入的造假手法，永信所通过实施正常的审计程序却未能发现，出具了不恰当的审计意见，说明永信所在审计中未能勤勉尽职，没有遵守职业道德守则。如果本案例中的注册会计师能够尽到应有的关注，对发现的审计疑点执行必要的审计程序，则可能避免审计失败。

案例八　企业披露虚假财务信息，会计师事务所没有“保持职业怀疑”*

一、案例介绍

珠海市元康投资股份有限公司（以下简称“元康投资”），证券简称：ST 元康。元康投资的前身为浙江省凤凰化工股份有限公司，主营业务为日用化工产品、油脂化工原料生产及销售，并于 1990 年在上交所上市，简称浙江凤凰。

---

* 本案例内容整理改编自中国证监会网站（http://www.csrc.gov.cn/pub/zjhpublic/G00306212/201708/t20170821_322444.htm）及其他相关文献资料。

1994 年，浙江康恩贝集团股份有限公司成为其控股股东，以利用凤凰化工的“壳资源”筹集资金，公司的主营业务新增了药品和保健品的生产，形成了日化、化工、医药三大支柱产业。

1997 年，中国华源集团有限公司成为其控股股东，公司也于 2001 年更名为上海华源制药股份有限公司，公司股票简称改为“华源制药”，主营业务变更为维生素 C 原料药生产销售、中成药生产销售、天然脂肪醇生产销售。

2004 年，公司控股股东变更为中国华源生命产业有限公司，但由于 2004 年、2005 年连续两年净利润为负，公司证券简称由“华源制药”变更为“ST 华药”，不久变更为“ST 源药”。2007 年，因前三年连续亏损，“ST 源药”被暂停上市。2008 年 7 月恢复上市。

2007 年，公司控股股东变更为东莞市勋达投资管理有限公司，公司更名为东莞市方达再生资源产业股份有限公司，主营业务变更为废旧轮胎回收和成套设备制造、销售。公司简称变更为“ST 方源”。

2010 年 4 月 15 日，“中技系”代表余蒂妮以 1.85 亿元买入麦校勋转让的 4000 万 ST 方源股权，朱海华信泰投资有限公司成为公司的第四任股东。2011 年 9 月 13 日，公司名称从“东莞市方达再生资源产业股份有限公司”变更为“珠海市元康投资股份有限公司”，公司股票简称也变更为“ST 元康”，主营业务为品牌汽车销售及维护、国内贸易及进出口贸易代理。

元康投资前身是全国首家股票异地上市的老八股之一，但一直以来盈利水平都较低。1993 年，元康投资前身浙江凤凰的盈利水平在当年的上市公司中位列倒数第一。而其后的几次易主，与其糟糕的业绩脱不了干系。早在 2007 年，公司便因 2004～2006 年三年连续亏算，被暂停上市。复牌后仍经营不善，2009 年亏损更是高达 4.7 亿元。

2014 年 6 月 17 日，元康投资因涉嫌信息披露违法违规行为被广东证监局立案调查。经查，元康投资 2011 年 4 月 29 日公告的控股股东华信泰已经履行及代付的股改业绩承诺资金 38452.845 万元未真实履行到位。为掩盖这一事实，元康投资在 2011～2014 年期间，多次伪造银行承兑汇票，虚构用股改业绩承诺资金购买银行承兑汇票、票据置换、贴现、支付预付款等重大交易，并披露财务信息严重虚假的定期报告。

2015 年 3 月 27 日，元康投资因涉嫌构成违规披露、不披露重要信息罪和伪造、变造金融票证罪，证监会依法将该案移送公安机关追究其刑事责任。

2016 年 3 月 21 日，元康投资被上交所终止股票上市，这是中国证券市场首个因触及重大信息披露违法情形强制退市的案例。

2017 年 6 月 29 日，证监会对广东省珠海市元康投资股份有限公司做出行政处罚决定。

2017 年 8 月 16 日，证监会对大中兴会计师事务所（以下简称“大中兴所”）做出行政处罚决定。

二、案例分析

大中兴所是元康投资 2012 年、2013 年财务报表审计机构，在元康投资 2012 年财务报表审计中违反了《中国注册会计师职业道德守则第 1 号——职业道德基本原则》第十六条、第十七条规定，未勤勉尽责。

（一）未执行了解内部控制的审计程序

大中兴所在对元康投资 2012 年财务报表的审计中，未执行了解内部控制的审计程序，没有了解元康投资与审计相关的内部控制制度和实施内部控制活动。

（二）对与票据置换相关业务的风险评估不恰当

元康投资 2012 年票据置换相关业务存在以下重大、异常情形：（1）应收票据发生额及期末余额、账面确认的收益额均重大，其中，应收票据余额占总资产的 62%、占净资产的 387%，应收票据贴现收入形成的利润占元康投资 2012 年利润总额的 90%；（2）元康投资票据置换业务不存在真实、合法的商品交易基础，缺乏合理的商业实质，属于非常规交易业务；（3）票据换出业务和换入业务的对手方主要集中在一家公司——天津同杰科技有限公司（以下简称“天津同杰”），与天津同杰发生的换出票据的面值占当年换出总面值的 91%，换入票据的面值占当年换入总面值的 100%；（4）全年与票据置换、贴现业务相关的交易额为 154560.86 万元，涉及的资金流水仅一收一支两笔，金额均为 6200 万元，占全年与票据置换、贴现业务相关的交易额比例为 8%，且资金收支仅间隔 5 天，即全年票据置换、贴现业务涉及的资金净流入为 0；（5）涉及上述 6200 万元资金收、付的银行账户于 2012 年开户，又于当年销户，且 6200 万元收、付款分别占该账户收款额、付款额的近 100%。

大中兴所未充分关注以上重大、异常情形，仅将货币资金、其他应收款评估为舞弊风险，且风险并不重大，“导致财务报告重大错报风险的可能性”为“中”。大中兴所在已经关注到“公司管理层可能存在鉴于控制人的压力调节利润”“当期损益的准确合理性、资产负债的完整性、准确性、资产的安全性均存在风险”的情况下，未保持应有的职业谨慎和职业怀疑，未在风险评估工作底稿中将“应收票据”和“营业收入”等项目评估为舞弊风险或特别风险。大中兴所对元康投资票据置换相关事项的风险评估结论不恰当。

此外，大中兴所在 2012 年审计工作底稿中，对风险评估的结果存在多处不一致甚至自相矛盾的情况，导致难以判断大中兴所风险评估的最终结果。

（三）未按审计计划的要求执行进一步审计程序

大中兴所在审计计划工作底稿中评价应收票据存在重大错报风险，并在具体审计计划中明确提出，对于应收票据科目，除应取得应收票据获取过程的证据、实施盘点之外，要对票据真实性实施查询程序、获取银行的确认函。但大中兴所在实际执行中并未完成到票据承兑银行对票据真实性进行查询并获取银行确认函的审计程序，审计工作底稿中也未说明未执行该项审计程序的原因。

（四）未对异常的银行账户实施有效的进一步审计程序

珠海信实企业管理咨询有限公司在中国农业银行深圳石岩支行开立的账号为02920××5952的账户（以下简称“农行5952账户”）是元康投资应收票据置换业务相关的较大资金往来账户，存在当期开立、当期销户，大额交易发生额仅一收一付，且金额同为6200万元等异常现象。银行对账单显示，农行5952账户2012年仅存在一笔金额为6200万元的支出，收款方为杭州巧容贸易有限公司而非账面记录的天津同杰，发生日期为2012年4月27日而非账面记录的2012年5月2日。会计凭证所附的支付6200万元至天津同杰的银行转账单为虚假单据。针对该重大异常银行账户，大中兴所实施的审计程序仅获取销户申请书一项，未获取银行对账单，也未实施函证等进一步的审计程序以证明相关资金的真实性和准确性。

（五）未对函证保持控制

大中兴所就应收票据余额向天津同杰发放了审计询证函，并获取了确定答复的回函，但未见与函证控制相关的审计工作底稿，未记录被函证单位联系方式的获取途径与核实过程，保留的收回函件的快递单地址也非天津同杰的办公地址。

上述违法事实，有相关审计报告、审计业务约定书、审计工作底稿、审计证据、财务资料、情况说明、当事人及相关人员询问笔录等证据证明，足以认定。

大中兴所是元康投资2012年、2013年财务报表审计机构，均出具了标准无保留意见的审计报告。

大中兴所在对元康投资2012年、2013年财务报表审计中，违反了职业道德守则，没有保持职业怀疑，从而没有认识到可能存在导致财务报表发生重大错报的情形。

三、案例启示

注册会计师应遵守中国注册会计师职业道德守则，保持应有的职业怀疑态度和专业能力，在执业过程中要充分考虑可能影响重大错报的情形，并能真正以较高的风险分析水平和职业判断能力对被审计单位进行审计。

注册会计师要充分了解被审计单位的内部控制体系，以达到控制审计风险的目的。现代风险导向审计要求注册会计师先分析被审计单位的战略，从而评估其面临的经营风险，对整体的内部控制有所了解，对内部控制进行评价。

注册会计师不但要有很高的专业能力和各行各业的专业知识，更要具备高尚的职业道德，在实践中不断学习，完善自身的知识结构，提高自身的职业素质。

证监会等相关结构应该进一步完善对舞弊单位的惩罚制度，加强监管力度特别是惩罚力度，加大舞弊成本。

案例九　企业创业板造假上市，会计师事务所没能“从实质上和形式上保持独立性”*

一、案例介绍

广东新地生物科技股份有限公司（以下简称“新地生物”），主营精炼茶油，业内无名，却在中介机构的包装下成功过会，成为“茶油第一股”。2012 年 6 月，《每日经济新闻》接到举报，新地生物涉嫌造假上市，经调查，发现新地生物存在虚增利润、隐瞒关联交易、非法参股兼职等事实，与其招股说明书明显不符。至此，新地生物造假案浮出水面，堪称创业板造假上市第一股。

2012 年 5 月 18 日，新地生物通过创业板发审委的首发审核，被喻为茶油第一股的新地生物之旅开局顺利。这场 IPO 之旅中的数个关键角色——公司实际控制人黄运江、凌梅兰夫妇，保荐机构南京证券，审计机构永华会计师事务所和发行律师大成律师事务所等，都在等待上市敲钟的一刻。

当年 6 月 28 日，媒体曝光新地生物涉嫌欺诈上市，7 月 3 日，新地生物提交终止发审申请，茶油第一股背后的巨大谎言震动资本市场。

2013 年 10 月 15 日，新地生物及其中介服务机构永华会计师事务所有限公司、北京市大成律师事务所和南京证券有限责任公司先后收到证监会行政处罚决定书。

经查明，新地生物在 2012 年 4 月 12 日预披露的招股说明书申报稿以及上会稿中存在重大遗漏，且在 2009 ~ 2011 年年度报告中虚假记载。其收入造假手段包括：

（1）“兑水掺假”，新地生物选择在真实客户销售的基础上虚增部分或少量销售收入。如新地生物 2009 年财务账册多计向喜多多超市、梅州市林业局、平远金利和平远县财政局 4 家客户的销售业务，虚增 2009 年营业收入 405310. 92 元，虚增营业成本 194131. 97 元，虚增利润总额 211178. 95 元。新地生物 2010 年财务账册多计向健记土特产、通汇自选商场 2 家客户的商品销售，多计部分的销售回款资金来源于新地生物的关联方梅州市绿康农副产品经营部（以下简称“梅州绿康”）账户和凌某平账户，共计虚增 2010 年营业收入 55574. 18 元，虚增营业成本 29180. 21 元，虚增利润总额 2639397 元。新地生物 2011 年财务账册多计向喜多多超市、平远县农业局、梅州市林业局、深圳市铁汉生态环境股份有限公司、深圳致君药业有限公司、平远县飞龙实业有限公司飞龙超市、平远县林业局、平原金利、平远县财政局 9 家客户的商品销售，共计虚增 2011 年营业收入 2246928. 38 元，虚增营业成本 1169434. 58 元，虚增利润总额 1077493. 8 元。

---

* 本案例内容整理改编自中国证监会网站（http://www.csrc.gov.cn/pub/zjhpublic/G00306212/201311/t20131115_238379.htm）及其他相关文献资料。

（2）将造假数据“化整为零”，即将虚增收入分散到数量众多的客户。如2011年2月、6~8月，新地生物将获取的财政补贴款等多项资金，转入新地生物控制使用的账户后，已采购货物、支付差旅费、备用金名义取现，并先后于取现当日以52个客户销售回款的名义直接存入新地生物。共有6天存在上述存取款业务在同一天、同一银行网点由新地生物同一经办人办理，存取金额全部或基本相同的情形，共计确认销售回款2557495元，虚增2011年营业收入2260328.3元，虚增营业成本1425691.55元，虚增利润总额834636.75元。

（3）使用现金虚增收入。新地生物控制了一些银行卡和银行账号，名义上是他人的，实际上是新地生物控制使用。新地生物把钱分别存到这些银行卡上，然后短时间内取出，作为销售收入。

一是自有资金循环，即通过虚构原材料采购或在建工程业务，将自有资金“转出”体外，然后以销售名义“回流”到新地生物虚增收入。如2011年11月、12月。新地生物以采购货物、支付劳务费的名义向其控制使用的个人账户转入资金，之后全额或部分取出，同时向源源农副等其他账户（资金最终来源为新地生物获取的财政补贴款，黄某江、凌某兰及其子黄某斌的借款或新地生物股权转让款）取现，并先后于取现当日以178个客户销售回款的名义存入新地生物银行账户。共有14天存在上述存取款业务在同一天、同一银行网点由新地生物同一经办人办理，存取金额全部或基本相同的情形，合计确认销售回款9112794元，虚增2011年营业收入7996279.6元，虚增营业成本4979457.29元，虚增利润总额3016813.31元。

二是改变资金用途。新地生物将个人向银行贷款、私下的股权转让协议、政府补贴款获取的资金，转入新地生物关联公司或其控制的银行账户，然后以销售的名义虚增收入。如2010年6~11月，新地生物自有资金、新地生物获取的专项资金或鸿达装饰账户的资金，通过往来款等名义转出至平远县二轻建筑工程公司、梅州三鑫账户，再经绿丰农业、梅州绿康账户多次转账并取现后，以客户名义存入新地生物。共有15天存在上述存取款业务在同一天、同一银行网点由新地生物同一经办人办理，存取金额全部或基本相同的情形，合计确认销售回款2919000元，虚增2010年营业收入2573223.65元，虚增营业成本1509565.34元，虚增利润总额1063658.31元。

三是控制政府补贴。如2011年1~6月、9月、11月、12月，新地生物获取的财政补贴款等多项资金，转入梅州三鑫、梅州志联银行账户后，再转入源源农副账户或新地生物关联方凌某平、黄某燕等个人账户后取现，并先后于取现当日以129个客户销售回款的名义直接存入新地生物。共有19天存在上述存取款业务在同一天、同一银行网点由新地生物同一经办人办理，存取金额全部或基本相同的情形，合计确认销售回款10150723元，虚增2011年营业收入8909015.58元，虚增营业成本5268758.14元，虚增利润总额3640257.45元。

二、案例分析

永华会计师事务所有限责任公司（以下简称“永华所”）是新地生物首次公开发行股票并在创业板上市（以下简称“IPO”）的审计机构。经中国证监会查明，永华所及其注册会计师在为新地生物IPO提供审计鉴证服务过程中，未能勤勉尽责，出具的审计报告、核查意见等文件存在虚假记载。

（一）审计主营业务收入项目时未勤勉尽责

在审计新地生物2009年主营业务收入项目的过程中，永华所对新地生物2009年主营业务毛利率进行了统计，并将统计结果记录于工作底稿，但未对毛利率巨幅波动（3月份为-104.24%，11月份为90.44%）做出审计结论，也未对异常波动的原因进行分析。

在审计新地生物2011年主营业务收入项目的过程中，在12月毛利率与全年平均毛利率偏离度超过33%的情况下，未保持适当的职业审慎，得出全年毛利率无异常波动的结论；且在审计当年应收账款过程中，也未保持适当的职业审慎，未发现2011年12月新地生物现金销售回款占当月销售回款43%的异常情形，也未对上述两项异常进一步查验。

面对经过简单分析程序就可以发现的异常和不匹配，注册会计师不能以发现虚假销售占比较小而认为不构成重大影响，任何细小的收入确认异常和不匹配，都值得注册会计师特别关注。实质上，注册会计师实质地执行一些常规的收入审计程序，是可以发现新地生物收入造假的，如函证、截止性测试等。即使按常规的审计程序很难查证，但如果注册会计师谨慎地怀疑收入确认存在问题，运用分析程序是不难发现新地生物收入造假的。

（二）永华所未勤勉尽责，审计底稿存在虚假记载

永华所工作底稿显示，2011年10月21日，永华所在深圳对梅州市绿康农副产品经营部（以下简称“梅州绿康”）经营者陈某进行了实地访谈，访谈笔录中记载新地生物对梅州绿康2010年度销售金额与新地生物账面数相同。经查明，永华所等中介机构及其人员当日并未对梅州绿康进行实地访谈，且2010年新地生物向梅州绿康虚假销售34.48万元。而永华所在关于新地生物有关举报问题的核查意见中称，永华所与保荐机构、律师事务所等三家中介机构对梅州绿康进行了实地访谈，其向新地生物采购茶油情况与发行人2010年度茶油销售情况一致。

永华所上述行为违反了《中国注册会计师职业道德守则第1号——职业道德基本原则》第十条、第十一条关于独立性的原则和第十六条、第十七条规定，未勤勉尽责。

三、案例启示

（一）确保注册会计师的独立性

会计师事务所对上市公司的审计工作应当尤为重视，其提供的信息不仅是为被审

计单位使用，也为社会公众所使用。因此，会计师事务所应严格控制并降低相关的审计风险，尽量避免审计失败，并确保审计项目组成员的专业胜任能力及其独立性。审计独立性对于注册会计师开展审计工作来说至关重要。

据新地生物招股说明书，其验资机构为立信会计师事务所，经办注册会计师为赵合某、王海滨。其中，赵合某还担任新地生物第三股东大昂集团的总裁，这严重违法了注册会计师独立性的原则。会计师事务所应做好事前准备工作，避免出现审计工作人员与审计客户存在经济利益关系的情况。

（二）遵守职业道德，保持应有的职业怀疑态度

一直以来，我国上市公司频繁曝出财务舞弊丑闻，涉案金额巨大，粉饰财务报表的情况存在于大部分上市公司中，其中不乏审计机构与其同流合污的例子。但作为注册会计师，在执行审计业务时，应遵守应有的职业道德，保持应有的职业怀疑态度。

新地生物一案中，验资签字赵合某为牟取暴利，与上市公司沆瀣一气，置职业道德于不顾，隐瞒被审计单位的真实资料，提供虚假的会计信息，出具不实的审计报告。审计机构永华会计师事务所虚构访谈笔录，声称与梅州绿康公司的管理者陈某进行访谈，显示新地生物的账目数与其对梅州绿康的销售额一致；新地生物的营业收入增长较之于行业平均增长速度显得非常不合理，而新地生物的产销规模的行业排名并不靠前，注册会计师却忽视这些不合理的数据，未保持应有的职业怀疑态度，导致审计失败。

注册会计师应加强自身的职业道德建设，保持应有的职业怀疑态度。职业怀疑态度要求审计人员对审计客户的会计资料的真实性提出质疑，对一些敏感异常的重大事项要谨慎对待，这对注册会计师能否保证审计质量至关重要。

案例十　企业欺诈发行，会计师事务所未“维护公众利益”*

一、案例介绍

云南绿大地生物科技股份有限公司（以下简称“绿大地”）成立于1996年6月，注册资金为15108.71万元，2001年完成股份制改造。2007年12月，公司在深圳证券交易所上市，上市前每股净资产为4.43元，上市的股票发行价为16.49元/股，一举成为中国绿化行业第一家上市公司，云南省第一家民营上市企业。

绿大地主要从事植物种苗工厂化生产、观赏植物盆景、植物科研、培训、示范推广、技术咨询服务、绿化园艺工程设计及施工、园林机械、工艺美术品、花木制品、

---

* 本案例内容整理改编自中国证监会网站（http://www.csrc.gov.cn/pub/zjhpublic/G00306212/201307/t20130726_231840.htm）及其他相关文献资料。

塑料制品、陶瓷制品的生产及本公司产品的销售。公司以绿化工程和苗木销售为主营业务，拥有集特色苗木工业化培植、销售及服务为一体的完整产业链。绿大地是云南省最大的绿化苗木种植企业，云南省唯一一家国家城市园林绿化施工一级资质的企业，云南省“农业产业经营升级重点龙头企业”。

绿大地涉嫌违法违规案是证监会近年来查处的一起典型的上市公司欺诈发行案件，该案案情重大，性质极为恶劣。调查发现，绿大地涉嫌欺诈发行，违规披露、不披露重要信息，伪造国家机关公文、有效证明文件和有关单据、凭证，隐匿、销毁会计资料等多项违法犯罪行为。证监会除对绿大地进行行政处罚外，还对联合证券、天澄门、深圳大鹏进行行政处罚，撤销深圳大鹏证券服务业务许可，对相关责任人员行政处罚和终身证券市场禁入，撤销相关保荐代表人保荐代表人资格和证券从业资格。

2007 年 12 月 21 日，绿大地在深交所正式上市，募集资金达 3.46 亿元。

2009 年 8 月，由于当地证监局的巡检和离职财务人员的举报，监管部门已经注意到了绿大地的财务异常。当地证监局不但驳回了绿大地的增发申请，更提出了严厉的整改意见。

2011 年 3 月，当地公安厅正式逮捕了绿大地公司董事长何学葵女士。与此同时，时任绿大地财务总监也因涉嫌财务信息披露违规等被当地执法部门强制控制，由此绿大地财务造假事件正式浮出水面为各界所知晓。

2013 年 4 月 10 日，天澄门、联合证券等作为为绿大地服务的中介机构，先接到了证监会发出的行政处罚决定书。同年 4 月 27 日，证监会对深圳城鹏飞会计师事务所（以下简称“城鹏飞所”）也给出了相应的处罚。5 月 13 日，绿大地收到了证监会的行政处罚决定书。5 月 15 日，证监会联合财政部决定，撤销城鹏飞所的证券服务业务许可。

根据当事人违法行为的事实、性质、情节与社会危害程度，依据《证券法》第 223 条的规定，证监会决定：

（1）没收城鹏飞所业务收入 60 万元，并处以 60 万元的罚款。

（2）对发行上市财务报表审计报告签字注册会计师姚国勇、廖福澍给予警告并分别处以 10 万元罚款。

根据当事人违法行为的事实、性质、情节与社会危害程度，依据《证券法》第 223 条的规定，中国证监会、财政部决定，撤销深圳城鹏飞的证券服务业务许可。

根据《证券法》第 233 条以及《证券市场禁入规定》第三条和第五条的规定，证监会决定，认定姚某勇、廖某澍为市场禁入者，自宣布决定之日起，终身不得从事证券业务或者担任上市公司董事、监事、高级管理人员职务。

这是证监会有史以来对中介机构最严厉的处罚。

二、案例分析

绿大地 2010 年 3 月因涉嫌信息披露违规被立案稽查。证监会发现该公司存在涉嫌“虚增资产、虚增收入、虚增利润”等多项违法违规行为。

1. 虚增资产。

（1）存货。为了提高资产负债表中的资产总额，以达到其符合上市的目的，绿大地从其资产的单价入手，蓄意大幅度地提高价格。查阅绿大地2007年上市时的招股说明书，可以发现截至2007年6月30日，公司资产总额合计约4.5亿元，在这4.5亿元的资产总额中，流动资产占了其中大部分。尤其是存货，竟然高达1.8亿元。绿大地属于绿化园林行业，其存货主要是各种苗木。单看这些苗木价值的总额或许不会发现什么，但是仔细估算苗木的单价或者查看存货明细账，其中的猫腻就显现出来了。绿大地所标识的苗木价格与市场同类价格相去甚远：当时绿大地持有的苗木在市场上的报价是60元，但是绿大地的账务中显示的却是300元。

（2）土地。不仅仅是虚增存货，绿大地的土地价值也是虚增的。绿大地的总部处于昆明市经济技术开发区中，位于昆明市二环开外，属于偏远地段，人迹稀少，可以说是荒凉的。因此，市场上对经济开发区的地价报价并不高，20万元就能买下一亩地。然而，从绿大地的报告中显示来看，对于类似土地的报价是一亩100万元，直接翻了5倍。

昆明市官渡区人民法院判定认为，2004年2月，绿大地购买马龙县旧县村委会土地960亩，金额为955万元，虚增土地成本900万元；2005年4月购买马龙县马鸣土地4宗计3500亩，金额为3360万元，虚增土地成本3190万元；截至2007年6月30日，绿大地在马龙县马鸣基地灌溉系统、灌溉管网价值虚增797万元；2007年1～3月，绿大地对马鸣乡基地土壤改良价值虚增2124万元。

（3）固定资产。绿大地2007年上市时的招股说明书显示，截至2007年6月30日，绿大地的固定资产净额为5066.35万元，该公司在昆明开发区内的办公楼等固定资产额为942.59万元，总共26.5亩土地，其总部所在地除房屋、道路及庭前绿化外的“外地坪、沟道”，也作价107.66万元。

另一处固定资产“马鸣基地”围墙的固定资产值为686.9万元，其招股说明书上显示的该基地4块地（原为荒山）共3500亩，如果其围墙只围地块的周长，折算下来，其每米围墙的价格高达1268.86元。

马鸣基地的3口深水井也造价惊人，计入固定资产216.83万元，每口价值72.27万元，而该招股说明书上的另一口深井，金殿基地深水井却只值8.13万元，价格相差近9倍，多项资产的实际价值存在疑问。

另外，绿大地2010年6月17日发布的《关于2010年一季度报表更正差异的专项说明》显示，其2010年一季度的固定资产多计5983.67万元。绿大地对此的解释是，固定资产的差异原因在于“工作失误”，将北京分公司的固定资产已包含在本部报表中，又将其列入合并报表，即计算2次，造成该项目虚增。

2. 虚增收入。

为达到上市目的，被告人赵某丽、赵某艳等注册了一批绿大地公司实际控制的关联公司，采用伪造合同、发票等手段虚构交易业务，虚增资产、收入。绿大地的苗木采购大户订单，2004 年 1 月 ~2007 年 6 月为公司增加营业收入、净利润作出重要贡献。但上市后一些曾经的采购大户陆续神秘蒸发。2009 ~2010 年，金额巨大的销售退回突然出现。2010 年 4 月 30 日披露确认 2008 年苗木销售退回 2348 万元；与此同时，绿大地确认 2009 年苗木销售退回金额高达 1. 58 亿元。

昆明市官渡区人民法院判定认为，绿大地在招股说明书中披露 2004 ~2007 年 1 ~6 月累计收入为 6. 26 亿元，虚增收入 2. 96 亿元；2007 年绿大地披露的营业收入为 2. 57 亿元，经鉴定确认其中虚增收入 9660 万元；2008 年虚增收入 8565 万元；2009 年虚增收入 6856 万元。

3. 虚增利润。

2009 年 10 月 30 日，该公司发布 2009 年三季报称，预计 2009 年净利润同比增长 20% ~50%（其 2008 年度净利润为 8677 万元）；2010 年 1 月 30 日，该公司发布 2009 年度业绩预告修正公告称，将 2009 年净利润增幅修正为较 2008 年下降 30% 以内，来了个大转折；随后，该公司 2010 年 2 月 27 日第三次发布 2009 年度业绩快报时，净利润却又变为 6212 万元。3 天后，绿大地又发布 2009 年度业绩预亏及持续旱灾的重大风险提示公告，预计公司 2009 年度经营业绩可能出现亏损。2010 年 4 月 28 日，绿大地又发布 2009 年度业绩快报修正公告将净利润修正为亏损 1. 2796 亿元，再次大逆转一回。2010 年 4 月 30 日正式公布 2009 年年度报告时，该公司 2009 年净利润定格为亏损 1. 5123 亿元；同一天，绿大地发布第一季度报告，每股收益只有 0. 1 元，比 2009 年同期暴跌。绿大地 2010 年 6 月 17 日发布的《关于 2010 年一季度报表更正差异的专项说明》显示，其原一季报的营业收入少计 10 万元，营业利润多计 67. 57 万元，净利润多计 52. 57 万元。

绿大地公布的报告中差错不断。其 2010 年一季报中仅合并现金流量项目，就有多达 26 项差错，其中有 8 项差错为几千万元，上亿元的差错多达 12 项。2010 年 4 月 30 日，绿大地发布关于前期会计差错更正情况的专项说明称，公司对 2008 年因销售退回未进行账务处理，本期对该项前期差错进行更正，追溯调整减少 2008 年合并及母公司营业收入 23485195. 00 元，追溯调整减少 2008 年度合并及母公司营业成本 11947362. 81 元，追溯调整增加 2008 年度合并及母公司应付账款 11537832. 19 元，调减合并及母公司年初未分配利润 10384048. 97 元，调减合并及母公司年初盈余公积 1153783. 22 元。

帮助绿大地上市的是城鹏飞所，二者合作了 7 年。城鹏飞所在绿大地欺诈发行上市时未勤勉尽责，未发现绿大地为发行上市所编制的财务报表编造虚假资产、虚假业务收入，从而出具无保留意见的审计报告，发表不恰当的审计意见，违法事实如下：

为绿大地发行股票并上市，城鹏飞所对绿大地 2004 年、2005 年、2006 年度财务报表和 2007 年半年度财务报表进行审计，并出具无保留意见的审计报告。

司法机关认定，绿大地在招股说明书中编造虚假资产、虚假业务收入。绿大地编造虚假资产、虚假业务收入的金额巨大，性质严重。

（一）城鹏飞所未勤勉尽责，未对绿大地销售客户执行审计程序

绿大地 2004 ~2006 年财务报表披露的各年度前五大销售客户与实际不符，经查，

深圳城鹏飞所的审计底稿中没有记录对绿大地前五大销售客户的审计程序。而且仓储环节审计程序不正确，对苗木的实地监盘不准确。

（二）城鹏飞所未勤勉尽责，未对部分银行账户进行函证等

绿大地招股说明书披露的2006年销售收入中包含通过绿大地交通银行3711银行账户核算的销售收入，交通银行提供的资料显示，上述交易部分不存在。绿大地招股说明书披露，2006年12月31日货币资金余额为47742838.19元；其中，交通银行3711账户余额为32295131.74元。交通银行提供的资料显示，2006年12月31日的3711账户余额为4974568.16元。经查，深圳城鹏飞所没有向交通银行函证绿大地交通银行3711账户2006年12月31日的余额。

城鹏飞所未勤勉尽责，未对部分银行账户进行函证、未真实完整编制工作底稿；未发现绿大地在为发行上市所编制的财务报表中编造虚假资产、虚假业务收入，从而为绿大地出具无保留意见的审计报告，发表了不恰当的审计意见。

城鹏飞所的上述行为违反了《中国注册会计师职业道德守则第1号——职业道德基本原则》第十六条、第十七条规定，未勤勉尽责，其所出具的文件缺乏真实性、准确性和完整性。

三、案例启示

绿大地为上市所编制的财务报表编造虚假资产、虚假业务收入，而城鹏飞所没有深入检查、甄别相关材料的真实性与可靠性，如土地使用证、银行票据等证明文件必须通过土地部门和金融机构进行查实，无视证券监管部门关于现场尽职调查的规定，外勤审计过程存在严重问题。由此看来，城鹏飞所没有遵守职业道德守则，未勤勉尽责，收集的审计证据明显不足，过分信赖管理当局，对客户舞弊重视不够，连起码的职业谨慎都没有，注册会计师存在严重的过失责任。

案例十一 企业信息披露违规，会计师事务所缺乏“职业怀疑”*

一、案例介绍

北湖建材股份有限公司（以下简称“北湖建材”）系由湖北省当阳玻璃厂、当阳电力联营公司、湖北应城石膏矿三家共同发起，以定向募集方式于1993年3月26日设

* 本案例内容整理改编自搜狐财经网站（http://business.sohu.com/20131016/n388276523.shtml）及其他相关文献资料。

立。2000 年 8 月 28 日成功发行了 5500 万股普通股，上市时总股本达 21100 万股。公司为“国家火炬计划”重点高新技术企业，主营业务为平板玻璃及玻璃深加工产品、石膏及制品等新型建材的生产与销售等。2013 年 10 月 15 日下午，北湖建材发布公告称收到证监会武汉稽查局下发的《立案稽查通知书》，被立案稽查。负责公司 2012 年审计的勤信会计师事务所对其 2012 年年报出具了标准无保留意见的审计报告。证监会指出的公司问题主要为：关联方交易信息隐瞒及披露不及时；财务数据造假或会计处理不规范；公司治理方面不规范等五个方面的问题。湖北省证监局决定给予公司警示，并要求公司十五名高管接受专题法律法规培训，认真吸取教训，强化守法合规意识，杜绝此类事件再次发生。证监会在新闻发布会上特别指出，勤信会计师事务所在北湖建材年报审计过程中，未勤勉尽责，涉嫌违法违规。

北湖建材股份有限公司存在的问题如下。

（1）隐瞒关联方交易事项。公司在 2012 年年度报告中关联方披露不全面，也未披露公司与关联方的交易情况。根据企业披露的关联方显示，其关联方不仅有上游玻硅矿公司还有下游的商贸公司、建材公司，正常情况下是极有可能发生关联交易行为的。从 2013 年的年度报告中看，企业披露了关联交易行为。其中关联托管关系 2011 年就已形成，而在企业 2012 年的报告中却莫名其妙地消失了。公司在关联方并未发生重大变动的情况下，关联交易在以前年度并未发生显然证明了其隐瞒关联交易的事实。而企业故意隐瞒关联交易极有可能存在交易不公允的问题，公司的利润信息质量难以保证。但是注册会计师未能对被审计单位整体风险点做出审计安排，也未能实施有效的分析程序发现这一问题。

（2）调节利润。对于政府补助，《企业会计准则》中规定，无论企业通过何种方式取得政府补助，均应合理划分为两类：与资产相关和与收益相关的政府补助，并分别进行会计处理。北湖建材把与资产相关的政府补助一次性计入了当期损益，1000 万元政府补助计入当期损益涉嫌调节利润。这 1000 万元占到 2012 年公司利润总额 29135717.42 元的近 35%。从表 8－5 中可以看出，除了政府补助外，公司的利润总额与营业利润的差值在年底尤为明显，营业外利润大部分归入利润总额项目。以 2012 年为例，营业外收入包括政府补助 19782317.10 元，托管费 10000000 元，其他 35600 元。公司正常经营业绩并不优良，事务所却对此没有给予足够关注。而到了 2014 年 4 月公司才发出 2011 年度的会计差错更正，经此更正，2012 年度未分配利润和归属于母公司所有者的净利润为 45390624.43 元。更正之后，公司利润相差悬殊。北湖建材可能涉嫌证券虚假陈述中的重大遗漏。

表 8－5　　公司营业利润和利润总额对比　　单位：元

项目	2011 年 6 月 30 日	2011 年 12 月 31 日	2012 年 6 月 30 日	2012 年 12 月 31 日
营业利润	6807901	5529905	2210329	－3377700

续表

项目	2011年6月30日	2011年12月31日	2012年6月30日	2012年12月31日
利润总额	6900248	23839265	2354125	20323256
利润更正	—	-45390624	—	—

（3）成本计算。公司2011年、2012年成本核算过程中，分别少计原材料成本75816787.00元、15677273.96元，导致2011年、2012年营业成本分别少计75816787.00元、15677273.96元，导致2011年、2012年所得税税费、应交税费分别多计11372518.05元、2351591.09元，导致2011年、2012年度留存收益分别多计64444268.95元、77769951.82元。2012年更正的成本费用为15677273.96元，影响到2012年度利润近54%。结合公司行业背景，北湖建材所属的玻璃行业正处于转型困难期，“玻璃行业不景气”信号强烈（见表8-6）。研究人士称，北湖建材的主营平板玻璃业已经严重产能过剩。从表8-7可以看出，公司的TTM比率总是大于1，且总在年末降低。这是公司财务造假的重要信号。从证监局检查结果及上述公司更正情况可以印证这一猜测。

表8-6　　行业对比表　　单位：亿元

同行业公司	南玻A	亚玛顿	北湖建材	金刚玻璃	洛阳玻璃	金晶科技
营业收入	69.94	6.09	10.3	3.58	5.54	29.87
净利润	3.7	0.73	0.14	0.27	-0.08	-3.64
总资产	143.36	21.97	31.26	11.94	13.03	80.14
负债合计	70.68	1.76	23.3	3.44	12.32	38.99
股东权益	72.68	20.21	7.96	8.5	0.71	41.15

表8-7　　公司TTM变动表（半年/期）　　单位:%

	2011年年中	2011年年末	2012年年中	2012年年末	2013年年中	2013年年末
营业总成本/营业总收入（TTM）	196.21	99.5	243.62	100.36	230.29	101.71

（4）研发支出项目问题。湖北省证监局指出，公司董事会报告关于研发支出合计数表述不实。在认定高新技术企业时，要求近三个会计年度的研发支出占销售收入总额的比例要符合如下要求：最近一年销售收入介于5000万~20000万元的，研发支出比例不低于4%。北湖建材适用该档标准。2012年度公司研发支出合计为3516.9万元，该年度营业收入为102985余万元，研发支出占到营业收入的3.4%。由于公司2011年已经通过高新技术企业复审，资格有效期为3年，下次评审时间在2014年度。可以预见公司在研发支出的列报上，一方面寄希望于享受高新技术企业待遇，另一方面又不希望影响本就不理想的利润总额。虽然不少公司研发支出是一笔糊涂账，但公司在2011年度研发抗肝癌药失败的时间应当引起审计人员足够重视。在面临内外环境的压

力，内部控制薄弱的情况下，一直以来被资本市场关注的北湖建材终于被曝出上述一系列财务造假行为。公司采用关联交易的方式，以低估成本等手段创造利润。另外，公司通过其高新技术企业头衔和地方经济支柱的地位，获得了不少政府补助，使其利润总额依然可观，弥补了其营业利润的颓废态势。

综上所述，在北湖建材上市公司如此严重的信息披露违法违规行为下，勤信会计师事务所却仍然对其2012年的财务报告出具了标准的无保留意见的审计报告。

二、案例分析

勤信会计师事务所（以下简称“勤信”）创建于1992年，其前身为湖北万信会计师事务所，2000年1月与柏勤会计师事务所合并变更为勤信会计师事务所，经财政部批准成立，在北京工商行政管理局登记注册。勤信所在审计过程中存在的问题如下。

（一）未充分了解被审计单位及其环境

注册会计师应当从行业状况、法律及监管环境、被审计单位性质、财务业绩、目标战略、内部控制等多方面了解被审计单位的环境，这对识别和评估被审计单位的重大错报风险十分必要。

北湖建材一直以来在资本市场上的负面新闻不断，2012年前后发生控制人变动、投资新兴产业失败等事项，加之公司面临行业不景气问题，这些问题都是造成公司财务信息质量低下的重要原因。首先，2011年11月北湖建材发出公告，经过一系列股权受让，公司实际控制人变为许锡忠，北湖建材由国有控股企业变成私营企业。新的实际控制人对公司的经营战略和意图将集中体现在2012年。注册会计师可能并未对许锡忠的个人意图、素质品质等事项做充分了解，未能与治理层充分沟通。据有关资料显示，公司在此后投资抗癌药失败，热衷资本运作，资本市场被操盘都可能与新的控制人个人经营偏好有关。其次，2012年初《中国经营报》以“抗癌药遥遥无期北湖建材半月腰斩”为题报道了北湖建材进军新领域失败的新闻。文中指出，原本风马牛不相及的北湖建材进入了医药研发制高点的抗癌药研发领域，这种故事早已不被市场信任。遗憾的是注册会计师却未能给予更多关注，导致未关注到研发支出不实的问题。再次，玻璃行业作为传统产能过剩行业，自2008年金融危机以来一直处于疲弱状态。这种行业性整体不景气，在成本费用列报方面极可能发生重大风险。注册会计师应该对收入及成本费用采用更多的实质性程序进行审计。最后，注册会计师没能充分关注上市公司资本市场异动。自2011年12月5日~2011年12月22日，虽然连续公布了一系列利好消息，但是北湖建材12个交易日跌幅高达52.29%。这些资本市场上的异常表现，提醒着注册会计师对相关领域重大错报风险应当采取应对措施。

（二）未充分识别关联交易及其披露

公司在2012年年度报告中关联方披露不全面，也未披露公司与关联方的交易情况。然而，只要其审计机构勤信在审计过程中，按照审计准则要求，实施了风险评估程序等恰当的审计程序就应当很容易发现。注册会计师应当向管理人员询问全部关联者的名称；向董事会、股东会和高级职员询问同其他单位的隶属关系；检查股东大会和董事会的会议记录；检查以前年度的工作底稿，查明关联者的名称或向前任注册会计师询问他们知道的关联者；审查审计期间的重大投资交易，并根据交易的性质及程度，决定是否构成了新的关联者；检查股东登记簿，取得主要股东名单，查阅主要个人股东家庭成员的简历；检查被审计单位的所得税申报表，我国税法要求企业同关联方的业务，要按同独立企业之间的业务往来一样收取或支付费用，关联交易有时会在所得税申报表中反映出来。在确定了关联方以后，应将被审计单位全部关联方列成名单，审计人员人手一份，在对往来账款、投资、购销交易等的审查中随时对照，以便找出关联交易。判断关联交易的存在与否，应遵循“实质重于形式”的原则，只要关联方之间发生了资源转移或发生了权利义务，不论是否有价款支付，都应视为发生了关联交易。

然而，勤信会计师事务所却未能识别出来北湖建材未披露的关联方及其关联交易。由此说明，勤信会计师事务所在执业过程中未能按照相关法律法规要求，在审计过程中未对关联交易给予充分的关注和了解，未重视保持职业怀疑，未通过设计和实施进一步审计程序，来识别、评估和应对被审计单位涉及关联方交易的事项，而出具了如此具有重大遗漏的不实审计报告。

（三）未特别关注研发支出的列报披露

由于我国企业所得税法对高新技术企业的优惠力度较大及研发费用可加计扣除，这就导致企业在研发支出方面不实表述概率增大。因此，注册会计师在对该类企业进行审计时，应当重点关注企业对研发支出项目的列报和披露情况。根据我国对高新技术企业认定的规定，北湖建材的研发支出有一个硬性指标：最近一年销售收入介于5000万~20000万元的企业，近三个会计年度的研究开发费用总额占销售收入总额的比例不低于4%。公司在2011年度研发抗肝癌药失败也应当引起审计人员足够重视。

因此，勤信会计师事务所在执业过程中，应当高度重视北湖建材的研发支出在认定层次的重大错报风险，严格按照会计准则对开发、研究阶段研发支出的界定，划分费用化与资本化的研发支出。注册会计师应当获取充分适当的审计证据，证明企业的区分不会导致重大错报，如：让企业把研发支出的明细列出来，每一项注明是研究阶段还是开发阶段，并要求企业给出这些区分的理由，必要时还应当拿补充材料予以佐证；注册会计师在不易取得外部证据的情况下，应当关注研究开发活动中的有关控制点，执行控制测试，以降低审计风险。

然而，在北湖建材公布的经审计的财务报告中，却存在研发支出合计数表述不实的错报。可见，勤信会计师事务所在审计过程中，未充分了解北湖建材企业及其环境，没能对研发支出保持高度职业怀疑，从而未能进行必要的控制测试和进一步的审计程序，来识别、评估和应对被审计单位研发支出列报和披露存在的重大错报。

（四）未充分重视政府补助的会计处理

绝大多数上市公司均存在不同形式和金额的政府补助。对高新技术企业来说，政府补助的整体影响面较大，尤其是对公司利润的影响。该类公司如果剔除政府补助，其盈利水平将大幅下降，甚至出现亏损。目前政府补助会计处理的突出问题主要为政府补助确认时点、综合性项目补助的分类以及搬迁补偿的会计处理等。因此，注册会计师在对该类企业进行审计时，对政府补助的相关会计处理应当重点关注。北湖建材在2012年年报的第三节《会计数据和财务指标摘要》中显示，2012年度，北湖建材政府补助的数据为1978万元；年报“营业外收入情况”中则较为详细地显示了，公司收到当阳市人民政府2012年度新产品研发奖励资金1000万元。年报就其主要会计政策的说明中，对于政府补助的会计处理也进行了规定，“按照名义金额计量的政府补助，直接计入当期损益。用于补偿企业已发生的相关费用或损失的，直接计入当期损益”。北湖建材如果剔除这1000万元的政府补助，公司2012年盈利水平将大幅下降。

注册会计师对企业该非正常经营活动产生的大额政府补助收入，应当保持职业怀疑，给予充分的关注。根据《企业会计准则》规定，无论企业通过何种方式取得政府补助，均应划分为与资产相关和与收益相关的政府补助，并分别进行会计处理，其对企业各期损益的影响将有所不同。注册会计师不仅应当检查企业有关政府补助收入的相关材料，以证明其合规性，还应当要求企业管理层等相关人员对公司将政府补助一次性计入当期损益的会计处理予以说明，以获取充分适当的证据表明其会计处理是恰当的，否则，应当要求企业进行会计调整。但是，勤信会计师事务所并未对北湖建材2012年年报中，将大额的补助计入当期损益的这一会计处理实施应有的审计程序；对管理层舞弊利用补助调节利润的特别风险，未按照审计准则的要求执行恰当的审计工作。

勤信的上述行为违反了《中国注册会计师职业道德守则第1号——职业道德基本原则》第十六条、第十七条规定，未勤勉尽责，未能成功识别和应对被审计单位存在的重大错报风险。

三、案例启示

勤信会计师事务所在该审计过程中欠缺应持有的职业怀疑态度，没能对重大错报风险保持应有的重视并有效应对，导致最后出具了具有极大错误的审计报告，这样的事件应该引起我们的重视。

重大错报风险具有客观性、不可降低性、可识别性、隐蔽性和多样性的特点。因此，对重大错报风险的评估就具有重大的意义。首先是重大错报风险的评估是现代风险导向审计的核心，贯穿整个审计过程，作为审计工作的起点和导向，其高低直接决定了审计检查风险的高低、风险应对措施的选择和测试实施的范围大小。其次是促使审计人员必须将审计工作重心前移，重新审计计划工作，花费必要的成本去了解被审计单位及其所在环境，充分考虑管理当局的诚实性和内部控制的有效性，以识别重大错报的风险，进而有的放矢实施针对评估的重大审计风险而设计的程序，最终实现审计目标，提高审计效率和审计质量。最后，通过对重大错报风险领域的识别和评估，有利于审计人员发现被审计单位的风险管理存在的问题并及时向被审计单位提出相关的风险管理建议，从而促进企业加强风险管理、提高治理水平、加强内部控制，进而更好实现企业经营战略目标，塑造企业良好形象。

审计准则在不断的完善和改进当中，如何正确地识别、评估和应对相应的重大错报风险需要我们不断地探索、研究和持续的重视。

在该案例中，审计方勤信会计师事务所在北湖建材的审计项目中未能勤勉尽责，未能在公司环境、关联方事项、成本项目、政府补助的会计处理等方面实施必要的审计程序以发现公司的财务造假行为，未能成功识别和应对被审计单位存在的重大错报风险，最终导致了对公司财务报告发表了不恰当的审计意见，对2012年度财报出具了标准无保留审计意见，导致审计失败。

近年来，上市公司的财务造假行为屡禁不止，造假手法也是五花八门，加大了我国注册会计师的审计难度与风险。通过对北湖建材财务造假审计案例的分析，会计师事务所可以更好地总结经验，以规避相同的错误，降低审计风险，提高审计质量，避免出具不恰当审计报告，同时也进一步说明会计师事务所应该注重被审计单位环境，增强重大风险识别能力。

案例十二　企业虚假上市，会计师事务所未能“合理运用职业判断”*

一、案例介绍

河南丰大节能板材科技股份有限公司（以下简称“丰大节能”）成立于2007年，位于河南省新乡市高新技术产业开发区，是一家专业从事绿色节能板材设计、研发、生产和销售的国家高新技术企业。主要经营范围包括新型节能板材的研发、生产、销售、技术指导，以及进出口业务，是中部六省最大的绿色节能建材研制基地。公司引进世界先进的聚氨酯节能板连续生产线。公司产品具有良好的绝热、阻燃、隔音、环保、耐久性能，可广泛应用于工业、商用建筑内外墙，以及民用建筑外墙保温、空调通风系统、专用防火保温门等领域。丰大节能于2012年4月12日向证监会报送IPO申请文件。2013年4月15日，IPO财务专项检查小组进驻丰大节能开展现场检查，发现

---

* 本案例内容整理改编自中国证监会网站（http://www.csrc.gov.cn/pub/zjhpublic/G00306212/201404/t20140414_246929.htm）及其他相关文献资料。

其存在违法违规嫌疑。4 月 18 日，证监会稽查总队对丰大节能进行初步调查，发现该公司存在涉嫌虚增收入、虚增资产、关联交易非关联化、关联交易未入账、报送 IPO 文件及财务自查报告中虚假记载等违法违规行为。

2014 年 2 月 12 日，证监会先后对丰大节能及涉及其 IPO 项目的光大证券、安达会计师事务所（以下简称“安达”）和竞天公诚律师事务所，就丰大节能 IPO 过程中存在虚假记载问题作出了行政处罚决定。

安达及其注册会计师在审计丰大节能 IPO 和执行首次公开发行股票公司审计业务专项核查工作时未勤勉尽责，2013 年 2 月 17 日出具的审计报告和 2013 年 3 月 28 日出具的《安达会计师事务所有限责任公司关于河南丰大节能板材科技股份有限公司落实〈关于做好首次公开发行股票公司 2012 年度财务报告专项检查工作的通知〉的自查报告》（以下简称《自查报告》）存在虚假记载。

2016 年 3 月 11 日，财政部公告称，安达会计师事务所因在执行审计业务中未能勤勉尽责，财政部、证监会决定责令安达自公告发布之日起暂停承接新的证券业务。

二、案例分析

安达因在对丰大节能执行审计业务中未能勤勉尽责，违反了《中国注册会计师职业道德守则第 1 号——职业道德基本原则》第十六条、第十七条规定。具体违法事实如下：

（1）IPO 审计时应收账款函证过程未保持控制，对明显异常回函没有关注，替代程序未得到有效执行，未能发现丰大节能虚构客户、虚增收入的行为。

安达 2010 年函证的 20 家应收账款客户中有 1 家为虚假客户（即丰大节能虚构的客户），10 家存在虚假销售（即丰大节能以该客户名义虚构销售），IPO 审计底稿中留存了此 11 家客户中 7 家的询证函回函。2010 年丰大节能虚增对上述 11 家客户的销售收入 1079.61 万元，利润 390.49 万元，占当期利润总额的 13.47%。安达 2012 年函证的 51 家应收账款客户中有 5 家为虚假客户，2 家存在虚假销售，IPO 审计底稿中留存了这 7 家客户的询证函回函。2012 年丰大节能虚增对上述客户的销售收入 495.64 万元，利润 165.15 万元，占当期利润总额的 2.33%。

（2）IPO 审计时银行账户函证程序缺失或未有效执行，银行账户函证范围存在遗漏，函证未保持控制，未回函的银行账户和异常的询证函回函未予追查，对获取的明显异常的银行对账单未予关注，也未采取进一步审计程序，未能发现丰大节能在中国建设银行新乡牧野支行开立的 41001557710050203 × × × 账户 2011 年末实际余额比账面余额少 3000 万元的事实，以及丰大节能伪造银行询证函回函、伪造银行对账单的事实。

（3）对固定资产的审计程序未能有效执行，检查固定资产新增发生额时，未关注原始凭证异常情况，盘点时未关注大额进口设备及构件，未核对设备编号，检查付款凭证时没有关注合同异常，未能发现丰大节能虚增固定资产 2581.3 万元。

（4）自查时关联方核查程序未有效执行，对客户的走访流于形式，部分结论没有底稿支持。

自查底稿以及IPO审计底稿中均没有注册会计师核对丰大节能与河南天丰钢结构建设有限公司（以下简称“天丰建设”）等关联方的往来明细账、现金日记账、银行日记账的记录，也没有访谈上述关联方的记录。

自查底稿显示，走访重庆强捷钢结构有限公司（以下简称“重庆强捷”）没有访谈记录，底稿中仅取得一份“重庆强捷钢结构有限公司基本情况及财务数据”的说明，未加盖重庆强捷公章。该说明后附的明细清单为丰大节能对重庆强捷的往来明细账，注册会计师未对双方交易进行核查。同时，注册会计师未对丰大节能向安阳宏午商贸有限公司、安阳宏信达公司、自贡东方彩钢结构有限公司的销售金额与安达IPO审计底稿中记录的差异进行核查。

自查底稿结论称“项目组核查关联方财务报告、成本、费用、营业外支出明细以及现金银行账款科目明细表、往来科目明细表”，但自查底稿中未见关于上述情况的任何记录。

安达上述行为违反了《中国注册会计师职业道德守则第1号——职业道德基本原则》第十六条、第十七条规定，未勤勉尽责，没有合理运用职业判断保持应有的关注。

三、案例启示

证监会通报中涉案的签字合伙人及注册会计师均已离开安达，相关的处罚却要由现在的安达团队承担，看似有些“不公平”。但在监管部门看来，涉案的审计报告在出具时，仍然是在“安达”品牌下，理论上执行安达的内部执业质量标准，会计服务机构的内部纷争不能成为其在审计中未能勤勉尽责的理由。

处罚安达，本身就是给注册会计师行业敲响了警钟。在行业做大做强、规范发展的大背景下，加强内部治理，推进健康的合伙文化，强化执业质量监督检查，尤为重要。如果会计师事务所质量控制有缺陷、合伙人不诚信，那么事务所信誉也难免遭受重创。安达受罚，表明监管部门对内部治理失当、质量控制存在风险隐患的重大关切。对于监管部门而言，规范证券市场经济行为、维护资本市场健康稳定是第一要务。

案例十三　企业利用关联交易财务造假，会计师事务所未能“保持职业怀疑”*

一、案例介绍

山东化杨科技股份有限公司（以下简称“化杨科技”）是山东省重点企业之一，

* 本案例内容整理改编自中国证监会网站（http://www.csrc.gov.cn/pub/zjhpublic/G00306212/201303/t20130321_222510.htm）及其他相关文献资料。

主要从事农用化工和精细化工的科技先导型企业，研发的生态农药具有低毒、低残留、不伤害天敌等优点，为国家科技部认定的高新技术企业。公司设立于1999年12月30日，注册资本为5000万元。2002年10月16日经中国证券监督管理委员会批准，向社会公开发行人民币普通股股票4000万股，每股面值1元，变更后的注册资本为人民币9000万元（上海证券交易代码：600532）。

2010年8月26日收到《中国证券监督管理委员会山东证监局调查通知书》，因公司涉嫌违反相关证券法律法规，根据《中华人民共和国证券法》的有关规定，决定对公司进行立案调查。经审查，该公司通过隐瞒大股东资金占用和未及时披露关联交易、隐瞒关联关系及虚假记载等手段，在2008~2010年年度报告中进行财务造假。

2012年8月1日，证监会对化杨科技及利达会计师事务所在化杨科技信息披露违法案中的违法行为作出处罚。

经证监会披露，化杨科技主要存在以下会计问题。

1. 未及时披露与关联方的非经营性资金往来。

化杨科技未及时披露与关联方华阳集团和华天化工的非经营性资金往来，2008年1月1日~2010年8月31日，化杨科技与华阳集团、华天化工均发生非经营性资金往来，其中，化杨科技向华阳集团划转资金79次，累计金额6.12亿元，华阳集团向化杨科技划转资金59次，累计金额6.11亿元；化杨科技向华天化工划转资金11次，累计金额1138万元，华天化工向化杨科技划转资金15次，累计金额1238万元。

2. 未披露关联方关系和关联交易。

化杨科技在2008年半年度报告、2008年年度报告、2009年半年度报告、2009年年度报告、2010年半年度报告中未披露关联方关系和关联交易。

（1）在相关财务报告中未披露与华天化工的关联方关系和关联交易。化杨科技时任总经理韩某巨和副董事长兼总经理闫某华曾分别担任华天化工的法定代表人和董事长，华天化工与化杨科技为关联方。化杨科技与华天化工有经营性关联交易。化杨科技在2008年半年度报告、2008年年度报告、2009年半年度报告、2009年年度报告和2010年半年度报告中，未披露与华天化工的关联方关系和关联交易。

（2）在相关财务报告中未披露与泰安华秦化工有限责任公司（以下简称“华秦化工”）的关联方关系和关联交易。化杨科技时任总经理韩某巨和时任监事石某明曾分别担任华秦化工的法定代表人和董事长，华秦化工与化杨科技为关联方。化杨科技与华秦化工有经营性关联交易。化杨科技在2008年半年度报告、2008年年度报告、2009年半年度报告、2009年年度报告和2010年半年度报告中，未披露与华秦化工的关联方关系和关联交易。

3. 在相关财务报告中存在虚假记载和重大遗漏行为。

2008年半年度报告和2008年年度报告均存在虚假记载和重大遗漏行为：2008年6月，化杨科技未将35800000元借款计入会计记录，2009年4月才计入会计记录，造成2008年度半年度报告虚假记载，少计银行存款和其他应付款35800000元，未披露相关资产和负债。

二、案例分析

利达会计师事务所（以下简称“利达”）从 2003～2011 年一直从事化杨科技的审计工作，除 2003 年（重大方面公允）、2010 年（有保留意见）、2011 年（强调事项无保留）之外，利达对化杨科技出具的审计结果都是标准无保留的审计意见。

利达未勤勉尽责，对化杨科技 2008 年财务报表出具了无保留意见的审计报告，发表了不恰当的审计意见。经证监会查明，利达存在以下审计问题。

（一）利达对化杨科技 2008 年财务报表审计未执行充分的分析程序

2008 年 10 月，化杨科技向关联方山东华阳农药化工集团有限公司（以下简称“华阳集团”）划转资金 30000000 元，化杨科技将上述资金划转记录为向宁阳县光明经贸有限公司（以下简称“光明经贸”）、宁阳兴发工贸有限公司（以下简称“兴发工贸”）、宁阳县鸿顺物资购销站（以下简称“鸿顺物资”）和宁阳东方玻璃制品有限公司（以下简称“东方玻璃”）预付货款 30000000 元。

利达获取了化杨科技与光明经贸、兴发工贸、鸿顺物资和东方玻璃的购货合同，但合同中约定的商品采购数量与化杨科技 2008 年实际采购量出现严重偏差，对于这一异常情况，利达的审计人员只是听取化杨科技的解释、收集化杨科技与上述 4 家机构的购货合同，未获取充分的证据。除上述 30000000 元外，化杨科技在 2008 年与光明经贸、兴发工贸、鸿顺物资和东方玻璃基本没有业务往来，对此，利达的审计人员没有保持合理的职业怀疑。

利达的审计人员将未加盖化杨科技印章的化杨科技与上述 4 家机构的购货合同作为审计证据，没有对合同中所列事项进一步获取充分的解释和恰当的审计证据，没有对审计证据的适当性、可靠性进行职业判断。

由于利达没有按照上述审计准则的规定对化杨科技 2008 年财务报表进行审计，导致没有发现化杨科技向光明经贸、兴发工贸、鸿顺物资和东方玻璃的预付货款不真实，没有发现化杨科技向华阳集团划转资金的事实。

（二）利达对化杨科技 2008 年财务报表进行审计时对部分没有回函的函证未执行有效的替代程序

2008 年，化杨科技向关联方泰安华天化工有限公司（以下简称“华天化工”）划转资金 19788000 元，化杨科技将上述资金划转记录为向山东金阳矿业集团有限公司（以下简称“金阳矿业”）划转资金。

由于化杨科技与金阳矿业的资金往来数额较大，在对化杨科技 2008 年财务报表进行审计时，利达的审计人员对金阳矿业进行了函证，但没有收到金阳矿业的回函。在没有金阳矿业回函的情况下，利达的审计人员仅获取了一份 2008 年 1 月 10 日化杨科技向金阳矿业购买原煤的 14080000 元合同，但未进一步实施有效的替代程序。

由于利达没有按照规定的审计程序对化杨科技 2008 年财务报表进行审计，导致没有发现化杨科技向金阳矿业划转资金的不真实，没有发现化杨科技向华天化工划转资金的事实。

综上所述，由于利达对化杨科技 2008 年财务报表进行审计时没有按照相关审计准则执行审计程序，因此，没有发现化杨科技与关联方华阳集团和华天化工的非经营性资金往来，对化杨科技 2008 年财务报表出具了无保留意见的审计报告，发表了不恰当的审计意见。利达上述行为违反了《中国注册会计师职业道德守则第 1 号——职业道德基本原则》第十六条、第十七条规定，未勤勉尽责，没有保持合理的职业怀疑，未能成功识别和应对被审计单位存在的重大错报风险。

三、案例启示

对于关联方非经营性资金占用，注册会计师都应关注关联方非经营性资金占用事项是否在财务报表附注中按照规定进行了充分的披露。在符合规定的前提下，注册会计师还应专门取得企业关于关联方资金占用情况的声明。对于有偿占用，注册会计师应该检查有偿占用的协议，判断企业利息收入的会计核算是否正确，利息收入是否符合独立交易原则。

识别关联方与关联方交易的难度较大，关联方交易的审计证据难以搜集。如果注册会计师在审计关联方交易时仅遵循一般的交易审计程序，是很难发现关联方交易行为的，这就需要注册会计师执行专门的审计程序，才能保障审计工作质量。这也是对注册会计师职业道德的要求。

案例十四　企业利用关联交易虚假披露，会计师事务所显失“独立性”*

一、案例介绍

宝安鸿基地产集团股份有限公司（原名称：深圳市鸿基（集团）股份有限公司，以下简称“鸿基公司”），前身为宝安县所属集体所有制性质的运输企业，成立于 1950 年，至今已有 62 年的历史。1994 年 8 月在深圳证券交易所上市，是国内老牌上市企业（原股票名：深鸿基，现股票名：保鑫地产，股票代码：000040）。

---

* 本案例内容整理改编自中国证监会网站（http://www.csrc.gov.cn/pub/zjhpublic/G00306212/201303/t20130321_222506.htm）及其他相关文献资料。

2009 年 6 月，宝安鸿基集团股权结构进行了重大调整，中国宝安集团（股票名：中国宝安，股票代码：000009）旗下全资企业中国宝安集团控股有限公司成为宝安鸿基集团第一大股东，为具有 60 多年发展历史的宝安鸿基集团注入了新的活力、新的文化内涵以及全新的发展理念。

宝安鸿基集团产业由房地产开发、运输物流、有线电视网络、商贸旅业四大块组成。

2011 年 5 月，年度股东大会审议通过，公司中文法定注册名称由“深圳市鸿基（集团）股份有限公司”变更为“宝安鸿基地产集团股份有限公司”。

2011 年 6 月，经公司申请并经深圳证券交易所批准，公司证券简称变更为“保鑫地产”，证券代码仍为“000040”。

2010 年 11 月 4 日，鸿基公司因公司涉嫌虚假陈述收到深圳证监局的《立案调查通知书》，但真正让它走入公众视野的是 2011 年 3 月 19 日深圳鹏城会计师事务所（以下简称“鹏城所”）给鸿基公司出具的带强调事项段的非标意见。这份非标意见让大家发现一个事实——保鑫地产有若干笔说不清楚的代持股。这是一起单纯的舞弊案件，还是内部人操作以图侵吞公司资产，外界众说纷纭。其实，鸿基公司从 20 世纪就开始作假，至其被立案调查，时间长达 17 年，横跨两个世纪。

以下是在证监会处罚公告中截取的内容：“鸿基公司 2007 年 3 月 19 日澄清公告及 2006 ~2009 年年度报告未如实披露其‘代持股’问题，违反了《证券法》第六十三条、第六十六条、第六十七条的规定，构成了《证券法》第一百九十三条所述违法行为。”具体违法事实如下。

（一）虚假转让

1994 年 9 月，鸿基公司与深圳市龙岗新鸿进实业有限公司（以下简称“新鸿进”）及深圳市业丰工贸有限公司（以下简称“业丰工贸”）签订参股投资协议，鸿基公司向新鸿进转让其持有的“鄂武商 A”法人股 108 万股、“昆百大 A”法人股 150 万股和向业丰工贸转让其持有的“皖能电力”法人股 440 万股。然而新鸿进及业丰工贸并未实际支付购股款，鸿基公司用上述三只股票收到的分红冲抵应收新鸿进及业丰工贸购股款，不足部分鸿基公司使用自有资金经第三方过账划回鸿基公司，应收新鸿进及业丰工贸购股款。鸿基公司通过虚构股票转让交易，经资金运作及账务处理，将涉案股票转至账外以新鸿进、业丰工贸的名义继续持有。

（二）虚假代售

2007 年 4 月 ~2009 年 3 月，时任鸿基公司证券部经理任某强经请示时任鸿基公司董事局主席兼总裁邱某亨同意，私刻新鸿进、业丰工贸公章并伪造其委托鸿基公司出售股票的授权文件，将上述涉案股票全部卖出，获利 86755059.53 元。经邱某亨同意，任某强将其中 86706094.36 元划至别的公司。2008 年 11 月 ~2010 年 12 月，上述资金连同利息合计91709101.14元被转回鸿基公司用以冲抵有关单位欠款，同时冲回以前年度计提的坏账准备。

（三）掩盖事实

2007年3月15日，深圳证券交易所发出《监管关注函》，要求鸿基公司董事局于3月16日前核实并回复有关股价异动事项，同时针对财经网站曾于2007年1月18日发表的关于公司法人股股票投资收益惊人的评述等事项，要求公司于3月16日刊登澄清公告并明确说明有关情况。

2007年3月16日，鸿基公司草拟《公司关于对深交所监管关注函有关内容的情况说明》及澄清公告文稿，提交深圳证券交易所审核后于2017年3月19日披露。澄清公告称，鸿基公司代新鸿进持有“皖能电力”60万股、“昆百大A”150万股、“鄂武商A”1963184股，代业丰工贸持有“皖能电力”440万股，新鸿进、业丰工贸是上述股票的实际所有人，鸿基公司并未出资，仅为名义持有，代持股份不属于公司资产，公司亦不享有任何权益，截至当时尚未办理股份过户手续。

2007年4月20日，鸿基公司发布2006年年度报告，未将500万股“皖能电力”、1963184股“鄂武商A”以及111万股“昆百大A”计入报表。

2008年4月22日，鸿基公司发布2007年年度报告，未将500万股“皖能电力”、190940股“昆百大A”以及出售1963184股“鄂武商A”和919060股“昆百大A”的收益计入报表，将股票出售款披露为应付深圳市龙岗爱侨实业有限公司23334098.58元出售股票款。

2009年4月30日，鸿基公司发布2008年年度报告，未将出售500万股“皖能电力”的收益计入报表。

2010年3月24日，鸿基公司发布2009年年度报告，未披露“皖能电力”“鄂武商A”“昆百大A”等虚假代持法人股出售和资金划转情况。

2011年3月19日，鸿基公司发布2010年年度报告，披露了对“代持股”的清查情况和资金清收情况。鸿基公司称根据专项审计报告，鸿基公司代新鸿进持有的“皖能电力”“鄂武商A”和“昆百大A”以及代业丰工贸持有的“皖能电力”，权益属于鸿基公司。

2011年6月13日，鸿基公司董事局审议通过了公司2010年度财务报告会计差错更正及追溯调整议案，根据关于法人股的专项报告及法律意见，修订了原2010年度财务报告。

二、案例分析

深圳鹏达会计师事务所（以下简称“鹏达所”）对鸿基公司审计中违法事实如下。

（一）会计师事务所与被审计单位关系密切

自1992年起，鸿基公司已是鹏达所的主要客户，两家公司的合作长达20年，关系过于密切，不排除鹏达所会因为与鸿基公司存在业务和利益关系而难以保持独立性，不能获取充分适当的审计证据，并出具适当的审计意见。同时，职业道德准则规定，独立性包括实质上的独立性和形式上的独立性。根据审计业务对独立性的要求，对关键审计合伙人在不同情况下的轮换时间作出了规定，如表8－8所示。

表8－8　　关键审计合伙人适用于一般公众利益实体的审计客户

已为公众利益实体的审计客户	轮换前最长服务时间（年）	暂停服务期（年）	总结模式
一般情况	5	2	（“5＋2”）
特殊情况	6	2	（“5＋1＋2”）

鹏达所长期委派同一名合伙人或高级员工执行某一客户的审计业务，明显违反了审计的独立性。因此，鹏达所在与鸿基公司建立了5年或6年的业务关系后，应考虑更换关键审计合伙人，甚至停止接受鸿基公司的审计业务，以保持其独立性。而事实上它们一直保持着密切的业务关系，因而有可能影响到审计质量。

（二）注册会计师缺乏职业怀疑态度

理论上，坏账核销后是很少有可能转回或大额转回的。从表8－9中可以看到，2001～2007年极少甚至没有坏账准备转回，但是2008年和2009年竟有上千万元甚至上亿元的坏账收回，2008年和2009年坏账转回的金额是明显过高的，从保持职业怀疑态度的角度看，这两年的坏账转回有可能是存在问题的，注册会计师应当追查坏账准备转回的原因。注册会计师没有以这个为突破口深追，表明这个案例里注册会计师缺乏职业怀疑态度。

表8－9　　坏账准备转回情况　　单位：元

年份	2001	2002	2005	2008	2009	2010	2011	2012
坏账准备转回	1236167	7334700	343034	41305000	108744662	10635000	7044254	14697818

鸿基公司在2006～2009年的财务报表中均未对涉案股票的相关情况做披露。但其雇用的鹏达所均出具了标准无保留意见的审计报告。

鹏达所上述行为没有遵守职业道德规范，违反了《中国注册会计师职业道德守则第1号——职业道德基本原则》第十条、第十一条关于独立性的原则和第十六条、第十七条规定，未勤勉尽责，未能成功识别和应对被审计单位存在的重大错报风险。

三、案例启示

（一）保持职业怀疑的态度

鸿基公司于2007年公布的澄清公告称，鸿基公司代新鸿进持有“皖能电力”60万股、“昆百大 A” 150 万股、“鄂武商 A” 1963184 股，代业丰工贸持有“皖能电力” 440 万股，新鸿进、业丰工贸是上述股票的实际所有人。鸿基公司并未出资，仅为名义持有，代持股份不属于公司资产，公司亦不享有任何权益，截至当时尚未办理股份过户手续。面对如此的特殊公告，如果注册会计师保持职业怀疑态度，实施相关审计程序，就有可能发现虚假代持股问题。

对于关联方，注册会计师应查询相关合同要素，并函证对方公司，关注鸿基公司与深圳市龙岗爱侨实业有限公司之间的实质关系，实施审计程序，判断其是否为实质关联方。

注册会计师应关注鸿基公司与新鸿进、业丰工贸以及过账的第三方之间的实质关系，并实施审计程序，判断其他三方是否为实质关联方。

（二）应加强注册会计师的执业胜任能力

保鑫地产一案中涉及的代持股，简单地说是登记在公司名册上的股东并不实际，或者是并不全部持有登记在名下的股权。代持股是一种徘徊在“灰色地带”的现象，因为很多情况下，代持现象往往会变成一种利益输送的渠道。保鑫地产的代持股究竟是否有效，这就要求注册会计师有足够的专业胜任能力，以做出正确的判断。

案例十五 企业信息披露违法违规，会计师事务所未能“保持应有的关注”*

一、案例介绍

上海达知股份有限公司（以下简称“达知”）前身为上海达知网络技术有限公司，该公司成立于2000年12月，2009年12月整体变更为股份有限公司。经中国证监会批准，公司于2011年1月28日在上海证券交易所挂牌上市，股票简称：达知，股票代码：601519。

自成立以来，公司致力于以软件终端为载体，以互联网为平台，向投资者提供及时、专业的金融数据和数据分析。达知365、达知策略投资终端、达知手机版也是投资者耳熟能详的产品。目前，达知旗下软件产品是众多中国投资者正在使用的，达知是中国优质金融信息提供商之一。作为中国领先的互联网金融信息服务提供商，公司凭借强大的技术研发实力、敏锐的市场洞察力和丰富的信息加工经验，始终前瞻性地把握行业发展方向，不断开发出满足投资者需求的创新产品，在行业内具有重要影响力。达知是一家面向国内和国际资本市场，从事资本市场投资咨询及相关服务业务的全国

* 本案例内容整理改编自中国证监会网站（http://www.csrc.gov.cn/pub/zjhpublic/G00306212/201607/t20160722_301086.htm）及其他相关文献资料。

性投资管理咨询公司，是经中国证监会批准，具备证券投资咨询执业资格的专业公司。

达知在上市后，于2013年通过承诺“可全额退款”的营销方式，以“打新股”“理财”等为名进行营销，利用与相关公司的框架协议等多重方式，共计虚增2013年度利润1.2多亿元。除此之外，达知还通过延后确认成本、提前合并报表的方式“调节利润”。目前，达知股票处于“ST”状态。

2015年5月8日，证监会集中部署“2015年证监法网专项执法行动”，披露了“达知”涉嫌信息披露违法违规案。

2016年7月20日，中国证监会发布行政处罚决定书，决定对立信会计师事务所（以下简称“立信所”），签字注册会计师姜维杰、葛勤，上海达知股份有限公司等当事人进行处罚。

二、案例分析

立信所在审计“达知”时，未勤勉尽责。具体违法事实如下。

（一）未对销售与收款业务中已关注到的异常事项执行必要的审计程序

2013年12月，达知将不满足收入确认条件的软件产品销售确认为当期销售收入，导致2013年提前确认收入87446901.48元。

注册会计师在审计工作底稿中记录，达知2013年12月确认收入占全年的比重达37.74%（审计调整前，以母公司口径计算），并对在2014年1月1日~2月26日财务报表批准报出日间发生销售退回的22422913.77元收入进行了审计调整，调减了2013年收入。

针对临近资产负债表日的软件产品销售收入大增，期后退货显著增加的情况，立信所在审计过程中未对退货原因进行详细了解。注册会计师仅执行了查验公司合同、抽样检查并获取软件开通权限单、销售收款单、退款协议、原始销售凭证等常规审计程序。没有根据公司销售相关的财务风险状况，采取更有针对性的审计程序，以获取充分的审计证据以支持审计结论。在面对客户数量较多，无法函证的情况下，也没有采取更有效的替代程序以获取充分适当的审计证据。

（二）未对临近资产负债表日非标准价格销售情况执行有效的审计程序

2013年12月，达知对部分客户以非标准价格销售软件产品。经查，该售价主要是以“打新股”“理财”为名进行营销，虚增2013年销售收入2872486.68元。

对此，姜维杰称关注到非标准价格销售的情况，并获取了销售部门的审批单。但是，相关过程没有在审计工作底稿中予以记录。同时，审计工作底稿程序表中“获取产品价格目录，抽查售价是否符合价格政策”的程序未见执行记录。

（三）未对抽样获取的异常电子银行回单实施进一步审计程序

2013年12月，达知电话营销人员对客户称可以参与打新股、理财、投资等以弥补前期亏损。部分客户应邀向达知汇款，其中有客户在汇款时注明“打新股”等。达知收到款项后计入 2013 年产品销售收入。经查，达知虚增 12 名客户 2013 年收入 2872486.68 元，后续已应客户的要求全部退款。

立信所审计工作底稿中复印留存了部分软件产品销售收款的电子银行回单，其中摘要栏中的“打新股资金”“理财投资资金”等备注存在明显异常。对此，注册会计师没有保持合理的职业怀疑态度，以发现的错报金额低于重要性水平为由，未进一步扩大审计样本量，以确认抽样总体不存在重大错报，审计底稿中也没有任何记录表明立信所已对该异常事项执行了任何风险识别和应对的程序。经查，如果立信所扩大银行回单的抽样范围，2013 年 12 月存在异常摘要的银行进账单笔数将为 48 笔，合计金额为 873 万元，明显高于底稿中抽样所涉及回单数量及对应金额。

（四）对于达知 2014 年跨期计发 2013 年年终奖的情况，立信所未根据重要性按照权责发生制的原则予以调整

达知将应归属于 2013 年的年终奖跨期计入 2014 年的成本费用，导致 2013 年少计成本费用 24954316.65 元。

审计工作底稿未描述或记录针对审计报告报出日前已发放的 2013 年年终奖执行的审计程序，以及其未被计入 2013 年成本费用的合理性解释。审计工作底稿“应付职工薪酬”程序表中第 8 项应执行的审计程序记录：检查应付职工薪酬的期后付款情况，并关注在资产负债表日至财务报表批准报出日之间，是否有确凿证据表明需要调整资产负债表日原确认的应付职工薪酬。但对应的审计工作底稿明细表中未记录此程序的执行情况。

（五）未对达知全资子公司股权收购购买日的确定执行充分适当的审计程序

上海达知信息科技有限公司（以下简称“达知信息科技”）为达知全资子公司，其提前一个月将民泰（天津）贵金属经营有限公司（以下简称“天津民泰”）财务报表纳入达知信息科技的合并范围，导致达知 2013 年合并财务报表虚增利润 8250098.88 元，虚增商誉 4331301.91 元。

审计工作底稿“长期股权投资——成本法××子公司审核表（初始计量）”明细表编制不完整，确认合并（购买）日的审计表格未填列，无法确定其具体执行了何种审计程序以确定购买日。审计工作底稿后附的审计证据中，未见注册会计师所称据以认定购买日的支持性文件。

立信所上述行为违反了《中国注册会计师职业道德守则第 1 号——职业道德基本原则》第十六条、第十七条规定，未勤勉尽责，未对所依据的文件资料内容的真实性、准确性、完整性进行核查和验证，未能成功识别和应对被审计单位存在的重大错报风险。

三、案例启示

从上述案例分析中可以看出，立信所在审计达知时，未勤勉尽责。首先是对于出现的年末异常销售增加未给予必要的核查，特别是在次年初出现大规模退货退款情况，未采取有效的措施进行风险判断。其次，对于年末异常的收入项目，仅以数额不大不影响重要性就采取了回避的态度，是极不负责任的。随后，对于出现的“应付职工薪酬”跨期发放的情况，也未给予关注，使得这笔薪酬发放作为费用计入次年报表当中。最后，对于全资子公司的并购项目，工作审计底稿不完整，无法确定其给予了何种审计程序确定购买日。以上这些行为，可以看出立信所的注册会计师将职业道德抛之脑后，在审计达知的过程中纯粹是“睁一只眼，闭一只眼”，这种不认真的工作态度值得所有注册会计师警惕。注册会计师应该努力提高自身的职业道德水准和专业胜任能力，在执业过程中应始终保持其独立性、客观性和公正性，以提高注册会计师的价值。

第九章 职业道德基础理论及守则

第一节 注册会计师职业道德的内涵

一、职业道德

职业道德，就是同人们的职业活动紧密联系的符合职业特点所要求的道德准则、道德情操与道德品质的总和，它既是对本职人员在职业活动中行为的要求，同时又是职业对社会所负的道德责任与义务。

它是人们在职业生活中应当遵循的基本道德，是职业品德、职业纪律、专业胜任能力及职业责任等的总称，属于自律范围，它通过公约、守则等对职业生活中的某些方面加以规范。职业道德是长期以来自然形成的，没有确定形式，通常体现为观念、习惯、信念等，大多没有实质的约束力和强制力。

二、注册会计师职业道德的含义

所谓注册会计师职业道德，就是指注册会计师职业界从业者在其执业过程中因执业活动所引起的道德现象以及由此归纳出来的道德理论和道德规范的总称，是一般的道德行为观念在注册会计师职业中的具体运用或特殊表现，是适用于整个注册会计师行业的、具有注册会计师角色特征的道德规范。

《中国注册会计师职业道德基本准则》将注册会计师职业道德定义为“注册会计师职业品德、执业纪律、专业胜任能力及职业责任等的总称”。

我国于2010年实施的《中国注册会计师职业道德守则》所规范的内容与国际会计联合会（IFAC）《职业会计师道德守则》的内容趋同。其中在《中国注册会计师职业道德守则第1号——职业道德基本原则》中明确规定注册会计师应当遵循诚信原则、客观和公正原则，在执行审计和审阅业务以及其他鉴证业务时保持独立性；应当获取和保持专业胜任能力，保持应有的关注，勤勉尽责；应当履行保密义务，对职业活动中获知的涉密信息保密；应当维护职业声誉，树立良好的职业形象。

三、注册会计师职业道德的特点

注册会计师道德作为职业道德的一种，同时也具备一般职业道德的特点，如发展上的继承性，内容上的鲜明职业性，形式上的灵活、简洁性，适用上的局限性等。同时，注册会计师也有不同于其他行业职业道德的特殊性。

第一，道德规范内容详尽、严谨。职业道德通常用灵活、简明的方式高度概括其内容，便于从业人员较快地记忆、理解、执行。《中国注册会计师职业道德守则》却不然。包括《中国注册会计师协会非执业会员职业道德守则》在内共计6万余字，对职业道德基本原则、专业服务的具体要求、解决职业道德问题的思路、鉴证业务对独立性的要求、对独立性不利影响的应对等问题做了极为详尽、严谨的规定。正确理解这些内容，需要具备一定的专业知识并经过一段时间的学习。这种规定方式，与注册会计师冷静、谨慎、细致、精确、客观的职业品质和职业要求是相对应的。

第二，惩戒措施严格、规范。对注册会计师违反职业道德的惩戒措施，并不是由某个经营单位或某个地方协会制定的，而是由全国注册会计师行业自律性组织——中国注册会计师协会制定，并由财政部印发的。中国注册会计师协会就职业道德的惩戒问题制定了《中国注册会计师协会会员执业违规行为惩戒办法》《中国注册会计师协会惩戒委员会暂行规则》《中国注册会计师协会申诉委员会暂行规则》，构成了一个完整的规范体系，对惩戒的种类与适用范围、惩戒的机构与程序、惩戒的决定与申诉都作了严格、规范的规定。

第三，优先考虑承担社会责任。由于职业道德要满足职业活动和职业利益的特殊需要，所以很多从事经营活动的组织最多把社会责任和自身的经济利益放在同一水平线上。但是，注册会计师职业道德有着比一般职业道德更高的要求，规定在执行鉴证业务时优先考虑维护社会公众利益，承担社会责任。

四、我国注册会计师职业道德现状

从1980年我国恢复和重建注册会计师制度以来，注册会计师整个行业取得了长足的发展。注册会计师队伍不断壮大，审计业务不断拓展，注册会计师行业管理体制和独立审计准则体系的建设也取得了令人瞩目的成就，这对于促进我国市场经济的发展发挥了不可替代的奠基石的作用。

但是，不断发生的审计失败案例也凸显我国注册会计师行业职业道德建设方面存在着一些亟须解决的现实问题。

1. 无视专业胜任能力，承揽的业务不能胜任。

注册会计师是一个在专业胜任能力方面要求很高的行业，不仅要具备专业知识、技能或经验，还应当持续保持并提高这种能力，以确保得到合格的专业服务。

注册会计师如果不能具备、保持和提高专业胜任能力，就难以完成客户委托的业务，也就从根本上无法满足公众和客户对注册会计师职业的需求。

很多审计失败的案例表明，一些注册会计师接受了很多超出了自身执业能力范围的工作，在根本不具备专业知识或经验的情况下承接业务，不能采取有效的措施来排除对发表审计意见有重要影响的疑问和问题，欺骗了客户的同时也欺骗了社会公众。

2. 应有的职业谨慎性不高。

注册会计师应当在遵循专业胜任能力原则的同时，还要遵循应有的关注原则，在执业时保持谨慎和稳健的工作态度。

注册会计师在审计工作中，不仅应该具备足够的专业胜任能力，还应该小心谨慎地运用这些专业知识和技能。但是大量发生的财务舞弊案件表明，注册会计师在执业过程中并不能时刻保持应有的职业谨慎，给审计工作带来损失。

3. 对审计工作重视程度不够，执业不规范。

注册会计师的工作，尤其是审计工作，一旦发生过失或者舞弊，可能给成千上万的社会公众带来损失。注册会计师的审计工作是要对被审计单位财务报表发表审计意见，而财务报表的使用者通常是被审计单位的外部人员或与注册会计师没有合同关系的第三方，包括被审计单位的股东、潜在客户、投资者、债权人和金融机构、政府行业管理部门或监管机构等。由于上述使用者中的一部分人存在很大的不确定性，所以任何社会公众都有可能成为财务报表的使用者。

但是，社会公众是很难直接从被审计单位那里获得可靠的财务信息的，很大程度上只能依赖注册会计师对被审计单位财务报表发表的审计意见来了解被审计单位的内部状况，并作为决策、管理的依据。

然而，近年来我国会计舞弊事件的不断发生，使人们发现有的注册会计师在审计工作中没有做到独立、客观、公正地执业，没有将社会公众的利益放在首位，提供审计服务后没有提高财务信息的可靠性，不规范的执业行为更加误导了财务信息的使用者。

4. 违背执业准则，审计造假。

会计师事务所作为鉴证企业会计信息质量的机构，其审计意见具有放大器的作用，对会计信息的使用者影响更大，因而，如果注册会计师在审计业务中参与造假，其社会危害性更大。

目前会计师事务所造假的形式主要有两种：一是出具虚假的审计报告，对审计结果造假；二是违反审计准则的要求，缩小审计范围、简化审计程序、减少审计证据，对审计过程造假。而后者更具有隐蔽性和危害性，严重影响了会计师事务所的审计质量，尤其需要引起监管部门的高度重视。

五、加强注册会计师职业道德建设的意义

道德规范的约束是法律法规的一种良好补充。因此，加强注册会计师职业道德建设对于遏制注册会计师违反道德行为的发生、树立良好的职业公信力有着重要意义。同时，加强注册会计师职业道德建设还可实现对审计市场的有效约束与调控，促进市场经济的平稳运行。

1. 提高行业的公信力。

公信力是一个行业发展水平的重要体现。因为注册会计师的工作具有较强的专业性，社会公众难以对注册会计师的执业质量进行评估，但人们希望注册会计师本人能够正直，并且具有很高的可信度，这在一定程度上可以反映出注册会计师执业质量的高低。但是，近年来“绿大地”“紫鑫药业”等一系列财务造假案件中均能发现注册会计师违规执业的情况，社会公众对注册会计师职业道德的质疑声此起彼伏，注册会计师行业的社会公信力受到严重威胁，行业又一次遭受信任危机，这对于整个行业的发展来说是极其危险的。

一个行业如果失去了公众的信赖，那将会失去发展的基础。注册会计师行业要继续发展下去，必须以实际行动改变在公众心中形成的“造假师”的不良印象，重新树立起行业的公信力，而这只能通过不断加大对注册会计师违反职业道德行为的惩处、深入加强注册会计师职业道德建设才能实现。要把职业道德建设作为行业发展的基础和生命线，以此来促进执业质量的提高，并全面提升行业的社会公信力，推进注册会计师行业的快速、长远发展。

2. 对法律制度进行补充。

虽然法律制度在规范注册会计师执业行为、保障审计质量等方面起着巨大的作用，但职业道德软约束的重要性也不容忽视。

注册会计师在执业过程中往往会遇到一些法律中没有做出明确规定的情况，此时法律的约束作用显然已经不能发挥作用，这就需要执业者具备较高的职业道德水平来做出正确的职业判断。法律法规的有效实施也是以职业道德为基础的，如果离开了职业道德的支持，法律法规的作用将会大打折扣。

3. 促进经济的良好发展。

注册会计师审计作为社会经济监督体系的重要制度安排，担负着鉴证经济信息质量好坏的神圣职责。注册会计师职业道德水平在很大程度上决定着审计质量的好坏，而审计质量的水平又是经济运行质量的保障。所以说，加快注册会计师职业道德建设，有助于提高审计报告的质量，进而保证会计信息的真实性，一方面可以更好地保障社会公众的投资安全、确保投资效益；另一方面对于提高经济发展质量、维护国家经济信息安全具有重要意义，并在引导资源合理配置、维护资本市场有序运行等方面发挥重要作用。

第二节 国际职业会计师职业道德概况

国际职业会计师道德守则用于规范职业会计师的职业道德行为，这里所说的职业会计师既包括在会计师事务所执业的职业会计师，也包括工商界的职业会计师。国际职业会计师道德守则由国际会计师联合会国际会计师职业道德准则理事会制定。该守则包括 A、B、C 三部分内容。A 部分为守则的一般应用，B 部分阐述的是执业的职业会计师应遵循的职业道德，C 部分是针对工商业界会计师应遵循的职业道德。该守则涵盖了职业会计师可能遇到的与职业道德相关的所有事项，受到国际组织、各国和地区监管机构以及会计职业界的肯定和欢迎。

一、职业道德基本原则

A 部分所列出的职业道德基本原则有：诚信、客观和公正、专业胜任能力和应有的关注、保密、良好的职业行为。

职业会计师所处的业务环境可能对职业道德基本原则产生特定的威胁，守则无法一一罗列出产生威胁的情形，因此守则提供了一个概念框架，要求职业会计师应用概念框架识别、评估和应对对职业道德产生的威胁。

守则列出的威胁包括五种：自身利益威胁、自我评价威胁、过度推介威胁、密切关系威胁和外在压力威胁。应对这些威胁的防范措施包含两类：法律法规和职业规范规定的防范措施；在具体工作中采取的防范措施。

二、B 部分——执业的职业会计师

这部分内容规范了职业会计师在某些情形下如何运用 A 部分所述的概念框架。同样，这部分内容并不可能涵盖执业的职业会计师可能遇到的对职业道德基本原则产生或可能产生威胁的所有情形和关系，因此鼓励执业的职业会计师对这类情形和关系保持警惕。

这部分的第一个内容列出了自身利益威胁、自我评价威胁、过度推介威胁、密切关系威胁和外在压力威胁的主要情形以及具体的防范措施。第二个内容是接受专业服务委托，分为接受客户关系、承接业务和客户变更委托。第三个内容是利益冲突的情形及防范措施。第四个内容是第二次意见。第五个内容是收费和其他类型的报酬。第六个内容是专业服务营销。第七个内容是礼品和款待。第八个内容是保管客户资产。第九个内容是针对所有服务对客观和公正原则的要求。第十个内容是审计和审阅业务的独立性。第十一个内容是其他鉴证业务的独立性，除此以外还有一个解释公告。

三、C 部分——工商业界职业会计师

这部分内容说明工商业界职业会计师如何在某些情况下运用 A 部分概念框架。同样，这部分内容也不可能穷尽所有工商业界职业会计师可能遇到的对职业道德基本原则产生威胁或可能产生威胁的所有情形和关系，因此鼓励工商业界职业会计师警惕这样的情形和关系。

这部分的第一个内容也是列出了在工商业界的职业会计师因自身利益威胁、自我评价威胁、过度推介威胁、密切关系威胁和外在压力威胁的主要情形及防范措施。第二个内容是潜在冲突。第三个内容是信息的编制和报告。第四个内容是专业知识和技能。第五个内容是经济利益。第六个内容是利益诱惑。

第三节　美国注册会计师职业道德简介

美国注册会计师会员可以具有多个角色，比如在商业领域和事务所执业。在这种情况下，会员应查阅《美国注册会计师职业道德规范》（以下简称《规范》）的所有使用部分，并适用限制性最强的条款。

美国注册会计师协会通过《规范》为所有会员履行其专业职责提供指导和规则。该《规范》包括职业行为原则、职业行为守则和行为准则及其他指导。美国注册会计师章程要求会员遵守《规范》。遵守《规范》首先取决于会员的理解和自愿行为，其次通过同事和公众舆论强化，并在必要时对未遵守规章制度的会员予以纪律处分。

一、职业行为原则

此原则为指导会员履行职业责任的规则提供了框架。

会员自愿加入美国注册会计师协会。在接受会员资格时，会员承担自律的义务大于法律法规的要求。美国注册会计师协会颁发的《规范》中的职业行为原则表明该行业对公众、客户和同事的责任，指导会员履行他们的职业责任，并强调职业道德和职业操守的基本宗旨。这些原则要求会员即使是牺牲个人利益，也要对光荣行为做出坚定不移的承诺。

1. 责任。

在履行专业人员的责任时，美国注册会计师协会的会员应当在所有活动中保持敏感的职业和道德判断。作为专业人员，会员在社会中发挥重要作用。根据这一作用，

美国注册会计师协会的会员对所有使用其专业服务的人负有责任。各会员还有继续相互合作的责任，以提高会计的专业水平，维护公众的信心，履行行业自治的特殊职责。即，维持和加强这一专业的整体水平需要所有会员的共同努力。

2. 公众利益。

会员应承担以符合公众利益、获取公众信任及表现专业性的方式行事的责任。

注册会计师行业的一个显著特点就是其承担对公众的责任。会计行业的公众包括客户、信用授予人、政府、雇主、投资者、商界及金融界，以及其他依赖于会员的客观与正直来维持商业有序运作的人。这种依赖使会员形成了对公众利益的责任。公众利益被定义为该行业所服务的人民和机构群体的集体福祉。在履行其专业职责时，各会员可能会面临来自不同公众群体间相矛盾的压力。在解决这些矛盾时，会员应以正直为准则，当会员以履行公众责任为依归时，才能最好地服务于客户和雇主的利益。

依赖会员的人期望他们以正直、客观、应有的职业审慎性，以及真正关心服务大众的态度履行职责。会员预期会订立收费方式及提供一系列优质服务，这些都是符合《规范》的专业水平的。所有接受美国注册会计师协会会员资格的人都承诺尊重公众的信任。作为对公众寄托信念的回报，会员们应该不断地表现出他们对于专业卓越的献身精神。

3. 正直。

为了维护和保障公众信心，会员应当以最强烈的正直感履行所有的职业责任。正直是职业认同的基本要素。它是使公众信任的保证，也是会员最终必须对所有决定进行测试的基准。正直要求会员在客户保密责任的约束下做到诚实和坦诚，公众利益不应服从于个人利益。正直可以容纳无意的错误和诚实的意见分歧，但它不能容纳对原则的欺骗和从属。

正直通过正确和公正来衡量。在没有具体的规则、标准、指导或在面对互相矛盾的意见时，会员应该通过问自己“我做了一个正直的人会做的事吗?”“我保持我的正直了吗?”来测试所做的决定和行为是否正确。正直需要会员遵守技术和道德标准的形式和精神；规避这些标准构成了判断的从属性。正直还要求会员遵守客观性、独立性以及应有的审慎性。

4. 客观和独立。

会员应当在履行职业责任时保持客观和避免利益冲突。在事务所执业的会员还应当在提供审计及其他鉴证服务时保持实质独立和形式独立。客观性原则规定了公正、诚实以及无利益冲突。独立性则排除了可能损害会员在履行鉴证服务中客观性的因素。

会员往往以多种不同身份服务于多重利益，更是必须在不同情况下证明其客观性。在事务所执业的会员提供鉴证、税务和管理咨询服务，其他会员则受雇于他人编制财务报表，执行内部审计服务，并在工业、教育及政府中提供财务和管理服务。他们还为那些渴望进入本行业的人提供教育和培训。无论其服务或能力如何，会员应保证其工作的正直性，保持客观性，避免任何从属的判断。

对于在事务所执业的会员来说，保持客观性和独立性需要持续评估客户关系和公共责任。提供审计或其他鉴证服务的会员必须要保持形式独立和实质独立。在提供其他所有服务时，会员应当保持客观性并避免利益冲突。受雇于他人编制财务报表或执行审计、税务或咨询服务的会员须承担与事务所执业人员一样的客观性责任，并且必须审慎地运用一般公认的会计原则，还应坦诚地与事务所执业人员往来。

5. 应有的审慎性。

会员应当遵守专业的技术和道德标准，不断提高胜任能力和服务质量，尽最大努力履行职业责任。

追求卓越是应有的审慎性的本质表现。应有的审慎性要求会员通过能力和勤奋来履行职业责任。它规定了履行职业责任的义务，即以会员的最佳能力，关注那些他们提供服务的接受者的最佳利益，并符合公众利益的职业责任。

能力来源于教育和经验，它以掌握注册会计师所需的指定公共知识体系为始。能力的维持需要会员在其职业生涯中保证不断学习及进行专业改善，这是会员的个人责任。每个会员都必须承诺达到一定的能力水平，以确保会员的服务质量达到这些原则所要求的较高的专业水平。能力代表着达到并保持一定程度的理解力和知识水平，使会员能熟练、敏锐地提供服务。每个会员都有责任评估自身的教育、经验和判断是否足以承担责任。《规范》还规定了会员的能力局限性，即当专业约定超过会员或会员所属事务所的个人能力时，可能需要咨询或转介。

会员应该勤奋地履行对客户、雇主和公众的责任。勤奋的责任包括应迅速、谨慎、完善地提供服务，并遵守适用的技术及道德标准。

应有的审慎性还要求会员对其负责的任何专业活动进行充分的规划和监督。

6. 服务的范围和性质。

在事务所执业的会员应当遵守《规范》的原则，确定所提供服务的范围和性质。

从会员服务的公众利益方面出发，其服务需要与会员可接受的专业行为相一致。诚信要求服务和公众利益不服从于个人利益；客观性和独立性要求会员在履行专业责任时免于利益冲突；应有的审慎性要求会员具备提供服务的专业能力。

各成员在决定是否在个别情况下提供具体服务时，应考虑每一项原则。在某些情况下，它们可能表示提供给特定客户的非审计服务的总体约束。没有硬性规则可以帮助会员们做出判断，但他们所做的必须符合原则规定。

为了实现这一目标，会员应该：

a. 在有适当的内部质量控制程序公司中实践，以确保服务得到妥善交付和充分监督；

b. 通过自身判断来决定向审计客户提供的其他服务的范围和性质是否会在执行该客户的审计职能时产生利益冲突；

c. 通过自身判断来评估一项活动是否与会员的专业性相一致。

二、职业行为守则

美国注册会计师职业道德准则的核心内容，由职业行为原则推导而出，是对职业行为的最低要求，具有操作性和强制性。

1. 品质要求。

• 101 独立。

在事务所执业的会员必须按照由理事会指定的机构所公布的标准，独立执行专业服务。[参考条款：101 部分]

• 102 正直和客观。

在执行任何专业服务时，会员应保持正直和客观，不得有利益冲突，不得明知而歪曲事实或屈从于他人的判决。[参考条款：102 部分]

2. 一般标准。

• 201 一般标准。

会员应遵守下列标准，理事会指定的机构对其做出解释：

a. 专业技能。指承担会员或会员所属公司可按期望通过专业技能完成的专业服务。

b. 应有的职业审慎性。指在执行专业服务的同时，表现出应有的职业审慎性。

c. 计划和监督。指充分的计划和监督专业服务的执行。

d. 充足的相关数据。指获取充足的相关数据以便为所执行的任何与专业服务有关的结论或建议提供合理的依据。[参考条款：201 部分]

• 202 遵从标准。

执行审计、审查、汇编、管理咨询、税务或其他专业服务的会员应遵守理事会指定的机构颁布的标准。[参考条款：202 部分]

• 203 会计原则。

会员不能以肯定的意见或声明表明任何实体的财务报表或其他财务数据符合公认的通用会计原则。理事会指定的机构所公布的会计原则对整体的报表或数据有重大影响。如果会计财务报表或数据载有任何偏离会计原则的内容，会员不得声明他或她不清楚应对此类财务报表或财务数据做出的使其符合公认的通用会计原则的任何重大修改。然而，如果财务报表或数据包含这种偏离，并且该会员可以证明由于不寻常的情况，财务报表或数据将会产生误导，会员可以以下方式遵守规则，如描述其偏离情况、可能的影响以及遵守该原则可能会产生误导性声明的原因等。[参考条款：203 部分]

3. 对客户的责任。

• 301 为客户信息保密。

在未经委托人明确同意的情况下，事务所执业会员不得泄露任何保密的客户信息。

本条规则不得解释为：（1）免除成员的“遵守标准”和“会计原则”的专业义

务；（2）以任何方式影响会员遵守有效发出和可执行传票的义务，或禁止会员遵守使用的法律和政府条例；（3）禁止在美国会计师协会、国家注册会计师协会或会计局授权下审查会员的专业实践；（4）阻止会员向职业道德部门、协会的审判委员会或国家注册会计师协会或会计局正式组成的调查或纪律机构提出申诉或做出答复。［参考条款：301 部分］

• 302 或有收费。

事务所执业会员不得为了获取或有收费而提供专业服务，不得收取来自会员及会员公司的客户的或有收费，也不得为任何客户准备一份正本或经修订的纳税申报或退税申请。

上述禁止适用于该会员或会员公司从事上述任何服务时所涉及的时期以及任何涉及上述服务的历史财务报表所涵盖的期间。

除下一句所述外，或有收费是为履行任何依照规定的服务而设立的费用，而该项费用除非获得指定的裁决或结论，否则不得被收取；或者该费用的数额将视乎该项服务的裁决和结论而定。如果由法院或其他公共机构裁定，或由司法程序的结果或政府机构的裁决所决定仅为本条规则的目的，费用将不视为或有收费。

会员的费用可能会因所提供服务的复杂性而异。［参考条款：302 部分］

4. 其他责任。

• 501 不名誉的行为。

会员不得在行业中做出有损信用的行为。［参考条款：501 部分］

• 502 广告与其他招揽客户的方式。

在事务所执业的会员不得以虚假的、误导性的或欺骗的方式，通过广告或其他形式招揽客户。禁止通过胁迫、过度骚扰行为招揽客户。［参考条款：502 部分］

• 503 佣金与推荐费。

事务所执业的会员不应为佣金向客户推荐或指派任何产品或服务，或为佣金推荐或指派任何由客户提供的产品和服务，或当会员或会员所在公司向客户执行财务报表的审计或审查、财务报表的汇编和预期财务情况的审查时收取佣金。

披露准许佣金。不受本规则禁止提供服务或收取佣金，或已经收取佣金或期望得到佣金的事务所执业会员应向任何个人或实体披露该事实。

转介费。凡向任何个人或实体推荐或转介任何注册会计师服务的会员，或为取得客户而支付推荐费的会员，均须向客户披露该项承兑或付款。［参考部分：503 部分］

• 505 组织形式与名称。

会员只能在遵从理事会决议的法律法规允许的组织形式下进行公共会计实践。会员不得以具有误导性的公司名字进行公共会计实践。一个或多个过去所有者的名字可能被包括在后继者组织的商号名称中。除非公司的所有注册会计师都是美国注册会计师协会的会员，否则公司不得将自己指定为“美国注册会计师协会的会员”。［参考部分：505 部分］

三、行为准则解释及其他指导

对行为准则的解释是在接触会员、各州（会计师）协会、各州（会计师）委员会和其他相关群体之后通过的。对行为准则的解释提供了关于规则的范围和应用的指南，但并不限制于此。在任何纪律听证会中，任何偏离解释的会员，均有责任为该项偏离做出辩解。在1988年1月12日通过《规范》前存在的解释将继续有效，直到适当的高级委员会认为有必要采取进一步行动。

如果适用，会员还应查阅下列内容：

- 成员所属各州注册会计师协会和权威管理机构如州会计师委员会的道德要求。
- 证券交易委员会（SEC）。
- 上市公司会计监督委员会（PCAOB）。
- 政府问责办公室（GAO）。
- 劳工部（DOL）。
- 联邦、州和地方税务机构。
- 任何其他机构，在会员或实体受该管理机构的规则和条例约束时，对其执行的专业服务进行监管。

2014年6月1日，美国注册会计师协会发布了《职业道德规范》的原则、守则、解释和裁决（修订版）的编纂版，此准则面向会员、准会员、预备会员以及美国注册会计师协会的国际协作伙伴。

第四节　英国注册会计师职业道德简介

目前，英国有五大会计师职业团体：苏格兰特许会计师协会（ICAS），成立于1853年；英格兰与威尔士特许会计师协会（ICAEW），成立于1880年；爱尔兰特许会计师协会（ICAI），成立于1888年；特许公认会计师公会（ACCA），成立于1904年；特许管理会计师协会（CIMA）。ICAS、ICAEW、ICAI在1990年成立了一个特许会计师职业道德联络委员会（CAJEC），制定了职业道德指南。ACCA有自己的职业道德规范，称为职业行为守则。所以在说到英国的职业会计师道德规范时，实际上存在着两种体系或两套规范。本书所介绍的英国注册会计师职业道德规范来自英国特许公认会计师公会发布的2017年《ACCA Rulebook》中的第三部分（以下简称为“准则”）。作为国际会计师联合会的成员，ACCA应用国际道德准则理事会为专业会计师制定的会计道德规范（简称“IESBA”）来制定自身的道德准则和职业行为，当IESBA修改后，ACCA就会对Rulebook进行审查，并在必要时进行更新，以确保它与IESBA保持趋同。道德规范和职业行为对 ACCA 的所有成员和 ACCA 的任何合作伙伴都有约束力。

一、准则的一般应用

（一）引言和基本原则

会计职业的一个显著特征是它接受为公共利益行事的责任。因此，职业会计师的责任不仅仅是为了满足个人客户或雇主的需求。在符合公众利益的情况下，职业会计师应当遵守该职业道德规范和行为准则。

1. 基本原则。

一个职业会计师应当遵守以下基本原则：

诚实——在所有职业关系和商业关系中保持正直和诚实。

客观——不允许由于偏见、利益冲突或其他人的不当影响而损害职业判断。

专业胜任能力和应有的关注——将专业知识和技能保持在应有的水平，以确保客户或雇主能在当前实务、立法和技术的发展情况下获得具有专业水准的服务；并根据适用的技术和专业标准，勤勉尽责。

保密——尊重在职业关系和商业关系中获得的涉密信息，除非有法律或职业的权利或义务披露，在没有适当和具体的权限下，不得披露任何此类信息给第三方，也不得利用这些信息为职业会计师个人或第三方谋取利益。

职业行为——遵守相关法律法规，避免任何损害职业声誉的行为。

2. 职业道德概念框架。

职业会计师实务中可能会遇到对遵守职业道德基本原则产生威胁的具体情况。不可能对产生威胁的每一种情况进行定义并给出适当的应对措施。因此，本准则制定了一个概念框架，要求职业会计师识别、评估，并应对威胁遵守职业道德基本原则的情况。该概念框架方法有助于职业会计师遵守职业道德规范要求，并履行为公众利益行事的责任。该概念框架可以适应产生威胁的多种变化的情况，并且能够阻止职业会计师认为如果准则没有特别禁止的情况就是允许的。

当职业会计师识别威胁遵守职业道德基本原则的情况，并对这些威胁进行评估后确定它们没有达到可接受的水平，职业会计师应确定是否提供适当的防范措施，并可以适用于消除威胁或将其降低到可接受的水平。

当职业会计师遇到异常情况时，应用准则的具体要求将导致不成比例的结果或结果可能不符合公众利益，建议职业会计师咨询 ACCA 或相关监管机构。

3. 威胁与防范措施。

威胁可能是由广泛的关系和情况造成的。当一个关系或情况造成威胁，这样的威胁可能会危害或者被认为危害职业会计师遵守职业道德基本原则。情况或关系可能会造成不止一个威胁，而威胁可能会影响遵守不止一个基本原则。威胁属于以下一个或多个类别：

自身利益威胁——经济或其他利益不正当地影响职业会计师的判断或行为。

自我评价威胁——职业会计师不恰当地评估其或其所在事务所或工作单位其他人员以前做出的判断或服务的结果，并且将据此形成的判断作为当前服务的一部分。

过度推介威胁——职业会计师推销客户或雇主的某种立场，会使其客观性受到损害。

密切关系威胁——和客户或雇主保持长期或密切关系，职业会计师将会倾向于他们的利益，接受他们的工作。

外在压力威胁——由于实际或感知到的压力，包括试图对职业会计师施加不正当的影响，职业会计师将无法客观行事。

防范措施是可以消除威胁或将其降至可接受的低水平的行动或其他措施。它们分为以下两类：

其一，由职业规范、法律法规规定的防范措施，包括：

- 进入职业的教育，培训和经验要求；
- 持续的职业发展要求；
- 公司治理条例；
- 职业标准；
- 职业或监管监督和纪律程序；
- 由法律授权的第三方对报告、职业会计师制作的通讯或信息进行外部复核。

其二，工作环境中的防范措施。

4. 利益冲突。

职业会计师在开展业务时可能面临利益冲突。利益冲突会对客观性或其他基本原则造成威胁。以下情况可能会造成此类威胁：

职业会计师为两个以上客户从事与某一特殊事项有关的专业活动，而客户的利益与该事项有冲突；

职业会计师对特定事项的利益以及职业会计师开展与此有关的专业活动的客户利益存在冲突。

5. 道德冲突的解决。

在遵守职业道德基本原则时，职业会计师应当解决道德冲突。在启动正式或非正式的冲突解决程序时，以下因素单独或与其他因素一起可能与解决程序相关：

- 有关事实；
- 涉及的道德问题；
- 与事项有关的职业道德基本原则；
- 建立内部程序；
- 可选择的行动方针。

6. 与治理层沟通。

根据本准则的规定与治理层沟通时，职业会计师或者企业应当确定考虑到具体情况和事项的性质和重要性、客户的治理结构内参与沟通工作的合适人员。如果职业会计师或公司和一个负责治理的小组沟通，例如审计委员会或个人，职业会计师或公司应确定是否与所有负责治理的人的沟通也是必要的，以便于他们被充分地告知沟通的事项。

（二）诚信

诚信原则要求所有职业会计师在所有职业关系和商业关系中都是正直的、诚实的。诚信原则也意味着公平的交易和真实性。

职业会计师如果认为报告、申报表、沟通或其他信息包含以下问题，职业会计师不应与这些信息有联系：

（1）包含重大虚假或具有误导性的陈述；

（2）包含缺乏充分证据的陈述或信息；

（3）省略或掩盖所需的信息，而此类遗漏是具有误导性的。

（三）客观

客观原则要求所有职业会计师不得因偏见、利益冲突或其他人的不当影响而损害他们的职业或商业判断。

职业会计师可能面临损害客观性的情况。定义和规定所有这些情况是不切实际的。如果某种情况或关系会对职业判断产生不当影响，会计师不得提供专业服务。

（四）专业胜任能力和应有的关注

专业胜任能力和应有的关注原则要求所有的职业会计师遵守：

（1）将专业知识和技能保持在应有的水平，以确保客户或雇主能在当前实务、立法和技术的发展情况下获得具有专业水准的服务；

（2）在提供专业服务时，遵守适用的技术和专业标准，勤勉尽责。

在应用专业知识和技能时，职业会计师应当合理地运用职业判断。专业胜任能力包括两个独立的阶段：专业胜任能力的获取和专业胜任能力的保持。

（五）保密

保密原则要求所有专业会计师不得有下列行为：

（1）在没有适当和具体的权限或者法律或职业的权利或义务允许披露的情况下，将在职业关系和商业关系中获得的涉密信息披露给第三方；

（2）利用这些信息为职业会计师个人或第三方谋取利益。

职业会计师应保密，包括在社会环境中警惕无疑泄密的可能性，特别是对关系密切的业务伙伴或亲属或直系亲属。

职业会计师应对所潜在客户或雇主披露的信息保密。

职业会计师应对公司雇用组织内部的信息保密。

职业会计师应采取合理措施，确保下属的工作人员以及提供咨询和协助的人员履行保密义务。

（六）职业行为

职业行为原则要求所有专业会计师都遵守有关法律法规，避免职业会计师知道或应该知道的任何行为损害行业声誉。这包括对职业会计师在当时所提供的所有具体事实与情况合理和知情的第三方可能会对该职业的良好声誉产生不利影响的行为。

在营销和推介自己及其工作中，职业会计师不得损害职业声誉。职业会计师应当诚实守信而不是：

夸大他们能够提供的服务、拥有的资质、获得的经验；

做出贬损或无根据地比较其他会计师的工作。

职业会计师在工作中应以专业能力接触所有人，礼貌而周全。

二、事务所的职业会计师（Professional Accountants in Public Practice）

（一）引言

这部分描述了在第一部分中提到的概念框架对于会计师事务所的职业会计师来说如何应用于具体情况中。本部分没有描述在所有情况和关系中可能遇到的对遵守职业道德基本原则造成威胁的情况。因此，职业会计师应当对此类情况和关系保持警觉。职业会计师不得从事任何可能损害诚信、客观、良好的职业声誉的商业或职业活动。

（二）专业服务委托

1. 接受和延续客户。

在接受新的客户关系之前，职业会计师应确定接受客户关系是否会对遵守职业道德基本原则造成威胁。对诚信或职业行为的潜在威胁可能来自例如与客户（其股东、管理层或活动）相关联的问题。这些问题包括例如客户参与非法活动（如洗钱）、不诚信、可疑的财务报告问题或其他不道德行为。

遵守基本原则的潜在威胁可能会在接受客户委托后产生，职业会计师如果早些时候被提供了这种信息，就会拒绝接受委托。因此，职业会计师应定期审查是否继续保持客户关系。例如，遵守基本原则的威胁可能由客户的不道德行为造成，比如不正当的盈余管理或资产负债表估值。如果职业会计师识别到了对遵守基本原则的威胁，应评估威胁的重要性并在必要时采取保护措施，以消除威胁或将其降低到可接受的水平。如果不可能将威胁降低到可接受的水平，职业会计师应当考虑终止未被法律法规禁止的客户关系。

2. 承接业务。

专业胜任能力和应有的关注原则要求职业会计师仅提供能够胜任的服务。在承接某一客户业务之前，职业会计师应确定是否会对遵守职业道德基本原则造成威胁。例如，如果参与团队不具备或无法获得适当执行审计业务所需的能力，就会产生对专业胜任能力和应有关注的自利威胁。

3. 客户变更委托。

如果一名职业会计师应要求或者考虑以招标方式接替另一职业会计师，应当确定是否有任何理由（专业的或其他的）不接受该委托，例如对遵守职业道德基本原则造成威胁的情况不能通过采取防范措施将其消除或降低到可接受的水平。如果职业会计师在了解相关事实前就承接了业务，可能会对专业胜任能力和应有的关注原则造成威胁。

4. 和客户沟通的事项。

拟议会计师应要求拟议客户向其现有的职业会计师写信，目的在于：

（1）通知他们拟议的变更。

（2）允许现有会计师与拟议会计师讨论客户的事务。

如果职业会计师收到拟议的会计师来文，但没有收到与拟议会计师讨论客户事务的许可，职业会计师应告知客户该信息。此外，职业会计师应拒绝向拟议的会计师提供信息并说明他/她的理由。

5. 和会计师沟通的事项。

如果现有职业会计师认为有事项需要拟议会计师引起注意的，应准备说明这些事情的性质和细节。

如果现有职业会计师认为没有需要注意的事项要提交给拟议会计师的，应当书面申报这个事实。

建议现有和拟议的会计师进行书面沟通。如果进行口头讨论，各方应自行制定和保留同时讨论的事项记录以及决定和协议。

如果现有会计师怀疑有某些违法犯罪行为，例如欺骗税务机关，但没有证据，现有会计师应确定是否以及在何种程度上将他/她的怀疑传达给拟议会计师。

6. 前任会计师的未支付费用。

拟议会计师在多大程度上妥善协助现有会计师收回费用取决于其自身的判断。拟议的会计师一般应提请客户注意的事实是费用到期和未付，并建议他们支付。

7. 账簿和文件的转移。

一旦新任会计师被任命或以其他方式不再执行审计，无论新任会计师或客户是否要求他们，前任会计师应确保所有属于他/她的前任客户的账簿和文件已经及时转移，前任会计师要求行使留置权或其他就未付费用担保的情况除外。

8. 信息的转移。

为了确保客户事务的持续性，前任会计师应及时向新任会计师提供所有合理的转移信息。新任会计师要求信息的转移免费，即使有未付款，所有合理的转移信息也应提供。

“合理的转移信息”定义为：

客户正式批准的最后一套账户的副本；

与上面所提的账目相符的详细的试算平衡表。

除以上合理的转移信息外的任何信息，完全是由前任会计师自行决定的，前任会计师可以向要求提供信息的人收取费用。

（三）利益冲突

1. 职业会计师与客户之间的利益冲突。

当职业会计师和客户之间存在或可能存在重大利益冲突时，职业会计师不得接受或继续委托业务。

因业务而产生的任何形式的经济收益，或因使用所知客户的信息而产生的经济收益，总是会使职业会计师和客户之间产生重大利益冲突。

任何其他形式的利益冲突是否相当重大取决于案件的综合情况。

2. 佣金和其他经济收益。

如果公司或公司中的任何人收到任何佣金、费用、奖励或其他经济利益作为介绍客户的回报，是提供咨询或提供给客户的其他服务或使用已知客户的信息的结果，职业会计师必要时要采取防范措施消除威胁或将其降低到可接受的水平。这种防范措施一般包括：

（1）以书面形式向客户披露接受推介费的情况，包括两个事实：即将或已经收到的佣金、费用、奖励或其他经济利益；收取的金额和条款。

（2）从客户处获得的推介安排的预先协议，以便与第三方向客户出售商品或服务。

3. 代理工作。

职业会计师接受服务或产品供应的代理工作可能会产生利益冲突，威胁到遵守职业道德基本原则。

在接受或继续代理之前，专业会计师应当说服自己：

（1）他/她所遵守的基本原则不会被损害；

（2）这种接受或继续不会因其在机构内提供的服务的性质而变得不适当，也不会因为这些服务可能受到公众的注意而受到影响。

4. 不同客户之间的利益冲突。

从表面上看，一个公司拥有两个或两个以上的客户没有任何不当之处。如果公司承担的工作是这些客户之间争论的问题，则可能存在利益冲突。

在这种情况下，公司的工作应尽量避免一个客户的利益会对另一个客户产生不利影响。

在接受或继续委托的情况下，即使采取防范措施仍然在实质上损害客户的利益，业务不应当被接受或继续。

这样的损害可能以多种方式出现，包括信息从一个客户泄露到另一个客户，以及公司被迫进入到它必须在不同客户的利益之间做出选择的情形中。

5. 管理客户之间的利益冲突。

应采取一切合理步骤，以确定是否存在利益冲突或者利益冲突是否可能在未来出现，例如接受新的业务委托以及现有客户的情况出现变化，还包括因拥有机密信息而产生的影响。

接受新的委托前要先核查客户和以前客户的关系，此后也要定期地核查。

当职业会计师意识到两个或以上客户之间可能存在利益冲突，所有合理的步骤都应被采取去管理冲突，从而避免任何不良后果。

6. 职业会计师与公司之间的利益冲突。

职业会计师由于他/她作为公司的主要雇员的角色获取涉密信息，不能利用涉密信息为他/她个人或第三方谋取利益。

这样的要求一般应纳入合伙人协议或劳动合同。然而，在将这样的要求纳入合伙人协议或劳动合同前，强烈建议职业会计师寻求法律咨询。

（四）第二次意见

职业会计师对关于特定情况或交易的会计、审计、报告或其他标准或原则方面的应用提供第二次意见可能会对遵守职业道德基本原则造成威胁。例如，当第二次意见不是以现有的会计师提供的一系列相同事实为基础或者依据的证据不充分，可能会对会计师的专业胜任能力和应有的关注造成威胁。

职业会计师对会计准则或其他标准或原则给出的意见适用于一种假设情形，而不是根据某一特定组织的具体事实或情形做出，那么应确保该意见的性质明确。

（五）收费和其他类型的报酬

职业会计师在就专业服务进行谈判时，可以报出其认为合适的任意费用。一个职业会计师的报价低于另一个本身不是不道德的。不过，可能会由于报价水平引起对遵守职业道德基本原则的威胁。例如，如果报价过低，可能导致职业会计师难以按照职业准则和职业道德要求执行业务，从而对专业胜任能力和应有的关注原则造成威胁。

1. 收费的基础。

业务约定书要将收取的费用或计算收费的基础进行说明。

如果业务约定书没有明确计算收费的基础，职业会计师应收取一个公平合理的费用。这可能要考虑他们没有在业务约定书中提到的以下任何一项或全部内容：

（1）参与工作的人员必需的资历和专业知识；

（2）每个人花费的时间；

（3）工作所承担的风险和责任程度；

（4）工作对客户的紧迫性；

（5）工作对客户的重要性。

ACCA 不规定计算收费的基础，也不规定费用率。为了保持职业会计师的客观性，不得以百分比、偶然性或类似的基础上收取费用。

2. 介绍费和佣金。

在特定情况下，职业会计师可能会收到与客户有关的介绍费或佣金。例如，职业会计师不提供所需的具体服务，而是通过将长期客户转介给其他职业会计师或专家来收取费用。职业会计师可能会通过向客户出售商品或服务而从第三方（例如，软件供应商）收取佣金。接受这样的介绍费或佣金会对客观性与专业胜任能力和应有的关注原则造成威胁。

职业会计师也可能为获得客户而支付介绍费。支付这种介绍费也会对客观性与专业胜任能力和应有的关注原则造成威胁。

应当对威胁的重要性进行评估并在必要时采取防范措施消除威胁或将其降低到可接受的水平。防范措施的例子包括：

（1）向客户披露为了获得业务向另一职业会计师支付介绍费的相关事宜。

（2）向客户披露为了介绍另一职业会计师给客户而接受介绍费的相关事宜。

（3）通过向客户出售商品或服务而从第三方收取佣金的事项要获得事前协议。

3. 对于赔偿条款的佣金。

职业会计师可以根据客户的交易情况收取佣金，前提是在某些情况下必须偿还。在这种情况下，职业会计师可能与客户达成以下任何一种选择：

（1）延迟退还客户佣金，直至期满；

（2）将佣金转入指定的存款账户，直至到期，然后向客户退还佣金；

（3）在期限内每年退回客户佣金；

（4）要求支付佣金的人每年只支付该笔佣金，保持平衡；

（5）放弃全部佣金；

（6）指示提供佣金的人保留为了客户养老金或其他政策的利益的佣金。

4. 破产管理工作。

根据英国破产法的规定，破产管理和类似的工作，其报酬取决于任用方式及有关法规。职业会计师参见破产实务细则中有关破产管理人员报酬的指引以及 ACCA 出版物列出的破产实务声明。

5. 管理层收购和筹集风险资本。

管理层进行收购或筹集风险资本，在某些情况下，实际上无法收取费用。例如，客户的支付能力取决于投资成功或失败。

如果工作受到意外事故或百分比费用的限制，职业会计师工作的资格以及报酬的依据须在第三方可能依赖的任何文件中列明。

6. 费用纠纷。

当一名职业会计师将要呈交一份费用的通知，而它与以前在同一客户身上所收取的费用有很大的不同，并且在以前的一些情况下，这项工作似乎是可以比较时，职业会计师最好向客户解释这种变化的原因。

如果增加的费用反映了额外工作的费用，额外工作的原因应以书面形式解释给客户。增加的费用在某种程度上反映了支出或费用的增加，这也是需要以书面形式向客户解释的。

如果提供的费用说明超过报价或估计或指示费用，客户可能认为是过度的。客户可能准备支付较少的金额。如果职业会计师不希望免除他/她的费用的平衡，建议职业会计师接受这笔款项，但同时应以书面形式通知客户这笔款项是收取部分费用的。

（六）专业服务营销

职业会计师可以通过广告或者其他形式的宣传，告知公众其有能力提供的服务，但不得对职业会计师、ACCA 或会计职业产生不利影响。

当一个职业会计师通过广告或其他形式的营销来寻求新的业务时，可能会对遵守基本原则构成威胁。例如，如果服务或产品以与职业道德基本原则不一致的方式销售，就会由于自身利益威胁而对遵守职业行为原则造成不利影响。

如果职业会计师对于广告或营销的形式是否适当存有疑问，应考虑咨询 ACCA。

由职业会计师准备或制作的广告和宣传材料（在内容上或描述上）不得含有以下内容：

（1）损害 ACCA 的声誉或损害职业会计师、公司或会计专业的声誉；

（2）通过声称其服务的优势，损害其他人所提供的服务的声誉；

（3）直接或暗示性的误导；

（4）不符合任何地方法规或立法要求，如英国广告标准局的广告和促销守则的要求，要注意合法性、正直性、清晰、诚实和真实。

1. 宣传资料中的参考收费。

在宣传资料中提到的费用以及计算费用的基础，比如小时或其他收费率等应清晰地列明。

应特别注意：确保任何参考费用均不得误导读者对服务的精确范围和时间的承诺。

职业会计师可以在宣传资料中比较职业会计师费用与其他费用，但这种比较不应给人误导的印象。在进行比较时，职业会计师应确保他/她对当地有关法规给予了适当的注意。

2. 宣传资料和宣传活动。

宣传材料可以包含任何事实陈述、职业会计师能够证明的事实，但不能对他人的服务做出不平等的对比。

职业会计师的任何宣传活动应按照有关立法进行。例如，职业会计师应遵守关于向非客户提供非应邀电话、传真传输或其他电子通信的以获得专业工作的立法。

职业会计师或其代理人进行的任何宣传活动不得骚扰到非客户。

（七）礼品和款待

职业会计师或其近亲属可能从客户那里得到礼品和款待，这样可能会对遵守职业道德基本原则产生威胁。例如，如果接受客户的礼物，则可能会产生针对客观性的自身利益和密切关系威胁。

任何威胁的存在和严重程度都将取决于其性质、价值以及行为意图。职业会计师应评估威胁的严重程度，并在必要时采取防范措施以消除威胁或将其降低至可接受的水平。当采取防范措施不能清除威胁或将其降低至可接受的水平，职业会计师不得接受礼品和款待。

（八）保管客户资产

除非法律法规允许或要求，职业会计师不得提供保管客户资金或其他资产的服务。职业会计师保管客户资金或其他资产，应当履行相应的法律义务。

1. 客户资金。

职业会计师对收到的所有客户的款项都负有严格的责任。“客户的款项”包括由职业会计师接受或支付的所有款项，由职业会计师根据被接受的人或其代表的人的指示支付，并包括资不抵债的款项。

2. 客户的账户。

客户的款项应及时存入银行账户，与公司其他账户分开。这样的账户可以是一般账户，也可以是特定的客户名称账户。所有这些账户在所有情况下都应包括在其标题为“客户”的名下。任何此类银行账户都被称为“客户账户”。预计个人客户的款项超过 10000 英镑或者它的等价物将被公司持有超过 30 天，这些钱将被存入一个单独的指定客户名称的银行账户，或者分配给客户账户。

3. 开立一个客户银行账户。

当公司开立客户账户时，应以明确的方式向有关银行发出书面通知，说明该账户的性质。通知应要求银行书面承认接受通知条款。

4. 支付给客户银行账户。

公司收到支票或汇票，包括客户的货币和其他货币的，应当将其支付给客户银行账户。一旦将这些款项存入这样的客户账户，公司将从该账户中提取的款项中，适当地转移到办公室账户。

5. 从客户银行账户取款。

下列款项可以从客户银行账户提取，但提取的金额不得超过在客户账户中所持有的货币总额：

（1）为客户或代表客户支付的适当款项；

（2）根据客户对该公司的付款或向其支付的款项，而不是按照该公司所赚取的费用或佣金；

（3）适当要求支付给该公司客户的费用或佣金，由该公司妥善执行；

（4）根据客户的权力或公司与客户之间的合同而订立的款项。

6. 预付费用。

客户预先支付的费用已明确可识别，因此不应被视为客户的款项。在不进行预先支付的情况下，客户的预付费用应予以退还。职业会计师应确保有足够的财务资源以满足任何此类还款。

7. 事务所作为利益相关者持有资产。

事务所作为利益相关者持有的资产应被视为客户的款项，并且应当被存入一个单独的账户或者一个客户银行账户。

8. 保持记录。

事务所应当在任何时候保持准确的记录和控制，清晰地显示已收到的款项和支付账户，通过客户账户的其他款项的细节处理，明确区分每个客户来自其他客户的款项和事务所的款项。

职业会计师应当自上笔交易记录之日起六年内持有该记录。

9. 费用和收费纷争。

职业会计师不应因其与客户费用有关的纠纷而扣留客户的款项。

（九）对客观原则的要求

一名职业会计师在提供专业服务时应确定是否会对遵守客观性原则产生威胁。客观性原则是由当事人与客户董事、管理人员或员工的关系引起的。例如，针对客观性的密切关系威胁可能是家庭或私人关系或商业关系造成的。

在提供鉴证服务时，职业会计师应独立于鉴证客户。在实质上和形式上都独立地提出结论，并被视为没有偏见、没有利益冲突、不受他人的不正当影响。

在提供专业服务时，对客观性的威胁取决于业务的具体情况和性质。职业会计师应评估其严重程度，在必要时采取防范措施以消除威胁或将其降低至可接受的水平。此类防范措施的例子包括：

（1）退出项目组。

（2）监督程序。

（3）终止导致威胁的经济或商业关系。

（4）与公司内部级别较高的管理人员讨论该问题。

（5）与客户治理层讨论该问题。

如果防范措施不能消除威胁或将其降低至可接受的水平，职业会计师应当拒绝或者终止相关业务委托。

审计和审阅业务的独立性要求，在执行审计业务时，审计项目组成员、会计师事务所、网络事务所应当维护公众利益，独立于审计客户。

独立性包括以下两种：

（1）实质上的独立性。这种内心状态使职业会计师在不受损害职业判断的因素影响下提出结论，使职业会计师诚信行事、遵守客观原则、保持职业怀疑态度。

（2）形式上的独立性。一个理性而知情的第三方在权衡所有的具体事实和情况后，认为事务所、审计项目组成员没有损害诚信、客观原则或职业怀疑态度。

独立性的概念框架方法应由职业会计师执行：

（1）识别独立性的威胁；

（2）评价所识别威胁的严重程度；

（3）必要时采取防范措施消除威胁或将其降至可接受的水平。

当职业会计师确定无法采取适当的防范措施或无法消除威胁或将其降至可接受的水平时，职业会计师应消除造成威胁的情况，或拒绝或终止审计业务。职业会计师运用概念框架时应使用职业判断。

在评估独立的威胁时，可能有许多不同的情况，或者是各种情况的组合。不可能定义对独立性造成威胁的每一种情况并指定适当的行动。因此，这一规范建立了一个概念框架，需要事务所和审计项目组成员识别、评估和应对独立性的威胁。这一概念框架方法有利于职业会计师遵守职业道德基本原则。它提供了许多对独立性造成的威胁的情况，并阻止职业会计师认为没有明确禁止的情况就是允许的。

在确定是否接受或继续某项业务，或某一特定的个人是否能成为审计项目组的成员时，事务所应识别并评估对独立性的威胁。如果威胁没有达到可接受的水平，以及确定是否接受业务，或某一特定的个人是否能成为审计项目组的成员时，事务所应确定是否有防范措施消除威胁或将其降低到可接受的水平。如果决定是否继续某项业务，事务所应确定是否存在防范措施将继续有效地消除威胁或将其降低至可接受的水平，或者是否需要使用其他的防范措施或者这项业务是否需要终止。

在这一节中，提到了独立性的威胁的严重程度。在评估威胁的严重程度时，职业会计师应当从定性和定量两个方面考虑。

在大多数情况下，本节并没有规定事务所内个人的具体责任，因为责任可能因公司的规模、结构和组织而异。国际质量控制标准（ISQCs）要求事务所制定政策和程序，以提供合理的保证，在符合相关道德要求的情况下保持独立。国际审计标准（ISAs）要求审计业务合伙人根据适用于审计业务的独立性要求，得出结论。

第五节 我国注册会计师职业道德守则简介

一、我国注册会计师职业道德守则发展历程

中国自1988年成立中国注册会计师协会（以下简称“中注协”）以来，共颁布和

制定了4个有关职业行为和道德操守的规范——1992年《中国注册会计师职业道德守则（试行）》、1997年《中国注册会计师职业道德基本准则》、2002年《中国注册会计师职业道德规范指导意见》，2010年7月1日正式实施的《中国注册会计师职业道德守则》。

1992年9月30日，中国注册会计师协会以《中国注册会计师法》为依据，制定并颁布了《中国注册会计师职业道德守则（试行）》。该守则内容包含了40个条款，分属7章。

1997年1月1日，中国注册会计师协会颁布实施了《中国注册会计师职业道德基本准则》，这是我国注册会计师职业界首次以准则的高度对于注册会计师的职业道德提出要求，共包含7章32条。

2002年6月25日，中国注册会计师协会发布了《中国注册会计师职业道德规范指导意见》，于2002年7月1日起实施。该准则共9章51条，包括两个层次：一是基本原则，包括注册会计师履行社会责任，恪守独立、客观、公正的原则，保持应有的职业谨慎，保持和提高专业胜任能力，遵守审计准则等职业规范，履行对客户的责任以及对同行的责任等；二是具体要求，包括独立性、专业胜任能力、保密、收费与佣金、与执业鉴证业务不相容的工作、接任前任注册会计师的审计业务，以及广告、业务招揽和宣传等。

以上道德准则在规范和提升注册会计师行业道德诚信方面发挥了积极作用。准则实施很长一段时间后，中国注册会计师协会经过深入调研和广泛征求意见，全面总结以往职业道德实践经验，充分研究借鉴了国际会计师职业道德准则的建设成果，制定了《中国注册会计师职业道德守则》，并于2009年10月18日发布，于2010年7月1日正式实施。《中国注册会计师职业道德守则》针对注册会计师业务承接、收费报价、专业服务开展等各环节可能遇到的与遵循职业道德相关的情形，对注册会计师的职业道德行为作出了全面规范，是指导注册会计师职业道德建设、保障行业诚信水平的重要规范性文件。这标志着我国注册会计师行业诚信建设取得又一重大成果。

为指导注册会计师更好地运用职业道德守则，解决实务问题，防范执业风险，进一步增进注册会计师对职业道德守则的理解和执行，促进诚信水平和职业道德水平的提升，中注协通过征集行业意见并结合行业监管实践，于2014年11月1日，发布了《中国注册会计师职业道德守则问题解答》，自2015年1月1日起施行。就注册会计师理解和执行守则过程中遇到的实际问题形成了问题解答。

本问题解答根据中国注册会计师职业道德守则制定，包括30个具体问题，内容涵盖职业道德概念框架、网络事务所、审计和审阅业务对独立性的要求、非执业会员职业道德守则等多个领域，为注册会计师恰当理解职业道德守则、解决实务问题提供细化指导和提示，需要注册会计师将其与职业道德守则一并掌握和执行。

二、我国现行注册会计师职业道德守则的结构

2009 年 10 月 18 日发布的《中国注册会计师职业道德守则》（以下简称《守则》）包括五个组成部分。

《中国注册会计师职业道德守则第 1 号——职业道德基本原则》提出了注册会计师职业道德守则，对后面的四号守则起到统御作用。

《中国注册会计师职业道德守则第 2 号——职业道德概念框架》为注册会计师提供思路和方法，以识别、评价和应对可能对职业道德基本原则产生不利影响的情形。

《中国注册会计师职业道德守则第 3 号——提供专业服务的具体要求》对注册会计师提供的所有专业服务提出要求。注册会计师提供的各项专业服务中，注册会计师应当保持客观和公正原则。独立性是注册会计师执行鉴证业务的灵魂，是客观和公正原则的体现，也是职业道德守则的精髓。审计和审阅业务的独立性要求要高于其他鉴证业务的独立性要求。

《中国注册会计师职业道德守则第 4 号——审计和审阅业务对独立性的要求》和《中国注册会计师职业道德守则第 5 号——其他鉴证业务对独立性的要求》列举了可能对独立性产生不利影响的多种情形，并提供识别、评价不利影响的因素和应对不利影响的防范措施。

由于《守则》难以涵盖所有的情形和防范措施，《守则》要求在应对不利影响时，注册会计师应当运用职业道德概念框架。

三、我国现行注册会计师职业道德守则的特点

第一，体现了社会公众利益。《守则》提倡维护社会公众利益，在当前复杂多变的市场背景下，只有以维护社会公众利益为己任，行业才能获得公信力，为行业的生存发展奠定基石。《守则》要求注册会计师在提供各种专业服务时应当维护职业道德基本原则，并基于鉴证业务特别强调注册会计师的独立性，专门对审计和审阅业务及其他鉴证业务的独立性要求进行详细的规范和指导。

第二，引入了职业道德概念框架，提供识别、评价和应对可能对职业道德基本原则产生不利影响的防范措施。

由于注册会计师执业环境复杂且处于发展之中，《守则》难以涵盖所有对注册会计师职业道德产生不利影响的情形以及应对措施。因此，《守则》引入原则导向，为注册会计师应对复杂多变的职业环境提供了解决问题的思路和方法。

第三，体现了全面性。《守则》包括了五个组成部分，对注册会计师提供的各类专业服务进行规范和指导。《守则》还增加了应客户要求提供第二次意见、保管客户资产等内容。

第四，体现了与国际接轨。《守则》将国际会计师联合会的《会计师职业道德守则》三大部分拆分为《守则》的五个组成部分和《中国注册会计师协会非执业会员职业道德守则》，涵盖了国际会计师职业道德守则对注册会计师的所有要求和内容。

第五，符合我国执业环境。《守则》体现了我国国情的要求，与国际会计师联合会的职业道德守则并非全部一致。在介绍费和佣金、专业服务营销、关键合伙人轮换等许多方面，《守则》依据我国的法律法规和执业环境的要求，提出了比国际会计师联合会更高的要求。

第六节　中国注册会计师职业道德守则问题解答

一、关于职业道德概念框架

1. 在运用职业道德概念框架时，针对中国注册会计师职业道德守则（以下简称“职业道德守则”）中的禁止性规定，比如，禁止会计师事务所与其审计客户存在某些利益或关系，或禁止向审计客户提供某些非鉴证服务，注册会计师能否通过采取防范措施将可能产生的不利影响降低至可接受的水平，从而能够保持该利益或关系，或者提供该服务？对禁止性规定的遵循是否可考虑会计师事务所的规模大小？另外，对于职业道德守则并未禁止的利益、关系或服务，是否意味着它们是被允许的？

答：上述三个问题，答案都是否定。职业道德守则中的禁止性规定来源于对职业道德概念框架的运用，即，针对被禁止的利益、关系或服务，已经运用职业道德概念框架进行考虑并得出如下结论：没有防范措施可以有效消除相关不利影响或将其降低至可接受的水平。因此，无论会计师事务所规模大小，注册会计师都不可能通过采取防范措施将可能产生的不利影响降低至可接受的水平，因而应当严格遵守职业道德守则中的禁止性规定。

同样，职业道德守则中并未禁止的利益、关系或服务，并不意味着它们是被允许的，需要运用职业道德概念框架进行评估。如果对独立性产生的不利影响超出可接受的水平，则必须采取防范措施。

如果无法通过防范措施将不利影响降低至可接受水平，则会计师事务所和注册会计师不应拥有该利益或关系，或不能提供该服务；只有采取防范措施将不利影响降低至可接受水平，该利益、关系或服务才是被允许的。

2. 职业道德守则中的某些条款提供了注册会计师可以采取的防范措施。这些防范措施是否全面？在特定情况下采取职业道德守则未列举的其他防范措施是否有效？

答：当职业道德守则中列举的防范措施前面注明“防范措施包括”或“防范措施主要包括”时，表明这些防范措施仅包含职业道德守则认可的、在一般情况下适用的、或在特定情况下可能有效的防范措施，而并未涵盖可以实施的所有防范措施。在特定情况下，注册会计师可以实施其他防范措施，但需对拟实施的其他防范措施是否能将不利影响降低至可接受水平进行职业判断，确定某一防范措施的有效性。

如果职业道德守则规定应当采取某项防范措施，则该防范措施必须予以采用。例如根据职业道德守则第 4 号第一百五十六条的规定，在某些特定情况下，会计师事务所必须选择采用发表审计意见前复核，或发表审计意见后复核这两种防范措施的其中一种，以将不利影响降低至可接受的水平。

二、关于网络事务所

3. 如果某会计师事务所属于某一旨在相互合作的联合体，该联合体中的各实体使用同一品牌来签署审计或审阅业务报告之外的其他鉴证业务报告，该联合体是否应当视为网络?

答：是的。职业道德守则第 5 号第十条要求，会计师事务所应当评价由网络事务所的利益和关系产生的所有不利影响的严重程度。第 4 号第二章第十条至第二十一条对网络事务所的构成给出了指引。根据第 4 号第二章第十二条，判断一个联合体是否形成网络时，注册会计师应当运用下列标准：一个理性且掌握充分信息的第三方，在权衡所有相关事实和情况后，是否很可能认为这些实体形成网络。按照职业道德守则第 4 号第二章第十七条，当联合体中各会计师事务所签署审计报告时，如果使用了同一品牌（如将该品牌作为该会计师事务所名称的一部分或与其一同列示），该联合体应被视为网络。同样，如果联合体所属会计师事务所在签署审计或审阅报告以外的其他鉴证报告时，使用了同一品牌，一般而言，报告的使用者会感觉这些事务所属于同一网络。

4. 如果某会计师事务所属于某一旨在合作的联合体，而该联合体中的事务所在文具或宣传材料上提及该联合体，则该联合体是否应当视为网络?

答：有可能被视为网络。如果某一旨在合作的联合体中的事务所在文具和其他宣传材料上提及该联合体，其本身并不足以说明这些事务所构成网络，但可能使人产生该联合体中的事务所属于同一网络的印象。而判断该联合体是否应当视为网络，取决于该联合体中的事务所是否满足职业道德守则中有关形成网络的条件。比如是否共享收益或分担成本，共享重要的专业资源，共享所有权、控制权或管理权，共享统一的质量控制政策和程序，共享同一经营战略，使用同一品牌等。只要满足其一，即被视为网络。如果不满足网络的条件，事务所也应慎重考虑如何描述和解释其与联合体的关系，以避免误解。

5. 同属于一个会计师事务所联合体的部分会计师事务所能否构成一个网络，而不必包含该联合体的所有实体?

答：是的。如果该联合体中部分会计师事务所具有以下任一情形：（1）共享收益或分担成本；（2）共享重要的专业资源；（3）共享所有权、控制权或者管理权；（4）共享统一的质量控制政策和程序；（5）共享同一经营战略；（6）使用同一品牌，则这些会计师事务所将构成网络。该联合体中其余的会计师事务所如不具有以上任一情形的，则不属于该网络。比如，一个联合体包含50家会计师事务所，这些会计师事务所是单独的、不同的法律实体，且均被列在该联合体的组成名单中，每个会计师事务所在其市场营销材料中均提及它是该联合体的成员。这些会计师事务所没有共享收益或分担成本，没有共享重要的专业资源，也没有共享所有权、控制权、管理权或者同一经营战略，同时每个会计师事务所都有其单独的质量控制系统，并且该联合体不对这些系统进行监督。在签署审计报告时，15家会计师事务所使用该联合体的名称作为事务所名称的一部分。其他35家会计师事务所在签署审计报告时不使用该联合体的名称。根据职业道德守则，这15家会计师事务所因满足了使用同一品牌这个条件而构成了一个网络，而另外35家会计师事务所则不属于该网络。再如，名义上，一个联合体中的一家会计师事务所和其他几家税务所、评估机构或咨询公司没有使用同一品牌，但实质上，它们在人员及客户资源方面存在共享的情况，则上述实体属于同一网络。

三、关于关联实体

6. 执行职业道德守则第4号第二章第二十四条的规定时，在审计客户不是上市公司的情况下，针对不受其直接或间接控制的关联实体，如果审计项目组认为某一关系或情形涉及该关联实体，且与评价会计师事务所对该审计客户的独立性有关，会计师事务所需要考虑与该关联实体相关的所有利益和关系，还是只需要考虑审计项目组认为该关联实体与评价会计师事务所的独立性相关的利益或关系？

答：在此情形下，一旦审计项目组认为该关联实体与评价该会计师事务所独立性相关，则该会计师事务所与该关联实体相关的所有利益和关系都必须予以考虑。

四、关于合并与收购

7. 针对合并或收购导致某一实体成为审计客户的关联实体的情形，职业道德守则第4号第二章第八节作出了具体规定。在某些合并业务中，因审计客户的关联实体与其他实体合并成为一个新的实体，从而成为审计客户的关联实体。在这种情况下，本节的规定是否适用？

答：适用。

五、关于自身利益

8. 职业道德守则第2号第七条认为，注册会计师在评价其所在会计师事务所以往提供专业服务的结果时，发现了重大错误，这种情形归类为因自身利益导致的不利影响。对此，如何理解，为什么不将其归类为因自我评价导致的不利影响？

答：自我评价导致的不利影响是注册会计师无法恰当地评价以往提供的专业服务的结果，从而无法找出任何错误而产生的不利影响。然而，一旦发现错误，该注册会计师则需要应对该错误。此时的不利影响，是注册会计师出于其自身利益（或者所属会计师事务所的利益）的考虑，可能不去应对或无法恰当应对该错误而导致的影响。因此，当发现错误时所产生的不利影响属于因自身利益导致的不利影响。

9. 职业道德守则第 4 号第三章第五十三条要求处置通过继承、馈赠或因合并而获得的经济利益。为什么第五十三条要求会计师事务所、审计项目组成员或其主要近亲属必须立即处置这些经济利益，而审计项目组以外的人员或其主要近亲属只需要在合理的期限内尽快处置？

答：拥有上述经济利益，可能因自身利益导致不利影响。不利影响存在与否及其严重程度取决于拥有经济利益的人员的角色、经济利益是直接还是间接，以及经济利益的重要性。其中，会计师事务所、审计项目组成员或其主要近亲属在审计客户中拥有经济利益，其所产生的不利影响更为严重。立即处置这些经济利益的要求反映了减少或消除该不利影响的紧迫性，以确保那些与审计结果有利害关系的人员无法参与该审计。因此，如果审计项目组某成员或其主要近亲属不能立即处置该利益，则应当将该成员调离审计项目组。

六、关于商业关系

10. 某会计师事务所通过与一家投资银行共同组成服务团队的形式，向潜在客户提供审计、公司财务顾问等一揽子专业服务，上述合作是否被视为商业关系？在职业道德守则下，会计师事务所是否可以介入此类商业关系？

答：由于该会计师事务所和投资银行以双方的名义捆绑提供服务，上述关系一般被视为商业关系。当该投资银行为该会计师事务所的审计客户时，根据职业道德守则第 4 号第五章第六十一条的规定，会计师事务所不得介入此类商业关系。

七、关于关键审计合伙人

11. 根据职业道德守则中关于关键审计合伙人的定义，关键审计合伙人包括审计项目组中负责对财务报表审计所涉及的重大事项作出关键决策或判断的其他审计合伙人。然而，职业道德守则并未就此提供指引。对此，能否举例说明？

答：一个决策或判断是否关键取决于具体的事实和情况。作出该决定需要运用职业判断。一般来说，关键决策或判断的事项将对财务报表整体产生重大影响，作出这些决策或判断的其他审计合伙人则应视为关键审计合伙人。比如，负责对长期资产是否有重大减值或重大税项的不确定性作出结论的其他审计合伙人，应被视为关键审计合伙人；而如果仅向负责作出这些决策的个人提出相关建议，提出建议的人本身不会因此而成为关键审计合伙人。

12. 如果一位税务合伙人加入审计项目组，是否应当视为关键审计合伙人？

答：通常不会。税务合伙人不是审计合伙人，因此通常不符合关键审计合伙人的定义。然而，在确定审计项目组中某税务合伙人是否在实质上行使了审计合伙人的职能时，需要运用职业判断。如果确实行使了该职能，且在审计项目组中对财务报表审计所涉及的重大事项作出了关键决策或判断，则该税务合伙人符合关键审计合伙人的定义，应当遵循职业道德守则中针对关键审计合伙人的有关规定。

八、关于合伙人轮换

13. 如果审计客户属于公众利益实体，职业道德守则第 4 号第十一章要求会计师事务所轮换关键审计合伙人。根据关键审计合伙人的定义，其包括审计项目组中负责对财务报表审计所涉及的重大事项作出关键决策或判断的其他审计合伙人。其他审计合伙人还可能包括负责审计重要子公司或分支机构的项目合伙人。《中国注册会计师审计准则第 1401 号——对集团财务报表审计的特殊考虑》第二十四条规定，集团项目合伙人负责指导、监督和执行集团审计业务。这是否意味着在执行集团财务报表审计业务时，集团项目合伙人是除了实施项目质量控制复核的负责人以外，唯一需要轮换的关键审计合伙人？

答：不是。中国注册会计师审计准则第 1401 号规定，集团项目合伙人需要对指导、监督和执行集团审计业务承担责任，但这并不凌驾于职业道德守则中对关键审计合伙人的定义之上，也不意味着在决定该项目的其他审计合伙人是否是关键审计合伙人时不需要作出职业判断。根据实际情况、集团规模以及个人职责，其他审计合伙人也可能对集团财务报表审计所涉及的重大事项作出关键决策或判断。比如，负责审计集团某个重要子公司的项目合伙人，也可能被认定为关键审计合伙人，从而需要遵循轮换的规定。

14. 某一审计客户属于公众利益实体，某合伙人自 2008 年度财务报表审计开始担任该审计客户的关键审计合伙人。其中，因故没有担任 2010 年度财务报表审计的关键审计合伙人，随后其继续担任 2011 年度及 2012 年度财务报表审计的关键审计合伙人。该合伙人的五年任期是从 2008 年算起，还是从 2011 年算起？2010 年度是否应计算在该合伙人对该审计客户的五年任期之内？

答：根据职业道德守则第 4 号第十一章第八十八条的规定，为属于公众利益实体的审计客户执行审计业务的关键审计合伙人，在其五年任期结束后的两年（即“冷却期”）内，该关键审计合伙人不得再次成为该客户的审计项目组成员或关键审计合伙人。该两年的冷却期应为连续的两个完整年度。只有在完成了冷却期后再次提供服务时，服务年限才可以重新计算。在此例中，该合伙人在 2008 至 2012 年期间并没有完成连续两年的“冷却期”，因此，其任期不应从 2011 年起重新计算，而应从 2008 年算起。但是，由于该合伙人没有担任 2010 年度财务报表审计的关键审计合伙人，2010 年不应计算在其五年任期之内。

15. 某一审计客户属于公众利益实体，如果某合伙人在审计项目组曾经担任不同职务（如签字注册会计师与项目合伙人），那么该合伙人作为关键审计合伙人的任职时间是否包括其担任不同职务的年限？

答：如果某合伙人在审计项目组担任的职务均属于关键审计合伙人，在确定其任职时间时，担任这些职务的年限需要合并计算。例如，某审计经理担任某上市公司 2010 年度至 2011 年度财务报表审计的签字注册会计师，其晋升为合伙人后担任 2012 年度至 2013 年度财务报表审计的项目合伙人。根据职业道德守则中关键审计合伙人和项目合伙人的定义，该合伙人作为关键审计合伙人的任职年限包括 2010 年、2011 年、2012 年及 2013 年。

16. 某一审计客户属于公众利益实体，A会计师事务所的某一合伙人曾担任该审计客户2007年度至2010年度财务报表审计的关键审计合伙人。在以下两种情况下，如果该合伙人继续担任该审计客户的关键审计合伙人，其最多还可以担任几年？

（1）2011年，该公众利益实体改聘B会计师事务所作为其审计师，同时该合伙人加入B会计师事务所担任合伙人；

（2）2011年，A会计师事务所并入B会计师事务所，该合伙人转为B会计师事务所的合伙人，而该公众利益实体也转为B会计师事务所的审计客户。

答：该合伙人作为该公众利益实体的关键审计合伙人已满四年，尽管客户更换了会计师事务所，其为同一审计客户提供审计服务的年限应连续计算，否则将因密切关系或自身利益产生严重不利影响。因此，根据职业道德守则第4号第十一章第八十八条的规定，如果该合伙人在B会计师事务所继续担任该审计客户的关键审计合伙人，其最多还可以担任一年。

17. 某一非公众利益实体A公司被B上市公司收购后成为B上市公司的重要子公司，同时，负责审计A公司的项目合伙人被确定为B上市公司集团审计项目的关键审计合伙人。如何计算该合伙人的轮换时间？

答：因A公司被收购后成为公众利益实体B上市公司的子公司，参考职业道德守则第4号第十一章第九十一条的规定，在A公司成为B上市公司的子公司之前，如果负责审计A公司的项目合伙人为A公司服务的时间不超过三年，则该合伙人还可以担任B上市公司集团审计项目的关键审计合伙人的年限为五年减去已服务的年限；如果该关键审计合伙人为A公司服务了四年或更长的时间，在A公司成为B上市公司的子公司之后，该合伙人还可以最多继续担任B上市公司集团审计项目的关键审计合伙人两年。

九、关于税务服务

18. 按照职业道德守则第4号第十二章第一百二十五条的规定，如果税务建议的有效性取决于某项特定会计处理或财务报表列报，并且审计项目组对于相关会计处理或财务报表列报的适当性存有疑问，税务建议的结果或执行后果也将对被审计财务报表产生重大影响，则会计师事务所不得为审计客户提供此类税务建议。能否举例说明？

答：根据不同的税收管辖权，情况有所不同，而且也需要职业判断。比如，将租赁支出作税前扣除的税务建议的有效性，取决于在编制财务报表时将租赁作为经营性租赁进行会计处理。如果在这种情况下，审计项目组对该经营性租赁的会计处理的恰当性存有疑问，则不得为该审计客户提供此类税务服务。

十、关于评估服务

19. 职业道德守则第4号第十二章第一百一十六条规定，在审计客户属于公众利益实体的情况下，如果评估结果单独或累积起来对被审计财务报表具有重大影响，则会计师事务所不得向该审计客户提供这种评估服务。“被审计财务报表”一词应当如何理解？

答：职业道德守则第4号第二章第二十四条规定，除非另有说明，在审计客户是上市公司的情况下，职业道德守则所称审计客户包括该客户的所有关联实体。使用“被审计财务报表”一词是为了明确在确定是否具有重大影响时所使用的财务报表。在执行集团审计时，它指该集团的合并财务报表。在执行单一实体审计时，它指该单一实体的财务报表。

十一、关于其他服务

20. 如果职业道德守则不允许会计师事务所为其审计客户提供某项服务（比如，向属于公众利益实体的审计客户提供与财务会计系统相关的内部审计服务），那么该事务所能否作为分包商参与提供该项服务？

答：不能。会计师事务所不能以分包商的身份向审计客户提供职业道德守则禁止的服务。

十二、关于重大影响

21. 根据职业道德守则第 4 号第十二章的规定，注册会计师在确定能否向审计客户提供某项非鉴证服务时，需要考虑该项服务是否对财务报表产生重大影响。注册会计师应当如何确定影响的重大程度？

答：需要参考审计准则的相关规定。《中国注册会计师审计准则第 1221 号——计划和执行审计工作时的重要性》对注册会计师在计划和执行财务报表审计工作时运用重要性概念进行了规范。该准则要求注册会计师应当确定财务报表整体的重要性。但是根据该准则，如果一个或多个特定类别的交易、账户余额或披露，其发生的错报金额虽然低于财务报表整体的重要性，但合理预期可能影响财务报表使用者依据财务报表作出的经济决策，注册会计师还应当确定适用于这些交易、账户余额或披露的一个或多个重要性水平。在这种情况下，如果拟承接的非鉴证服务与这些特定类别的交易、账户余额或披露有关，则注册会计师应当运用该重要性水平。

22. 职业道德守则第 4 号第十二章第一百一十六条规定，在审计客户属于公众利益实体的情况下，如果评估结果单独或累积起来对被审计财务报表具有重大影响，则会计师事务所不得向该审计客户提供这种评估服务。如果会计师事务所最初认为该项评估服务对财务报表不具有重大影响，因而开始提供该项服务，但后来发现继续提供该服务将会产生重大影响，会计师事务所能否继续提供该项评估服务？

答：在这种情况下，如果会计师事务所继续提供该项服务，其独立性将受到损害。职业道德守则禁止会计师事务所向属于公众利益实体的审计客户提供对客户财务报表产生重大影响的评估服务。因此，如果在承接该评估服务后，发现该服务明显对财务报表产生重大影响，则会计师事务所不得同时提供该评估服务和审计服务。

十三、关于审计收费

23. 职业道德守则第 4 号第十三章第一百五十六条规定，如果会计师事务所连续两年从某一属于公众利益实体的审计客户及其关联实体收取的全部费用，占其从所有客户收取的全部费用的比重超过 15%，该会计师事务所应当聘请其他会计师事务所，执行发表审计意见前复核或发表审计意见后复核。在实务中，其他会计师事务所可能不愿意为此类复核承担责任，因而可能难以找到执行此类复核的其他会计师事务所。在这种情况下，该会计师事务所是否有其他选择？

答：没有其他选择。职业道德守则认为，当会计师事务所连续两年从某一属于公众利益实体的审计客户收取的全部费用，占其从所有客户收取的全部费用的比重超过15%时，发表审计意见前复核或发表审计意见后复核是一项必需的防范措施。会计师事务所可以通过购买职业责任保险或其他方式，对其他会计师事务所承担的相关责任予以补偿。执行复核的其他会计师事务所需针对委托其复核的会计师事务所及其审计客户，遵守职业道德守则中要求的保密规定。

24. 会计师事务所在确定其从某一属于公众利益实体的审计客户收取的全部费用是否超过会计师事务所全部收费的15%时，应当如何计算？

答：会计师事务所在计算收费占比时，应以向该审计客户提供所有服务收取的全部费用（即不仅仅是审计费）为分子，以向所有客户提供所有服务收取的全部费用为分母。

25. 根据职业道德守则第4号第十三章第一百五十六条规定，发表审计意见后复核是会计师事务所应当采取的防范措施之一，如何理解这项复核？

答：《中国注册会计师审计准则第1121号——对财务报表审计实施的质量控制》中规定了项目质量控制复核人员的责任。执行发表审计意见后复核所用的工作方法和工作内容，与执行项目质量控制复核相同。在执行发表审计意见后复核时，复核人员应当客观地评价项目组作出的重大判断以及在编制审计报告时得出的结论。评价工作应当涉及下列内容：

（1）与项目合伙人讨论重大事项；

（2）复核财务报表和出具的审计报告；

（3）复核选取的与项目组作出的重大判断和得出的结论相关的审计工作底稿；

（4）评价在编制审计报告时得出的结论，并考虑出具审计报告的恰当性。

十四、关于或有收费

26. 职业道德守则第4号第十三章第一百六十条禁止对财务报表发表审计意见的会计师事务所向审计客户就非鉴证服务收取重大的或有收费。如何理解“对财务报表发表审计意见的会计师事务所”？

答：职业道德守则第4号第二章第十条规定，除非另有说明，会计师事务所包括网络事务所。“对财务报表发表审计意见的会计师事务所”一词旨在阐明，在此情形下，应衡量的是或有收费对该事务所本身的影响是否重大，而不是对网络事务所的影响是否重大。关于网络事务所的内容在职业道德守则第4号第十三章第一百六十条（二）中进行了阐述。

十五、关于可接受的水平

27. 职业道德守则在定义可接受的水平时，引入一个理性且掌握充分信息的第三方的概念。注册会计师应当如何运用这一概念？

答：运用这一概念需要职业判断。理性且掌握充分信息的第三方的概念旨在建立一个公正的基准，有助于注册会计师按照该基准判断什么样的行为是可接受的。比如，注册会计师应考虑一个理性且掌握充分信息的第三方是否认为所采取的防范措施足以应对不利影响。值得注意的是，在决定一项行为是否恰当时，该概念基于当前可获得的信息。

十六、关于其他鉴证业务的独立性

28. 职业道德守则第 4 号适用于审计或审阅业务，并针对公众利益实体作出了额外的规定。职业道德守则第 5 号适用于其他鉴证业务，但并未针对公众利益实体作出额外规定。当注册会计师向公众利益实体执行其他鉴证业务时，应当执行哪些规定？

答：职业道德守则第 5 号适用于审计或审阅以外的所有其他鉴证业务客户，无论其是否为公众利益实体。如果会计师事务所还为该客户提供审计或审阅服务，则同时适用职业道德守则第 4 号。

十七、关于非执业会员职业道德守则

29.《中国注册会计师协会非执业会员职业道德守则》对注册会计师有哪些参考价值？

答：在会计师事务所担任合伙人或员工的注册会计师，可能遇到非执业会员在为其雇主工作时遇到的类似情形。比如：（1）有资格获得与利润挂钩的奖金，奖金的价值可能直接受到注册会计师决策的影响；（2）缺乏足够的时间履行相关职责；（3）因外在压力与严重歪曲事实的财务信息发生牵连。在上述情形下，注册会计师可参考《中国注册会计师协会非执业会员职业道德守则》的相关要求。

30. 职业道德守则第 1 号第九条规定，在鉴证业务中，如果存在职业道德守则第 1 号第八条第一款的情形，注册会计师依据执业准则出具了恰当的非标准业务报告，不被视为违反第八条的规定。职业道德守则第 1 号第九条适用于注册会计师，是否也适用于非执业会员？

答：如果非执业会员认为财务报告、申报资料及其他信息存在《中国注册会计师协会非执业会员职业道德守则》第五条第一款的情形，但是能够采用某种报告形式，其实质与注册会计师依据执业准则所出具的非标准业务报告相同，则同样适用职业道德守则第 1 号第九条的规定，不视为已与有问题的信息发生牵连。

附录　中国注册会计师职业道德守则

一、中国注册会计师职业道德守则第 1 号——职业道德基本原则

第一章　总　则

第一条　为了规范注册会计师职业行为，提高注册会计师职业道德水准，维护注册会计师职业形象，根据《中华人民共和国注册会计师法》和《中国注册会计师协会章程》，制定本守则。

第二条　注册会计师应当遵守本守则，履行相应的社会责任，维护公众利益。

第三条　注册会计师应当遵循诚信、客观和公正原则，在执行审计和审阅业务以及其他鉴证业务时保持独立性。

第四条　注册会计师应当获取和保持专业胜任能力，保持应有的关注，勤勉尽责。

第五条　注册会计师应当履行保密义务，对职业活动中获知的涉密信息保密。

第六条　注册会计师应当维护职业声誉，树立良好的职业形象。

第二章　诚　信

第七条　注册会计师应当在所有的职业活动中，保持正直，诚实守信。

第八条　注册会计师如果认为业务报告、申报资料或其他信息存在下列问题，则不得与这些有问题的信息发生牵连：

（一）含有严重虚假或误导性的陈述；

（二）含有缺少充分依据的陈述或信息；

（三）存在遗漏或含糊其词的信息。

注册会计师如果注意到已与有问题的信息发生牵连，应当采取措施消除牵连。

第九条　在鉴证业务中，如果存在本守则第八条第一款的情形，注册会计师依据执业准则出具了恰当的非标准业务报告，不被视为违反第八条的规定。

第三章　独立性

第十条　注册会计师执行审计和审阅业务以及其他鉴证业务时，应当从实质上和形式上保持独立性，不得因任何利害关系影响其客观性。

第十一条　会计师事务所在承办审计和审阅业务以及其他鉴证业务时，应当从整

体层面和具体业务层面采取措施，以保持会计师事务所和项目组的独立性。

第四章　客观和公正

第十二条　注册会计师应当公正处事、实事求是，不得由于偏见、利益冲突或他人的不当影响而损害自己的职业判断。

第十三条　如果存在导致职业判断出现偏差，或对职业判断产生不当影响的情形，注册会计师不得提供相关专业服务。

第五章　专业胜任能力和应有的关注

第十四条　注册会计师应当通过教育、培训和执业实践获取和保持专业胜任能力。

第十五条　注册会计师应当持续了解并掌握当前法律、技术和实务的发展变化，将专业知识和技能始终保持在应有的水平，确保为客户提供具有专业水准的服务。

第十六条　在应用专业知识和技能时，注册会计师应当合理运用职业判断。

第十七条　注册会计师应当保持应有的关注，遵守执业准则和职业道德规范的要求，勤勉尽责，认真、全面、及时地完成工作任务。

第十八条　注册会计师应当采取适当措施，确保在其领导下工作的人员得到应有的培训和督导。

第十九条　注册会计师在必要时应当使客户以及业务报告的其他使用者了解专业服务的固有局限性。

第六章　保　密

第二十条　注册会计师应当对职业活动中获知的涉密信息保密，不得有下列行为：

（一）未经客户授权或法律法规允许，向会计师事务所以外的第三方披露其所获知的涉密信息；

（二）利用所获知的涉密信息为自己或第三方谋取利益。

第二十一条　注册会计师应当对拟接受的客户或拟受雇的工作单位向其披露的涉密信息保密。

第二十二条　注册会计师应当对所在会计师事务所的涉密信息保密。

第二十三条　注册会计师在社会交往中应当履行保密义务，警惕无意中泄密的可能性，特别是警惕无意中向近亲属或关系密切的人员泄密的可能性。

第二十四条　注册会计师应当采取措施，确保下级员工以及提供建议和帮助的人员履行保密义务。

第二十五条　在终止与客户的关系后，注册会计师应当对以前职业活动中获知的涉密信息保密。

如果获得新客户，注册会计师可以利用以前的经验，但不得利用或披露以前职业活动中获知的涉密信息。

第二十六条　在下列情形下，注册会计师可以披露涉密信息：

（一）法律法规允许披露，并取得客户的授权；

（二）根据法律法规的要求，为法律诉讼、仲裁准备文件或提供证据，以及向监管机构报告所发现的违法行为；

（三）法律法规允许的情况下，在法律诉讼、仲裁中维护自己的合法权益；

（四）接受注册会计师协会或监管机构的执业质量检查，答复其询问和调查；

（五）法律法规、执业准则和职业道德规范规定的其他情形。

第二十七条　在决定是否披露涉密信息时，注册会计师应当考虑下列因素：

（一）客户同意披露的涉密信息，是否为法律法规所禁止；

（二）如果客户同意披露涉密信息，是否会损害利害关系人的利益；

（三）是否已了解和证实所有相关信息；

（四）信息披露的方式和对象；

（五）可能承担的法律责任和后果。

第七章　良好职业行为

第二十八条　注册会计师应当遵守相关法律法规，避免发生任何损害职业声誉的行为。

第二十九条　注册会计师在向公众传递信息以及推介自己和工作时，应当客观、真实、得体，不得损害职业形象。

第三十条　注册会计师应当诚实、实事求是，不得有下列行为：

（一）夸大宣传提供的服务、拥有的资质或获得的经验；

（二）贬低或无根据地比较其他注册会计师的工作。

第八章　附　则

第三十一条　本守则自2010年7月1日起施行。

二、中国注册会计师职业道德守则第2号——职业道德概念框架

第一章　总　则

第一条　为了规范注册会计师职业行为，建立职业道德概念框架，指导注册会计师遵循职业道德基本原则，制定本守则。

第二条　职业道德概念框架是指解决职业道德问题的思路和方法，用以指导注册会计师：

（一）识别对职业道德基本原则的不利影响；

（二）评价不利影响的严重程度；

（三）必要时采取防范措施消除不利影响或将其降低至可接受的水平。

第三条 在运用职业道德概念框架时，注册会计师应当运用职业判断。

第四条 如果发现存在可能违反职业道德基本原则的情形，注册会计师应当评价其对职业道德基本原则的不利影响。在评价不利影响的严重程度时，注册会计师应当从性质和数量两个方面予以考虑。

第五条 如果认为对职业道德基本原则的不利影响超出可接受的水平，注册会计师应当确定是否能够采取防范措施消除不利影响或将其降低至可接受的水平。

第二章 对遵循职业道德基本原则产生不利影响的因素

第六条 注册会计师对职业道德基本原则的遵循可能受到多种因素的不利影响。不利影响的性质和严重程度因注册会计师提供服务类型的不同而不同。

可能对职业道德基本原则产生不利影响的因素包括自身利益、自我评价、过度推介、密切关系和外在压力。

第七条 自身利益导致不利影响的情形主要包括：

（一）鉴证业务项目组成员在鉴证客户中拥有直接经济利益；

（二）会计师事务所的收入过分依赖某一客户；

（三）鉴证业务项目组成员与鉴证客户存在重要且密切的商业关系；

（四）会计师事务所担心可能失去某一重要客户；

（五）鉴证业务项目组成员正在与鉴证客户协商受雇于该客户；

（六）会计师事务所与客户就鉴证业务达成或有收费的协议；

（七）注册会计师在评价所在会计师事务所以往提供的专业服务时，发现了重大错误。

第八条 自我评价导致不利影响的情形主要包括：

（一）会计师事务所在对客户提供财务系统的设计或操作服务后，又对系统的运行有效性出具鉴证报告；

（二）会计师事务所为客户编制原始数据，这些数据构成鉴证业务的对象；

（三）鉴证业务项目组成员担任或最近曾经担任客户的董事或高级管理人员；

（四）鉴证业务项目组成员目前或最近曾受雇于客户，并且所处职位能够对鉴证对象施加重大影响；

（五）会计师事务所为鉴证客户提供直接影响鉴证对象信息的其他服务。

第九条 过度推介导致不利影响的情形主要包括：

（一）会计师事务所推介审计客户的股份；

（二）在审计客户与第三方发生诉讼或纠纷时，注册会计师担任该客户的辩护人。

第十条 密切关系导致不利影响的情形主要包括：

（一）项目组成员的近亲属担任客户的董事或高级管理人员；

（二）项目组成员的近亲属是客户的员工，其所处职位能够对业务对象施加重大影响；

（三）客户的董事、高级管理人员或所处职位能够对业务对象施加重大影响的员工，最近曾担任会计师事务所的项目合伙人；

（四）注册会计师接受客户的礼品或款待；

（五）会计师事务所的合伙人或高级员工与鉴证客户存在长期业务关系。

第十一条 外在压力导致不利影响的情形主要包括：

（一）会计师事务所受到客户解除业务关系的威胁；

（二）审计客户表示，如果会计师事务所不同意对某项交易的会计处理，则不再委托其承办拟议中的非鉴证业务；

（三）客户威胁将起诉会计师事务所；

（四）会计师事务所受到降低收费的影响而不恰当地缩小工作范围；

（五）由于客户员工对所讨论的事项更具有专长，注册会计师面临服从其判断的压力；

（六）会计师事务所合伙人告知注册会计师，除非同意审计客户不恰当的会计处理，否则将影响晋升。

第三章 应对不利影响的防范措施

第十二条 注册会计师应当运用判断，确定如何应对超出可接受水平的不利影响，包括采取防范措施消除不利影响或将其降低至可接受的水平，或者终止业务约定或拒绝接受业务委托。

在运用判断时，注册会计师应当考虑：一个理性且掌握充分信息的第三方，在权衡注册会计师当时可获得的所有具体事实和情况后，是否很可能认为这些防范措施能够消除不利影响或将其降低至可接受的水平，以使职业道德基本原则不受损害。

第十三条 应对不利影响的防范措施包括下列两类：

（一）法律法规和职业规范规定的防范措施；

（二）在具体工作中采取的防范措施。

第十四条 法律法规和职业规范规定的防范措施主要包括：

（一）取得注册会计师资格必需的教育、培训和经验要求；

（二）持续的职业发展要求；

（三）公司治理方面的规定；

（四）执业准则和职业道德规范的要求；

（五）监管机构或注册会计师协会的监控和惩戒程序；

（六）由依法授权的第三方对注册会计师编制的业务报告、申报资料或其他信息进行外部复核。

第十五条 在具体工作中，应对不利影响的防范措施包括会计师事务所层面的防范措施和具体业务层面的防范措施。

第十六条 会计师事务所层面的防范措施主要包括：

（一）领导层强调遵循职业道德基本原则的重要性；

（二）领导层强调鉴证业务项目组成员应当维护公众利益；

（三）制定有关政策和程序，实施项目质量控制，监督业务质量；

（四）制定有关政策和程序，识别对职业道德基本原则的不利影响，评价不利影响的严重程度，采取防范措施消除不利影响或将其降低至可接受的水平；

（五）制定有关政策和程序，保证遵循职业道德基本原则；

（六）制定有关政策和程序，识别会计师事务所或项目组成员与客户之间的利益或关系；

（七）制定有关政策和程序，监控对某一客户收费的依赖程度；

（八）向鉴证客户提供非鉴证服务时，指派鉴证业务项目组以外的其他合伙人和项目组，并确保鉴证业务项目组和非鉴证业务项目组分别向各自的业务主管报告工作；

（九）制定有关政策和程序，防止项目组以外的人员对业务结果施加不当影响；

（十）及时向所有合伙人和专业人员传达会计师事务所的政策和程序及其变化情况，并就这些政策和程序进行适当的培训；

（十一）指定高级管理人员负责监督质量控制系统是否有效运行；

（十二）向合伙人和专业人员提供鉴证客户及其关联实体的名单，并要求合伙人和专业人员与之保持独立；

（十三）制定有关政策和程序，鼓励员工就遵循职业道德基本原则方面的问题与领导层沟通；

（十四）建立惩戒机制，保障相关政策和程序得到遵守。

第十七条 具体业务层面的防范措施主要包括：

（一）对已执行的非鉴证业务，由未参与该业务的注册会计师进行复核，或在必要时提供建议；

（二）对已执行的鉴证业务，由鉴证业务项目组以外的注册会计师进行复核，或在必要时提供建议；

（三）向客户审计委员会、监管机构或注册会计师协会咨询；

（四）与客户治理层讨论有关的职业道德问题；

（五）向客户治理层说明提供服务的性质和收费的范围；

（六）由其他会计师事务所执行或重新执行部分业务；

（七）轮换鉴证业务项目组合伙人和高级员工。

第十八条 下列防范措施也有助于识别或制止违反职业道德基本原则的行为：

（一）监管机构、注册会计师协会或会计师事务所建立有效的公开投诉系统，使会计师事务所合伙人和员工以及公众能够注意到违反职业道德基本原则的行为；

（二）法律法规、职业规范或会计师事务所政策明确规定，注册会计师有义务报告违反职业道德基本原则的行为。

第十九条 注册会计师可以根据业务的性质考虑依赖客户采取的防范措施，但是仅依赖客户的防范措施，不可能将不利影响降低至可接受的水平。

第二十条 客户通过制定政策和程序采取的防范措施主要包括：

（一）要求由管理层以外的人员批准聘请会计师事务所；

（二）聘任具备足够经验和资历的员工，确保其能够作出恰当的管理决策；

（三）执行相关政策和程序，确保在委托非鉴证业务时作出客观选择；

（四）建立完善的公司治理结构，与会计师事务所进行必要的沟通，并对其服务进行适当的监督。

第四章 道德冲突问题的解决

第二十一条 在遵循职业道德基本原则时，注册会计师应当解决遇到的道德冲突问题。

第二十二条 在解决道德冲突问题时，注册会计师应当考虑下列因素：

（一）与道德冲突问题有关的事实；

（二）涉及的道德问题；

（三）道德冲突问题涉及的职业道德基本原则；

（四）会计师事务所制定的解决道德冲突问题的程序；

（五）可供选择的措施。

在考虑上述因素并权衡可供选择措施的后果后，注册会计师应当确定适当的措施。如果道德冲突问题仍无法解决，注册会计师应当考虑向会计师事务所内部的适当人员咨询。

第二十三条 如果与所在会计师事务所或外部单位存在道德冲突，注册会计师应当确定是否与会计师事务所领导层或外部单位治理层讨论。

第二十四条 注册会计师应当考虑记录涉及的道德冲突问题、解决问题的过程，以及作出的相关决策。

第二十五条 如果某项重大道德冲突问题未能解决，注册会计师可以考虑向注册会计师协会或法律顾问咨询。

第二十六条 如果所有可能采取的措施都无法解决道德冲突问题，注册会计师不得再与产生道德冲突问题的事项发生牵连。在这种情况下，注册会计师应当确定是否退出项目组或不再承担相关任务，或者向会计师事务所提出辞职。

第五章 附 则

第二十七条 本守则自 2010 年 7 月 1 日起施行。

三、中国注册会计师职业道德守则第3号——提供专业服务的具体要求

第一章　总　则

第一条　为了规范注册会计师职业行为，指导注册会计师运用职业道德概念框架，解决提供专业服务时遇到的具体职业道德问题，制定本守则。

第二条　在提供专业服务的过程中，可能存在许多对职业道德基本原则产生不利影响的情形，注册会计师应当对此保持警觉，并按照本守则的规定办理。当遇到本守则未列举的情形时，注册会计师应当运用职业道德概念框架予以解决。

第三条　注册会计师不得在明知的情况下从事任何损害或可能损害诚信原则、客观和公正原则以及职业声誉的业务或活动。

第二章　专业服务委托

第一节　接受客户关系

第四条　在接受客户关系前，注册会计师应当确定接受客户关系是否对职业道德基本原则产生不利影响。

第五条　注册会计师应当考虑客户的主要股东、关键管理人员和治理层是否诚信，以及客户是否涉足非法活动（如洗钱）或存在可疑的财务报告问题等。

第六条　客户存在的问题可能对注册会计师遵循诚信原则或良好职业行为原则产生不利影响，注册会计师应当评价不利影响的严重程度，并在必要时采取防范措施消除不利影响或将其降低至可接受的水平。

防范措施主要包括：

（一）对客户及其主要股东、关键管理人员、治理层和负责经营活动的人员进行了解；

（二）要求客户对完善公司治理结构或内部控制作出承诺。

第七条　如果不能将客户存在的问题产生的不利影响降低至可接受的水平，注册会计师应当拒绝接受客户关系。

第八条　如果向同一客户连续提供专业服务，注册会计师应当定期评价继续保持客户关系是否适当。

第二节　承接业务

第九条　注册会计师应当遵循专业胜任能力和应有的关注原则，仅向客户提供能够胜任的专业服务。

在承接某一客户业务前，注册会计师应当确定承接该业务是否对职业道德基本原则产生不利影响。

第十条　如果项目组不具备或不能获得执行业务所必需的胜任能力，将对专业胜

任能力和应有的关注原则产生不利影响。注册会计师应当评价不利影响的严重程度，并在必要时采取防范措施消除不利影响或将其降低至可接受的水平。

防范措施主要包括：

（一）了解客户的业务性质、经营的复杂程度，以及所在行业的情况；

（二）了解专业服务的具体要求和业务对象，以及注册会计师拟执行工作的目的、性质和范围；

（三）了解相关监管要求或报告要求；

（四）分派足够的具有胜任能力的员工；

（五）必要时利用专家的工作；

（六）就执行业务的时间安排与客户达成一致意见；

（七）遵守质量控制政策和程序，以合理保证仅承接能够胜任的业务。

第十一条　当利用专家的工作时，注册会计师应当考虑专家的声望、专长及其可获得的资源，以及适用的执业准则和职业道德规范等因素，以确定专家的工作结果是否值得依赖。

注册会计师可以通过以前与专家的交往或向他人咨询获得相关信息。

第三节　客户变更委托

第十二条　如果应客户要求或考虑以投标方式接替前任注册会计师，注册会计师应当从专业角度或其他方面确定应否承接该业务。

第十三条　如果注册会计师在了解所有相关情况前就承接业务，可能对专业胜任能力和应有的关注原则产生不利影响。注册会计师应当评价不利影响的严重程度。

由于客户变更委托的表面理由可能并未完全反映事实真相，根据业务性质，注册会计师可能需要与前任注册会计师直接沟通，核实与变更委托相关的事实和情况，以确定是否适宜承接该业务。

第十四条　注册会计师应当在必要时采取防范措施，消除因客户变更委托产生的不利影响或将其降低至可接受的水平。

防范措施主要包括：

（一）当应邀投标时，在投标书中说明，在承接业务前需要与前任注册会计师沟通，以了解是否存在不应接受委托的理由；

（二）要求前任注册会计师提供已知悉的相关事实或情况，即前任注册会计师认为，后任注册会计师在作出承接业务的决定前，需要了解的事实或情况；

（三）从其他渠道获取必要的信息。

如果采取的防范措施不能消除不利影响或将其降低至可接受的水平，注册会计师不得承接该业务。

第十五条　注册会计师可能应客户要求在前任注册会计师工作的基础上提供进一步的服务。如果缺乏完整的信息，可能对专业胜任能力和应有的关注原则产生不利影响。注册会计师应当评价不利影响的严重程度，并在必要时采取防范措施消除不利影响或将其降低至可接受的水平。

采取的防范措施主要包括将拟承担的工作告知前任注册会计师，提请其提供相关信息，以便恰当地完成该项工作。

第十六条 前任注册会计师应当遵循保密原则。前任注册会计师是否可以或必须与后任注册会计师讨论客户的相关事务，取决于业务的性质、是否征得客户同意，以及法律法规或职业道德规范的有关要求。

第十七条 注册会计师在与前任注册会计师沟通前，应当征得客户的同意，最好征得客户的书面同意。前任注册会计师在提供信息时，应当实事求是、清晰明了。

如果不能与前任注册会计师沟通，注册会计师应当采取适当措施，通过询问第三方或调查客户的高级管理人员、治理层的背景等方式，获取有关对职业道德基本原则产生不利影响的信息。

第三章 利益冲突

第十八条 注册会计师应当采取适当措施，识别可能产生利益冲突的情形。这些情形可能对职业道德基本原则产生不利影响。

注册会计师与客户存在直接竞争关系，或与客户的主要竞争者存在合资或类似关系，可能对客观和公正原则产生不利影响。

注册会计师为两个以上客户提供服务，而这些客户之间存在利益冲突或者对某一事项或交易存在争议，可能对客观和公正原则或保密原则产生不利影响。

第十九条 注册会计师应当评价利益冲突产生不利影响的严重程度，并在必要时采取防范措施消除不利影响或将其降低至可接受的水平。

在接受或保持客户关系和具体业务前，如果与客户或第三方存在商业利益或关系，注册会计师应当评价其所产生不利影响的严重程度。

第二十条 注册会计师应当根据可能产生利益冲突的具体情形，采取下列防范措施：

（一）如果会计师事务所的商业利益或业务活动可能与客户存在利益冲突，注册会计师应当告知客户，并在征得其同意的情况下执行业务；

（二）如果为存在利益冲突的两个以上客户服务，注册会计师应当告知所有已知相关方，并在征得他们同意的情况下执行业务；

（三）如果为某一特定行业或领域中的两个以上客户提供服务，注册会计师应当告知客户，并在征得他们同意的情况下执行业务。

第二十一条 如果客户不同意注册会计师为存在利益冲突的其他客户提供服务，注册会计师应当终止为其中一方或多方提供服务。

第二十二条 除采取本守则第二十条规定的防范措施外，注册会计师还应当采取下列一种或多种防范措施：

（一）分派不同的项目组为相关客户提供服务；

（二）实施必要的保密程序，防止未经授权接触信息。例如，对不同的项目组实施严格的隔离程序，做好数据文档的安全保密工作；

（三）向项目组成员提供有关安全和保密问题的指引；

（四）要求会计师事务所的合伙人和员工签订保密协议；

（五）由未参与执行相关业务的高级员工定期复核防范措施的执行情况。

第二十三条　如果利益冲突对职业道德基本原则产生不利影响，并且采取防范措施无法消除不利影响或将其降低至可接受的水平，注册会计师应当拒绝承接某一特定业务，或者解除一个或多个存在冲突的业务约定。

第四章　应客户要求提供第二次意见

第二十四条　在某客户运用会计准则对特定交易和事项进行处理，且已由前任注册会计师发表意见的情况下，如果注册会计师应客户的要求提供第二次意见，可能对职业道德基本原则产生不利影响。

如果第二次意见不是以前任注册会计师所获得的相同事实为基础，或依据的证据不充分，可能对专业胜任能力和应有的关注原则产生不利影响。不利影响存在与否及其严重程度，取决于业务的具体情况，以及为提供第二次意见所能获得的所有相关事实及证据。

第二十五条　如果被要求提供第二次意见，注册会计师应当评价不利影响的严重程度，并在必要时采取防范措施消除不利影响或将其降低至可接受的水平。

防范措施主要包括：

（一）征得客户同意与前任注册会计师沟通；

（二）在与客户沟通中说明注册会计师发表专业意见的局限性；

（三）向前任注册会计师提供第二次意见的副本。

第二十六条　如果客户不允许与前任注册会计师沟通，注册会计师应当在考虑所有情况后决定是否适宜提供第二次意见。

第五章　收　费

第二十七条　会计师事务所在确定收费时应当主要考虑下列因素：

（一）专业服务所需的知识和技能；

（二）所需专业人员的水平和经验；

（三）各级别专业人员提供服务所需的时间；

（四）提供专业服务所需承担的责任。

在专业服务得到良好的计划、监督及管理的前提下，收费通常以每一专业人员适当的小时收费标准或日收费标准为基础计算。

第二十八条　收费是否对职业道德基本原则产生不利影响，取决于收费报价水平和所提供的相应服务。注册会计师应当评价不利影响的严重程度，并在必要时采取防范措施消除不利影响或将其降低至可接受的水平。

防范措施主要包括：

（一）让客户了解业务约定条款，特别是确定收费的基础以及在收费报价内所能提供的服务；

（二）安排恰当的时间和具有胜任能力的员工执行任务。

第二十九条 在承接业务时，如果收费报价过低，可能导致难以按照执业准则和职业道德规范的要求执行业务，从而对专业胜任能力和应有的关注原则产生不利影响。

如果收费报价明显低于前任注册会计师或其他会计师事务所的相应报价，会计师事务所应当确保：

（一）在提供专业服务时，遵守执业准则和职业道德规范的要求，使工作质量不受损害；

（二）客户了解专业服务的范围和收费基础。

第三十条 或有收费可能对职业道德基本原则产生不利影响。不利影响存在与否及其严重程度取决于下列因素：

（一）业务的性质；

（二）可能的收费金额区间；

（三）确定收费的基础；

（四）是否由独立第三方复核交易和提供服务的结果。

除法律法规允许外，注册会计师不得以或有收费方式提供鉴证服务，收费与否或收费多少不得以鉴证工作结果或实现特定目的为条件。

第三十一条 注册会计师应当评价或有收费产生不利影响的严重程度，并在必要时采取防范措施消除不利影响或将其降低至可接受的水平。

防范措施主要包括：

（一）预先就收费的基础与客户达成书面协议；

（二）向预期的报告使用者披露注册会计师所执行的工作及收费的基础；

（三）实施质量控制政策和程序；

（四）由独立第三方复核注册会计师已执行的工作。

第三十二条 注册会计师收取与客户相关的介绍费或佣金，可能对客观和公正原则以及专业胜任能力和应有的关注原则产生非常严重的不利影响，导致没有防范措施能够消除不利影响或将其降低至可接受的水平。注册会计师不得收取与客户相关的介绍费或佣金。

第三十三条 注册会计师为获得客户而支付业务介绍费，可能对客观和公正原则以及专业胜任能力和应有的关注原则产生非常严重的不利影响，导致没有防范措施能够消除不利影响或将其降低至可接受的水平。注册会计师不得向客户或其他方支付业务介绍费。

第六章　专业服务营销

第三十四条　注册会计师通过广告或其他营销方式招揽业务，可能对职业道德基本原则产生不利影响。在向公众传递信息时，注册会计师应当维护职业声誉，做到客观、真实、得体。

第三十五条　注册会计师在营销专业服务时，不得有下列行为：

（一）夸大宣传提供的服务、拥有的资质或获得的经验；

（二）贬低或无根据地比较其他注册会计师的工作；

（三）暗示有能力影响有关主管部门、监管机构或类似机构；

（四）作出其他欺骗性的或可能导致误解的声明。

第三十六条　注册会计师不得采用强迫、欺诈、利诱或骚扰等方式招揽业务。

第三十七条　注册会计师不得对其能力进行广告宣传以招揽业务，但可以利用媒体刊登设立、合并、分立、解散、迁址、名称变更和招聘员工等信息。

第七章　礼品和款待

第三十八条　如果客户向注册会计师（或其近亲属）赠送礼品或给予款待，将对职业道德基本原则产生不利影响。

第三十九条　注册会计师不得向客户索取、收受委托合同约定以外的酬金或其他财物，或者利用执行业务之便，谋取其他不正当的利益。

第四十条　注册会计师应当评价接受款待产生不利影响的严重程度，并在必要时采取防范措施消除不利影响或将其降低至可接受的水平。如果款待超出业务活动中的正常往来，注册会计师应当拒绝接受。

第八章　保管客户资产

第四十一条　除非法律法规允许或要求，注册会计师不得提供保管客户资金或其他资产的服务。

注册会计师保管客户资金或其他资产，应当履行相应的法定义务。

第四十二条　保管客户资金或其他资产可能对职业道德基本原则产生不利影响，尤其可能对客观和公正原则以及良好职业行为原则产生不利影响。

注册会计师如果保管客户资金或其他资产，应当符合下列要求：

（一）将客户资金或其他资产与其个人或会计师事务所的资产分开；

（二）仅按照预定用途使用客户资金或其他资产；

（三）随时准备向相关人员报告资产状况及产生的收入、红利或利得；

（四）遵守所有与保管资产和履行报告义务相关的法律法规。

第四十三条　如果某项业务涉及保管客户资金或其他资产，注册会计师应当根据有关接受与保持客户关系和具体业务政策的要求，适当询问资产的来源，并考虑应当履行的法定义务。

如果客户资金或其他资产来源于非法活动（如洗钱），注册会计师不得提供保管资产服务，并应当向法律顾问征询进一步的意见。

第九章　对客观和公正原则的要求

第四十四条　在提供专业服务时，注册会计师如果在客户中拥有经济利益，或者与客户董事、高级管理人员或员工存在家庭和私人关系或商业关系，应当确定是否对客观和公正原则产生不利影响。

第四十五条　在提供专业服务时，对客观和公正原则的不利影响及其严重程度，取决于业务的具体情形和注册会计师所执行工作的性质。

第四十六条　注册会计师应当评价不利影响的严重程度，并在必要时采取防范措施消除不利影响或将其降低至可接受的水平。

防范措施主要包括：

（一）退出项目组；

（二）实施督导程序；

（三）终止产生不利影响的经济利益或商业关系；

（四）与会计师事务所内部较高级别的管理人员讨论有关事项；

（五）与客户治理层讨论有关事项。

如果防范措施不能消除不利影响或将其降低至可接受的水平，注册会计师应当拒绝接受业务委托或终止业务。

第四十七条　在提供鉴证服务时，注册会计师应当从实质上和形式上独立于鉴证客户，客观公正地提出结论，并且从外界看来没有偏见、无利益冲突、不受他人的不当影响。

在执行审计和审阅业务以及其他鉴证业务时，为了达到保持独立性的要求，注册会计师应当分别遵守《中国注册会计师职业道德守则第 4 号——审计和审阅业务对独立性的要求》和《中国注册会计师职业道德守则第 5 号——其他鉴证业务对独立性的要求》的规定。

第十章　附　则

第四十八条　本守则自 2010 年 7 月 1 日起施行。

四、中国注册会计师职业道德守则第 4 号——审计和审阅业务对独立性的要求

第一章　总　则

第一条　为了规范注册会计师职业行为，指导注册会计师运用独立性概念框架，

解决执行审计和审阅业务时遇到的独立性问题，制定本守则。

第二条　注册会计师在执行审计和审阅业务时应当遵守相同的独立性要求。本守则对审计业务提出的独立性要求同样适用于审阅业务。

第三条　客观和公正原则要求审计项目组成员、会计师事务所、网络事务所与审计客户保持独立。在执行审计业务时，审计项目组成员、会计师事务所、网络事务所应当维护公众利益，独立于审计客户。

第四条　在提供审计服务的过程中，可能存在多种对独立性产生不利影响的情形，注册会计师应当对此保持警觉，并按照本守则的规定办理。当遇到本守则未列举的情形时，注册会计师应当运用独立性概念框架评价具体情形对独立性的影响，并采取防范措施消除不利影响或将其降低至可接受的水平。

第二章　基本要求

第一节　独立性概念框架

第五条　独立性包括实质上的独立性和形式上的独立性：

（一）实质上的独立性。实质上的独立性是一种内心状态，使得注册会计师在提出结论时不受损害职业判断的因素影响，诚信行事，遵循客观和公正原则，保持职业怀疑态度；

（二）形式上的独立性。形式上的独立性是一种外在表现，使得一个理性且掌握充分信息的第三方，在权衡所有相关事实和情况后，认为会计师事务所或审计项目组成员没有损害诚信原则、客观和公正原则或职业怀疑态度。

第六条　独立性概念框架是指解决独立性问题的思路和方法，用以指导注册会计师：

（一）识别对独立性的不利影响；

（二）评价不利影响的严重程度；

（三）必要时采取防范措施消除不利影响或将其降低至可接受的水平。

如果无法采取适当的防范措施消除不利影响或将其降低至可接受的水平，注册会计师应当消除产生不利影响的情形，或者拒绝接受审计业务委托或终止审计业务。

在运用独立性概念框架时，注册会计师应当运用职业判断。

第七条　在确定是否接受或保持某项业务，或者某一特定人员能否作为审计项目组成员时，会计师事务所应当识别和评价各种对独立性的不利影响。

如果不利影响超出可接受的水平，在确定是否接受某项业务或某一特定人员能否作为审计项目组成员时，会计师事务所应当确定能否采取防范措施以消除不利影响或将其降低至可接受的水平。

在确定是否保持某项业务时，会计师事务所应当确定现有的防范措施是否仍然有效；如果无效，是否需要采取其他防范措施或者终止业务。

在执行业务过程中，如果注意到对独立性产生不利影响的新情况，会计师事务所应当运用独立性概念框架评价不利影响的严重程度。

第八条 在评价不利影响的严重程度时，注册会计师应当从性质和数量两个方面予以考虑。

第九条 由于会计师事务所规模、结构和组织形式不同，会计师事务所人员对独立性承担的责任也不同。会计师事务所应当按照《会计师事务所质量控制准则第 5101 号——业务质量控制》的要求制定政策和程序，以合理保证按照本守则的要求保持独立性。项目合伙人应当就审计项目组遵守相关独立性要求的情况形成结论。

第二节 网络与网络事务所

第十条 如果某一会计师事务所被视为网络事务所，应当与网络中其他会计师事务所的审计客户保持独立。

本守则对网络事务所独立性的要求，适用于所有符合网络事务所定义的实体，而无论该实体（例如咨询公司）本身是否为会计师事务所。

除非另有说明，本守则所称会计师事务所包括网络事务所。

第十一条 会计师事务所与其他会计师事务所或实体构成联合体，旨在增强提供专业服务的能力。这些联合体是否形成网络取决于具体情况，而不取决于会计师事务所或实体是否在法律上各自独立。

第十二条 在判断一个联合体是否形成网络时，注册会计师应当运用下列标准：一个理性且掌握充分信息的第三方，在权衡所有相关事实和情况后，是否很可能认为这些实体形成网络。

第十三条 如果一个联合体旨在通过合作，在各实体之间共享收益或分担成本，应被视为网络。

如果联合体之间分担的成本不重要，或分担的成本仅限于与开发审计方法、编制审计手册或提供培训课程有关的成本，则不应当被视为网络。

如果会计师事务所与某一实体以联合方式提供服务或研发产品，虽然构成联合体，但不形成网络。

第十四条 如果一个联合体旨在通过合作，在各实体之间共享所有权、控制权或管理权，应被视为网络。这种网络关系可能通过合同或其他方式实现。

第十五条 如果一个联合体旨在通过合作，在各实体之间共享统一的质量控制政策和程序，应被视为网络。统一的质量控制政策和程序，是由联合体统一设计、实施和监控的质量控制政策和程序。

第十六条 如果一个联合体旨在通过合作，在各实体之间共享同一经营战略，应被视为网络。共享同一经营战略，是指实体之间通过协议实现共同的战略目标。

如果一个实体与其他实体仅以联合方式应邀提供专业服务，虽然构成联合体，但不形成网络。

第十七条 如果一个联合体旨在通过合作，在各实体之间使用同一品牌，应被视为网络。同一品牌包括共同的名称和标志等。

第十八条 即使某一会计师事务所不属于某一网络，也不使用同一品牌作为会计师事务所名称的一部分，如果在文具或宣传材料上提及本所是某一会计师事务所联合体的成员，可能使人产生其属于某一网络的印象。为避免产生这种误解，会计师事务所应当慎重考虑如何描述这种成员关系。

第十九条 如果会计师事务所转让某一部分，虽然该部分不再与其有关联，但转让协议可能规定，允许该部分在一定期间内继续使用其名称或名称中的要素。

在这种情况下，尽管会计师事务所和转让出的部分使用共同的名称执业，但不属于以合作为目的的联合体，因此不构成网络。在向外界介绍自己时，上述实体应当确定如何说明两者不构成网络。

第二十条 如果一个联合体旨在通过合作，在各实体之间共享重要的专业资源，应被视为网络。专业资源包括：

（一）能够使各会计师事务所交流诸如客户资料、收费安排和时间记录等信息的共享系统；

（二）合伙人和员工；

（三）技术部门，负责就鉴证业务中的技术或行业特定问题、交易或事项提供咨询；

（四）审计方法或审计手册；

（五）培训课程和设施。

第二十一条 注册会计师应当根据相关事实和情况，确定联合体共享的专业资源是否重要，并判断这些会计师事务所或实体是否为网络事务所。

在下列情形中，共享的资源被视为不重要：

（一）共享的资源仅限于共同的审计手册或审计方法；

（二）共享培训资源，而并不交流人员、客户信息或市场信息；

（三）没有一个共有的技术部门。

第三节 公众利益实体

第二十二条 公众利益实体包括上市公司和下列实体：

（一）法律法规界定的公众利益实体；

（二）法律法规规定按照上市公司审计独立性的要求接受审计的实体。

第二十三条 如果公众利益实体以外的其他实体拥有数量众多且分布广泛的利益相关者，注册会计师应当考虑将其作为公众利益实体对待。.

需要考虑的因素包括：

（一）实体业务的性质（如金融业务、保险业务等）；

（二）实体的规模；

（三）员工的数量。

第四节 关联实体

第二十四条 在审计客户是上市公司的情况下，本守则所称审计客户包括该客户的所有关联实体。

在审计客户不是上市公司的情况下，本守则所称审计客户仅包括该客户直接或间接控制的关联实体。如果认为客户存在的关系或情形涉及其他关联实体，且与评价会计师事务所独立性相关，审计项目组在识别、评价对独立性的不利影响以及采取防范措施时，应当将其他关联实体包括在内。

第五节　治理层

第二十五条　注册会计师应当根据职业判断，定期就可能影响独立性的关系和其他事项与治理层沟通。

上述沟通使治理层能够：

（一）考虑会计师事务所在识别和评价对独立性的不利影响时作出的判断是否正确；

（二）考虑会计师事务所为消除不利影响或将其降低至可接受的水平所采取的防范措施是否适当；

（三）确定是否有必要采取适当的措施。

对于因外在压力和密切关系产生的不利影响，这种沟通尤其有效。

第六节　工作记录

第二十六条　注册会计师应当记录遵守独立性要求的情况，包括记录形成的结论，以及为形成结论而讨论的主要内容。

第二十七条　如果需要采取防范措施将某种不利影响降低至可接受的水平，注册会计师应当记录该不利影响的性质，以及将其降低至可接受的水平所采取的防范措施。

第二十八条　如果需要对某种不利影响进行大量分析才能确定是否有必要采取防范措施，而注册会计师认为由于不利影响未超出可接受的水平不需要采取防范措施，注册会计师应当记录不利影响的性质以及得出不需采取防范措施结论的理由。

第七节　业务期间

第二十九条　注册会计师应当在业务期间和财务报表涵盖的期间独立于审计客户。

业务期间自审计项目组开始执行审计业务之日起，至出具审计报告之日止。如果审计业务具有连续性，业务期间结束日应以其中一方通知解除业务关系或出具最终审计报告两者时间孰晚为准。

第三十条　如果一个实体委托会计师事务所对其财务报表发表意见，并且在该财务报表涵盖的期间或之后成为审计客户，会计师事务所应当确定下列因素是否对独立性产生不利影响：

（一）在财务报表涵盖的期间或之后、接受审计业务委托之前，与审计客户之间存在的经济利益或商业关系；

（二）以往向审计客户提供的服务。

第三十一条　如果在财务报表涵盖的期间或之后，在审计项目组开始执行审计业务之前，会计师事务所向审计客户提供了非鉴证服务，并且该非鉴证服务在审计期间不允许提供，会计师事务所应当评价提供的非鉴证服务对独立性产生的不利影响。如果不利影响超出可接受的水平，会计师事务所只有在采取防范措施消除不利影响或将其降低至可接受的水平的情况下，才能接受审计业务。

防范措施主要包括：

（一）不允许提供非鉴证服务的人员担任审计项目组成员；

（二）必要时由其他的注册会计师复核审计和非鉴证工作；

（三）由其他会计师事务所评价非鉴证业务的结果，或由其他会计师事务所重新执行非鉴证业务，并且所执行工作的范围能够使其承担责任。

第八节　合并与收购

第三十二条　如果由于合并或收购，某一实体成为审计客户的关联实体，会计师事务所应当识别和评价其与该关联实体以往和目前存在的利益或关系，并在考虑可能的防范措施后确定是否影响独立性，以及在合并或收购生效日后能否继续执行审计业务。

第三十三条　会计师事务所应当在合并或收购生效日前采取必要措施终止目前存在的利益或关系。

如果在合并或收购生效日前不能终止目前存在的利益或关系，会计师事务所应当评价产生的不利影响。

不利影响的严重程度取决于下列因素：

（一）利益或关系的性质和重要程度；

（二）审计客户与该关联实体之间关系的性质和重要程度，例如，关联实体是审计客户的子公司还是母公司；

（三）合理终止该利益或关系需要的时间。

会计师事务所应当与治理层讨论，在合并或收购生效日前不能终止利益或关系的原因，以及对由此产生不利影响严重程度的评价结果。

第三十四条　如果治理层要求会计师事务所继续执行审计业务，会计师事务所只有在同时满足下列条件时，才能同意这一要求：

（一）在合并或收购生效日起的六个月内，尽快终止目前存在的利益或关系；

（二）存在利益或关系的人员不得作为审计项目组成员，也不得负责项目质量控制复核；

（三）拟采取适当的过渡性措施，并就此与治理层讨论。

拟采取的适当过渡性措施主要包括：

（一）必要时由审计项目组以外的注册会计师复核审计或非鉴证工作；

（二）由其他会计师事务所再次执行项目质量控制复核；

（三）由其他会计师事务所评价非鉴证业务的结果，或由其他会计师事务所重新执行该非鉴证业务，并且所执行工作的范围能够使其承担责任。

第三十五条　在合并或收购生效日之前，会计师事务所可能已经完成审计业务的大部分工作，并将在短期内能够完成剩余的工作。在这种情况下，如果治理层要求会计师事务所完成审计业务，而会计师事务所仍然存在本守则第三十二条提及的利益或关系，会计师事务所只有在同时满足下列条件时，才能同意这一要求：

（一）已经评价了由该利益或关系产生不利影响的严重程度，并与治理层讨论了评价结果；

（二）符合本守则第三十四条第一款第（二）项和第（三）项的要求；

（三）除了完成该审计业务，不再接受该客户的审计委托。

第三十六条 在处理以往和目前存在的利益或关系时，即使会计师事务所遵守了本守则第三十二条至第三十五条的规定，仍应确定利益或关系产生的不利影响是否非常严重，以致客观和公正原则受到损害。如果不利影响非常严重，会计师事务所应当终止审计业务。

第三十七条 注册会计师应当记录下列事项：

（一）本守则第三十三条和第三十五条提及的在合并或收购生效日前不能终止的利益或关系；

（二）不能终止利益或关系的原因；

（三）采取的过渡性措施；

（四）与治理层讨论的结果；

（五）以往和目前存在的利益或关系，并未对客观和公正原则造成损害的理由。

第九节 其他方面的考虑

第三十八条 注册会计师可能无意中违反本守则的规定。如果会计师事务所具有维护独立性的适当质量控制政策和程序，并且能够立即纠正发现的违规情况，并采取必要的措施消除不利影响或将其降低至可接受的水平，通常不被视为损害独立性。会计师事务所应当决定是否就该情况与治理层讨论。

第三章 经济利益

第三十九条 在审计客户中拥有经济利益，可能因自身利益导致不利影响。不利影响存在与否及其严重程度取决于下列因素：

（一）拥有经济利益人员的角色；

（二）经济利益是直接还是间接的；

（三）经济利益的重要性。

第四十条 受益人可能通过投资工具拥有经济利益。确定经济利益是直接还是间接的，取决于受益人能否控制投资工具或具有影响投资决策的能力。

如果受益人能够控制投资工具或具有影响投资决策的能力，本守则将这种经济利益界定为直接经济利益。

如果受益人不能控制投资工具或不具有影响投资决策的能力，本守则将这种经济利益界定为间接经济利益。

第四十一条　如果会计师事务所、审计项目组成员或其主要近亲属在审计客户中拥有直接经济利益或重大间接经济利益，将因自身利益产生非常严重的不利影响，导致没有防范措施能够将其降低至可接受的水平。

会计师事务所、审计项目组成员或其主要近亲属不得在审计客户中拥有直接经济利益或重大间接经济利益。

第四十二条　如果审计项目组某一成员的其他近亲属在审计客户中拥有直接经济利益或重大间接经济利益，将因自身利益产生非常严重的不利影响。不利影响的严重程度主要取决于下列因素：

（一）审计项目组成员与其他近亲属之间的关系；

（二）经济利益对其他近亲属的重要性。

会计师事务所应当评价不利影响的严重程度，并在必要时采取防范措施消除不利影响或将其降低至可接受的水平。

防范措施主要包括：

（一）其他近亲属尽快处置全部经济利益，或处置全部直接经济利益并处置足够数量的间接经济利益，以使剩余经济利益不再重大；

（二）由审计项目组以外的注册会计师复核该成员已执行的工作；

（三）将该成员调离审计项目组。

第四十三条　当一个实体在审计客户中拥有控制性的权益，并且审计客户对该实体重要时，如果会计师事务所、审计项目组成员或其主要近亲属在该实体中拥有直接经济利益或重大间接经济利益，将因自身利益产生非常严重的不利影响，导致没有防范措施能够将其降低至可接受的水平。

会计师事务所、审计项目组成员或其主要近亲属不得在该实体中拥有直接经济利益或重大间接经济利益。

第四十四条　如果审计项目组成员通过会计师事务所的退休金计划，在审计客户中拥有直接经济利益或重大间接经济利益，将因自身利益产生不利影响。注册会计师应当评价不利影响的严重程度，并在必要时采取防范措施消除不利影响或将其降低至可接受的水平。

第四十五条　当其他合伙人与执行审计业务的项目合伙人同处一个分部时，如果其他合伙人或其主要近亲属在审计客户中拥有直接经济利益或重大间接经济利益，将因自身利益产生非常严重的不利影响，导致没有防范措施能够将其降低至可接受的水平。

其他合伙人或其主要近亲属不得在审计客户中拥有直接经济利益或重大间接经济利益。

第四十六条　执行审计业务的项目合伙人所处的分部并不一定是其所隶属的分部。当项目合伙人与审计项目组的其他成员隶属于不同的分部时，会计师事务所应当确定项目合伙人执行审计业务时所处的分部。

第四十七条 如果为审计客户提供非审计服务的其他合伙人、管理人员或其主要近亲属，在审计客户中拥有直接经济利益或重大间接经济利益，将因自身利益产生非常严重的不利影响，导致没有防范措施能够将其降低至可接受的水平。

为审计客户提供非审计服务的其他合伙人、管理人员或其主要近亲属不得在审计客户中拥有直接经济利益或重大间接经济利益。

第四十八条 执行审计业务的项目合伙人所处分部的其他合伙人，或者向审计客户提供非审计服务的合伙人或管理人员，如果其主要近亲属在审计客户中拥有经济利益，只要其主要近亲属作为审计客户的员工有权（如通过退休金或股票期权计划）取得该经济利益，并且在必要时能够采取防范措施消除不利影响或将其降低至可接受的水平，则不被视为损害独立性。

如果其主要近亲属拥有或取得处置该经济利益的权利，例如按照股票期权方案有权行使期权，则应当尽快处置或放弃该经济利益。

第四十九条 会计师事务所、审计项目组成员或其主要近亲属在某一实体拥有经济利益，并且审计客户也在该实体拥有经济利益，可能因自身利益产生不利影响。

如果经济利益并不重大，并且审计客户不能对该实体施加重大影响，则不被视为损害独立性。

如果经济利益重大，并且审计客户能够对该实体施加重大影响，则没有防范措施能够将不利影响降低至可接受的水平。会计师事务所不得拥有此类经济利益。拥有此类经济利益的人员，在成为审计项目组成员之前，应当处置全部经济利益，或处置足够数量的经济利益，使剩余经济利益不再重大。

第五十条 会计师事务所、审计项目组成员或其主要近亲属在某一实体拥有经济利益，并且知悉审计客户的董事、高级管理人员或具有控制权的所有者也在该实体拥有经济利益，可能因自身利益、密切关系或外在压力产生不利影响。不利影响存在与否及其严重程度主要取决于下列因素：

（一）该项目组成员在审计项目组中的角色；

（二）实体的所有权是由少数人持有还是多数人持有；

（三）经济利益是否使得投资者能够控制该实体，或对其施加重大影响；

（四）经济利益的重要性。

注册会计师应当评价不利影响的严重程度，并在必要时采取防范措施消除不利影响或将其降低至可接受的水平。

防范措施主要包括：

（一）将拥有该经济利益的审计项目组成员调离审计项目组；

（二）由审计项目组以外的注册会计师复核该成员已执行的工作。

第五十一条 如果会计师事务所、审计项目组成员或其主要近亲属作为受托管理人在审计客户中拥有直接经济利益或重大间接经济利益，将因自身利益产生不利影响。

如果下列人员作为受托管理人在审计客户中拥有直接经济利益或重大间接经济利

益，也将因自身利益产生不利影响：

（一）与执行审计业务的项目合伙人处于同一分部的其他合伙人；

（二）向审计客户提供非审计服务的其他合伙人和管理人员；

（三）上述人员的主要近亲属。

只有在同时满足下列条件时，才允许拥有上述经济利益：

（一）审计项目组成员及其主要近亲属和会计师事务所均不是受托财产的受益人；

（二）委托人在审计客户中拥有的经济利益对委托人并不重大；

（三）委托人不能对审计客户施加重大影响；

（四）针对委托人在审计客户中拥有的经济利益，受托管理人及其主要近亲属和会计师事务所对其任何投资决策都不能施加重大影响。

第五十二条　审计项目组成员应当确定下列人员在审计客户中拥有已知的经济利益是否因自身利益产生不利影响：

（一）除本章前面条款提及的人员外，会计师事务所合伙人、专业人员或其主要近亲属；

（二）与审计项目组成员存在密切私人关系的人员。

这些经济利益是否因自身利益产生不利影响主要取决于下列因素：

（一）会计师事务所的组织结构、经营模式和沟通机制；

（二）本条前款提及人员与审计项目组成员之间的关系。

注册会计师应当评价不利影响的严重程度，并在必要时采取防范措施消除不利影响或将其降低至可接受的水平。

防范措施主要包括：

（一）将存在密切私人关系的审计项目组成员调离审计项目组；

（二）不允许该审计项目组成员参与有关审计业务的任何重大决策；

（三）由审计项目组以外的注册会计师复核该审计项目组成员已执行的工作。

第五十三条　如果会计师事务所、合伙人或其主要近亲属、员工或其主要近亲属，从审计客户获得直接经济利益或重大间接经济利益（例如，通过继承、馈赠或因合并而获得经济利益），而根据本守则的规定不允许拥有此类经济利益，则应当采取下列措施：

（一）如果会计师事务所获得经济利益，应当立即处置全部经济利益，或处置全部直接经济利益并处置足够数量的间接经济利益，以使剩余经济利益不再重大；

（二）如果审计项目组成员或其主要近亲属获得经济利益，应当立即处置全部经济利益，或处置全部直接经济利益并处置足够数量的间接经济利益，以使剩余经济利益不再重大；

（三）如果审计项目组以外的人员或其主要近亲属获得经济利益，应当在合理期限内尽快处置全部经济利益，或处置全部直接经济利益并处置足够数量的间接经济利益，以使剩余经济利益不再重大。在完成处置该经济利益前，会计师事务所应当确定是否需要采取防范措施。

第五十四条 当无意中违反本守则有关经济利益的规定时，如果会计师事务所同时满足下列条件，不被视为损害独立性：

（一）会计师事务所已经制定政策和程序，要求所有专业人员在因购买、继承或其他方式拥有审计客户的经济利益而违反规定时，立即向会计师事务所报告；

（二）按照本守则第五十三条的规定采取了适当的措施；

（三）会计师事务所在必要时已采取其他防范措施将剩余的不利影响降低至可接受的水平。防范措施主要包括由审计项目组以外的注册会计师复核该成员已执行的工作，或不允许该成员参与任何有关该审计业务的重大决策。

会计师事务所应当确定是否就该事项与治理层讨论。

第四章　贷款和担保

第五十五条 会计师事务所、审计项目组成员或其主要近亲属从银行或类似金融机构等审计客户取得贷款，或获得贷款担保，可能对独立性产生不利影响。

如果审计客户不按照正常的程序、条款和条件提供贷款或担保，将因自身利益产生非常严重的不利影响，导致没有防范措施能够将其降低至可接受的水平。会计师事务所、审计项目组成员或其主要近亲属不得接受此类贷款或担保。

第五十六条 如果会计师事务所按照正常的贷款程序、条款和条件，从银行或类似金融机构等审计客户取得贷款，即使该贷款对审计客户或会计师事务所影响重大，也可能通过采取防范措施将因自身利益产生的不利影响降低至可接受的水平。

采取的防范措施包括由网络中未参与执行审计业务并且未接受该贷款的会计师事务所复核已执行的工作等。

第五十七条 审计项目组成员或其主要近亲属从银行或类似金融机构等审计客户取得贷款，或由审计客户提供贷款担保，如果按照正常的程序、条款和条件取得贷款或担保，则不会对独立性产生不利影响。

第五十八条 会计师事务所、审计项目组成员或其主要近亲属从不属于银行或类似金融机构的审计客户取得贷款，或由审计客户提供贷款担保，将因自身利益产生非常严重的不利影响，导致没有防范措施能够将其降低至可接受的水平。

第五十九条 会计师事务所、审计项目组成员或其主要近亲属向审计客户提供贷款或为其提供担保，将因自身利益产生非常严重的不利影响，导致没有防范措施能够将其降低至可接受的水平。

第六十条 会计师事务所、审计项目组成员或其主要近亲属在银行或类似金融机构等审计客户开立存款或交易账户，如果账户按照正常的商业条件开立，则不会对独立性产生不利影响。

第五章　商业关系

第六十一条 会计师事务所、审计项目组成员或其主要近亲属与审计客户或其高级管理人员之间，由于商务关系或共同的经济利益而存在密切的商业关系，可能因自身利益或外在压力产生严重的不利影响。这些商业关系主要包括：

（一）在与客户或其控股股东、董事、高级管理人员共同开办的企业中拥有经济利益；

（二）按照协议，将会计师事务所的产品或服务与客户的产品或服务结合在一起，并以双方名义捆绑销售；

（三）按照协议，会计师事务所销售或推广客户的产品或服务，或者客户销售或推广会计师事务所的产品或服务。

会计师事务所不得介入此类商业关系；如果存在此类商业关系，应当予以终止。

如果此类商业关系涉及审计项目组成员，会计师事务所应当将该成员调离审计项目组。

如果审计项目组成员的主要近亲属与审计客户或其高级管理人员存在此类商业关系，注册会计师应当评价不利影响的严重程度，并在必要时采取防范措施消除不利影响或将其降低至可接受的水平。

第六十二条　如果会计师事务所、审计项目组成员或其主要近亲属，在某股东人数有限的实体中拥有经济利益，而审计客户或其董事、高级管理人员也在该实体拥有经济利益，在同时满足下列条件时，这种商业关系不会对独立性产生不利影响：

（一）这种商业关系对于会计师事务所、审计项目组成员或其主要近亲属以及审计客户均不重要；

（二）该经济利益对一个或几个投资者并不重大；

（三）该经济利益不能使一个或几个投资者控制该实体。

第六十三条　会计师事务所、审计项目组成员或其主要近亲属从审计客户购买商品或服务，如果按照正常的商业程序公平交易，通常不会对独立性产生不利影响。

如果交易性质特殊或金额较大，可能因自身利益产生不利影响。

会计师事务所应当评价不利影响的严重程度，并在必要时采取防范措施消除不利影响或将其降低至可接受的水平。

防范措施主要包括：

（一）取消交易或降低交易规模；

（二）将相关审计项目组成员调离审计项目组。

第六章　家庭和私人关系

第六十四条　如果审计项目组成员与审计客户的董事、高级管理人员，或所处职位能够对客户会计记录或被审计财务报表的编制施加重大影响的员工（以下简称特定员工）存在家庭和私人关系，可能因自身利益、密切关系或外在压力产生不利影响。

不利影响存在与否及其严重程度取决于多种因素，包括该成员在审计项目组的角色、其家庭成员或相关人员在客户中的职位以及关系的密切程度等。

第六十五条 如果审计项目组成员的主要近亲属是审计客户的董事、高级管理人员或特定员工，或者在业务期间或财务报表涵盖的期间曾担任上述职务，只有把该成员调离审计项目组，才能将对独立性的不利影响降低至可接受的水平。

第六十六条 如果审计项目组成员的主要近亲属在审计客户中所处职位能够对客户的财务状况、经营成果和现金流量施加重大影响，将对独立性产生不利影响。不利影响的严重程度主要取决于下列因素：

（一）主要近亲属在客户中的职位；

（二）该成员在审计项目组中的角色。

会计师事务所应当评价不利影响的严重程度，并在必要时采取防范措施消除不利影响或将其降低至可接受的水平。

防范措施主要包括：

（一）将该成员调离审计项目组；

（二）合理安排审计项目组成员的职责，使该成员的工作不涉及其主要近亲属的职责范围。

第六十七条 如果审计项目组成员的其他近亲属是审计客户的董事、高级管理人员或特定员工，将对独立性产生不利影响。不利影响的严重程度主要取决于下列因素：

（一）审计项目组成员与其他近亲属的关系；

（二）其他近亲属在客户中的职位；

（三）该成员在审计项目组中的角色。

会计师事务所应当评价不利影响的严重程度，并在必要时采取防范措施消除不利影响或将其降低至可接受的水平。

防范措施主要包括：

（一）将该成员调离审计项目组；

（二）合理安排审计项目组成员的职责，使该成员的工作不涉及其他近亲属的职责范围。

第六十八条 如果审计项目组成员与审计客户的员工存在密切关系，并且该员工是审计客户的董事、高级管理人员或特定员工，即使该员工不是审计项目组成员的近亲属，也将对独立性产生不利影响。拥有此类关系的审计项目组成员应当按照会计师事务所的政策和程序的要求，向会计师事务所内部或外部的相关人员咨询。

不利影响的严重程度主要取决于下列因素：

（一）该员工与审计项目组成员的关系；

（二）该员工在客户中的职位；

（三）该成员在审计项目组中的角色。

会计师事务所应当评价不利影响的严重程度，并在必要时采取防范措施消除不利影响或将其降低至可接受的水平。

防范措施主要包括：

（一）将该成员调离审计项目组；

（二）合理安排该成员的职责，使其工作不涉及与之存在密切关系的员工的职责范围。

第六十九条 会计师事务所中审计项目组以外的合伙人或员工，与审计客户的董事、高级管理人员或特定员工之间存在家庭或私人关系，可能因自身利益、密切关系或外在压力产生不利影响。会计师事务所合伙人或员工在知悉此类关系后，应当按照会计师事务所的政策和程序进行咨询。不利影响存在与否及其严重程度主要取决于下列因素：

（一）该合伙人或员工与审计客户的董事、高级管理人员或特定员工之间的关系；

（二）该合伙人或员工与审计项目组之间的相互影响；

（三）该合伙人或员工在会计师事务所中的角色；

（四）董事、高级管理人员或特定员工在审计客户中的职位。

会计师事务所应当评价不利影响的严重程度，并在必要时采取防范措施消除不利影响或将其降低至可接受的水平。

防范措施主要包括：

（一）合理安排该合伙人或员工的职责，以减少对审计项目组可能产生的影响；

（二）由审计项目组以外的注册会计师复核已执行的相关审计工作。

第七十条 当无意中违反本守则有关家庭和私人关系的规定时，如果会计师事务所同时满足下列条件，不被视为损害独立性：

（一）会计师事务所已经制定政策和程序，要求所有专业人员在其近亲属或与其存在私人关系的员工因工作变动而违反规定时，立即向会计师事务所报告；

（二）审计项目组成员因其主要近亲属成为审计客户的董事、高级管理人员或特定员工而无意中违反规定时，将该成员调离审计项目组；

（三）会计师事务所在必要时已采取其他防范措施将剩余不利影响降低至可接受的水平。防范措施主要包括由审计项目组以外的注册会计师复核该成员已执行的工作，不允许该成员参与任何有关该业务的重大决策等。

会计师事务所应当确定是否就该事项与治理层讨论。

第七章 与审计客户发生雇佣关系

第一节 一般规定

第七十一条 如果审计客户的董事、高级管理人员或特定员工，曾经是审计项目组的成员或会计师事务所的合伙人，可能因密切关系或外在压力产生不利影响。

第七十二条 如果审计项目组前任成员或会计师事务所前任合伙人加入审计客户，担任董事、高级管理人员或特定员工，并且与会计师事务所仍保持重要交往，将产生非常严重的不利影响，导致没有防范措施能够将其降低至可接受的水平。

如果审计项目组前任成员或会计师事务所前任合伙人加入审计客户，担任董事、高级管理人员或特定员工，除非同时满足下列条件，否则将被视为损害独立性：

（一）前任成员或前任合伙人无权从会计师事务所获取报酬或福利（除非报酬或福利是按照预先确定的固定金额支付的，并且未付金额对会计师事务所不重要）；

（二）前任成员或前任合伙人未继续参与，并且在外界看来未参与会计师事务所的经营活动或专业活动。

第七十三条 如果审计项目组前任成员或会计师事务所前任合伙人加入审计客户，担任董事、高级管理人员或特定员工，但前任成员或前任合伙人与会计师事务所已经没有重要交往，因密切关系或外在压力产生的不利影响存在与否及其严重程度主要取决于下列因素：

（一）前任成员或前任合伙人在审计客户中的职位；

（二）前任成员或前任合伙人在其工作中与审计项目组交往的程度；

（三）前任成员或前任合伙人离开会计师事务所的时间长短；

（四）前任成员或前任合伙人以前在审计项目组或会计师事务所中的角色，例如，前任成员或前任合伙人是否负责与客户治理层或管理层保持定期联系。

会计师事务所应当评价不利影响的严重程度，并在必要时采取防范措施消除不利影响或将其降低至可接受的水平。

防范措施主要包括：

（一）修改审计计划；

（二）向审计项目组分派经验更丰富的人员；

（三）由审计项目组以外的注册会计师复核前任审计项目组成员已执行的工作。

第七十四条 如果会计师事务所前任合伙人加入某一实体，而该实体随后成为会计师事务所的审计客户，会计师事务所应当评价对独立性不利影响的严重程度，并在必要时采取防范措施消除不利影响或将其降低至可接受的水平。

第七十五条 如果审计项目组某一成员参与审计业务，当知道自己在未来某一时间将要或有可能加入审计客户时，将因自身利益产生不利影响。会计师事务所应当制定政策和程序，要求审计项目组成员在与审计客户协商受雇于该客户时，向会计师事务所报告。在接到报告后，会计师事务所应当评价不利影响的严重程度，并在必要时采取防范措施消除不利影响或将其降低至可接受的水平。

防范措施主要包括：

（一）将该成员调离审计项目组；

（二）由审计项目组以外的注册会计师复核该成员在审计项目组中作出的重大判断。

第二节 属于公众利益实体的审计客户

第七十六条 如果某一关键审计合伙人加入属于公众利益实体的审计客户，担任董事、高级管理人员或特定员工，将因密切关系或外在压力产生不利影响。

除非该合伙人不再担任关键审计合伙人后，该公众利益实体发布了已审计财务报表，其涵盖期间不少于十二个月，并且该合伙人不是该财务报表的审计项目组成员，否则独立性将视为受到损害。

第七十七条　如果会计师事务所前任高级合伙人（或管理合伙人，或同等职位的人员）加入属于公众利益实体的审计客户，担任董事、高级管理人员或特定员工，将因外在压力产生不利影响。除非该高级合伙人离职已超过十二个月，否则独立性将被视为受到损害。

第七十八条　如果由于企业合并的原因，会计师事务所前任关键审计合伙人担任属于公众利益实体的审计客户的董事、高级管理人员或特定员工，在同时满足下列条件时，不被视为独立性受到损害：

（一）当前任关键审计合伙人接受该职务时，并未预料到会发生企业合并；

（二）前任关键审计合伙人在会计师事务所中应得的报酬或福利都已全额支付（除非报酬或福利是按照预先确定的固定金额支付的，并且未付金额对会计师事务所不重要）；

（三）前任关键审计合伙人未继续参与，或在外界看来未参与会计师事务所的经营活动或专业活动；

（四）已就前任关键审计合伙人在审计客户中的职位与治理层讨论。

第八章　临时借出员工

第七十九条　如果会计师事务所向审计客户借出员工，可能因自我评价产生不利影响。会计师事务所只能短期向客户借出员工，并且借出的员工不得为审计客户提供本守则禁止提供的非鉴证服务，也不得承担审计客户的管理层职责。审计客户有责任对借调员工的活动进行指导和监督。

第八十条　会计师事务所应当评价借出员工产生不利影响的严重程度，并在必要时采取防范措施消除不利影响或将其降低至可接受的水平。

防范措施主要包括：

（一）对借出员工的工作进行额外复核；

（二）合理安排审计项目组成员的职责，使借出员工不对其在借调期间执行的工作进行审计；

（三）不安排借出员工作为审计项目组成员。

第九章　审计项目组成员最近曾担任审计客户的董事、高级管理人员和特定员工

第八十一条　如果审计项目组成员最近曾担任审计客户的董事、高级管理人员或特定员工，可能因自身利益、自我评价或密切关系产生不利影响。例如，如果审计项目组成员在审计客户工作期间曾经编制会计记录，现又对据此形成的财务报表要素进行评价，则可能产生这些不利影响。

第八十二条　如果在被审计财务报表涵盖的期间，审计项目组成员曾担任审计客

户的董事、高级管理人员或特定员工，将产生非常严重的不利影响，导致没有防范措施能够将其降低至可接受的水平。会计师事务所不得将此类人员分派到审计项目组。

第八十三条 如果在被审计财务报表涵盖的期间之前，审计项目组成员曾担任审计客户的董事、高级管理人员或特定员工，可能因自身利益、自我评价或密切关系产生不利影响。例如，如果在当期需要评价此类人员以前就职于审计客户时作出的决策或工作，将产生这些不利影响。不利影响存在与否及其严重程度主要取决于下列因素：

（一）该成员在客户中曾担任的职务；

（二）该成员离开客户的时间长短；

（三）该成员在审计项目组中的角色。

会计师事务所应当评价不利影响的严重程度，并在必要时采取防范措施将其降低至可接受的水平。防范措施包括复核该成员已执行的工作等。

第十章 兼任审计客户的董事或高级管理人员

第八十四条 如果会计师事务所的合伙人或员工兼任审计客户的董事或高级管理人员，将因自我评价和自身利益产生非常严重的不利影响，导致没有防范措施能够将其降低至可接受的水平。会计师事务所的合伙人或员工不得兼任审计客户的董事或高级管理人员。

第八十五条 如果会计师事务所的合伙人或员工担任审计客户的公司秘书，将因自我评价和过度推介产生非常严重的不利影响，导致没有防范措施能够将其降低至可接受的水平。会计师事务所的合伙人或员工不得兼任审计客户的公司秘书。

第八十六条 会计师事务所提供日常和行政事务性的服务以支持公司秘书职能，或提供与公司秘书行政事项有关的建议，只要所有相关决策均由审计客户管理层作出，通常不会损害独立性。

第十一章 与审计客户长期存在业务关系

第一节 一般规定

第八十七条 会计师事务所长期委派同一名合伙人或高级员工执行某一客户的审计业务，将因密切关系和自身利益产生不利影响。

不利影响的严重程度主要取决于下列因素：

（一）该人员加入审计项目组的时间长短；

（二）该人员在审计项目组中的角色；

（三）会计师事务所的组织结构；

（四）审计业务的性质；

（五）客户的管理团队是否发生变动；

（六）客户的会计和报告问题的性质或复杂程度是否发生变化。

会计师事务所应当评价因密切关系和自身利益产生的不利影响的严重程度，并在必要时采取防范措施消除不利影响或将其降低至可接受的水平。

防范措施主要包括：

（一）将该人员轮换出审计项目组；

（二）由审计项目组以外的注册会计师复核该人员已执行的工作；

（三）定期对该业务实施独立的质量复核。

第二节　属于公众利益实体的审计客户

第八十八条　如果审计客户属于公众利益实体，执行其审计业务的关键审计合伙人任职时间不得超过五年。

在任期结束后的两年内，该关键审计合伙人不得再次成为该客户的审计项目组成员或关键审计合伙人。在此期间内，该关键审计合伙人也不得有下列行为：

（一）参与该客户的审计业务；

（二）为该客户的审计业务实施质量控制复核；

（三）就有关技术或行业特定问题、交易或事项向项目组或该客户提供咨询；

（四）以其他方式直接影响业务结果。

第八十九条　在极其特殊的情况下，会计师事务所可能因无法预见和控制的情形而不能按时轮换关键审计合伙人。如果关键审计合伙人的连任对审计质量特别重要，并且通过采取防范措施能够消除对独立性产生的不利影响或将其降低至可接受的水平，则在法律法规允许的情况下，该关键审计合伙人在审计项目组的时限可以延长一年。

第九十条　审计项目组的其他合伙人与属于公众利益实体的审计客户之间长期存在业务关系，将因密切关系和自身利益产生不利影响。不利影响的严重程度主要取决于下列因素：

（一）该合伙人与审计客户存在业务关系的时间长短；

（二）该合伙人在审计项目组中的角色；

（三）该合伙人与客户治理层或管理层交往的性质、频率和范围。

会计师事务所应当评价不利影响的严重程度，并在必要时采取防范措施消除不利影响或将其降低至可接受的水平。

防范措施主要包括：

（一）将该合伙人轮换出审计项目组，或终止其与审计客户存在的业务关系；

（二）定期对该业务实施独立的质量控制复核。

第九十一条　如果审计客户成为公众利益实体，在确定关键审计合伙人的轮换时间时，会计师事务所应当考虑，在该客户成为公众利益实体之前，该合伙人已为该客户提供服务的时间。

在审计客户成为公众利益实体之前，如果关键审计合伙人已为该客户服务的时间不超过三年，则该合伙人还可以为该客户继续提供服务的年限为五年减去已经服务的年限。

如果关键审计合伙人为该客户服务了四年或更长的时间，在该客户成为公众利益实体之后，该合伙人还可以继续服务两年。

如果审计客户是首次公开发行证券的公司，关键审计合伙人在该公司上市后连续提供审计服务的期限，不得超过两个完整会计年度。

第十二章　为审计客户提供非鉴证服务

第一节　一般规定

第九十二条　会计师事务所向审计客户提供非鉴证服务，可能对独立性产生不利影响，包括因自我评价、自身利益和过度推介等产生的不利影响。

第九十三条　本守则并未涵盖会计师事务所向审计客户提供的所有非鉴证服务。当遇到本守则未列举的非鉴证服务时，注册会计师应当运用独立性概念框架予以解决。

第九十四条　在接受委托向审计客户提供非鉴证服务之前，会计师事务所应当确定提供该服务是否将对独立性产生不利影响。

在评价某一特定非鉴证服务产生不利影响的严重程度时，会计师事务所应当考虑审计项目组认为提供其他相关非鉴证服务将产生的不利影响。

如果没有防范措施能够将不利影响降低至可接受的水平，会计师事务所不得向审计客户提供该非鉴证服务。

第九十五条　向审计客户提供某些非鉴证服务可能对独立性产生非常严重的不利影响，导致没有防范措施能够将其降低至可接受的水平。如果无意中向客户的关联实体或分支机构，或者针对财务报表项目提供了这些非鉴证服务，会计师事务所应当采取下列补救措施将不利影响降低至可接受的水平，以避免损害独立性：

（一）由其他会计师事务所对客户的关联实体、分支机构或财务报表项目进行审计；

（二）由其他会计师事务所重新执行非鉴证服务，并且所执行工作的范围能够使其承担责任。

第九十六条　会计师事务所通常不向审计客户的下列关联实体提供本守则限制的非鉴证服务：

（一）不是会计师事务所的审计客户，但能够直接或间接控制审计客户的实体；

（二）不是会计师事务所的审计客户，但在审计客户中拥有直接经济利益的实体，该实体能够对审计客户施加重大影响，并且经济利益对该实体重大；

（三）不是会计师事务所的审计客户，但与审计客户处于同一控制下的实体。

如果有理由认为同时满足下列条件，会计师事务所可以向上述关联实体提供非鉴证服务：

（一）向上述关联实体提供的非鉴证服务的结果不构成实施审计程序的对象，该服务不因自我评价产生不利影响；

（二）已采取防范措施将非鉴证服务所产生的任何不利影响予以消除，或将其降低至可接受的水平。

第九十七条　如果审计客户成为公众利益实体，在同时满足下列条件时，会计师事务所向其提供非鉴证服务不会损害独立性：

（一）以往向该实体提供的非鉴证服务符合本守则有关向非公众利益实体提供非鉴证服务的规定；

（二）在客户成为公众利益实体之前终止，或之后尽快终止本守则不允许向公众利益实体提供的非鉴证服务；

（三）在必要时已采取防范措施消除对独立性产生的不利影响，或将其降低至可接受的水平。

第二节　承担管理层职责

第九十八条　管理层按照对利益相关者最有利的方式行使多项管理职能。管理层负有领导和指挥的职责，如针对人力资源、财务资源、有形或无形资源的取得、配置和控制作出重大决策。

第九十九条　会计师事务所应当根据具体情况确定某项活动是否属于管理层职责。下列活动通常被视为管理层职责：

（一）制定政策和战略方针；

（二）指导员工的行动并对其行动负责；

（三）对交易进行授权；

（四）确定采纳会计师事务所或其他第三方提出的建议；

（五）负责按照适用的会计准则编制财务报表；

（六）负责设计、实施和维护内部控制。

第一百条　如果会计师事务所代客户从事日常和行政性的事务或不重要的活动，通常不被视为代行管理层职责。下列活动不被视为管理层职责：

（一）执行一项已由管理层授权的非重要交易；

（二）跟踪法定申报资料规定的提交日期，并告知审计客户这些日期；

（三）向管理层提供意见和建议，以协助管理层履行职责。

第一百零一条　会计师事务所承担审计客户的管理层职责，将对独立性产生非常严重的不利影响，导致没有防范措施能够将其降低至可接受的水平。这些不利影响包括因自我评价、自身利益和密切关系产生的不利影响。会计师事务所不得承担审计客户的管理层职责。

第一百零二条　在向审计客户提供非鉴证服务时，为避免承担管理层职责的风险，会计师事务所应当确保由管理层的成员负责作出重大判断和决策，评价服务的结果，并对依据服务结果采取的行动负责。

第三节　编制会计记录和财务报表

第一百零三条　按照适用的会计准则规定编制财务报表是管理层的职责，这种职责包括：

（一）设计、实施和维护与编制财务报表相关的内部控制，以合理保证财务报表不存在由于舞弊或错误导致的重大错报；

（二）编制或更改会计分录或者确定交易的账户分类；

（三）编制或更改以电子形式或其他形式存在的、用以证明交易发生的原始凭证或原始数据（如采购订单、工时记录和销售订单）；

（四）选择和运用恰当的会计政策；

（五）作出恰当的会计估计。

第一百零四条 会计师事务所向审计客户提供编制会计记录或财务报表等服务，随后又审计该财务报表，将因自我评价产生不利影响。

第一百零五条 在审计过程中，会计师事务所与审计客户管理层就下列事项进行沟通，通常不会对独立性产生不利影响：

（一）对会计准则或财务报表披露要求的运用；

（二）与财务报表相关的内部控制的有效性，以及资产、负债计量方法的适当性；

（三）会计调整分录的建议。

第一百零六条 审计客户可能要求会计师事务所在下列方面提供技术支持，如果会计师事务所不承担审计客户的管理层职责，通常不会对独立性产生不利影响：

（一）解决账户调节问题；

（二）分析和积累监管机构要求提供的信息；

（三）将按照某种会计准则编制的财务报表，转换为按照另一种会计准则编制的财务报表。

第一百零七条 如果会计师事务所向不属于公众利益实体的审计客户提供编制会计记录和财务报表相关的服务，只要属于日常性和机械性的工作，并且已采取措施将因自我评价产生的不利影响降低至可接受的水平，则不会损害其独立性。

此类服务包括：

（一）根据来源于客户的数据提供工资服务；

（二）在客户确定或批准账户分类的基础上记录交易；

（三）将已记录的交易过入总分类账；

（四）将客户批准的分录过入试算平衡表；

（五）根据试算平衡表中的信息编制财务报表。

在所有情况下，会计师事务所应当评价不利影响的严重程度，并在必要时采取防范措施消除不利影响或将其降低至可接受的水平。

防范措施主要包括：

（一）由审计项目组以外的人员提供此类服务；

（二）如果审计项目组成员提供此类服务，则由审计项目组以外的合伙人或高级员工复核已执行的工作。

第一百零八条 除非出现紧急或极其特殊的情况，并征得相关监管机构的同意，会计师事务所不得向属于公众利益实体的审计客户提供下列编制会计记录和财务报表的服务：

（一）工资服务；

（二）编制所审计的财务报表；

（三）编制所审计财务报表依据的财务信息。

第一百零九条　除不得提供本守则第一百零八条规定的服务外，如果会计师事务所向属于公众利益实体的审计客户的分支机构或关联实体提供编制会计记录和财务报表的服务，只要提供的服务属于日常性、机械性的工作，且提供服务的人员不是审计项目组的成员，在满足下列条件之一的情况下，不会损害其独立性：

（一）接受服务的分支机构或关联实体从总体上对被审计财务报表不具有重要性；

（二）服务所涉及的事项从总体上对该分支机构或关联实体的财务报表不具有重要性。

第一百一十条　如果遇到紧急或极其特殊的情况，审计客户无法作出其他安排，经相关监管机构同意，会计师事务所可以在下列情况下向审计客户提供本守则不允许提供的编制会计记录和财务报表的服务：

（一）只有该会计师事务所拥有服务的资源，并且熟悉客户的系统和程序，能够协助客户及时编制会计记录和财务报表；

（二）如果限制该会计师事务所提供服务，将给客户带来严重的困难，如导致客户无法向监管机构提供报告。

在上述情况下，会计师事务所只能安排审计项目组成员以外的专业人员在短期内一次性提供这些服务，并且应当就此事项与治理层讨论。

第四节　评估服务

第一百一十一条　评估包括对未来发展趋势提出相关假设，运用适当的方法和技术，以确定资产、负债或企业整体的价值或价值区间。

第一百一十二条　向审计客户提供评估服务可能因自我评价产生不利影响。不利影响存在与否及其严重程度主要取决于下列因素：

（一）评估结果是否对财务报表产生重大影响；

（二）在确定和批准评估方法以及其他重大判断事项时，客户的参与程度；

（三）是否可获得权威的评估方法和指南；

（四）在运用权威标准或方法进行评估时，评估事项的固有主观程度；

（五）基础数据的可靠性和范围；

（六）对能引起评估金额发生重大波动的未来事项的依赖程度；

（七）财务报表披露的范围和详细程度。

会计师事务所应当评价不利影响的严重程度，并在必要时采取防范措施消除不利影响或将其降低至可接受的水平。

防范措施主要包括：

（一）由未参与提供评估服务的专业人员复核已执行的审计或评估工作；

（二）不允许提供评估服务的人员参与审计业务。

第一百一十三条 在下列情况下，评估很可能并不涉及高度的主观性，由两方或多方评估的结果通常不存在重大差异：

（一）依据的基本假设已由法律法规作出规定或被广泛接受；

（二）采用的技术和方法是依据法律法规或权威标准确定的。

第一百一十四条 如果审计客户要求会计师事务所提供评估服务，以帮助其履行纳税申报义务或满足税务筹划目的，并且评估的结果不对财务报表产生直接影响，会计师事务所应当遵守本守则第一百二十六条的规定。

第一百一十五条 在审计客户不属于公众利益实体的情况下，如果评估服务对被审计财务报表具有重大影响，并且评估结果涉及高度的主观性，则没有防范措施能够将因自我评价产生的不利影响降低至可接受的水平。会计师事务所不得向审计客户提供这种评估服务。

第一百一十六条 在审计客户属于公众利益实体的情况下，如果评估结果单独或累积起来对被审计财务报表具有重大影响，则会计师事务所不得向该审计客户提供这种评估服务。

第五节 税务服务

第一百一十七条 税务服务通常包括下列种类：

（一）编制纳税申报表；

（二）为编制会计分录计算税额；

（三）税务筹划和其他税务咨询服务；

（四）协助解决税务纠纷。

第一百一十八条 会计师事务所向审计客户提供某些税务服务，可能因自我评价和过度推介产生不利影响。不利影响存在与否及其严重程度主要取决于下列因素：

（一）税务机关采用的税收核定和征管系统，以及会计师事务所在该过程中的角色；

（二）税收法律法规的复杂程度，以及应用时进行判断的程度；

（三）业务的具体特征；

（四）客户员工的税务专业水平。

第一百一十九条 编制纳税申报表的服务包括：

（一）编制信息，以协助客户履行纳税申报义务，例如计算应向税务机关缴纳的税额；

（二）对已发生交易的纳税申报处理方法提供建议；

（三）代表审计客户向税务机关提供所要求的附加信息和分析。

由于纳税申报表须经税务机关审查或批准，如果管理层对纳税申报表承担责任，会计师事务所提供此类服务通常不对独立性产生不利影响。

第一百二十条 基于编制会计分录的目的，为审计客户计算当期所得税或递延所得税负债（或资产），将因自我评价产生不利影响。

不利影响的严重程度主要取决于下列因素：

（一）税收法律法规的复杂程度，以及应用时进行判断的程度；

（二）客户员工的税务专业水平；

（三）税额对于财务报表的重要性。

会计师事务所应当在必要时采取防范措施消除不利影响或将其降低至可接受的水平。

防范措施主要包括：

（一）由审计项目组以外的专业人员执行此类业务；

（二）如果审计项目组成员执行此类业务，由审计项目组以外的合伙人或高级管理人员复核税额的计算；

（三）向外部税务专业人员咨询。

第一百二十一条　在审计客户属于公众利益实体的情况下，除非出现紧急或极其特殊的情况，并征得相关监管机构的同意，会计师事务所不得计算当期所得税或递延所得税负债（或资产），以用于编制对被审计财务报表具有重大影响的会计分录。

第一百二十二条　如果遇到紧急或极其特殊的情况，审计客户无法作出其他安排，经相关监管机构同意，会计师事务所可以在下列情况下，提供本章不允许提供的以编制会计分录为目的的税额计算服务：

（一）只有该会计师事务所拥有服务资源，熟悉客户的情况，能够协助客户及时计算当期所得税或递延所得税负债（或资产）；

（二）如果限制会计师事务所提供这些服务，将对客户造成严重困难，如导致客户无法向监管机构提供报告。

在上述情况下，会计师事务所只能安排审计项目组成员以外的专业人员在短期内一次性提供这些服务，并且应当就此事项与治理层讨论。

第一百二十三条　税务筹划或其他税务咨询服务有多种类型，例如，向审计客户提供如何节税，或如何运用新的税收法律法规的建议。

如果税务建议影响财务报表所反映的事项，可能因自我评价产生不利影响。不利影响存在与否及其严重程度主要取决于下列因素：

（一）在确定如何在财务报表中对税务建议进行处理时涉及的主观程度；

（二）税务建议的结果是否对财务报表产生重大影响；

（三）税务建议的有效性是否取决于会计处理或财务报表列报，以及是否对会计处理或财务报表列报的适当性存有疑问；

（四）客户员工的税务专业水平；

（五）税务建议是否具有相应的税收法律法规依据；

（六）税务处理是否得到税务机关的认可。

在提供税务筹划和其他税务咨询服务时，如果此类服务具有法律依据，或得到税务机关的明确认可，通常不对独立性产生不利影响。

第一百二十四条 会计师事务所应当评价税务建议产生不利影响的严重程度，并在必要时采取防范措施消除不利影响或将其降低至可接受的水平。

防范措施主要包括：

（一）由审计项目组以外的专业人员提供此类服务；

（二）由未参与提供此类服务的税务专业人员向审计项目组提供服务建议，并复核会计处理和财务报表列报；

（三）向外部税务专业人员咨询；

（四）得到税务机关的预先认可。

第一百二十五条 如果税务建议的有效性取决于某项特定会计处理或财务报表列报，并且同时存在下列情况，将因自我评价产生非常严重的不利影响，导致没有防范措施能够消除不利影响或将其降低至可接受的水平：

（一）审计项目组对于相关会计处理或财务报表列报的适当性存有疑问；

（二）税务建议的结果或执行后果将对被审计财务报表产生重大影响。

会计师事务所不得为审计客户提供此类税务建议。

第一百二十六条 在向审计客户提供税务服务时，会计师事务所可能应审计客户的要求提供评估服务，以协助客户进行纳税申报或税务筹划。如果评估结果将对财务报表产生直接影响，会计师事务所应当按照本章第四节的规定处理。

如果评估服务仅为满足税务目的，其结果对财务报表没有直接影响（即财务报表仅受有关涉税会计分录的影响），且间接影响并不重大，或者评估服务经税务机关或类似监管机构外部审查，则通常不对独立性产生不利影响。

如果评估服务未经税务机关或类似监管机构审查，并且其对财务报表的影响重大，会计师事务所应当评价所产生不利影响的严重程度。不利影响存在与否及其严重程度主要取决于下列因素：

（一）评估方法是否具有明确的税收法律法规依据，以及评估固有的主观程度；

（二）基础数据的可靠性和范围。

会计师事务所应当评价不利影响的严重程度，并在必要时采取防范措施消除不利影响或将其降低至可接受的水平。

防范措施主要包括：

（一）由审计项目组以外的专业人员提供该服务；

（二）由其他专业人员复核审计工作或税务服务的结果；

（三）得到税务机关的预先认可。

第一百二十七条 如果会计师事务所代表审计客户解决税务纠纷，一旦税务机关通知审计客户已经拒绝接受其对某项具体问题的主张，并且税务机关或审计客户已将该问题纳入正式的法律程序，则可能因过度推介或自我评价产生不利影响。不利影响存在与否及其严重程度主要取决于下列因素：

（一）引起税务纠纷的事项是否与会计师事务所的建议相关；
（二）税务纠纷的结果对被审计财务报表产生重大影响的程度；
（三）该事项是否具有明确的税收法律法规依据；
（四）解决税务问题的程序是否公开；
（五）管理层在解决税务纠纷时所起的作用。

会计师事务所应当评价不利影响的严重程度，并在必要时采取防范措施消除不利影响或将其降低至可接受的水平。

防范措施主要包括：
（一）由审计项目组以外的专业人员提供该税务服务；
（二）由其他未参与提供该税务服务的税务专业人员，向审计项目组提供服务建议，并复核会计处理；
（三）向外部税务专业人员咨询。

第一百二十八条　在提供税务服务时，如果会计师事务所人员在公开审理或仲裁的税务纠纷中担任审计客户的辩护人，并且所涉金额对被审计财务报表重大，将因过度推介产生非常严重的不利影响，导致没有防范措施能够消除不利影响或将其降低至可接受的水平。会计师事务所人员不得在为审计客户提供税务服务时担任辩护人。

第一百二十九条　在公开审理或仲裁期间，会计师事务所可以继续为审计客户提供有关法庭裁决事项的咨询。例如，协助客户对具体问题作出回复，提供背景材料或证词，或分析税收问题。

第六节　内部审计服务

第一百三十条　内部审计的目标和工作范围因被审计单位的规模、组织结构、治理层和管理层需求的不同而存在很大差异。内部审计活动通常包括：
（一）监督内部控制；
（二）检查财务信息和经营信息；
（三）评价经营活动的效率和效果；
（四）评价对法律法规的遵守情况。

第一百三十一条　如果会计师事务所向审计客户提供内部审计服务，并在执行财务报表审计时利用内部审计的工作，将因自我评价对独立性产生不利影响。

如果会计师事务所人员在为审计客户提供内部审计服务时承担管理层职责，将产生非常严重的不利影响，导致没有防范措施能够将其降低至可接受的水平。会计师事务所人员在向审计客户提供内部审计服务时不得承担管理层职责。

第一百三十二条　涉及承担管理层职责的内部审计服务主要包括：
（一）制定内部审计政策或内部审计活动的战略方针；
（二）指导该客户内部审计员工的工作并对其负责；
（三）决定应执行来源于内部审计活动的建议；
（四）代表管理层向治理层报告内部审计活动的结果；

（五）执行构成内部控制组成部分的程序；

（六）负责设计、执行和维护内部控制；

（七）提供内部审计外包服务，包括全部内部审计外包服务和重要内部审计外包服务，并且负责确定内部审计工作的范围。

第一百三十三条 为避免承担管理层职责，只有在同时满足下列条件时，会计师事务所才能为审计客户提供内部审计服务：

（一）审计客户承担设计、执行和维护内部控制的责任，并指定合适的、具有胜任能力的员工（最好是高级管理人员），始终负责内部审计活动；

（二）客户治理层或管理层复核、评估并批准内部审计服务的工作范围、风险和频率；

（三）客户管理层评价内部审计服务的适当性，以及执行内部审计发现的事项；

（四）客户管理层评价并确定应当实施内部审计服务提出的建议，并对实施过程进行管理；

（五）客户管理层向治理层报告注册会计师在内部审计服务中发现的重大问题和提出的建议。

第一百三十四条 如果会计师事务所向审计客户提供内部审计服务，并且在财务报表审计业务中使用该服务的结果，可能导致审计项目组不能恰当评价内部审计工作，或在评价时不能保持应有的职业怀疑态度，这将因自我评价产生不利影响。不利影响的严重程度主要取决于下列因素：

（一）相关财务报表金额的重要性；

（二）与这些财务报表金额相关的认定层次的错报风险；

（三）对内部审计服务的依赖程度。

会计师事务所应当评价不利影响的严重程度，并在必要时采取防范措施消除不利影响或将其降低至可接受的水平。采取的防范措施主要包括由审计项目组以外的专业人员提供该内部审计服务等。

第一百三十五条 在审计客户属于公众利益实体的情况下，会计师事务所不得提供与下列方面有关的内部审计服务：

（一）与财务报告相关的内部控制；

（二）财务会计系统；

（三）对被审计财务报表具有重大影响的金额或披露。

第七节 信息技术系统服务

第一百三十六条 信息技术系统可用于积累原始数据，构成与财务报告相关的内部控制的组成部分，或生成影响会计记录或者财务报表的信息。信息技术系统也可能与审计客户的会计记录、财务报告内部控制和财务报表无关。会计师事务所提供信息技术系统服务是否因自我评价产生不利影响，取决于服务和信息技术系统的性质。

第一百三十七条 如果会计师事务所人员不承担管理层职责，则提供下列信息技术系统服务不被视为对独立性产生不利影响：

（一）设计或操作与财务报告内部控制无关的信息技术系统；

（二）设计或操作信息技术系统，其生成的信息不构成会计记录或财务报表的重要组成部分；

（三）操作由第三方开发的会计或财务信息报告软件；

（四）对由其他服务提供商或审计客户自行设计并操作的系统进行评价和提出建议。

第一百三十八条　如果出现下列情形之一，会计师事务所向不属于公众利益实体的审计客户提供有关信息技术系统的设计或操作服务，将因自我评价产生不利影响：

（一）信息技术系统构成财务报告内部控制的重要组成部分；

（二）信息技术系统生成的信息对会计记录或被审计财务报表影响重大。

第一百三十九条　如果存在本守则第一百三十八条规定的情形，提供信息技术系统服务将因自我评价产生非常严重的不利影响，只有通过采取适当的防范措施以确保同时满足下列条件，会计师事务所才能提供此类服务：

（一）审计客户认可自己对建立和监督内部控制的责任；

（二）审计客户指定具有胜任能力的员工（最好是高级管理人员）作出有关系统设计和操作的所有管理决策；

（三）审计客户作出与系统设计和操作过程有关的所有管理决策；

（四）审计客户评价系统设计和操作的适当性及结果；

（五）审计客户对系统运行以及系统使用或生成的数据负责。

第一百四十条　根据审计工作对某项特定信息技术系统的依赖程度，会计师事务所应当确定该非鉴证服务是否只能由审计项目组以外的、不同业务主管领导下的人员提供。

会计师事务所应当评价剩余不利影响的严重程度，并在必要时采取防范措施消除不利影响或将其降低至可接受的水平。可采取的防范措施包括由其他专业人员复核已执行的审计或非鉴证工作等。

第一百四十一条　在下列情况下，会计师事务所不得向属于公众利益实体的审计客户提供与设计或操作信息技术系统相关的服务：

（一）信息技术系统构成财务报告内部控制的重要组成部分；

（二）信息技术系统生成的信息对会计记录或被审计财务报表影响重大。

第八节　诉讼支持服务

第一百四十二条　诉讼支持服务可能包括下列活动：

（一）担任专家证人；

（二）计算诉讼或其他法律纠纷涉及的估计损失或其他应收、应付的金额；

（三）协助管理和检索文件。

会计师事务所向审计客户提供诉讼支持服务，可能因自我评价或过度推介产生不利影响。

第一百四十三条 如果向审计客户提供诉讼支持服务涉及对损失或其他金额的估计，并且这些损失或其他金额影响被审计财务报表，会计师事务所应当遵守本章第四节关于评估服务的规定。

对于其他诉讼支持服务，会计师事务所应当评价不利影响的严重程度，并在必要时采取防范措施消除不利影响或将其降低至可接受的水平。

第九节 法律服务

第一百四十四条 法律服务通常是指为客户提供商业性的法律服务。例如，为起草合同、诉讼、并购提供法律意见和支持，以及向客户内部的法律部门提供帮助。提供法律服务的人员应当取得相应的专业资格，并经过执业所要求的法律培训。

会计师事务所向审计客户提供法律服务，可能因自我评价和过度推介产生不利影响。

第一百四十五条 会计师事务所在审计客户执行某项交易时向其提供法律服务，例如提供合同起草、法律咨询、尽职调查和重组服务，可能因自我评价产生不利影响。

不利影响存在与否及其严重程度主要取决于下列因素：

（一）服务的性质；

（二）服务是否由审计项目组成员提供；

（三）与财务报表有关的事项的重要性。

会计师事务所应当评价不利影响的严重程度，并在必要时采取防范措施消除不利影响或将其降低至可接受的水平。

防范措施主要包括：

（一）由审计项目组以外的专业人员提供该服务；

（二）由未参与提供法律服务的专业人员向审计项目组提出建议，并复核会计处理。

第一百四十六条 在审计客户解决纠纷或法律诉讼时，如果会计师事务所人员担任辩护人，并且纠纷或法律诉讼所涉金额对被审计财务报表有重大影响，将因过度推介和自我评价产生非常严重的不利影响，导致没有防范措施能够将其降低至可接受的水平。会计师事务所不得为审计客户提供此类服务。

第一百四十七条 在审计客户解决纠纷或应对法律诉讼时，如果会计师事务所人员担任辩护人，并且纠纷或法律诉讼所涉金额对被审计财务报表无重大影响，则应当评价因自我评价和过度推介产生不利影响的严重程度，并在必要时采取防范措施消除不利影响或将其降低至可接受的水平。

防范措施主要包括：

（一）由审计项目组以外的专业人员提供该服务；

（二）由未参与提供法律服务的专业人员向审计项目组提出建议，并复核会计处理。

第一百四十八条　会计师事务所的合伙人或员工担任审计客户首席法律顾问，将因自我评价和过度推介产生非常严重的不利影响，导致没有防范措施能够消除不利影响或将其降低至可接受的水平。

首席法律顾问通常是一个高级管理职位，对公司法律事务承担广泛责任。会计师事务所人员不得为审计客户提供担任首席法律顾问的服务。

第十节　招聘服务

第一百四十九条　会计师事务所为审计客户提供人员招聘服务，可能因自身利益、密切关系或外在压力产生不利影响。不利影响存在与否及其严重程度主要取决于下列因素：

（一）要求提供协助的性质；

（二）拟招聘人员的职位。

会计师事务所应当评价不利影响的严重程度，并在必要时采取防范措施消除不利影响或将其降低至可接受的水平。任何情况下，会计师事务所都不得承担管理层职责，聘用决策应当由客户负责作出。

会计师事务所通常可以提供下列服务：

（一）审查申请者的专业资格；

（二）对申请者是否适合相关职位提出咨询意见；

（三）对候选人进行面试；

（四）对候选人在财务会计、行政管理或内部控制等职位上的胜任能力提出咨询意见。

第一百五十条　如果属于公众利益实体的审计客户拟招聘董事、高级管理人员，或所处职位能够对客户会计记录或被审计财务报表的编制施加重大影响的高级管理人员，会计师事务所不得提供下列招聘服务：

（一）寻找候选人，或从候选人中挑选出适合相应职位的人员；

（二）对可能录用的候选人的证明文件进行核查。

第十一节　公司财务服务

第一百五十一条　公司财务服务主要包括下列活动：

（一）协助审计客户制定公司战略；

（二）为审计客户并购识别可能的目标；

（三）对资产处置交易提供建议；

（四）协助实施融资交易；

（五）对合理安排资本结构提供建议。

会计师事务所提供财务服务，可能因自我评价或过度推介产生不利影响。

会计师事务所应当评价不利影响的严重程度，并在必要时采取防范措施消除不利影响或将其降低至可接受的水平。

防范措施主要包括：

（一）由审计项目组以外的专业人员提供该服务；

（二）由未参与提供财务服务的专业人员向审计项目组提供有关该服务的咨询建议，并复核会计处理。

第一百五十二条 会计师事务所提供财务服务，可能因自我评价产生不利影响。例如，对资本结构或融资的安排提出建议，将直接影响在财务报表中报告的金额。不利影响存在与否及其严重程度主要取决于下列因素：

（一）在确定如何恰当处理财务建议对财务报表产生的影响时，涉及的主观程度；

（二）财务建议的结果对在财务报表中记录金额的直接影响程度，以及记录的金额对财务报表整体影响的重大程度；

（三）财务建议的有效性是否取决于某一特定会计处理或财务报表列报，并且根据适用的会计准则，对该会计处理或列报的适当性存有疑问。

会计师事务所应当评价不利影响的严重程度，并在必要时采取防范措施消除不利影响或将其降低至可接受的水平。

防范措施主要包括：

（一）由审计项目组以外的专业人员提供该服务；

（二）由未参与提供财务服务的专业人员向审计项目组提出有关服务的建议，并复核会计处理。

第一百五十三条 如果财务建议的有效性取决于某一特定会计处理，并且同时存在下列情形，将因自我评价产生非常严重的不利影响：

（一）根据适用的会计准则，审计项目组对有关会计处理适当性存有疑问；

（二）财务建议的结果将对被审计财务报表产生重大影响。

在上述情况下，没有防范措施能够将不利影响降低至可接受的水平。会计师事务所不得提供此类财务服务。

第十三章 收 费

第一节 收费结构

第一百五十四条 如果会计师事务所从某一审计客户收取的全部费用占其收费总额的比重很大，则对该客户的依赖及对可能失去该客户的担心将因自身利益或外在压力产生不利影响。不利影响的严重程度主要取决于下列因素：

（一）会计师事务所的业务类型及收入结构；

（二）会计师事务所成立时间的长短；

（三）该客户对会计师事务所是否重要。

会计师事务所应当评价不利影响的严重程度，并在必要时采取防范措施消除不利影响或将其降低至可接受的水平。

防范措施主要包括：

（一）降低对该客户的依赖程度；

（二）实施外部质量控制复核；

（三）就关键的审计判断向第三方咨询。例如，向行业监管机构或其他会计师事务所咨询。

第一百五十五条　如果从某一审计客户收取的全部费用占某一合伙人从所有客户收取的费用总额比重很大，或占会计师事务所某一分部收取的费用总额比重很大，也将因自身利益或外在压力产生不利影响。不利影响的严重程度主要取决于下列因素：

（一）该客户在性质上或数量上对该合伙人或分部是否重要；

（二）该合伙人或该分部合伙人的报酬对来源于该客户的收费的依赖程度。

会计师事务所应当评价不利影响的严重程度，并在必要时采取防范措施消除不利影响或将其降低至可接受的水平。

防范措施主要包括：

（一）降低对来源于该客户的收费的依赖程度；

（二）由审计项目组以外的注册会计师复核已执行的工作或在必要时提出建议；

（三）定期实施独立的质量控制复核。

第一百五十六条　如果会计师事务所连续两年从某一属于公众利益实体的审计客户及其关联实体收取的全部费用，占其从所有客户收取的全部费用的比重超过15%，会计师事务所应当向审计客户治理层披露这一事实，并讨论选择下列何种防范措施，以将不利影响降低至可接受的水平：

（一）在对第二年度财务报表发表审计意见之前，由其他会计师事务所对该业务再次实施项目质量控制复核（简称发表审计意见前复核）；

（二）在对第二年度财务报表发表审计意见之后、对第三年度财务报表发表审计意见之前，由其他会计师事务所对第二年度的审计工作再次实施项目质量控制复核（简称发表审计意见后复核）。

在上述收费比例明显超过15%的情况下，如果采用发表审计意见后复核无法将不利影响降低至可接受的水平，会计师事务所应当采用发表审计意见前复核。

如果两年后每年收费比例继续超过15%，则会计师事务所应当每年向治理层披露这一事实，并讨论选择采取上述哪种防范措施。在收费比例明显超过15%的情况下，如果采用发表审计意见后复核无法将不利影响降低至可接受的水平，会计师事务所应当采用发表审计意见前复核。

第二节　逾期收费

第一百五十七条　如果审计客户长期未支付应付的审计费用，尤其是相当部分的审计费用在出具下一年度审计报告前仍未支付，可能因自身利益产生不利影响。

会计师事务所通常要求审计客户在审计报告出具前付清上一年度的审计费用。如果在审计报告出具后审计客户仍未支付该费用，会计师事务所应当评价不利影响存在与否及其严重程度，并在必要时采取防范措施消除不利影响或将其降低至可接受的水平。

可采取的防范措施包括由未参与执行审计业务的注册会计师提供建议，或复核已执行的工作等。

会计师事务所还应当确定逾期收费是否可能被视同向客户贷款，并且根据逾期收费的重要程度确定是否继续执行审计业务。

第三节　或有收费

第一百五十八条　或有收费是指收费与否或收费多少取决于交易的结果或所执行工作的结果。如果一项收费是由法院或政府有关部门规定的，则该项收费不被视为或有收费。

第一百五十九条　会计师事务所在提供审计服务时，以直接或间接形式取得或有收费，将因自身利益产生非常严重的不利影响，导致没有防范措施能够将其降低至可接受的水平。会计师事务所不得采用这种收费安排。

第一百六十条　会计师事务所在向审计客户提供非鉴证服务时，如果非鉴证服务以直接或间接形式取得或有收费，也可能因自身利益产生不利影响。

如果出现下列情况之一，将因自身利益产生非常严重的不利影响，导致没有防范措施能够将其降低至可接受的水平，会计师事务所不得采用这种收费安排：

（一）非鉴证服务的或有收费由对财务报表发表审计意见的会计师事务所取得，并且对其影响重大或预期影响重大；

（二）网络事务所参与大部分审计工作，非鉴证服务的或有收费由该网络事务所取得，并且对其影响重大或预期影响重大；

（三）非鉴证服务的结果以及由此收取的费用金额，取决于未来或当期与财务报表重大金额审计相关的判断。

第一百六十一条　在向审计客户提供非鉴证服务时，如果会计师事务所采用其他形式的或有收费安排，不利影响存在与否及其严重程度主要取决于下列因素：

（一）可能的收费金额区间；

（二）是否由适当的权威方确定有关事项的结果，并且该结果作为或有收费的基础；

（三）非鉴证服务的性质；

（四）事项或交易对财务报表的影响。

会计师事务所应当评价不利影响的严重程度，并在必要时采取防范措施消除不利影响或将其降低至可接受的水平。

防范措施主要包括：

（一）由审计项目组以外的注册会计师复核相关审计工作，或在必要时提供建议；

（二）由审计项目组以外的专业人员提供非鉴证服务。

第十四章　薪酬和业绩评价政策

第一百六十二条　如果某一审计项目组成员的薪酬或业绩评价与其向审计客户推

销的非鉴证服务挂钩，将因自身利益产生不利影响。不利影响的严重程度取决于下列因素：

（一）推销非鉴证服务的因素在该成员薪酬或业绩评价中的比重；

（二）该成员在审计项目组中的角色；

（三）推销非鉴证服务的业绩是否影响该成员的晋升。

会计师事务所应当评价不利影响的严重程度。如果不利影响超出可接受的水平，会计师事务所应当修改该成员的薪酬计划或业绩评价程序，或者采取其他防范措施消除不利影响或将其降低至可接受的水平。

防范措施主要包括：

（一）将该成员调离审计项目组；

（二）由审计项目组以外的注册会计师复核该成员已执行的工作。

第一百六十三条　关键审计合伙人的薪酬或业绩评价不得与其向审计客户推销的非鉴证服务直接挂钩。

本条并不禁止会计师事务所合伙人之间正常的利润分享安排。

第十五章　礼品和款待

第一百六十四条　会计师事务所或审计项目组成员接受审计客户的礼品或款待，可能因自身利益和密切关系产生不利影响。

第一百六十五条　如果会计师事务所或审计项目组成员接受审计客户的礼品，将产生非常严重的不利影响，导致没有防范措施能够将其降低至可接受的水平。会计师事务所或审计项目组成员不得接受礼品。

第一百六十六条　会计师事务所或审计项目组成员应当评价接受款待产生不利影响的严重程度，并在必要时采取防范措施消除不利影响或将其降低至可接受的水平。如果款待超出业务活动中的正常往来，会计师事务所或审计项目组成员应当拒绝接受。

第十六章　诉讼或诉讼威胁

第一百六十七条　如果会计师事务所或审计项目组成员与审计客户发生诉讼或很可能发生诉讼，将因自身利益和外在压力产生不利影响。

会计师事务所和客户管理层由于诉讼或诉讼威胁而处于对立地位，将影响管理层提供信息的意愿，从而因自身利益和外在压力产生不利影响。不利影响的严重程度主要取决于下列因素：

（一）诉讼的重要性；

（二）诉讼是否与前期审计业务相关。

会计师事务所应当评价不利影响的严重程度，并在必要时采取防范措施消除不利影响或将其降低至可接受的水平。

防范措施主要包括：

（一）如果诉讼涉及某一审计项目组成员，将该成员调离审计项目组；

（二）由审计项目组以外的专业人员复核已执行的工作。

如果此类防范措施不能将不利影响降低至可接受的水平，会计师事务所应当拒绝接受审计业务委托，或解除审计业务约定。

第十七章　含有使用和分发限制条款的报告

第一节　一般规定

第一百六十八条　本守则规定的独立性要求适用于所有审计业务。在特定情况下，某些审计业务的审计报告含有使用和分发的限制条款。

对于特殊目的财务报表审计业务，如果符合本守则第一百六十九条和第一百七十条的规定，并且同时满足下列条件，会计师事务所可以根据本章第二节至第七节的规定对独立性的要求作出变通：

（一）审计旨在就财务报表是否在所有重大方面按照适用的会计准则编制发表审计意见；

（二）审计报告中含有对其使用和分发进行限制的条款。

会计师事务所执行法定财务报表审计业务不得变通独立性要求。

第一百六十九条　如果报告的预期使用者已经了解报告目的以及报告的使用和分发限制，并且明确同意变通独立性要求，会计师事务所可以变通。

预期使用者可以通过直接参与，或由其授权代表参与确定会计师事务所提供服务的性质和范围，了解报告目的以及报告的使用和分发限制。

预期使用者的参与，可以加强会计师事务所就独立性事项与预期使用者的沟通，并获取预期使用者对变通独立性要求的认可。

第一百七十条　会计师事务所应当就审计业务适用的独立性要求与预期使用者沟通。如果在确定业务约定条款时并未特别明确具体预期使用者，会计师事务所应当随后通过预期使用者的代表告知该预期使用者适用的独立性要求。

第一百七十一条　如果对同一审计客户既出具含有使用和分发限制条款的审计报告，又出具未含有使用和分发限制条款的审计报告，则对未加限制的审计报告业务，不适用本章的规定，会计师事务所应当遵守本守则第一章至第十六章的规定。

第一百七十二条　除本章第二节至第七节中明确列出的可变通情形外，会计师事务所不得对独立性要求作出变通。

第二节　公众利益实体

第一百七十三条　如果出现本守则第一百六十八条至第一百七十条列举的情形，并满足所规定的条件，会计师事务所可以不执行本守则第二章至第十六章关于公众利益实体的特别规定。

第三节　关联实体

第一百七十四条　如果出现本守则第一百六十八条至第一百七十条列举的情形，

所提及的审计客户不包括其关联实体。但如果审计项目组知悉或有理由相信，涉及客户某一关联实体的情形与评价会计师事务所的独立性相关，则审计项目组在识别和评价对独立性产生的不利影响以及采取适当防范措施时，应当将该关联实体一并考虑。

第四节　网络与网络事务所

第一百七十五条　如果出现本守则第一百六十八条至第一百七十条列举的情形，所提及的会计师事务所不包括网络事务所。但如果会计师事务所知悉或有理由相信，某一网络事务所的利益或关系对独立性产生不利影响，在评价不利影响时，应当将该网络事务所一并考虑。

第五节　经济利益、贷款和担保、密切的商业关系以及家庭和私人关系

第一百七十六条　如果出现本守则第一百六十八条至第一百七十条列举的情形，并满足所规定的条件，则本守则第三章至第九章的相关规定仅适用于项目组成员及其近亲属。

第一百七十七条　会计师事务所应当按照本守则第三章至第九章的规定，确定审计客户与审计项目组下列成员之间的利益和关系是否对独立性产生不利影响：

（一）对技术或行业具体问题、交易或事项等提供咨询的人员；

（二）提供项目质量控制的人员，包括执行项目质量控制复核的人员。

如果项目组有理由相信，审计客户与会计师事务所其他人员之间存在利益和关系，会计师事务所应当评价对独立性产生不利影响的严重程度。其他人员通常是可以直接影响审计业务结果的人员，即对审计项目合伙人提出薪酬建议，以及对其直接指导、管理或监督的人员，包括从审计项目合伙人的直接上级至主任会计师之间的各级别人员。

第一百七十八条　如果项目组有理由相信本守则第四十五条至第四十八条和第五十条至第五十二条提及的人员在审计客户中拥有的经济利益将对独立性产生不利影响，会计师事务所应当评价不利影响的严重程度。

如果不利影响超出可接受的水平，会计师事务所应当采取防范措施消除不利影响或将其降低至可接受的水平。

第一百七十九条　在运用本守则第四十三条、第五十二条有关会计师事务所经济利益的规定时，如果会计师事务所在审计客户中拥有重大经济利益，无论是直接还是间接的，都将因自身利益产生非常严重的不利影响，导致没有防范措施能够将其降低至可接受的水平。会计师事务所不得拥有这种经济利益。

第六节　与审计客户发生雇佣关系

第一百八十条　注册会计师应当评价本守则第七章所述因雇佣关系产生的不利影响的严重程度。如果不利影响超出可接受的水平，注册会计师应当采取防范措施消除不利影响或将其降低至可接受的水平。注册会计师可以按照本守则第七十三条的要求采取适当防范措施。

第七节 提供非鉴证服务

第一百八十一条 如果会计师事务所接受委托为审计客户出具含有使用和分发限制条款的报告，并同时向审计客户提供非鉴证服务，则应当遵守本守则第十二章至第十六章的规定。本守则第一百七十二条至第一百七十五条另有规定的除外。

第十八章 附 则

第一百八十二条 本守则自2010年7月1日起施行。

五、中国注册会计师职业道德守则第5号——其他鉴证业务对独立性的要求

第一章 总 则

第一条 为了规范注册会计师职业行为，指导注册会计师运用独立性概念框架，解决执行其他鉴证业务（以下简称鉴证业务）时遇到的独立性问题，制定本守则。

第二条 客观和公正原则要求鉴证业务项目组成员、会计师事务所与鉴证客户保持独立。在执行鉴证业务时，鉴证业务项目组成员、会计师事务所应当维护公众利益，独立于鉴证客户。

如果认为网络事务所的利益和关系对独立性产生不利影响，会计师事务所和鉴证业务项目组成员应当评价不利影响的严重程度。

如果鉴证业务项目组知悉或有理由相信，涉及客户某一关联实体的情形与评价会计师事务所与客户的独立性有关，则在识别和评价独立性以及采取适当防范措施时，应当将该关联实体包括在内。

第三条 如果会计师事务所向鉴证客户提供鉴证服务的同时，也向其提供审计或审阅服务，则在执行审计或审阅业务时，应当遵守《中国注册会计师职业道德守则第4号——审计和审阅业务对独立性的要求》。

第四条 在执行鉴证业务的过程中，可能存在多种对独立性产生不利影响的情形，注册会计师应当对此保持警觉，并按照本守则的规定办理。当遇到本守则未列举的情形时，注册会计师应当运用独立性概念框架评价具体情形对独立性的影响，并采取防范措施消除不利影响或将其降低至可接受的水平。

第二章 基本要求

第一节 独立性概念框架

第五条 独立性包括实质上的独立性和形式上的独立性：

（一）实质上的独立性。实质上的独立性是一种内心状态，使得注册会计师在提出结论时不受损害职业判断的因素影响，诚信行事，遵循客观和公正原则，保持职业怀疑态度；

（二）形式上的独立性。形式上的独立性是一种外在表现，使一个理性且掌握充分信息的第三方，在权衡所有相关事实和情况后，认为会计师事务所或鉴证业务项目组成员没有损害诚信原则、客观和公正原则或职业怀疑态度。

第六条　独立性概念框架是指解决独立性问题的思路和方法，用以指导注册会计师：

（一）识别对独立性的不利影响；

（二）评价不利影响的严重程度；

（三）必要时采取防范措施消除不利影响或将其降低至可接受的水平。

如果无法采取适当的防范措施消除不利影响或将其降低至可接受的水平，注册会计师应当消除产生不利影响的情形，或者拒绝接受鉴证业务委托或终止鉴证业务。

在运用独立性概念框架时，注册会计师应当运用职业判断。

第七条　在确定是否接受或保持某项业务，或者某一特定人员能否作为鉴证业务项目组成员时，会计师事务所应当识别和评价各种对独立性的不利影响。

如果不利影响超出可接受的水平，在确定是否接受某项业务或某一特定人员能否作为鉴证业务项目组成员时，会计师事务所应当确定能否采取防范措施以消除不利影响或将其降低至可接受的水平。

在确定是否保持某项业务时，会计师事务所应当确定现有的防范措施是否仍然有效；如果无效，是否需要采取其他防范措施或者终止业务。

在执行业务过程中，如果注意到对独立性产生不利影响的新情况，会计师事务所应当运用独立性概念框架评价不利影响的严重程度。

第八条　在评价不利影响的严重程度时，注册会计师应当从性质和数量两个方面予以考虑。

第九条　由于会计师事务所规模、结构和组织形式不同，会计师事务所人员对独立性承担的责任也不同。会计师事务所应当按照《会计师事务所质量控制准则第5101号——业务质量控制》的要求制定政策和程序，以合理保证其按照本守则的要求保持独立性。项目合伙人应当就鉴证业务项目组遵守相关独立性要求的情况形成结论。

第二节　基于责任方认定的业务

第十条　在基于责任方认定的业务中，鉴证业务项目组成员和会计师事务所应当与鉴证客户保持独立。

根据这种独立性要求，鉴证业务项目组成员不得与客户的董事、高级管理人员，或所处职位能够对鉴证对象信息施加重大影响的员工（以下简称特定员工）存在某些特定关系。

注册会计师应当确定鉴证业务项目组成员与特定员工之间存在的关系是否对独立性产生不利影响。

会计师事务所应当评价由网络事务所的利益和关系产生的所有不利影响的严重程度。

第十一条 在大多数基于责任方认定的业务中，责任方需要同时对鉴证对象信息和鉴证对象负责。在某些业务中，责任方无需对鉴证对象负责。

如果责任方对鉴证对象信息负责而不对鉴证对象负责，鉴证业务项目组成员和会计师事务所应当与对鉴证对象信息负责的责任方（鉴证客户）保持独立。

会计师事务所还应当评价鉴证业务项目组成员、会计师事务所和网络事务所与鉴证对象的责任方之间存在的利益和关系产生的所有不利影响的严重程度。

第三节 直接报告业务

第十二条 在直接报告业务中，鉴证业务项目组成员和会计师事务所应当与鉴证客户（对鉴证对象负责的责任方）保持独立。会计师事务所还应当评价由网络事务所的利益和关系产生的不利影响的严重程度。

第四节 含有使用和分发限制条款的报告

第十三条 如果报告的预期使用者已经了解报告目的以及报告的使用和分发限制，并且明确同意变通独立性要求，会计师事务所可以变通。

预期使用者可以通过直接参与，或由其授权代表参与确定会计师事务所提供服务的性质和范围，了解报告目的以及报告的使用和分发限制。

预期使用者的参与，可以加强会计师事务所就独立性事项与预期使用者的沟通，并获取预期使用者对变通独立性要求的认可。

第十四条 会计师事务所应当就鉴证业务适用的独立性要求与预期使用者沟通。如果在确定业务约定条款时并未特别明确具体预期使用者，会计师事务所应当随后通过预期使用者的代表告知该预期使用者适用的独立性要求。

第十五条 如果对同一鉴证客户既出具含有使用和分发限制条款的鉴证报告，又出具未含有使用和分发限制条款的鉴证报告，则对未加限制的鉴证报告业务，不适用本节的规定，会计师事务所应当遵守本守则除第十三条至第十九条以外的规定。

如果对同一客户出具审计报告，无论审计报告是否含有使用和分发的限制条款，《中国注册会计师职业道德守则第 4 号——审计和审阅业务对独立性的要求》的规定均适用于该审计业务。

第十六条 除本守则第十七条至第十九条中明确列出的可变通情形外，会计师事务所不得对独立性要求作出变通。

第十七条 如果出现本守则第十三条和第十四条列举的情形，并满足所规定的条件，则本守则第三章至第八章的相关规定仅适用于项目组成员及其近亲属。

会计师事务所还应当确定鉴证客户与鉴证业务项目组下列成员之间的利益和关系是否对独立性产生不利影响：

（一）对技术或行业具体问题、交易或事项等提供咨询的人员；

（二）提供项目质量控制的人员，包括执行项目质量控制复核的人员。

如果项目组有理由相信，鉴证客户与会计师事务所其他人员之间存在利益和关系，则会计师事务所应当评价对独立性产生不利影响的严重程度。其他人员通常是可以直接影响鉴证业务结果的人员，即对鉴证业务项目合伙人提出薪酬建议，以及对其直接指导、管理或监督的人员，包括从鉴证业务项目合伙人的直接上级至主任会计师之间的各级别人员。

第十八条　即使出现本守则第十三条和第十四条列举的情形，并满足所规定的条件，如果会计师事务所在鉴证客户中拥有重大经济利益，无论是直接还是间接的，都将因自身利益产生非常严重的不利影响，导致没有防范措施能够将其降低至可接受的水平。会计师事务所不得拥有这种经济利益。会计师事务所还应当遵守本守则第四章至第十四章的其他相关规定。

第十九条　会计师事务所应当评价因网络事务所的利益和关系产生不利影响的严重程度。

第五节　多个责任方

第二十条　某些鉴证业务，包括基于责任方认定的业务和直接报告业务，可能存在多个责任方。这种情况下，在确定是否有必要将本守则的规定应用于每个责任方时，会计师事务所应当根据鉴证对象信息的具体情况，评价会计师事务所或鉴证业务项目组成员与特定责任方之间的利益和关系对独立性产生的不利影响是否微小。在作出评价时，会计师事务所应当主要考虑下列因素：

（一）由特定责任方负责的鉴证对象信息（或鉴证对象）的重要性；

（二）鉴证业务涉及公众利益的程度。

如果确定与特定责任方之间的利益和关系对独立性产生的不利影响微小，会计师事务所不必将本守则的所有规定应用于该责任方。

第六节　工作记录

第二十一条　注册会计师应当记录遵守独立性要求的情况，包括记录形成的结论，以及为形成结论而讨论的主要内容。

第二十二条　如果需要采取防范措施将某种不利影响降低至可接受的水平，注册会计师应当记录该不利影响的性质，以及将其降低至可接受的水平所采取的防范措施。

第二十三条　如果需要对某种不利影响进行大量分析才能确定是否有必要采取防范措施，而注册会计师认为由于不利影响未超出可接受的水平不需要采取防范措施，注册会计师应当记录不利影响的性质以及得出不需采取防范措施结论的理由。

第七节　业务期间

第二十四条　注册会计师应当在业务期间和鉴证对象信息涵盖的期间独立于鉴证客户。

业务期间自鉴证业务项目组开始执行鉴证业务之日起，至出具鉴证报告之日止。如果鉴证业务具有连续性，业务期间结束日应以其中一方通知解除业务关系或出具最终鉴证报告两者时间孰晚为准。

第二十五条　如果一个实体委托会计师事务所对其鉴证对象信息发表意见，并且在该鉴证对象信息涵盖的期间或之后成为鉴证客户，会计师事务所应当确定下列因素是否对独立性产生不利影响：

（一）在鉴证对象信息涵盖的期间或之后、接受鉴证业务委托之前，与鉴证客户之间存在的经济利益或商业关系；

（二）以往向鉴证客户提供的服务。

第二十六条 如果在鉴证对象信息涵盖的期间或之后，在鉴证业务项目组开始执行鉴证业务之前，会计师事务所向鉴证客户提供了非鉴证服务，并且该非鉴证服务在鉴证业务期间不允许提供，会计师事务所应当评价提供的非鉴证服务对独立性产生的不利影响。如果不利影响超出可接受的水平，会计师事务所只有在采取防范措施消除不利影响或将其降低至可接受的水平的情况下，才能接受鉴证业务。

防范措施主要包括：

（一）不允许提供非鉴证服务的人员担任鉴证业务项目组成员；

（二）必要时由其他的注册会计师复核鉴证和非鉴证工作；

（三）由其他会计师事务所评价非鉴证业务的结果，或由其他会计师事务所重新执行非鉴证业务，并且所执行工作的范围能够使其承担责任。

如果会计师事务所尚未完成非鉴证服务，并且在鉴证业务开始前不能完成或终止非鉴证服务，只有在满足下列条件时，会计师事务所才能接受该鉴证业务：

（一）非鉴证服务将在短期内完成；

（二）客户作出安排，拟在短期内将非鉴证服务转给其他中介机构。

在服务期间内，会计师事务所应当在必要时采取防范措施，并且还应就该事项与治理层讨论。

第八节 其他方面的考虑

第二十七条 注册会计师可能无意中违反本守则的规定。如果会计师事务所具有维护独立性的适当质量控制政策和程序，并且能够立即纠正发现的违规情况，并采取必要的措施消除不利影响或将其降低至可接受的水平，通常不被视为损害独立性。会计师事务所应当决定是否就该情况与治理层讨论。

第三章 经济利益

第二十八条 在鉴证客户中拥有经济利益可能因自身利益导致不利影响。不利影响存在与否及其严重程度取决于下列因素：

（一）拥有经济利益的人员的角色；

（二）经济利益是直接还是间接的；

（三）经济利益的重要性。

第二十九条 受益人可能通过投资工具拥有经济利益。确定经济利益是直接还是间接的，取决于受益人能否控制投资工具或具有影响投资决策的能力。

如果受益人能够控制投资工具或具有影响投资决策的能力，本守则将这种经济利益界定为直接经济利益。

如果受益人不能控制投资工具或不具有影响投资决策的能力，本守则将这种经济利益界定为间接经济利益。

第三十条 如果会计师事务所、鉴证业务项目组成员或其主要近亲属在鉴证客户中拥有直接经济利益或重大间接经济利益，将因自身利益产生非常严重的不利影响，导致没有防范措施能够将其降低至可接受的水平。

会计师事务所、鉴证业务项目组成员或其主要近亲属不得在鉴证客户中拥有直接经济利益或重大间接经济利益。

第三十一条 如果鉴证业务项目组某一成员的其他近亲属在鉴证客户中拥有直接经济利益或重大间接经济利益，将因自身利益产生非常严重的不利影响。不利影响的严重程度主要取决于下列因素：

（一）鉴证业务项目组成员与其他近亲属之间的关系；

（二）经济利益对其他近亲属的重要性。

会计师事务所应当评价不利影响的严重程度，并在必要时采取防范措施消除不利影响或将其降低至可接受的水平。

防范措施主要包括：

（一）其他近亲属尽快处置全部经济利益，或处置全部直接经济利益并处置足够数量的间接经济利益，以使剩余经济利益不再重大；

（二）由鉴证业务项目组以外的注册会计师复核该成员已执行的工作；

（三）将该成员调离鉴证业务项目组。

第三十二条 当一个实体在鉴证客户中拥有控制性的权益，并且鉴证客户对该实体重要时，如果会计师事务所、鉴证业务项目组成员或其主要近亲属在该实体中拥有直接经济利益或重大间接经济利益，将因自身利益产生非常严重的不利影响，导致没有防范措施能够将其降低至可接受的水平。

会计师事务所、鉴证业务项目组成员或其主要近亲属不得在该实体中拥有直接经济利益或重大间接经济利益。

第三十三条 如果会计师事务所、鉴证业务项目组成员或其主要近亲属作为受托管理人在鉴证客户中拥有直接经济利益或重大间接经济利益，将因自身利益产生不利影响。

只有在同时满足下列条件时，才允许拥有上述经济利益：

（一）鉴证业务项目组成员及其主要近亲属和会计师事务所均不是受托财产的受益人；

（二）委托人在鉴证客户中拥有的经济利益对委托人并不重大；

（三）委托人不能对鉴证客户施加重大影响；

（四）针对委托人在鉴证客户中拥有的经济利益，受托管理人及其主要近亲属和会计师事务所对其任何投资决策都不能施加重大影响。

第三十四条 鉴证业务项目组成员应当确定下列人员在鉴证客户中拥有已知的经济利益是否因自身利益产生不利影响：

（一）除本章前面条款提及的人员外，会计师事务所合伙人、专业人员或其主要近亲属；

（二）与鉴证业务项目组成员存在密切私人关系的人员。

这些经济利益是否因自身利益产生不利影响主要取决于下列因素：

（一）会计师事务所的组织结构、经营模式和沟通机制；

（二）本条前款提及人员与鉴证业务项目组成员之间的关系。

注册会计师应当评价不利影响的严重程度，并在必要时采取防范措施消除不利影响或将其降低至可接受的水平。

防范措施主要包括：

（一）将存在密切私人关系的鉴证业务项目组成员调离鉴证业务项目组；

（二）不允许该鉴证业务项目组成员参与有关鉴证业务的任何重大决策；

（三）由鉴证业务项目组以外的注册会计师复核该鉴证业务项目组成员已执行的工作。

第三十五条 如果会计师事务所、合伙人或其主要近亲属、员工或其主要近亲属，从鉴证客户获得直接经济利益或重大间接经济利益（例如，通过继承、馈赠或因合并而获得经济利益），而根据本守则的规定不允许拥有此类经济利益，则应当采取下列措施：

（一）如果会计师事务所获得经济利益，应当立即处置全部经济利益，或处置全部直接经济利益并处置足够数量的间接经济利益，以使剩余经济利益不再重大；

（二）如果鉴证业务项目组成员或其主要近亲属获得经济利益，应当立即处置全部经济利益，或处置全部直接经济利益并处置足够数量的间接经济利益，以使剩余经济利益不再重大。

第三十六条 当无意中违反本守则有关经济利益的规定时，如果会计师事务所同时满足下列条件，不被视为损害独立性：

（一）会计师事务所已经制定政策和程序，要求所有专业人员在因购买、继承或其他方式拥有鉴证客户的经济利益而违反规定时，立即向会计师事务所报告；

（二）按照本守则第三十五条的规定采取了适当的措施；

（三）会计师事务所在必要时已采取其他防范措施将剩余的不利影响降低至可接受的水平。防范措施主要包括由鉴证业务项目组以外的注册会计师复核该成员已执行的工作，或不允许该成员参与任何有关该鉴证业务的重大决策。

会计师事务所应当确定是否就该事项与治理层讨论。

第四章 贷款和担保

第三十七条 会计师事务所、鉴证业务项目组成员或其主要近亲属从银行或类似金融机构等鉴证客户取得贷款，或获得贷款担保，可能对独立性产生不利影响。

如果鉴证客户不按照正常的程序、条款和条件提供贷款或担保，将因自身利益产生非常严重的不利影响，导致没有防范措施能够将其降低至可接受的水平。会计师事务所、鉴证业务项目组成员或其主要近亲属不得接受此类贷款或担保。

第三十八条　如果会计师事务所按照正常的贷款程序、条款和条件，从银行或类似金融机构等鉴证客户取得贷款，即使该贷款对鉴证客户或会计师事务所影响重大，也可能通过采取防范措施将因自身利益产生的不利影响降低至可接受的水平。

采取的防范措施包括由网络中未参与执行鉴证业务并且未接受该贷款的会计师事务所复核已执行的工作等。

第三十九条　鉴证业务项目组成员或其主要近亲属从银行或类似金融机构等鉴证客户取得贷款，或由鉴证客户提供贷款担保，如果按照正常的程序、条款和条件取得贷款或担保，则不会对独立性产生不利影响。

第四十条　会计师事务所、鉴证业务项目组成员或其主要近亲属从不属于银行或类似金融机构的鉴证客户取得贷款，或由鉴证客户提供贷款担保，将因自身利益产生非常严重的不利影响，导致没有防范措施能够将其降低至可接受的水平。

第四十一条　会计师事务所、鉴证业务项目组成员或其主要近亲属向鉴证客户提供贷款或为其提供担保，将因自身利益产生非常严重的不利影响，导致没有防范措施能够将其降低至可接受的水平。

第四十二条　会计师事务所、鉴证业务项目组成员或其主要近亲属在银行或类似金融机构等鉴证客户开立存款或交易账户，如果账户按照正常的商业条件开立，则不会对独立性产生不利影响。

第五章　商业关系

第四十三条　会计师事务所、鉴证业务项目组成员或其主要近亲属与鉴证客户或其高级管理人员之间，由于商务关系或共同的经济利益而存在密切的商业关系，可能因自身利益或外在压力产生严重的不利影响。这些商业关系主要包括：

（一）在与客户或其控股股东、董事、高级管理人员共同开办的企业中拥有经济利益；

（二）按照协议，将会计师事务所的产品或服务与客户的产品或服务结合在一起，并以双方名义捆绑销售；

（三）按照协议，会计师事务所销售或推广客户的产品或服务，或者客户销售或推广会计师事务所的产品或服务。

会计师事务所不得介入此类商业关系；如果存在此类商业关系，应当予以终止。

如果此类商业关系涉及鉴证业务项目组成员，会计师事务所应当将该成员调离鉴证业务项目组。

如果鉴证业务项目组成员的主要近亲属与鉴证客户或其高级管理人员存在此类商业关系，注册会计师应当评价不利影响的严重程度，并在必要时采取防范措施消除不利影响或将其降低至可接受的水平。

第四十四条 会计师事务所、鉴证业务项目组成员或其主要近亲属从鉴证客户购买商品或服务，如果按照正常的商业程序公平交易，通常不会对独立性产生不利影响。

如果交易性质特殊或金额较大，可能因自身利益产生不利影响。

会计师事务所应当评价不利影响的严重程度，并在必要时采取防范措施消除不利影响或将其降低至可接受的水平。

防范措施主要包括：

（一）取消交易或降低交易规模；

（二）将相关鉴证业务项目组成员调离鉴证业务项目组。

第六章 家庭和私人关系

第四十五条 如果鉴证业务项目组成员与鉴证客户的董事、高级管理人员或特定员工存在家庭和私人关系，可能因自身利益、密切关系或外在压力产生不利影响。

不利影响存在与否及其严重程度取决于多种因素，包括该成员在鉴证业务项目组的角色、其家庭成员或相关人员在客户中的职位以及关系的密切程度等。

第四十六条 如果鉴证业务项目组成员的主要近亲属是鉴证客户的董事、高级管理人员或特定员工，或者在业务期间或鉴证对象信息涵盖的期间曾担任上述职务，只有把该成员调离鉴证业务项目组，才能将对独立性的不利影响降低至可接受的水平。

第四十七条 如果鉴证业务项目组成员的主要近亲属在鉴证客户中所处职位能够对鉴证对象施加重大影响，将对独立性产生不利影响。不利影响的严重程度主要取决于下列因素：

（一）主要近亲属在客户中的职位；

（二）该成员在鉴证业务项目组中的角色。

会计师事务所应当评价不利影响的严重程度，并在必要时采取防范措施消除不利影响或将其降低至可接受的水平。

防范措施主要包括：

（一）将该成员调离鉴证业务项目组；

（二）合理安排鉴证业务项目组成员的职责，使该成员的工作不涉及其主要近亲属的职责范围。

第四十八条 如果鉴证业务项目组成员的其他近亲属是鉴证客户的董事、高级管理人员或特定员工，将对独立性产生不利影响。不利影响的严重程度主要取决于下列因素：

（一）鉴证业务项目组成员与其他近亲属的关系；

（二）其他近亲属在客户中的职位；

（三）该成员在鉴证业务项目组中的角色。

会计师事务所应当评价不利影响的严重程度，并在必要时采取防范措施消除不利影响或将其降低至可接受的水平。

防范措施主要包括：

（一）将该成员调离鉴证业务项目组；

（二）合理安排鉴证业务项目组成员的职责，使该成员的工作不涉及其他近亲属的职责范围。

第四十九条　如果鉴证业务项目组成员与鉴证客户的员工存在密切关系，并且该员工是鉴证客户的董事、高级管理人员或特定员工，即使该员工不是鉴证业务项目组成员的近亲属，也将对独立性产生不利影响。拥有此类关系的鉴证业务项目组成员应当按照会计师事务所的政策和程序的要求，向会计师事务所内部或外部的相关人员咨询。

不利影响的严重程度主要取决于下列因素：

（一）该员工与鉴证业务项目组成员的关系；

（二）该员工在客户中的职位；

（三）该成员在鉴证业务项目组中的角色。

会计师事务所应当评价不利影响的严重程度，并在必要时采取防范措施消除不利影响或将其降低至可接受的水平。

防范措施主要包括：

（一）将该成员调离鉴证业务项目组；

（二）鉴证业务项目组成员与其他近亲属的关系；

（三）其他近亲属在客户中的职位；

（四）该成员在鉴证业务项目组中的角色。

会计师事务所应当评价不利影响的严重程度，并在必要时采取防范措施消除不利影响或将其降低至可接受的水平。

防范措施主要包括：

（一）将该成员调离鉴证业务项目组；

（二）合理安排鉴证业务项目组成员的职责，使该成员的工作不涉及其他近亲属的职责范围。

第五十条　会计师事务所中鉴证业务项目组成员以外的合伙人或员工，与鉴证客户的董事、高级管理人员或特定员工之间存在家庭或私人关系，可能因自身利益、密切关系或外在压力产生不利影响。

会计师事务所合伙人或员工在知悉此类关系后，应当按照会计师事务所的政策和程序进行咨询。不利影响存在与否及其严重程度主要取决于下列因素：

（一）该合伙人或员工与鉴证客户的董事、高级管理人员或特定员工之间的关系；

（二）该合伙人或员工与鉴证业务项目组之间的相互影响；

（三）该合伙人或员工在会计师事务所中的角色；

（四）董事、高级管理人员或特定员工在鉴证客户中的职位。

会计师事务所应当评价不利影响的严重程度，并在必要时采取防范措施消除不利影响或将其降低至可接受的水平。

防范措施主要包括：

（一）合理安排该合伙人或员工的职责，以减少对鉴证业务项目组可能产生的影响；

（二）由鉴证业务项目组以外的注册会计师复核已执行的相关鉴证工作。

第五十一条 当无意中违反本守则有关家庭和私人关系的规定时，如果会计师事务所同时满足下列条件，不被视为损害独立性：

（一）会计师事务所已经制定政策和程序，要求所有专业人员在其近亲属或与其存在私人关系的员工因工作变动而违反规定时，立即向会计师事务所报告；

（二）鉴证业务项目组成员因其主要近亲属成为鉴证客户的董事、高级管理人员或特定员工而无意中违反规定时，将该成员调离鉴证业务项目组；

（三）会计师事务所在必要时已采取其他防范措施将剩余不利影响降低至可接受的水平。防范措施主要包括由鉴证业务项目组以外的注册会计师复核该成员已执行的工作，不允许该成员参与任何有关该业务的重大决策等。

会计师事务所应当确定是否就该事项与治理层讨论。

第七章 与鉴证客户发生雇佣关系

第五十二条 如果鉴证客户的董事、高级管理人员或特定员工，曾经是鉴证业务项目组的成员或会计师事务所的合伙人，可能因密切关系或外在压力产生不利影响。

第五十三条 如果鉴证业务项目组前任成员或会计师事务所前任合伙人加入鉴证客户，担任董事、高级管理人员或特定员工，因密切关系或外在压力产生的不利影响存在与否及其严重程度主要取决于下列因素：

（一）前任成员或前任合伙人在鉴证客户中的职位；

（二）前任成员或前任合伙人在其工作中与鉴证业务项目组交往的程度；

（三）前任成员或前任合伙人离开会计师事务所的时间长短；

（四）前任成员或前任合伙人以前在鉴证业务项目组或会计师事务所中的角色，例如，前任成员或前任合伙人是否负责与客户治理层或管理层保持定期联系。

在任何情况下，前任成员或前任合伙人均不得继续参与会计师事务所的业务或专业活动。

会计师事务所应当评价不利影响的严重程度，并在必要时采取防范措施消除不利影响或将其降低至可接受的水平。

防范措施主要包括：

（一）作出安排，使前任成员或前任合伙人无权从会计师事务所获取报酬或福利，除非这些报酬或福利是按照预先确定的固定金额支付的；

（二）作出安排，使未付金额对会计师事务所不重要；

（三）修改鉴证业务计划；

（四）向鉴证业务项目组分派经验更丰富的人员；

（五）由鉴证业务项目组以外的注册会计师复核前任鉴证业务项目组成员已执行的工作。

第五十四条　如果会计师事务所前任合伙人加入了某一实体，而该实体随后成为会计师事务所的鉴证客户，会计师事务所应当评价对独立性不利影响的严重程度，并在必要时采取防范措施消除不利影响或将其降低至可接受的水平。

第五十五条　如果鉴证业务项目组某一成员参与鉴证业务，当知道自己在未来某一时间将要或有可能加入鉴证客户时，将因自身利益产生不利影响。会计师事务所应当制定政策和程序，要求鉴证业务项目组成员在与鉴证客户协商受雇于该客户时，向会计师事务所报告。

在接到报告后，会计师事务所应当评价不利影响的严重程度，并在必要时采取防范措施消除不利影响或将其降低至可接受的水平。

防范措施主要包括：

（一）将该成员调离鉴证业务项目组；

（二）由鉴证业务项目组以外的注册会计师复核该成员在鉴证业务项目组中作出的重大判断。

第八章　鉴证业务项目组成员最近曾担任鉴证客户的董事、高级管理人员和特定员工

第五十六条　如果鉴证业务项目组成员最近曾担任鉴证客户的董事、高级管理人员或特定员工，可能因自身利益、自我评价或密切关系产生不利影响。例如，如果鉴证业务项目组成员在鉴证客户工作期间曾经编制鉴证对象信息的要素，现又对其进行评价，则可能产生这些不利影响。

第五十七条　如果在鉴证报告涵盖的期间，鉴证业务项目组成员曾担任鉴证客户的董事、高级管理人员或特定员工，将产生非常严重的不利影响，导致没有防范措施能够将其降低至可接受的水平。会计师事务所不得将此类人员分派到鉴证业务项目组。

第五十八条　如果在鉴证报告涵盖的期间之前，鉴证业务项目组成员曾担任鉴证客户的董事、高级管理人员或特定员工，可能因自身利益、自我评价或密切关系产生不利影响。例如，如果在当期需要评价此类人员以前就职于鉴证客户时作出的决策或工作，将产生这些不利影响。不利影响存在与否及其严重程度主要取决于下列因素：

（一）该成员在客户中曾担任的职务；

（二）该成员离开客户的时间长短；

（三）该成员在鉴证业务项目组中的角色。

会计师事务所应当评价不利影响的严重程度，并在必要时采取防范措施将其降低至可接受的水平。防范措施包括复核该成员已执行的工作等。

第九章　兼任鉴证客户的董事或高级管理人员

第五十九条　如果会计师事务所的合伙人或员工兼任鉴证客户的董事或高级管理

人员，将因自我评价和自身利益产生非常严重的不利影响，导致没有防范措施能够将其降低至可接受的水平。会计师事务所的合伙人或员工不得兼任鉴证客户的董事或高级管理人员。

第六十条 如果会计师事务所的合伙人或员工担任鉴证客户的公司秘书，将因自我评价和过度推介产生非常严重的不利影响，导致没有防范措施能够将其降低至可接受的水平。会计师事务所的合伙人或员工不得兼任鉴证客户的公司秘书。

第六十一条 会计师事务所提供日常和行政事务性的服务以支持公司秘书职能，或提供与公司秘书行政事项有关的建议，只要所有相关决策均由鉴证客户管理层作出，通常不会损害独立性。

第十章 与鉴证客户长期存在业务关系

第六十二条 会计师事务所长期委派同一名合伙人或高级员工执行某一客户的鉴证业务，将因密切关系和自身利益产生不利影响。

不利影响的严重程度主要取决于下列因素：

（一）该人员加入鉴证业务项目组的时间长短；

（二）该人员在鉴证业务项目组中的角色；

（三）会计师事务所的组织结构；

（四）鉴证业务的性质；

（五）客户的管理团队是否发生变动；

（六）鉴证对象信息的性质或复杂程度是否发生变化。

会计师事务所应当评价因密切关系和自身利益产生的不利影响的严重程度，并在必要时采取防范措施消除不利影响或将其降低至可接受的水平。

防范措施主要包括：

（一）将该人员轮换出鉴证业务项目组；

（二）由鉴证业务项目组以外的注册会计师复核该人员已执行的工作；

（三）定期对该业务实施独立的质量复核。

第十一章 为鉴证客户提供非鉴证服务

第一节 一般规定

第六十三条 会计师事务所向鉴证客户提供非鉴证服务，可能对独立性产生不利影响，包括因自我评价、自身利益和过度推介等产生的不利影响。

第六十四条 在接受委托向鉴证客户提供非鉴证服务之前，会计师事务所应当确定提供该服务是否将对独立性产生不利影响。

在评价某一特定非鉴证服务产生不利影响的严重程度时，会计师事务所应当考虑鉴证业务项目组认为提供其他相关非鉴证服务将产生的不利影响。

如果没有防范措施能够将不利影响降低至可接受的水平，会计师事务所不得向鉴证客户提供该非鉴证服务。

第二节 承担管理层职责

第六十五条 管理层按照对利益相关者最有利的方式行使多项管理职能。管理层负有领导和指挥的职责，如针对人力资源、财务资源、有形或无形资源的取得、配置和控制作出重大决策。

第六十六条 会计师事务所应当根据具体情况确定某项活动是否属于管理层职责。下列活动通常被视为管理层职责：

（一）制定政策和战略方针；

（二）指导员工的行动并对其行动负责；

（三）对交易进行授权；

（四）确定采纳会计师事务所或其他第三方提出的建议；

（五）负责设计、实施和维护内部控制。

第六十七条 如果会计师事务所代客户从事日常和行政性的事务或不重要的活动，通常不被视为代行管理层职责。下列活动不被视为管理层职责：

（一）执行一项已由管理层授权的非重要交易；

（二）跟踪法定申报资料规定的提交日期，并告知鉴证客户这些日期；

（三）向管理层提供意见和建议，以协助管理层履行职责。

第六十八条 会计师事务所承担鉴证客户的管理层职责，将对其独立性产生不利影响。如果作为鉴证业务的组成部分，会计师事务所承担了管理层职责，将产生非常严重的不利影响，导致没有防范措施能够将其降低至可接受的水平。

会计师事务所在执行鉴证业务时，不得将承担管理层职责作为执行鉴证业务的组成部分。如果承担的管理层职责作为向鉴证客户提供的其他服务的组成部分，会计师事务所应当确保该职责与其执行鉴证业务涉及的鉴证对象和鉴证对象信息无关。

第六十九条 在向鉴证客户提供非鉴证服务时，为避免承担管理层职责的风险，会计师事务所应当确保由管理层的成员负责作出重大判断和决策，评价服务的结果，并对依据服务结果采取的行动负责。

第三节 其他考虑

第七十条 如果会计师事务所提供的非鉴证服务与鉴证业务中的鉴证对象信息相关，可能对独立性产生不利影响。在这种情况下，会计师事务所应当评价非鉴证服务影响鉴证对象信息的程度，并确定因自我评价产生的不利影响能否通过采取防范措施降低至可接受的水平。

第七十一条 如果会计师事务所参与编制鉴证对象信息，随后又对该信息进行鉴证，则可能因自我评价产生不利影响。例如，如果会计师事务所设计并编制预测性财务信息，随后对该信息进行鉴证，将因自我评价产生不利影响。会计师事务所应当评价提供此类服务产生不利影响的严重程度，并在必要时采取防范措施消除不利影响或将其降低至可接受的水平。

第七十二条 如果会计师事务所提供的评估服务结果构成鉴证业务中鉴证对象信息的组成部分，会计师事务所应当评价因自我评价产生不利影响的严重程度，并在必要时采取防范措施消除不利影响或将其降低至可接受的水平。

第十二章 收 费

第一节 收费结构

第七十三条 如果会计师事务所从某一鉴证客户收取的全部费用占其收费总额的比重很大，则对该客户的依赖及对可能失去该客户的担心将因自身利益或外在压力产生不利影响。不利影响的严重程度主要取决于下列因素：

（一）会计师事务所的业务类型及收入结构；

（二）会计师事务所成立时间的长短；

（三）该客户对会计师事务所是否重要。

会计师事务所应当评价不利影响的严重程度，并在必要时采取防范措施消除不利影响或将其降低至可接受的水平。

防范措施主要包括：

（一）降低对该客户的依赖程度；

（二）实施外部质量控制复核；

（三）就关键的鉴证判断向第三方咨询。例如，向行业监管机构或其他会计师事务所咨询。

第七十四条 如果从某一鉴证客户收取的全部费用占某一合伙人从所有客户收取的费用总额比重很大，也将因自身利益或外在压力产生不利影响。会计师事务所应当评价不利影响的严重程度，并在必要时采取防范措施消除不利影响或将其降低至可接受的水平。采取的防范措施包括由鉴证业务项目组以外的注册会计师复核已执行的工作或在必要时提出建议等。

第二节 逾期收费

第七十五条 如果鉴证客户长期未支付应付的鉴证费用，尤其是相当部分的鉴证费用在出具下一年度鉴证报告前仍未支付，可能因自身利益产生不利影响。

会计师事务所通常要求鉴证客户在鉴证报告出具前付清上一年度的鉴证费用。如果在鉴证报告出具后鉴证客户仍未支付该费用，会计师事务所应当评价不利影响存在与否及其严重程度，并在必要时采取防范措施消除不利影响或将其降低至可接受的水平。

可采取的防范措施包括由未参与执行鉴证业务的注册会计师提供建议，或复核已执行的工作等。

会计师事务所还应当确定逾期收费是否可能被视同向客户贷款，并且根据逾期收费的重要程度确定是否继续执行鉴证业务。

第三节　或有收费

第七十六条　或有收费是指收费与否或收费多少取决于交易的结果或所执行工作的结果。如果一项收费是由法院或政府有关部门规定的，则该项收费不被视为或有收费。

第七十七条　会计师事务所在提供鉴证服务时，以直接或间接形式取得或有收费，将因自身利益产生非常严重的不利影响，导致没有防范措施能够将其降低至可接受的水平。会计师事务所不得采用这种收费安排。

第七十八条　会计师事务所在向鉴证客户提供非鉴证服务时，如果非鉴证服务以直接或间接形式取得或有收费，也可能因自身利益产生不利影响。

如果非鉴证服务的结果以及由此收取的费用金额，取决于未来或当期与鉴证对象信息的重大事项相关的判断，则没有防范措施能够将不利影响降低至可接受的水平。会计师事务所不得采用这种收费安排。

第七十九条　在向鉴证客户提供非鉴证服务时，如果会计师事务所采用其他形式的或有收费安排，不利影响存在与否及其严重程度主要取决于下列因素：

（一）可能的收费金额区间；

（二）是否由适当的权威方确定有关事项的结果，并且该结果作为或有收费的基础；

（三）非鉴证服务的性质；

（四）事项或交易对鉴证对象信息的影响。

会计师事务所应当评价不利影响的严重程度，并在必要时采取防范措施消除不利影响或将其降低至可接受的水平。

防范措施主要包括：

（一）由鉴证业务项目组以外的注册会计师复核相关鉴证工作，或在必要时提供建议；

（二）由鉴证业务项目组以外的专业人员提供非鉴证服务。

第十三章　礼品和款待

第八十条　会计师事务所或鉴证业务项目组成员接受鉴证客户的礼品或款待，可能因自身利益和密切关系产生不利影响。

第八十一条　如果会计师事务所或鉴证业务项目组成员接受鉴证客户的礼品，将产生非常严重的不利影响，导致没有防范措施能够将其降低至可接受的水平。会计师事务所或鉴证业务项目组成员不得接受礼品。

第八十二条　会计师事务所或鉴证业务项目组成员应当评价接受款待产生不利影响的严重程度，并在必要时采取防范措施消除不利影响或将其降低至可接受的水平。如果款待超出业务活动中的正常往来，会计师事务所或鉴证业务项目组成员应当拒绝接受。

第十四章 诉讼或诉讼威胁

第八十三条 如果会计师事务所或鉴证业务项目组成员与鉴证客户发生诉讼或很可能发生诉讼，将因自身利益和外在压力产生不利影响。

会计师事务所和客户管理层由于诉讼或诉讼威胁而处于对立地位，将影响管理层提供信息的意愿，从而因自身利益和外在压力产生不利影响。不利影响的严重程度主要取决于下列因素：

（一）诉讼的重要性；

（二）诉讼是否与前期鉴证业务相关。

会计师事务所应当评价不利影响的严重程度，并在必要时采取防范措施消除不利影响或将其降低至可接受的水平。

防范措施主要包括：

（一）如果诉讼涉及某一鉴证业务项目组成员，将该成员调离鉴证业务项目组；

（二）由鉴证业务项目组以外的专业人员复核已执行的工作。

如果此类防范措施不能将不利影响降低至可接受的水平，会计师事务所应当拒绝接受鉴证业务委托，或解除鉴证业务约定。

第十五章 附 则

第八十四条 本守则自 2010 年 7 月 1 日起施行。

六、中国注册会计师职业道德守则术语表

注册会计师：是指取得注册会计师证书并在会计师事务所执业的人员，有时也指其所在的会计师事务所。

可接受的水平：注册会计师可以容忍的对遵循职业道德基本原则所产生不利影响的最大程度。一个理性且掌握充分信息的第三方，在权衡注册会计师当时所能获得的所有具体事实和情况后，很可能认为该不利影响并不损害遵循职业道德基本原则。

关联实体：是指与客户存在下列任一关系的实体：

（一）能够对客户施加直接或间接控制的实体，并且客户对该实体重要；

（二）在客户内拥有直接经济利益的实体，并且该实体对客户具有重大影响，在客户内的利益对该实体重要；

（三）受到客户直接或间接控制的实体；

（四）客户（或受到客户直接或间接控制的实体）拥有其直接经济利益的实体，并且客户能够对该实体施加重大影响，在实体内的经济利益对客户（或受到客户直接或间接控制的实体）重要；

（五）与客户处于同一控制下的实体（即“姐妹实体”），并且该姐妹实体和客户

对其控制方均重要。

经济利益：因持有某一实体的股权、债券和其他证券以及其他债务性的工具而拥有的利益，包括为取得这种利益享有的权利和承担的义务。

直接经济利益：是指下列经济利益：

（一）个人或实体直接拥有并控制的经济利益（包括授权他人管理的经济利益）；

（二）个人或实体通过投资工具拥有的经济利益，并且有能力控制这些投资工具，或影响其投资决策。

间接经济利益：是指个人或实体通过投资工具拥有的经济利益，但没有能力控制这些投资工具，或影响其投资决策。

审计项目组：是指会计师事务所为执行审计业务成立的项目组。

会计师事务所中能够直接影响审计业务结果的其他人员，以及网络事务所中能够直接影响审计业务结果的所有人员，通常也被视为审计项目组成员。

会计师事务所中能够直接影响审计业务结果的其他人员通常包括：

（一）对审计项目合伙人提出薪酬建议，以及进行直接指导、管理或监督的人员；

（二）为执行审计业务提供技术或行业具体问题、交易或事项的咨询的人员；

（三）对审计业务实施项目质量控制的人员，包括项目质量控制复核人员。

关键审计合伙人：是指项目合伙人、实施项目质量控制复核的负责人，以及审计项目组中负责对财务报表审计所涉及的重大事项作出关键决策或判断的其他审计合伙人。其他审计合伙人还可能包括负责审计重要子公司或分支机构的项目合伙人。

审阅项目组：是指会计师事务所为执行审阅业务成立的项目组。

会计师事务所中能够直接影响审阅业务结果的其他人员，以及网络事务所中能够直接影响审阅业务结果的所有人员，通常也被视为审阅项目组成员。

会计师事务所中能够直接影响审阅业务结果的其他人员通常包括：

（一）对审阅项目合伙人提出薪酬建议，以及进行直接指导、管理或监督的人员；

（二）为执行审阅业务提供技术或行业具体问题、交易或事项的咨询的人员；

（三）对审阅业务实施项目质量控制的人员，包括项目质量控制复核人员。

鉴证业务项目组：是指会计师事务所为执行鉴证业务成立的项目组。

会计师事务所中能够直接影响鉴证业务结果的其他人员通常也视为鉴证业务项目组成员：

（一）对鉴证业务项目合伙人提出薪酬建议，以及进行直接指导、管理或监督的人员；

（二）为执行鉴证业务提供技术或行业具体问题、交易或事项的咨询的人员；

（三）对鉴证业务实施项目质量控制的人员，包括项目质量控制复核人员。

外部专家：在会计或审计领域以外拥有特殊技能、知识和经验的个人或组织。外部专家不是会计师事务所或网络事务所的雇员，接受会计师事务所的聘请，协助注册会计师获取充分、适当的证据。

网络：是指由多个实体组成，旨在通过合作实现下列一个或多个目的的联合体：

（一）共享收益或分担成本；

（二）共享所有权、控制权或管理权；

（三）共享统一的质量控制政策和程序；

（四）共享同一经营战略；

（五）使用同一品牌；

（六）共享重要的专业资源。

网络事务所：属于某一网络的会计师事务所或实体。

项目合伙人：是指会计师事务所中负责某项业务及其执行，并代表会计师事务所在报告上签字的合伙人。在有限责任制的会计师事务所，项目合伙人是指主任会计师、副主任会计师或具有同等职位的高级管理人员。

如果项目合伙人以外的其他注册会计师在业务报告上签字，中国注册会计师职业道德守则对项目合伙人作出的规定也适用于该签字注册会计师。

项目质量控制复核：是指项目组在出具审计报告前，由会计师事务所内部专门机构或人员对项目组作出的重大判断和在编制报告时得出的结论进行客观评价的过程。

近亲属：包括主要近亲属和其他近亲属。

主要近亲属：是指配偶、父母或子女。

其他近亲属：是指兄弟姐妹、祖父母、外祖父母、孙子女、外孙子女。

专业服务：注册会计师提供的需要会计或相关技能的服务，包括会计、审计、税务、管理咨询和财务管理等服务。

参考文献

[1] 安宁. 博元投资股份有限公司财务舞弊案例研究 [D]. 辽宁大学, 2016: 47.

[2] 曾昭铭, 罗绍德. 浅谈雷曼破产事件中的会计审计问题 [J]. 会计之友, 2012 (9): 29-32.

[3] 陈肃. *ST 博元财务舞弊识别及动因研究 [D]. 河北经贸大学, 2016: 49.

[4] 程昔武. 财务、会计、审计教学案例 [M]. 南京: 南京大学出版社, 2012.

[5] 崔君平, 宋博涛, 王东旭. 浅析会计人员职业道德问题及解决对策 [J]. 科技经济导刊, 2017 (3): 275.

[6] 大卫·莫里诺. 你现在应该怎么办? ——特许会计师遭到的职业道德问题 [M]. 北京: 中国财政经济出版社, 2012.

[7] 国际会计师职业道德准则理事会. 国际职业会计师道德准则 [M]. 北京: 中国财政经济出版社, 2013.

[8] 韩相宇. 浅谈会计职业道德建设 [J]. 中国乡镇企业会计, 2017 (5): 189-191.

[9] 黄芳, 李科. 正视审计之性: 独立性审慎性重要性——南方保健审计失败案的启示 [J]. 审计与理财, 2005 (S1): 24-25.

[10] 黄世忠. 施乐公司审计失败案例剖析 [J]. 中国注册会计师, 2003 (7): 39-43.

[11] 黄世忠, 李树华. 山登公司审计失败案例剖析 [J]. 中国注册会计师, 2003 (10): 42-44.

[12] 黄世忠, 叶丰滢. 南方保健审计失败案例剖析 [J]. 中国注册会计师, 2003 (8): 43-45.

[13] 李花果. "欣泰电气"财务舞弊案例研究 [J]. 财会通讯, 2017 (10): 5-7.

[14] 李晓慧. 审计学实务与案例 [M]. 北京: 中国人民大学出版社, 2014.

[15] 刘桂春. 审计案例分析 [M]. 北京: 经济科学出版社, 2011.

[16] 迈克尔·纳普. 审计案例 [M]. 第九版. 大连: 东北财经大学出版社有限责任公司, 2014.

[17] 饶斌, 喻小明. 会计与审计案例分析——基于资本市场的案例 [M]. 南昌: 江西人民出版社, 2011.

[18] 王立彦, 廖金梅. 中英会计职业道德规范比较 [J]. 中国注册会计师, 2001 (2): 55-57.

[19] 吴琼．中国注册会计师职业道德守则精讲与案例［M］．大连：大连出版社，2010.

[20] 徐南，叶建芳．雷曼破产事件中安永审计责任的分析［J］．会计之友（上旬刊），2010（10）：21－23.

[21] 颜晓燕，朱清贞，陈福庭．注册会计师审计经典案例教程［M］．清华大学出版社，2010：265.

[22] 杨罡．财务报表审计案例分析［M］．上海：立信会计出版社，2014.

[23] 于延琦．中国注册会计师职业道德准则与别国准则的比较［J］．注册会计师通讯，1997（7）：40－42.

[24] 俞雪花．西方注册会计师职业道德规范的比较研究［J］．财会通讯，2004（18）：46－48.

[25] 张立栋，涂利华，袁林，等．宝安地产 代持股份产生的收益应该属于谁［J］．商品与质量，2011（35）：3－4.

[26] 张玉珍，徐寒．安达信审计失败对注册会计师行业的影响［J］．西安航空技术高等专科学校学报，2003（3）：26－28.

[27] 中国注册会计师协会．2017 年注册会计师全国统一考试辅导教材：审计［M］．北京：中国财政经济出版社，2017.

[28] 中国注册会计师协会．中国注册会计师继续教育审计案例［M］．北京：中国财政经济出版社，2015.

[29] 中天恒管理审计编写组．管理审计操作案例分析［M］．北京：中国市场出版社，2014.